7년 연속  전체 수석  합격자 배출

신은미 **회계학**

1차 | 13개년 연도별 기출문제집

신은미 편저   동영상강의 www.pmg.co.kr

브랜드만족
1위
박문각

근거자료
후면표기

제3판

박문각

박문각 감정평가사

감정평가사 시험에서 회계학은 총 40문제가 출제되며 재무회계 30문제, 원가관리회계 10문제가 출제됩니다. 제한된 시험시간 동안 총 40문제를 풀이한다는 것이 결코 쉽지 않고, 시험문제의 난이도도 점점 상향되는 추세이기 때문에 기출문제의 철저한 반복과 꼼꼼한 학습은 필수불가결한 요소라고 생각하면 됩니다.

여타 시험과 마찬가지로 감정평가사 시험도 기출문제와 유사한 형태가 절반 이상 출제가 됩니다. 다만, 회계학이라는 과목의 특성상 실제 시험에서 숫자의 구성은 변동될 수 있습니다. 그러나 기출문제를 자세히 분석하고 풀어보았다면 금방 문제의 요구사항을 파악해 정답을 도출할 수 있지만 반복 회독이 되지 않은 경우 조금의 변형도 전혀 다른 문제로 여겨질 수 있습니다. 그러므로 기출문제는 시험을 처음 입문할 때부터 마무리할 때까지 계속하여 반복 회독하고, 교재의 해설을 탐독하여 답안을 도출하는 바른 길을 학습하셔야 합니다.

회계학은 감정평가사 시험의 다른 과목과 달리 빠른 시간 내에 실력이 상승하지 않습니다. 꽃씨를 심었다고 바로 꽃이 피지는 않는 것처럼 우선, 토양을 다지고 씨를 심고 이를 가꾸어 가는 과정이 있어야 결실이 맺어지는 과목이라고 볼 수 있습니다. 그러다 보니 단기간에 눈에 띄는 실력 향상이 없어 학습에 어려움을 겪는 수험생들이 많습니다. 이런 경우 기초는 넘어가고 바로 실전부터 학습하는 경향도 종종 보이는데 이럴수록 기초부터 탄탄히 쌓아야 전체적으로 학습에 소요되는 시간이 절약될 수 있습니다. 비록, 단기간에 고득점을 받기 어려운 것이 회계학이지만 탄탄히 쌓은 기초는 여러 곳에 두루 활용할 수 있는 만큼 원리를 이해하는 일에 많은 시간을 할애해야 하며 기출문제는 회계학에서 묻고자 하는 원리를 이해하는 데 가장 좋은 예시가 됩니다. 또한 회계학에서 어떤 부분이 중요한지 어떻게 학습을 해야 하는지 결정을 내리지 못하였다면 회계학 기출문제집을 통해 빈출되는 주제와 빈출되는 질문을 확인할 수 있을 것이니 이런 경우에도 기출문제집은 좋은 길잡이가 되어줄 것입니다.

그동안 별도의 기출문제집 없이 문제풀이는 기본교재나 객관식 교재를 통해 진행하였지만 기출문제의 중요성을 아는 많은 수험생분들이 기출문제집에 대한 요청을 하였고, 이를 반영해 감정평가사 회계학 13개년 연도별 기출문제집 개정판을 출간하게 되었습니다. 또한 다양하게 교재를 활용해 볼 수 있도록 직접 문제를 풀이할 수 있는 부분과 자세한 해설로 나누어 수록하였으니 시험을 대비하시는 일에 불편함은 없으실 것입니다.

마지막으로, 본 교재가 여러분이 학습하시는 일에 조금이나마 보탬이 되기를 바라며, 여러분들이 선택한 이 길이 지금은 힘들고 외로운 것처럼 보일 수 있지만 향후 실무나 앞으로 인생을 살아가는 데 있어 다른 어떤 지식보다 좋은 밑거름이 되어 있을 것이라 확신하니 포기하지 않고 끝까지 완주하여 처음 목표했던 합격이라는 궁극적인 결과를 꼭 얻으실 수 있기를 바랍니다. 감사합니다.

- 신은미 세무사 -

감정평가사란?

감정평가란 토지 등의 경제적 가치를 판정하여 그 결과를 가액으로 표시하는 것을 말한다. 감정평가사(Certified Appraiser)는 부동산·동산을 포함하여 토지, 건물 등의 유무형의 재산에 대한 경제적 가치를 판정하여 그 결과를 가액으로 표시하는 전문직업인으로 국토교통부에서 주관, 산업인력관리공단에서 시행하는 감정평가사시험에 합격한 사람으로 일정기간의 수습과정을 거친 후 공인되는 직업이다.

시험과목 및 시험시간

가. 시험과목(감정평가 및 감정평가사에 관한 법률 시행령 제9조)

시험구분	시험과목
제1차 시험	❶「민법」중 총칙, 물권에 관한 규정 ❷ 경제학원론 ❸ 부동산학원론 ❹ 감정평가관계법규(「국토의 계획 및 이용에 관한 법률」,「건축법」,「공간정보의 구축 및 관리 등에 관한 법률」중 지적에 관한 규정,「국유재산법」,「도시 및 주거환경정비법」,「부동산등기법」,「감정평가 및 감정평가사에 관한 법률」,「부동산 가격공시에 관한 법률」및「동산·채권 등의 담보에 관한 법률」) ❺ 회계학 ❻ 영어(영어시험성적 제출로 대체)
제2차 시험	❶ 감정평가실무 ❷ 감정평가이론 ❸ 감정평가 및 보상법규(「감정평가 및 감정평가사에 관한 법률」,「공익사업을 위한 토지 등의 취득 및 보상에 관한 법률」,「부동산 가격공시에 관한 법률」)

나. 과목별 시험시간

시험구분	교시	시험과목	입실완료	시험시간	시험방법
제1차 시험	1교시	❶ 민법(총칙, 물권) ❷ 경제학원론 ❸ 부동산학원론	09:00	09:30~11:30(120분)	객관식 5지 택일형
	2교시	❹ 감정평가관계법규 ❺ 회계학	11:50	12:00~13:20(80분)	

제2차 시험	1교시	❶ 감정평가실무	09:00	09:30~11:10(100분)	과목별 4문항 (주관식)
	중식시간 11:10 ~ 12:10(60분)				
	2교시	❷ 감정평가이론	12:10	12:30~14:10(100분)	
	휴식시간 14:10 ~ 14:30(20분)				
	3교시	❸ 감정평가 및 보상법규	14:30	14:40~16:20(100분)	

※ 시험과 관련하여 법률·회계처리기준 등을 적용하여 정답을 구하여야 하는 문제는 **시험시행일 현재** 시행 중인 법률·회계처리기준 등을 적용하여 그 정답을 구하여야 함

※ 회계학 과목의 경우 한국채택국제회계기준(K-IFRS)만 적용하여 출제

다. 출제영역 : 큐넷 감정평가사 홈페이지(www.Q-net.or.kr/site/value) 자료실 게재

응시자격 및 결격사유

가. 응시자격 : 없음

※ 단, 최종 합격자 발표일 기준, 감정평가 및 감정평가사에 관한 법률 제12조의 결격사유에 해당하는 사람 또는 같은 법 제16조 제1항에 따른 처분을 받은 날부터 5년이 지나지 아니한 사람은 시험에 응시할 수 없음

나. 결격사유(감정평가 및 감정평가사에 관한 법률 제12조, 2023.8.10. 시행)

다음 각 호의 어느 하나에 해당하는 사람

1. 파산선고를 받은 사람으로서 복권되지 아니한 사람
2. 금고 이상의 실형을 선고받고 그 집행이 종료(집행이 종료된 것으로 보는 경우를 포함한다)되거나 그 집행이 면제된 날부터 3년이 지나지 아니한 사람
3. 금고 이상의 형의 집행유예를 받고 그 유예기간이 만료된 날부터 1년이 지나지 아니한 사람
4. 금고 이상의 형의 선고유예를 받고 그 선고유예기간 중에 있는 사람
5. 제13조에 따라 감정평가사 자격이 취소된 후 3년이 지나지 아니한 사람. 다만 제6호에 해당하는 사람은 제외한다.
6. 제39조 제1항 제11호 및 제12호에 따라 자격이 취소된 후 5년이 지나지 아니한 사람

합격자 결정

가. 합격자 결정(감정평가 및 감정평가사에 관한 법률 시행령 제10조)
- **제1차 시험**

  영어 과목을 제외한 나머지 시험과목에서 과목당 100점을 만점으로 하여 모든 과목 40점 이상이고, 전 과목 평균 60점 이상인 사람
- **제2차 시험**
  - 과목당 100점을 만점으로 하여 모든 과목 40점 이상, 전 과목 평균 60점 이상을 득점한 사람
  - 최소합격인원에 미달하는 경우 최소합격인원의 범위에서 모든 과목 40점 이상을 득점한 사람 중에서 전 과목 평균점수가 높은 순으로 합격자를 결정
  ※ 동점자로 인하여 최소합격인원을 초과하는 경우에는 동점자 모두를 합격자로 결정. 이 경우 동점자의 점수는 소수점 이하 둘째 자리까지만 계산하며, 반올림은 하지 아니함

나. 제2차 시험 최소합격인원 결정(감정평가 및 감정평가사에 관한 법률 시행령 제10조)

공인어학성적

가. 제1차 시험 영어 과목은 영어시험성적으로 대체
- **기준점수**(감정평가 및 감정평가사에 관한 법률 시행령 별표 2)

시험명	토플		토익	텝스	지텔프	플렉스	토셀	아이엘츠
	PBT	IBT						
일반응시자	530	71	700	340	65 (level-2)	625	640 (Advanced)	4.5 (Overall Band Score)
청각장애인	352	–	350	204	43 (level-2)	375	145 (Advanced)	–

- 제1차 시험 응시원서 접수마감일부터 역산하여 2년이 되는 날 이후에 실시된 시험으로, 제1차 시험 원서 접수 마감일까지 성적발표 및 성적표가 교부된 경우에 한해 인정함

※ 이하 생략(공고문 참조)

CONTENTS
이 책의 차례

PART 01 감정평가사 회계학 기출문제

Chapter 01 2024년 제35회 기출문제 ··· 10

Chapter 02 2023년 제34회 기출문제 ··· 27

Chapter 03 2022년 제33회 기출문제 ··· 45

Chapter 04 2021년 제32회 기출문제 ··· 63

Chapter 05 2020년 제31회 기출문제 ··· 79

Chapter 06 2019년 제30회 기출문제 ··· 99

Chapter 07 2018년 제29회 기출문제 ··· 117

Chapter 08 2017년 제28회 기출문제 ··· 136

Chapter 09 2016년 제27회 기출문제 ··· 154

Chapter 10 2015년 제26회 기출문제 ··· 174

Chapter 11 2014년 제25회 기출문제 ··· 191

Chapter 12 2013년 제24회 기출문제 ··· 210

Chapter 13 2012년 제23회 기출문제 ··· 227

PART 02 **감정평가사 회계학 기출문제 정답 및 해설**

Chapter 01 2024년 제35회 정답 및 해설 ·· 246

Chapter 02 2023년 제34회 정답 및 해설 ·· 255

Chapter 03 2022년 제33회 정답 및 해설 ·· 263

Chapter 04 2021년 제32회 정답 및 해설 ·· 272

Chapter 05 2020년 제31회 정답 및 해설 ·· 279

Chapter 06 2019년 제30회 정답 및 해설 ·· 288

Chapter 07 2018년 제29회 정답 및 해설 ·· 296

Chapter 08 2017년 제28회 정답 및 해설 ·· 304

Chapter 09 2016년 제27회 정답 및 해설 ·· 312

Chapter 10 2015년 제26회 정답 및 해설 ·· 320

Chapter 11 2014년 제25회 정답 및 해설 ·· 328

Chapter 12 2013년 제24회 정답 및 해설 ·· 336

Chapter 13 2012년 제23회 정답 및 해설 ·· 344

감정평가사 회계학 기출문제

2024년(35회) ~ **2012년**(23회)

2024년 35회 기출문제

> ※ 아래의 문제들에서 특별한 언급이 없는 한 기업의 보고기간(회계기간)은 매년 1월 1일부터 12월 31일 까지이다. 또한, 기업은 주권상장법인으로 계속해서 한국채택국제회계기준(K-IFRS)을 적용해오고 있다고 가정하고, 답지항 중에서 물음에 가장 합당한 답을 고르시오. 단, 자료에서 제시한 모든 항목과 금액은 중요하며, 자료에서 제시한 것 이외의 사항은 고려하지 않고 답한다. 예를 들어, 법인세에 대한 언급이 없으면 법인세 효과는 고려하지 않는다.

01 **재무보고를 위한 개념체계에 관한 설명으로 옳지 않은 것은?**

① 경제적효익의 유입가능성이나 유출가능성이 낮더라도 자산이나 부채가 존재할 수 있다.

② 부채가 발생하거나 인수할 때의 역사적 원가는 발생시키거나 인수하면서 수취한 대가에서 거래원가를 가산한 가치이다.

③ 매각이나 소비되는 자산의 원가에 대한 정보와 수취한 대가에 대한 정보는 예측가치를 가질 수 있다.

④ 가격 변동이 유의적일 경우, 현행원가를 기반으로 한 이익은 역사적 원가를 기반으로 한 이익보다 미래 이익을 예측하는 데 더 유용할 수 있다.

⑤ 합리적인 추정의 사용은 재무정보 작성의 필수적인 부분이며 추정치를 명확하고 정확하게 기술하고 설명한다면 정보의 유용성을 훼손하지 않는다.

02 **재무제표 표시에 관한 설명으로 옳은 것은?**

① 기업이 재무상태표에 유동자산과 비유동자산, 그리고 유동부채와 비유동부채로 구분하여 표시하는 경우, 이연법인세자산은 유동자산으로 분류한다.

② 한국채택국제회계기준을 준수하여 작성된 재무제표는 국제회계기준을 준수하여 작성된 재무제표임을 주석으로 공시할 수 있다.

③ 환경 요인이 유의적인 산업에 속해 있는 경우나 종업원이 재무제표이용자인 경우 재무제표 이외에 환경보고서나 부가가치보고서도 한국채택국제회계기준을 적용하여 작성한다.

④ 부적절한 회계정책은 이에 대하여 공시나 주석 또는 보충자료를 통해 설명하여 정당화될 수 있다.

⑤ 당기손익과 기타포괄손익은 별개의 손익계산서가 아닌 단일의 포괄손익계산서로 작성되어야 한다.

03 ㈜감평의 20×1년 기말재고자산에 대한 자료가 다음과 같다.

항목	원가	확정판매계약가격	일반판매가격	현행대체원가
제품 A	₩1,000	₩900	₩950	-
제품 B	1,200	-	1,250	-
원재료 A	1,100	-	-	₩1,000
원재료 B	1,000	-	-	900

- 제품 A는 모두 확정판매계약을 이행하기 위하여 보유하고 있으며, 제품 A와 제품 B는 판매 시 계약가격 또는 일반판매가격의 10%에 해당하는 판매비용이 소요될 것으로 예상된다.
- 원재료 A를 이용하여 생산하는 제품은 원가 이상으로 판매될 것으로 예상된다.
- 원재료 B를 이용하여 생산하는 제품의 원가는 순실현가능가치를 초과할 것으로 예상된다.

모든 재고자산에 대해 항목별기준을 적용할 때 20×1년도에 인식할 재고자산평가손실은? (단, 재고자산 감모는 발생하지 않았으며, 기초재고자산평가충당금은 없다.)

① ₩300   ② ₩335

③ ₩350   ④ ₩365

⑤ ₩380

04 ㈜감평은 재고자산을 원가기준 선입선출소매재고법으로 측정한다. 20×1년 재고자산 자료가 다음과 같을 때, 매출원가는? (단, 평가손실과 감모손실은 발생하지 않았다.)

항목	원가	판매가
기초재고액	₩1,000	₩1,500
당기매입액	9,000	11,500
인상액	-	1,400
인상취소액	-	800
인하액	-	700
인하취소액	-	600
당기매출액	-	9,500

① ₩6,800   ② ₩7,000

③ ₩7,160   ④ ₩7,315

⑤ ₩7,375

05 ㈜감평은 20×1년 초 종업원 100명에게 각각 현금결제형 주가차액보상권 10개씩을 3년의 용역조건으로 부여하였다. 20×1년에 실제로 5명이 퇴사하였으며, 20×2년에 8명, 20×3년에 12명이 각각 추가로 퇴사할 것으로 추정하였다. 20×2년에는 실제로 7명이 퇴사하였고, 20×3년에 추가로 15명이 퇴사할 것으로 추정하였으며, 20×3년 말 최종가득자는 75명, 권리행사자는 40명이다. 주가차액보상권의 공정가치가 각각 20×1년 말 ₩14, 20×2년 말 ₩15, 20×3년 말 ₩17이고, 20×3년 말 내재가치는 ₩16일 때, 동 주가차액보상권과 관련하여 20×3년 인식할 보상비용(순액)은?

① ₩5,050   ② ₩5,450
③ ₩5,950   ④ ₩6,400
⑤ ₩6,800

06 ㈜감평의 20×1년도 재무제표 및 자본 관련 자료가 다음과 같을 때 총자산이익률은? (단, 총자산이익률 계산 시 평균자산을 이용한다.)

• 기초자산	₩10,000	• 기말자산	₩11,000
• 기초부채	9,000	• 기말부채	9,500
• 무상증자 실시	250	• 주식배당 결의	100
• 자기주식 취득	150	• 현금배당 결의	165
• 당기순이익 발생	?	• 기타포괄이익 발생	80

① 7%   ② 9%
③ 11%   ④ 13%
⑤ 15%

07 20×1년 초 설립된 ㈜감평의 20×1년 주식과 관련된 자료가 다음과 같다.

- 20×1년 초 유통보통주식수 : 3,000주
- 4월 초 모든 주식에 대하여 10% 무상증자 실시
- 7월 초 전환사채의 보통주 전환 : 900주
- 10월 초 주주우선배정 방식으로 보통주 1,000주 유상증자 실시(발행금액 : 주당 ₩2,000, 증자 직전 주식의 공정가치 : 주당 ₩2,500)

무상신주는 원구주에 따르고, 유상증자대금은 10월 초 전액 납입완료되었을 때, 20×1년 가중평균유통보통주식수는? (단, 유통보통주식수는 월할계산한다.)

① 3,796주   ② 3,875주
③ 4,000주   ④ 4,082주
⑤ 4,108주

08 ㈜감평은 20×1년부터 20×3년까지 매년 말 다음과 같이 기말재고자산을 과소 또는 과대 계상하였으며 오류수정 전 20×2년도와 20×3년도의 당기순이익은 각각 ₩200과 ₩250이다. 20×3년도 장부가 마감되기 전 오류를 발견하고 해당 오류가 중요하다고 판단하였을 경우, 오류수정 후 20×3년도 당기순이익은?

20×1년도	20×2년도	20×3년도
₩30 과소계상	₩10 과소계상	₩20 과대계상

① ₩190   ② ₩220
③ ₩230   ④ ₩240
⑤ ₩250

09 20×1년 초 설립된 ㈜감평의 자본계정은 다음과 같으며, 설립 후 20×3년 초까지 자본금 변동은 없었다. 우선주에 대해서는 20×1년도에 배당가능이익이 부족하여 배당금을 지급하지 못한 ㈜감평이 20×3년 초 ₩500의 현금배당을 결의하였을 때, 우선주에 배분될 배당금은?

- 보통주 자본금 : 액면금액 ₩20, 발행주식수 200주(배당률 4%)
- 우선주 자본금 : 액면금액 ₩20, 발행주식수 50주(누적적, 완전참가적, 배당률 5%)

① ₩100   ② ₩108
③ ₩140   ④ ₩148
⑤ ₩160

10 20×1년 초 설립된 ㈜감평은 커피머신 1대를 이전(₩300)하면서 2년간 일정량의 원두를 공급(₩100)하기로 하는 계약을 체결하여 약속을 이행하고 현금 ₩400을 수령하였다. 이 계약이 고객과의 계약에서 생기는 수익의 기준을 모두 충족할 때 수익 인식 5단계 과정에 따라 순서대로 옳게 나열한 것은? (단, 거래가격의 변동요소는 고려하지 않는다.)

> ㄱ. 거래가격을 ₩400으로 산정
> ㄴ. 고객과의 계약에 해당하는지 식별
> ㄷ. 거래가격 ₩400을 커피머신 1대 이전에 대한 수행의무 1(₩300)과 2년간 원두공급에 대한 수행의무 2(₩100)에 배분
> ㄹ. 커피머신 1대 이전의 수행의무 1과 2년간 원두 공급의 수행의무 2로 수행의무 식별
> ㅁ. 수행의무 1(₩300)은 커피머신이 인도되는 시점에 수익을 인식하며, 수행의무 2(₩100)는 2년간 기간에 걸쳐 수익인식

① ㄱ → ㄴ → ㄷ → ㄹ → ㅁ
② ㄴ → ㄱ → ㅁ → ㄷ → ㄹ
③ ㄴ → ㄹ → ㄱ → ㄷ → ㅁ
④ ㅁ → ㄷ → ㄱ → ㄴ → ㄹ
⑤ ㅁ → ㄹ → ㄴ → ㄱ → ㄷ

11 ㈜감평은 20×1년 1월 1일에 액면금액 ₩1,000(표시이자율: 연 5%, 이자지급일 : 매년 12월 31일, 만기 : 20×3년 12월 31일)인 사채를 발행하였다. 발행당시 유효이자율은 연 10%이고, 사채의 발행금액은 ₩876이다. ㈜감평은 동 사채의 일부를 20×2년 6월 30일에 조기상환(상환가액 ₩300, 사채상환이익 ₩84)했다. ㈜감평의 20×2년 말 재무상태표 상 사채 장부금액(순액)은? (단, 화폐금액은 소수점 첫째자리에서 반올림하며, 단수차이로 인한 오차는 가장 근사치를 선택한다.)

① ₩400
② ₩474
③ ₩500
④ ₩574
⑤ ₩650

12 ㈜감평은 20×1년 1월 1일 다음과 같은 조건의 비분리형 신주인수권부사채를 액면발행하였다.

- 액면금액 : ₩1,000
- 표시이자율 : 연 5%
- 사채발행시 신주인수권이 부여되지 않은 일반사채의 시장이자율 : 연 12%
- 이자지급일 : 매년 12월 31일
- 행사가격 : 1주당 ₩200
- 발행주식의 액면금액 : 1주당 ₩100
- 만기상환일 : 20×3년 12월 31일
- 상환조건 : 신주인수권 미행사 시 상환기일에 액면금액의 113.5%를 일시상환

20×2년 초 상기 신주인수권의 60%가 행사되어 3주가 발행되었다. 20×2년 초 상기 신주인수권의 행사로 인해 증가하는 ㈜감평의 주식발행초과금은? (단, 신주인수권 행사시 신주인수권대가는 주식발행초과금으로 대체한다. 화폐금액은 소수점 첫째자리에서 반올림하며, 단수차이로 인한 오차는 가장 근사치를 선택한다.)

기간	단일금액 ₩1의 현재가치		정상연금 ₩1의 현재가치	
	5%	12%	5%	12%
1	0.9524	0.8928	0.9524	0.8928
2	0.9070	0.7972	1.8594	1.6900
3	0.8638	0.7118	2.7232	2.4018

① ₩308
② ₩335
③ ₩365
④ ₩408
⑤ ₩435

13 20×1년 초 설립된 ㈜감평은 우유생산을 위하여 20×1년 2월 1일 어미 젖소 2마리(1마리당 순공정가치 ₩1,500)를 1마리당 ₩1,500에 취득하였으며, 관련 자료는 다음과 같다.

- 20×1년 12월 27일 처음으로 우유 100리터(ℓ)를 생산하였으며, 동 일자에 생산된 우유 1리터(ℓ)당 순공정가치는 ₩10이다.
- 20×1년 12월 28일 ㈜감평은 생산된 우유 100리터(ℓ) 전부를 거래처인 ㈜대한에 1리터 (ℓ)당 ₩12에 판매하였다.
- 20×1년 12월 29일 송아지 1마리가 태어났다. 이 시점의 송아지 순공정가치는 1마리당 ₩300이다.
- 20×1년 말 어미 젖소와 송아지의 수량 변화는 없으며, 기말 현재 어미 젖소의 순공정가치는 1마리당 ₩1,600이고 송아지의 순공정가치는 1마리당 ₩250이다.

㈜감평의 20×1년도 포괄손익계산서 상 당기순이익 증가액은?

① ₩1,000
② ₩1,350
③ ₩1,500
④ ₩1,650
⑤ ₩2,000

14 ㈜감평은 20×1년 초 A사 주식 10주(보통주, @₩100)를 수수료 ₩100을 포함한 ₩1,100에 취득하여 당기손익-공정가치측정 금융자산으로 분류하였다. ㈜감평은 20×2년 7월 1일 A사 주식 5주를 1주당 ₩120에 매각하고, 거래수수료로 매각대금의 3%와 거래세로 매각대금의 2%를 각각 지급하였다. A사 주식의 1주당 공정가치는 20×1년 말 ₩90이고, 20×2년 말 ₩110일 때, ㈜감평의 20×2년도 포괄손익계산서의 당기순이익 증가액은?

① ₩0
② ₩100
③ ₩140
④ ₩180
⑤ ₩220

15 리스제공자 입장에서 일반적으로 금융리스로 분류될 수 있는 조건이 아닌 것은?

① 리스기간 종료시점에 기초자산의 소유권을 그 시점의 공정가치에 해당하는 변동 지급액으로 이전하는 경우
② 기초자산의 소유권이 이전되지는 않더라도 리스기간이 기초자산의 경제적 내용연수의 상당 부분(major part)을 차지하는 경우
③ 리스약정일 현재, 리스료의 현재가치가 적어도 기초자산 공정가치의 대부분에 해당하는 경우
④ 기초자산이 특수하여 해당 리스이용자만이 주요한 변경 없이 사용할 수 있는 경우
⑤ 리스이용자가 선택권을 행사할 수 있는 날의 공정가치보다 충분히 낮을 것으로 예상되는 가격으로 기초자산을 매수할 수 있는 선택권을 가지고 있고, 그 선택권을 행사할 것이 리스약정일 현재 상당히 확실한 경우

16 충당부채를 인식할 수 있는 상황을 모두 고른 것은? (단, 금액은 모두 신뢰성 있게 측정할 수 있다.)

> ㄱ. 법률에 따라 항공사의 항공기를 3년에 한 번씩 정밀하게 정비하도록 하고 있는 경우
> ㄴ. 새로운 법률에 따라 매연 여과장치를 설치하여야 하는데, 기업은 지금까지 매연 여과장치를 설치하지 않은 경우
> ㄷ. 법적규제가 아직 없는 상태에서 기업이 토지를 오염시켰지만, 이에 대한 법률 제정이 거의 확실한 경우
> ㄹ. 기업이 토지를 오염시킨 후 법적의무가 없음에도 불구하고 오염된 토지를 정화한다는 방침을 공표하고 준수하는 경우

① ㄱ, ㄴ   ② ㄱ, ㄷ
③ ㄴ, ㄷ   ④ ㄴ, ㄹ
⑤ ㄷ, ㄹ

17 ㈜감평은 20×1년 초 토지 A(취득원가 ₩1,000)와 토지 B(취득원가 ₩2,000)를 각각 취득하고, 재평가모형을 적용하였다. 동 2건의 토지에 대하여 공정가치가 다음과 같을 때, 각 연도별 당기순이익 또는 기타포괄이익에 미치는 영향으로 옳은 것은? (단, 토지에 대한 재평가잉여금의 일부를 이익잉여금으로 대체하지 않는다.)

	20×1년 말	20×2년 말	20×3년 말
토지 A	₩1,100	₩950	₩920
토지 B	1,700	2,000	2,100

① 20×1년 말 토지 A로부터 당기순이익 ₩100이 증가한다.
② 20×2년 말 토지 A로부터 당기순이익 ₩150이 감소한다.
③ 20×2년 말 토지 B로부터 기타포괄이익 ₩300이 증가한다.
④ 20×3년 말 토지 A로부터 기타포괄이익 ₩30이 감소한다.
⑤ 20×3년 말 토지 B로부터 기타포괄이익 ₩100이 증가한다.

18 ㈜감평은 ㈜대한이 발행한 사채(발행일 20×1년 1월 1일, 액면금액 ₩1,000, 표시이자율 연 8%, 매년 말 이자지급, 20×4년 12월 31일에 일시상환)를 20×1년 1월 1일에 사채의 발행가액으로 취득하였다(취득 시 신용이 손상되어 있지 않음). ㈜감평은 취득한 사채를 상각후원가로 측정하는 금융자산으로 분류하였으며, 사채발행시점의 유효이자율은 연 10%이다. ㈜감평은 ㈜대한으로부터 20×1년도 이자 ₩80은 정상적으로 수취하였으나 20×1년 말에 상각후원가로 측정하는 금융자산의 신용이 손상되었다고 판단하였다. ㈜감평은 채무불이행을 고려하여 20×2년부터 20×4년까지 현금흐름에 대해 매년말 수취할 이자는 ₩50, 만기에 수취할 원금은 ₩800으로 추정하였다. ㈜감평의 20×1년도 포괄손익계산서의 당기순이익에 미치는 영향은? (단, 화폐금액은 소수점 첫째자리에서 반올림하며, 단수차이로 인한 오차는 가장 근사치를 선택한다.)

기간	단일금액 ₩1의 현재가치		정상연금 ₩1의 현재가치	
	8%	10%	8%	10%
3	0.7938	0.7513	2.5771	2.4868
4	0.7350	0.6830	3.3120	3.1698

① ₩94 감소
② ₩94 증가
③ ₩132 감소
④ ₩226 감소
⑤ ₩226 증가

19 ㈜감평은 20×1년 1월 1일에 액면금액 ₩900, 표시이자율 연 5%, 매년 말 이자를 지급하는 조건의 사채(매년 말에 액면금액 ₩300씩을 상환하는 연속상환사채)를 발행하였다. 사채 발행 당시의 유효이자율은 연 6%이다. ㈜감평의 20×2년 말 재무상태표 상 사채의 장부금액(순액)은? (단, 화폐금액은 소수점 첫째자리에서 반올림하며, 단수차이로 인한 오차는 가장 근사치를 선택한다.)

기간	단일금액 ₩1의 현재가치		정상연금 ₩1의 현재가치	
	5%	6%	5%	6%
1	0.9524	0.9434	0.9524	0.9434
2	0.9070	0.8900	1.8594	1.8334
3	0.8638	0.8396	2.7232	2.6730

① ₩298
② ₩358
③ ₩450
④ ₩550
⑤ ₩592

20 특수관계자 공시에 관한 설명으로 옳지 않은 것은?

① 보고기업에 유의적인 영향력이 있는 개인이나 그 개인의 가까운 가족은 보고기업의 특수관계자로 보며, 이 때 개인의 가까운 가족의 범위는 자녀 및 배우자로 한정한다.

② 지배기업과 종속기업 사이의 관계는 거래의 유무에 관계없이 공시한다.

③ 특수관계자거래가 있는 경우, 재무제표에 미치는 특수관계의 잠재적 영향을 파악하는 데 필요한 거래, 채권·채무 잔액에 대한 정보뿐만 아니라 특수관계의 성격도 공시한다.

④ 기업의 재무제표에 미치는 특수관계자거래의 영향을 파악하기 위하여 분리하여 공시할 필요가 있는 경우를 제외하고는 성격이 유사한 항목은 통합하여 공시할 수 있다.

⑤ 지배기업과 최상위 지배자가 일반이용자가 이용할 수 있는 연결재무제표를 작성하지 않는 경우에는 일반이용자가 이용할 수 있는 연결재무제표를 작성하는 가장 가까운 상위의 지배기업의 명칭도 공시한다.

21 ㈜감평은 20×1년 1월 1일에 달러표시 사채(액면금액 $1,000)를 $920에 할인발행하였다. 동 사채는 매년 12월 31일에 액면금액의 연 3% 이자를 지급하며, 20×3년 12월 31일에 일시상환한다. 사채발행일 현재 유효이자율은 연 6%이다. 환율이 다음과 같을 때, ㈜감평의 20×1년도 포괄손익계산서의 당기순이익에 미치는 영향은? (단, ㈜감평의 기능통화는 원화이다. 화폐금액은 소수점 첫째자리에서 반올림하며, 단수차이로 인한 오차는 가장 근사치를 선택한다.)

	20×1.1.1	20×1.12.31	20×1년 평균
환율(₩/$)	1,300	1,250	1,280

① ₩400 감소　　　　　② ₩400 증가

③ ₩37,500 증가　　　　④ ₩60,000 감소

⑤ ₩70,000 감소

22 ㈜감평은 20×1년 초 유형자산인 기계장치를 ₩50,000에 취득(내용연수 5년, 잔존가치 ₩0, 정액법 상각)하여 사용하고 있다. 20×2년 중 자산손상의 징후를 발견하고 손상차손을 인식하였으나 20×3년 말 손상이 회복되었다고 판단하였다. 동 기계장치의 순공정가치와 사용가치가 다음과 같을 때, 20×2년 말 인식할 손상차손(A)과 20×3년 말 인식할 손상차손환입액(B)은? (단, 동 기계장치는 원가모형을 적용한다.)

구분	순공정가치	사용가치
20×2년 말	₩15,000	₩18,000
20×3년 말	21,000	17,000

	A	B		A	B
①	₩12,000	₩8,000	②	₩12,000	₩9,000
③	₩15,000	₩8,000	④	₩15,000	₩9,000
⑤	₩15,000	₩12,000			

23 도소매업을 영위하는 ㈜감평은 20×1년 초 건물을 취득(취득원가 ₩10,000, 내용연수 5년, 잔존가치 ₩0, 정액법 상각)하였다. 공정가치가 다음과 같을 때, ㈜감평이 동 건물을 유형자산으로 분류하고 재평가모형을 적용하였을 경우(A)와 투자부동산으로 분류하고 공정가치모형을 적용한 경우(B), 20×2년 당기순이익에 미치는 영향은?

구분	20×1년 말	20×2년 말
공정가치	₩9,000	₩11,000

	A	B		A	B
①	영향 없음	₩1,000 증가	②	₩2,250 감소	₩1,000 증가
③	₩2,250 감소	₩2,000 증가	④	₩2,000 감소	₩2,000 증가
⑤	₩2,000 증가	영향 없음			

24 ㈜감평은 20×1년 초 유류저장고(취득원가 ₩13,000, 내용연수 5년, 잔존가치 ₩1,000, 정액법 상각)를 취득하고 원가모형을 적용하였다. 동 설비는 내용연수가 종료되면 원상 복구해야 할 의무가 있으며, 복구시점에 ₩3,000이 소요될 것으로 예상된다. 이는 충당부채의 인식 요건을 충족하며, 복구원가에 적용할 할인율이 연 7%일 경우 동 유류저장고와 관련하여 20×1년도 포괄손익계산서에 인식할 비용은? (단, 단일금액 ₩1의 현가계수(5년, 7%)는 0.7130이며, 화폐금액은 소수점 첫째자리에서 반올림하고 단수차이로 인한 오차는 가장 근사치를 선택한다.)

① ₩2,139

② ₩2,828

③ ₩2,978

④ ₩4,208

⑤ ₩6,608

25 20×1년 1월 1일에 설립된 ㈜감평은 확정급여제도를 운영하고 있다. 20×1년도 관련 자료가 다음과 같을 때, 20×1년 말 재무상태표의 기타포괄손익누계액에 미치는 영향은? (단, 확정급여채무 계산 시 적용하는 할인율은 연 10%이다.)

• 기초 확정급여채무의 현재가치	₩120,000
• 기초 사외적립자산의 공정가치	90,000
• 퇴직급여 지급액(사외적립자산에서 기말 지급)	10,000
• 당기 근무원가	60,000
• 사외적립자산에 기여금 출연(기말 납부)	20,000
• 기말 확정급여채무의 현재가치	190,000
• 기말 사외적립자산의 공정가치	110,000

① ₩2,000 감소　　　　　　　　② ₩2,000 증가
③ 영향 없음　　　　　　　　　④ ₩7,000 감소
⑤ ₩7,000 증가

26 생물자산에 관한 설명으로 옳지 않은 것은?
① 어떠한 경우에도 수확시점의 수확물은 공정가치에서 처분부대원가를 뺀 금액으로 측정한다.
② 수확 후 조림지에 나무를 다시 심는 원가는 생물자산의 원가에 포함된다.
③ 최초의 원가 발생 이후에 생물적 변환이 거의 일어나지 않는 경우 원가가 공정가치의 근사치가 될 수 있다.
④ 생물자산이나 수확물을 미래 일정시점에 판매하는 계약을 체결할 때, 공정가치는 시장에 참여하는 구매자와 판매자가 거래하게 될 현행시장의 상황을 반영하기 때문에 계약가격이 공정가치의 측정에 반드시 목적적합한 것은 아니다.
⑤ 생물자산이나 수확물을 유의적인 특성에 따라 분류하면 해당 자산의 공정가치 측정이 용이할 수 있을 것이다.

27 무형자산의 회계처리에 관한 설명으로 옳은 것을 모두 고른 것은?

> ㄱ. 경영자가 의도하는 방식으로 운용될 수 있으나 아직 사용하지 않고 있는 기간에 발생한 원가는 무형자산의 장부금액에 포함한다.
>
> ㄴ. 자산을 사용가능한 상태로 만드는 데 직접적으로 발생하는 종업원 급여와 같은 직접 관련되는 원가는 무형자산의 원가에 포함한다.
>
> ㄷ. 최초에 비용으로 인식한 무형항목에 대한 지출은 그 이후에 무형자산의 원가를 신뢰성 있게 측정할 수 있다면 무형자산으로 인식할 수 있다.
>
> ㄹ. 새로운 지역에서 또는 새로운 계층의 고객을 대상으로 사업을 수행하는데서 발생하는 원가 등은 무형자산 원가에 포함하지 않는다.

① ㄱ, ㄴ
② ㄱ, ㄷ
③ ㄱ, ㄹ
④ ㄴ, ㄷ
⑤ ㄴ, ㄹ

28 매각예정으로 분류된 비유동자산 또는 처분자산집단의 회계처리에 관한 설명으로 옳지 않은 것은?

① 매각예정으로 분류된 비유동자산(또는 처분자산집단)은 공정가치에서 처분부대원가를 뺀 금액과 장부금액 중 큰 금액으로 측정한다.

② 1년 이후에 매각될 것으로 예상된다면 처분부대원가는 현재가치로 측정하고, 기간 경과에 따라 발생하는 처분부대원가 현재가치의 증가분은 금융원가로서 당기손익으로 회계처리한다.

③ 매각예정으로 분류하였으나 중단영업의 정의를 충족하지 않는 비유동자산(또는 처분자산집단)을 재측정하여 인식하는 평가손익은 계속영업손익에 포함한다.

④ 비유동자산이 매각예정으로 분류되거나 매각예정으로 분류된 처분자산집단의 일부이면 그 자산은 감가상각(또는 상각)하지 아니한다.

⑤ 매각예정으로 분류된 처분자산집단의 부채와 관련된 이자와 기타 비용은 계속해서 인식한다.

29 ㈜감평은 20×1년 4월 1일 업무용 기계장치를 취득(취득원가 ₩61,000, 내용연수 5년, 잔존가치 ₩1,000)하여 정액법으로 감가상각하였다. ㈜감평은 20×2년 10월 1일 동 기계장치의 감가상각방법을 연수합계법으로 변경하고 남은 내용연수도 3년으로 재추정하였으며, 잔존가치는 변경하지 않았다. 20×2년도 포괄손익계산서에 인식할 기계장치의 감가상각비는? (단, 동 기계장치는 원가모형을 적용하며, 감가상각은 월할계산한다.)

① ₩5,250   ② ₩9,150
③ ₩12,200   ④ ₩13,250
⑤ ₩14,250

30 ㈜감평과 ㈜한국은 사용 중인 유형자산을 상호 교환하여 취득하였다. 동 교환거래에서 ㈜한국의 유형자산 공정가치가 ㈜감평의 유형자산 공정가치보다 더 명백하며, ㈜감평은 ㈜한국으로부터 추가로 현금 ₩3,000을 수취하였다. 두 회사가 보유하고 있는 유형자산의 장부금액과 공정가치가 다음과 같을 때, ㈜감평과 ㈜한국이 인식할 유형자산처분손익은? (단, 두 자산의 공정가치는 신뢰성 있게 측정할 수 있으며, 상업적 실질이 있다.)

구분	㈜감평	㈜한국
장부금액(순액)	₩10,000	₩8,000
공정가치	9,800	7,900

	㈜감평	㈜한국		㈜감평	㈜한국
①	손실 ₩200	손실 ₩100	②	손실 ₩200	손실 ₩1,200
③	이익 ₩200	이익 ₩900	④	이익 ₩900	손실 ₩100
⑤	이익 ₩900	손실 ₩1,200			

31 ㈜감평은 정상원가계산제도를 채택하고 있으며, 20×1년 재고자산은 다음과 같다.

구분	기초	기말
직접재료	₩5,000	₩6,000
재공품	10,000	12,000
제품	7,000	5,000

20×1년 매출액 ₩90,000, 직접재료 매입액 ₩30,000, 직접노무원가 발생액은 ₩20,000이고, 시간당 직접노무원가는 ₩20이다. 직접노무시간을 기준으로 제조간접원가를 예정배부할 때 20×1년 제조간접원가 예정배부율은? (단, 20×1년 매출총이익률은 30%이다.)

① ₩10   ② ₩12
③ ₩14   ④ ₩16
⑤ ₩18

32 ㈜감평은 두 개의 제조부문 P1, P2와 두 개의 보조부문 S1, S2를 통해 제품을 생산하고 있다. S1과 S2의 부문원가는 각각 ₩60,000과 ₩30,000이다. 다음 각 부문간의 용역수수 관계를 이용하여 보조부문원가를 직접배분법으로 제조부문에 배분할 때 P2에 배분될 보조 부문원가는? (단, S1은 기계시간, S2는 kW에 비례하여 배분한다.)

제공 \ 사용	제조부문		보조부문	
	P1	P2	S1	S2
S1	30기계시간	18기계시간	5기계시간	8기계시간
S2	160kW	240kW	80kW	50kW

① ₩18,000   ② ₩22,500

③ ₩37,500   ④ ₩40,500

⑤ ₩55,500

33 ㈜감평은 종합원가계산제도를 채택하고 있으며, 제품 X의 생산관련 자료는 다음과 같다.

구분	물량
기초재공품(전환원가 완성도)	60단위(70%)
당기착수량	300단위
기말재공품(전환원가 완성도)	80단위(50%)

직접재료는 공정 초에 전량 투입되고, 전환원가(conversion cost, 또는 가공원가)는 공정 전 반에 걸쳐 균등하게 발생한다. 품질검사는 전환원가(또는 가공원가) 완성도 80% 시점에 이 루어지며, 당기에 품질검사를 통과한 합격품의 5%를 정상공손으로 간주한다. 당기에 착수하 여 완성된 제품이 200단위일 때 비정상공손 수량은? (단, 재고자산의 평가방법은 선입선출 법을 적용한다.)

① 7단위   ② 10단위

③ 13단위   ④ 17단위

⑤ 20단위

34 ㈜감평은 20×1년 초 영업을 개시하였으며, 표준원가계산제도를 채택하고 있다. 직접재료 kg당 실제 구입가격은 ₩5, 제품 단위당 직접재료 표준원가는 ₩6(2kg × ₩3/kg)이다. 직접재료원 가에 대한 차이 분석결과 구입가격차이가 ₩3,000(불리), 능률차이가 ₩900(유리)이다. 20×1 년 실제 제품 생산량이 800단위일 때, 기말 직접재료 재고수량은? (단, 기말재공품은 없다.)

① 50kg   ② 100kg

③ 130kg   ④ 200kg

⑤ 230kg

35 ㈜감평은 20×1년 초 영업을 개시하였으며, 제품 X를 생산·판매하고 있다. 재고자산 평가방법은 선입선출법을 적용하고 있으며, 20×1년 1분기와 2분기의 영업활동 결과는 다음과 같다.

구분	1분기	2분기
생산량	500단위	800단위
전부원가계산에 의한 영업이익	₩7,000	₩8,500
변동원가계산에 의한 영업이익	5,000	6,000

1분기와 2분기의 판매량이 각각 400단위와 750단위일 때, 2분기에 발생한 고정제조간접원가는? (단, 각 분기별 단위당 판매가격, 단위당 변동원가는 동일하며, 재공품 재고는 없다.)

① ₩20,000 ② ₩22,000
③ ₩24,000 ④ ₩26,000
⑤ ₩30,000

36 ㈜감평은 결합공정을 거쳐 주산품 A, B와 부산품 F를 생산하여 주산품 A, B는 추가가공한 후 판매하고, 부산품 F의 회계처리는 생산시점에서 순실현가치법(생산기준법)을 적용한다. ㈜감평의 당기 생산 및 판매 자료는 다음과 같다.

구분	분리점 이후 추가가공원가	추가가공 후 단위당 판매가격	생산량	판매량
A	₩1,000	₩60	100단위	80단위
B	200	30	140	100
F	500	30	50	40

결합원가 ₩1,450을 분리점에서의 순실현가능가치 기준으로 각 제품에 배분할 때 주산품 A의 매출총이익은? (단, 기초 재고자산은 없다.)

① ₩2,714 ② ₩2,800
③ ₩2,857 ④ ₩3,714
⑤ ₩3,800

37 ㈜감평은 제품 A를 생산하여 단위당 ₩1,000에 판매하고 있다. 제품 A의 단위당 변동원가는 ₩600, 총고정원가는 연 ₩30,000이다. ㈜감평이 20×1년 법인세차감후 순이익 ₩12,500을 달성하기 위한 제품 A의 판매수량은? (단, 법인세율은 ₩10,000 이하까지는 20%, ₩10,000 초과분에 대해서는 25%이다.)

① 85단위 ② 95단위
③ 105단위 ④ 115단위
⑤ 125단위

38 ㈜감평은 두 개의 사업부 X와 Y를 운영하고 있으며, 최저필수수익률은 10%이다. 20×1년 사업부 X와 Y의 평균영업자산은 각각 ₩70,000과 ₩50,000이다. 사업부 X의 투자수익률은 15%이고, 사업부 X의 잔여이익이 사업부 Y보다 ₩2,500 더 클 때 사업부 Y의 투자수익률은?

① 11%
② 12%
③ 13%
④ 14%
⑤ 15%

39 ㈜감평의 20×1년 말 재무상태표 매출채권 잔액은 ₩35,000이며, 이 중 ₩5,000은 11월 판매분이다. 매출채권은 판매한 달에 60%, 그 다음 달에 30%, 그 다음다음 달에 10%가 회수되며, 판매한 달에 회수한 매출채권에 대해 5%를 할인해준다. 20×2년 1월 판매예산이 ₩100,000일 때, 1월 말의 예상 현금유입액은? (단, 매출은 전액 신용매출로 이루어진다.)

① ₩27,500
② ₩52,000
③ ₩62,500
④ ₩79,500
⑤ ₩84,500

40 최신의 관리회계기법에 관한 설명으로 옳지 않은 것은?

① 목표원가는 목표가격에서 목표이익을 차감하여 결정한다.
② 카이젠원가계산은 제조이전단계에서의 원가절감에 초점을 맞추고 있다.
③ 균형성과표는 조직의 전략과 성과평가시스템의 연계를 강조하고 있다.
④ 품질원가의 분류에서 내부실패원가는 불량품의 재작업원가나 폐기원가 등을 말한다.
⑤ 제품수명주기원가계산은 단기적 의사결정보다는 장기적 의사결정에 더욱 유용하다.

2023년 34회 기출문제

※ 아래의 문제들에서 특별한 언급이 없는 한 기업의 보고기간(회계기간)은 매년 1월 1일부터 12월 31일까지이다. 또한, 기업은 주권상장법인으로 계속해서 한국채택국제회계기준(K-IFRS)을 적용해오고 있다고 가정하고, 답지항 중에서 물음에 가장 합당한 답을 고르시오. 단, 자료에서 제시한 모든 항목과 금액은 중요하며, 자료에서 제시한 것 이외의 사항은 고려하지 않고 답한다. 예를 들어, 법인세에 대한 언급이 없으면 법인세 효과는 고려하지 않는다.

01 재무제표 표시에 관한 일반사항으로 옳지 않은 것은?

① 서술형 정보는 당기 재무제표를 이해하는 데 목적적합하더라도 비교정보를 표시하지 아니한다.

② 재무제표가 계속기업 기준으로 작성되지 않을 경우, 그 사실과 함께 재무제표 작성기준과 계속기업으로 보지 않는 이유를 공시하여야 한다.

③ 기업은 현금흐름 정보를 제외하고는 발생기준 회계를 사용하여 재무제표를 작성한다.

④ 중요하지 않은 항목은 성격이나 기능이 유사한 항목과 통합하여 표시할 수 있다.

⑤ 한국채택국제회계기준을 준수하여 작성된 재무제표는 공정하게 표시된 재무제표로 본다.

02 무형자산에 관한 설명으로 옳지 않은 것은?

① 무형자산은 손상의 징후가 있거나 그 자산을 사용하지 않을 때에 상각을 중지한다.

② 무형자산의 인식기준을 충족하지 못해 비용으로 인식한 지출은 그 이후에 무형자산의 원가로 인식할 수 없다.

③ 내부적으로 창출한 영업권은 자산으로 인식하지 아니한다.

④ 개별취득 무형자산은 자산에서 발생하는 미래경제적효익의 유입가능성이 높다는 인식기준을 항상 충족한다.

⑤ 무형자산으로 정의되려면 식별가능성, 자원에 대한 통제와 미래경제적효익의 존재를 충족하여야 한다.

03 투자부동산의 분류에 관한 설명으로 옳지 않은 것은?

① 미사용부동산을 운용리스로 제공한 경우에는 투자부동산으로 분류한다.
② 리스계약에 따라 이전받은 부동산을 다시 제3자에게 임대한다면 리스이용자는 해당 사용권자산을 투자부동산으로 분류한다.
③ 지배기업이 다른 종속기업에게 자가사용 건물을 리스하는 경우 당해 건물은 연결재무제표에 투자부동산으로 분류할 수 없다.
④ 건물 소유자가 그 건물의 사용자에게 제공하는 부수적 용역의 비중이 경미하면 해당 건물을 투자부동산으로 분류한다.
⑤ 처분예정인 자가사용부동산은 투자부동산으로 분류한다.

04 (주)감평은 20×1년 1월 종업원 70명에게 향후 3년 동안의 계속 근무 용역제공조건으로 가득되는 주식결제형 주식선택권을 1명당 50개씩 부여하였다. 권리 부여일 현재 주식선택권의 개당 공정가치는 ₩10(향후 변동없음)으로 추정되며, 연도별 종업원 퇴직현황은 다음과 같다.

연도	실제 퇴직자(명)	추가 퇴직 예상자(명)
20×1년	6	10
20×2년	8	5

(주)감평의 20×2년 말 재무상태표상 주식선택권 장부금액은?

① ₩8,000
② ₩9,000
③ ₩17,000
④ ₩18,667
⑤ ₩25,500

05 재무보고를 위한 개념체계에 관한 설명으로 옳지 않은 것은?

① 개념체계는 특정 거래나 다른 사건에 적용할 회계기준이 없는 경우에 재무제표 작성자가 일관된 회계정책을 개발하는 데 도움을 준다.
② 개념체계의 어떠한 내용도 회계기준이나 회계기준의 요구사항에 우선하지 아니한다.
③ 일반목적재무보고의 목적을 달성하기 위해 회계기준위원회는 개념체계의 관점에서 벗어난 요구사항을 정하는 경우가 있을 수 있다.
④ 개념체계는 수시로 개정될 수 있으며, 개념체계가 개정되면 자동으로 회계기준이 개정된다.
⑤ 개념체계에 기반한 회계기준은 경영진의 책임을 묻기 위한 필요한 정보를 제공한다.

06 20×1년 설립된 (주)감평의 20×1년 주식과 관련된 자료는 다음과 같다.

- 20×1년 1월 초 유통주식수 : 보통주 5,000주, 우선주 300주
- 6월 초 모든 주식에 대해 무상증자 10% 실시
- 10월 초 보통주 자기주식 300주 취득
- 20×1년도 당기순이익 : ₩900,000

20×1년 (주)감평의 기본주당이익이 ₩162일 때, 우선주 배당금은? (단, 기간은 월할 계산한다.)

① ₩21,150 ② ₩25,200
③ ₩27,510 ④ ₩32,370
⑤ ₩33,825

07 재무정보의 질적 특성에 관한 설명으로 옳지 않은 것을 모두 고른 것은?

ㄱ. 오류가 없다는 것은 현상의 기술에 오류나 누락이 없고, 보고 정보를 생산하는 데 사용되는 절차의 선택과 적용 시 절차상 완벽하게 정확하다는 것을 의미한다.
ㄴ. 재무정보가 과거 평가에 대해 피드백을 제공한다면 확인가치를 갖는다.
ㄷ. 회계기준위원회는 중요성에 대한 획일적인 계량임계치를 정하거나 특정한 상황에서 무엇이 중요한 것인지를 미리 결정할 수 있다.
ㄹ. 목적적합하고 충실하게 표현된 정보의 유용성을 보강시키는 질적 특성으로는 비교가능성, 검증가능성, 적시성 및 이해가능성이 있다.

① ㄱ, ㄴ ② ㄱ, ㄷ
③ ㄱ, ㄹ ④ ㄴ, ㄷ
⑤ ㄷ, ㄹ

08 퇴직급여제도의 용어에 관한 설명으로 옳은 것은?

① 비가득급여 : 종업원의 미래 계속 근무와 관계없이 퇴직급여제도에 따라 받을 권리가 있는 급여

② 약정퇴직급여의 보험수리적 현재가치 : 퇴직급여제도에 의거하여 현직 및 전직 종업원에게 이미 제공한 근무용역에 대해 지급할 예상퇴직급여의 현재가치

③ 급여지급에 이용가능한 총자산 : 제도의 자산에서 약정퇴직급여의 보험수리적 현재가치를 제외한 부채를 차감한 잔액

④ 확정기여제도 : 종업원에게 지급할 퇴직급여금액이 일반적으로 종업원의 임금과 근무연수에 기초하는 산정식에 의해 결정되는 퇴직급여제도

⑤ 기금적립 : 퇴직급여를 지급할 현재의무를 충족하기 위해 사용자와는 구별된 실체(기금)에 자산을 이전하는 것

09 20×1년 말 (주)감평의 올바른 당좌예금 금액을 구하기 위한 자료는 다음과 같다. (주)감평의 입장에서 수정 전 당좌예금계정 잔액에 가산 또는 차감해야 할 금액은?

(1) 수정 전 잔액
- 은행의 당좌예금잔액증명서상 금액 : ₩4,000
- (주)감평의 당좌예금 계정원장상 금액 : ₩2,100

(2) 은행과 (주)감평의 당좌예금 수정 전 잔액 차이 원인
- 20×1년 말 현재 (주)감평이 발행·기록한 수표 중 은행에서 미결제된 금액 : ₩1,200
- 20×1년도 은행이 기록한 수수료 미통지 금액 : ₩100
- 20×1년 말 받을어음 추심으로 당좌예금 계좌에 기록되었으나, (주)감평에 미통지된 금액 : ₩1,000
- 20×1년 중 거래처로부터 받아 기록하고 추심 의뢰한 수표 중 은행으로부터 부도 통지받은 금액 : ₩200

	가산할 금액	차감할 금액
①	₩1,000	₩300
②	₩1,100	₩200
③	₩1,300	₩1,400
④	₩1,400	₩100
⑤	₩2,200	₩300

10 (주)감평은 20×1년 초 전환사채(액면금액 ₩10,000, 만기 3년, 표시이자율 연 3%, 매년 말 이자지급)를 액면발행하였다. 사채발행 당시 전환권이 없는 일반사채의 시장이자율은 연 8%이며, 전환권 미행사 시 만기일에 연 7%의 수익을 보장한다. 동 전환사채가 만기 상환될 경우, 다음 미래가치를 이용하여 계산한 상환할증금은? (단, 금액은 소수점 첫째자리에서 반올림하여 계산한다.)

〈단일금액 ₩1의 미래가치〉

기간	7%	8%
1년	1.070	1.080
2년	1.145	1.166
3년	1.225	1.260

① ₩1,119　　　　　② ₩1,286
③ ₩1,299　　　　　④ ₩1,376
⑤ ₩1,402

11 (주)감평은 20×1년 초 영업에 사용할 목적으로 특수장비(내용연수 5년, 잔존가치 ₩0, 정액법 감가상각, 원가모형 적용)를 ₩30,000에 취득하여 사용하다가, 20×2년 중 동 특수장비에 심각한 손상이 발생하였다. 특수장비의 회수가능액은 20×2년 말 ₩15,000으로 추정되었다. (주)감평의 20×2년 말 특수장비와 관련된 회계처리가 당기순이익에 미치는 영향은?

① ₩3,000 증가　　　　② ₩3,000 감소
③ ₩6,000 증가　　　　④ ₩6,000 감소
⑤ ₩9,000 감소

12 (주)감평은 20×1년 초 사채(액면금액 ₩60,000, 표시이자율 연 10%, 매년 말 이자지급, 만기 3년, 매년 말 ₩20,000씩 원금상환 조건)를 발행하였다. 동 사채의 발행 당시 유효이자율은 연 12%이다. 다음 현재가치를 이용하여 계산한 사채의 발행가액과 20×2년도에 인식할 이자비용은? (단, 금액은 소수점 첫째자리에서 반올림하여 계산한다.)

〈단일금액 ₩1의 현재가치〉

기간	10%	12%
1년	0.9091	0.8929
2년	0.8264	0.7972
3년	0.7513	0.7118

	발행가액	20×2년 이자비용
①	₩48,353	₩3,165
②	₩48,353	₩3,279
③	₩52,487	₩3,934
④	₩58,008	₩4,676
⑤	₩58,008	₩6,961

13 (주)감평은 고객에게 매출액의 1%를 사용기간 제한 없는 포인트로 제공한다. 고객은 이 포인트를 (주)감평의 상품 구매대금 결제에 사용할 수 있다. (주)감평의 20×1년도 매출액은 ₩50,000, 포인트의 단위당 공정가치는 ₩10이다. 20×1년에 총 2,500포인트가 사용될 것으로 추정되며, 20×1년 중 500포인트가 실제로 사용되었다. (주)감평이 20×1년 인식할 포인트 관련 매출은?

① ₩0   ② ₩1,000
③ ₩1,250   ④ ₩1,500
⑤ ₩5,000

14 (주)감평은 20×1년 1월 초에 본사건물을 착공하여 20×2년 11월 말 완공하였다. 본사건물 신축 관련 자료가 다음과 같을 때, (주)감평이 20×1년도에 자본화할 차입원가는? (단, 기간은 월할 계산한다.)

(1) 공사비 지출

일자	금액
20×1.1.1.	₩2,000,000
20×1.7.1.	400,000

(2) 차입금 현황

구분	차입금액	차입기간	연이자율
특정차입금	₩2,000,000	20×1.7.1. ~ 20×1.12.31.	3%
일반차입금	100,000	20×1.1.1. ~ 20×2.6.30.	5%

① ₩30,000   ② ₩35,000
③ ₩50,000   ④ ₩65,000
⑤ ₩90,000

15 20×1년부터 (주)감평은 제품판매 후 2년 동안 제품하자보증을 실시하고 있다. 20×2년도에 판매된 제품에 대하여 경미한 결함은 ₩100, 치명적인 결함은 ₩4,000의 수리비용이 발생한다. 과거 경험에 따르면 10%는 경미한 결함이, 5%는 치명적인 결함이 발생할 것으로 예상된다. 20×1년 말에 제품보증충당부채 잔액은 ₩200이다. 20×2년 기중에 20×1년 판매된 제품에 대한 수리비용이 ₩300 지출되었다면, (주)감평의 20×2년도 재무제표에 보고할 제품보증비와 제품보증충당부채는?

	제품보증비	제품보증충당부채
①	₩100	₩310
②	₩210	₩210
③	₩210	₩310
④	₩310	₩210
⑤	₩310	₩310

16 (주)감평은 20×1년 초 총 계약금액이 ₩1,200인 공사계약을 체결하고, 20×3년 말에 완공하였다. 다음 자료를 기초로 (주)감평이 20×1년도 재무제표에 인식할 공사이익과 계약자산(또는 계약부채)은? (단, 진행률은 누적발생공사원가를 추정총공사원가로 나눈 비율로 계산한다.)

	20×1년	20×2년	20×3년
실제발생 공사원가	₩300	₩500	₩350
완성시까지 예상 추가 공사원가	700	200	–
공사대금 청구액	400	300	500
공사대금 회수액	320	200	680

	공사이익	계약자산(계약부채)
①	₩40	₩40
②	₩60	₩40
③	₩60	₩(40)
④	₩80	₩40
⑤	₩80	₩(40)

17 금융상품에 관한 설명으로 옳지 않은 것은?

① 종류별로 금융상품을 공시하는 경우에는 공시하는 정보의 특성에 맞게, 금융상품의 특성을 고려하여 금융상품을 종류별로 분류하여야 한다.

② 기타포괄손익–공정가치로 측정하는 금융자산의 장부금액은 손실충당금에 의해 감소되지 않는다.

③ 당기손익–공정가치로 측정되는 지분상품은 후속적 공정가치 변동을 기타포괄손익으로 표시하도록 최초 인식시점에 선택할 수 있다.

④ 금융자산과 금융부채를 상계하면 손익이 발생할 수 있다.

⑤ 금융자산의 회수를 합리적으로 예상할 수 없는 경우에는 해당 금융자산의 총 장부금액을 직접 줄인다.

18 (주)감평의 20×2년 자본관련 자료이다. 20×2년 말 자본총계는? (단, 자기주식 거래는 선입선출법에 따른 원가법을 적용한다.)

---

(1) 기초자본
- 보통주 자본금(주당 액면금액 ₩500, 발행주식수 40주) ₩20,000
- 보통주 주식발행초과금 4,000
- 이익잉여금 30,000
- 자기주식(주당 ₩600에 10주 취득) (6,000)
- 자본총계 ₩48,000

(2) 기중자본거래
- 4월 1일 자기주식 20주를 1주당 ₩450에 취득
- 5월 25일 자기주식 8주를 1주당 ₩700에 처분
- 6월 12일 자기주식 3주를 소각
- 8월 20일 주식발행초과금 ₩4,000과 이익잉여금 중 ₩5,000을 재원으로 무상증자 실시

(3) 20×2년 당기순이익 : ₩50,000

---

① ₩77,300 ② ₩87,500

③ ₩94,600 ④ ₩96,250

⑤ ₩112,600

19 (주)감평의 창고에 보관 중인 20×1년 말 상품 재고실사 금액은 ₩2,840이다. 다음 자료를 반영한 이후 20×1년 말 재무상태표에 표시할 기말상품 금액은?

- 기말 현재 일부 상품(원가 ₩100)을 물류회사에 보관 중이며, 보관료 ₩20을 지급하기로 하였다.
- 수탁회사에 적송한 상품(원가 ₩600) 중 20%는 기말까지 판매되지 않았다.
- 고객에게 발송한 시송품(원가 ₩500) 중 기말 현재 고객으로부터 매입의사 표시를 통보받지 못한 상품이 ₩200이다.
- 20×1년 12월 28일에 도착지 인도조건으로 거래처에서 매입한 상품(원가 ₩250)이 기말 현재 운송 중에 있다.

① ₩3,260 ② ₩3,510
③ ₩3,560 ④ ₩3,740
⑤ ₩3,810

20 (주)감평은 기계장치(장부금액 ₩2,000, 공정가치 ₩3,500)를 제공하고, (주)한국의 건물과 현금 ₩700을 취득하는 교환거래를 하였다. 건물의 공정가치는 ₩2,500으로 기계장치의 공정가치보다 더 명백하며, 이 교환거래는 상업적 실질이 있다고 할 때, (주)감평이 인식할 유형자산처분손익은?

① 유형자산처분손익 ₩0 ② 유형자산처분손실 ₩1,200
③ 유형자산처분이익 ₩1,200 ④ 유형자산처분손실 ₩2,200
⑤ 유형자산처분이익 ₩2,200

21 (주)감평의 20×1년도 상품관련 자료는 다음과 같다. 기말상품 실사수량은 30개이며, 수량 감소분 중 40%는 정상감모손실이다. (주)감평의 20×1년의 매출원가는? (단, 정상감모손실과 평가손실은 매출원가에 포함한다.)

	수량	단위당 취득원가	단위당 판매가격	단위당 순실현가능가치
기초재고	70개	₩60	–	–
매입	100개	₩60	–	–
매출	120개	–	₩80	–
기말재고	50개	–	–	₩50

① ₩7,200 ② ₩7,500
③ ₩7,680 ④ ₩7,980
⑤ ₩8,700

22 리스에 관한 설명으로 옳은 것을 모두 고른 것은?

> ㄱ. 단기리스나 소액 기초자산 리스를 제외한 모든 리스에 대해서 리스이용자는 사용권자
> 산과 리스부채를 인식해야 한다.
> ㄴ. 리스이용자는 리스의 내재이자율을 쉽게 산정할 수 없는 경우에는 리스제공자의 증분
> 차입이자율을 사용하여 리스료를 할인한다.
> ㄷ. 리스이용자는 사용권자산이 손상되었는지를 판단하고 식별되는 손상차손을 회계처리하
> 기 위하여 자산손상 기준서를 적용한다.
> ㄹ. 투자부동산의 정의를 충족하는 사용권자산은 재무상태표에 투자부동산으로 표시한다.

① ㄱ, ㄴ   ② ㄱ, ㄷ
③ ㄷ, ㄹ   ④ ㄱ, ㄷ, ㄹ
⑤ ㄴ, ㄷ, ㄹ

23 고객과의 계약에서 생기는 수익에 관한 설명으로 옳은 것은?

① 계약의 결과로 기업의 미래 현금흐름의 위험, 시기, 금액이 변동될 것으로 예상되지 않
는 경우에도 고객과의 계약으로 회계처리할 수 있다.
② 계약은 서면으로, 구두로, 기업의 사업 관행에 따라 암묵적으로 체결할 수 있다.
③ 이전할 재화나 용역의 지급조건을 식별할 수 없는 경우라도 고객과의 계약으로 회계처리
할 수 있다.
④ 계약변경은 반드시 서면으로만 승인될 수 있다.
⑤ 고객과의 계약에서 식별되는 수행의무는 계약에 분명히 기재한 재화나 용역에만 한정된다.

24 다음은 20×1년 초 설립한 (주)감평의 법인세 관련 자료이다.

> • 20×1년 세무조정사항
>   – 감가상각비한도초과액   ₩55,000
>   – 정기예금 미수이자   25,000
>   – 접대비한도초과액   10,000
>   – 자기주식처분이익   30,000
> • 20×1년 법인세비용차감전순이익   ₩400,000
> • 연도별 법인세율은 20%로 일정하다.
> • 당기 이연법인세자산(부채)은 인식요건을 충족한다.

20×1년도 법인세비용은?

① ₩80,000 ② ₩81,000
③ ₩82,000 ④ ₩86,000
⑤ ₩94,000

25 (주)감평은 20×1년 초에 폐기물처리시설(내용연수 5년, 잔존가치 ₩0, 정액법 월할상각)을 ₩1,000,000에 취득하였다. 주변민원으로 20×1년 10월 초부터 3개월간 가동이 일시 중단되었다. 20×2년 초에 사용종료(4년 후) 시 환경복구(지출 추정금액 ₩300,000, 현재가치 계산에 적용할 할인율 연 6%)를 조건으로 시설을 재가동하였다. 20×2년도 동 폐기물처리 시설의 감가상각비는? (단, 금액은 소수점 첫째자리에서 반올림하여 계산한다.)

기간	단일금액 ₩1의 현재가치(할인율 = 6%)
4	0.7921
5	0.7473

① ₩244,838 ② ₩247,526
③ ₩259,408 ④ ₩268,548
⑤ ₩271,908

26 (주)감평은 20×1년 초 임대수익을 목적으로 건물을 ₩320,000에 취득하고 공정가치모형을 적용하였다. (주)감평은 20×2년 9월 1일 동 건물을 자가사용 건물로 대체하였으며, 정액법(내용연수 10년, 잔존가치 ₩0)으로 상각(월할상각)하고 재평가모형을 적용하였다. 시점별 건물의 공정가치는 다음과 같다.

20×1년 말	20×2년 9월 1일	20×2년 말
₩340,000	₩330,000	₩305,000

동 건물 관련 회계처리가 20×2년 당기순이익에 미치는 영향은?

① ₩14,000 감소 ② ₩21,000 감소
③ ₩24,000 감소 ④ ₩25,000 감소
⑤ ₩35,000 감소

27 (주)감평은 20×1년 초 투자부동산(내용연수 10년, 잔존가치 ₩0, 정액법상각)을 ₩200,000에 취득하고 원가모형을 적용하였다. (주)감평은 20×2년부터 동 투자부동산에 대하여 공정가치 모형을 적용하기로 하였으며 이러한 회계변경은 정당하다. 20×1년 말, 20×2년 말 동 투자부동산의 공정가치는 각각 ₩190,000, ₩185,000이다. 회계변경효과를 반영하여 20×2년 말 작성하는 비교재무제표(20×1년, 20×2년)에 표시될 금액에 관한 설명으로 옳은 것은?

① 20×1년도 투자부동산(순액)은 ₩180,000이다.
② 20×1년도 투자부동산 감가상각비는 ₩0이다.
③ 20×1년도 투자부동산평가손익은 ₩0이다.
④ 20×2년도 투자부동산평가이익은 ₩5,000이다.
⑤ 20×2년도 투자부동산(순액)은 ₩190,000이다.

28 (주)감평은 20×1년 초 (주)한국의 의결권주식 20%를 ₩300,000에 취득하고 지분법을 적용하는 관계기업투자주식으로 분류하였다. 취득 당시 (주)한국의 순자산 장부금액은 ₩1,000,000이었으며, 토지와 건물(내용연수 10년, 정액법상각)의 장부금액에 비해 공정가치가 각각 ₩100,000, ₩200,000 더 높은 것을 제외하고 자산과 부채의 장부금액은 공정가치와 일치하였다. 20×1년도에 (주)한국은 당기순이익과 기타포괄이익을 각각 ₩100,000, ₩30,000 보고하였으며, ₩15,000의 현금배당을 실시하였다. (주)감평의 20×1년 말 관계기업투자주식의 장부금액은?

① ₩312,000   ② ₩316,000
③ ₩319,000   ④ ₩320,000
⑤ ₩326,000

29 (주)감평의 매출액은 ₩215,000, 재고구입에 따른 현금유출액은 ₩120,000이다. 다음 (주)감평의 재고자산, 매입채무 변동 자료를 이용할 경우, 매출총이익은?

구분	금액
재고자산 증가액	₩4,000
매입채무 증가액	6,000

① ₩85,000   ② ₩89,000
③ ₩91,000   ④ ₩93,000
⑤ ₩97,000

30 (주)감평의 20×1년 현금흐름표 작성을 위한 자료이다.

당기순이익	₩147,000	감가상각비	₩5,000
법인세비용	30,000	매출채권 감소액	15,000
유형자산처분이익	20,000	재고자산 증가액	4,000
이자비용	25,000	매입채무 감소액	6,000
이자수익	15,000	배당금수익	8,000

(주)감평의 20×1년 영업에서 창출된 현금은?

① ₩159,000   ② ₩161,000
③ ₩167,000   ④ ₩169,000
⑤ ₩189,000

31 범용기계장치를 이용하여 제품 X와 Y를 생산·판매하는 (주)감평의 당기 예산자료는 다음과 같다.

구분	제품 X	제품 Y
단위당 판매가격	₩1,500	₩1,000
단위당 변동원가	1,200	800
단위당 기계가동시간	2시간	1시간
연간 정규시장 판매수량	300단위	400단위
연간 최대기계가동시간	1,000시간	

(주)감평은 신규거래처로부터 제품 Z 200단위의 특별주문을 요청받았다. 제품 Z의 생산에는 단위당 ₩900의 변동원가가 발생하며 단위당 1.5 기계가동시간이 필요하다. 특별주문 수락 시 기존 제품의 정규시장 판매를 일부 포기해야 하는 경우, (주)감평이 제시할 수 있는 단위당 최소판매가격은? (단, 특별주문은 전량 수락하든지 기각해야 한다.)

① ₩900   ② ₩1,125
③ ₩1,150   ④ ₩1,200
⑤ ₩1,350

32 (주)감평은 제품 X, Y, Z를 생산·판매하고 있으며, 각 제품 관련 자료는 다음과 같다.

구분	제품 X	제품 Y	제품 Z
매출배합비율(매출수량기준)	20%	60%	20%
단위당 공헌이익	₩12	₩15	₩8
손익분기점 매출수량	?	7,800단위	?

(주)감평은 제품 Z의 생산중단을 고려하고 있다. 제품 Z의 생산을 중단하는 경우에 고정비 중 ₩4,000을 회피할 수 있으며, 제품 X와 Y의 매출배합비율(매출수량기준)은 60%와 40%로 예상된다. (주)감평이 제품 Z의 생산을 중단할 경우, 목표이익 ₩33,000을 달성하기 위한 제품 X의 매출수량은?

① 6,900단위   ② 7,800단위
③ 8,400단위   ④ 8,700단위
⑤ 9,000단위

33 (주)감평은 표준원가계산제도를 채택하고 있으며, 직접노무시간을 기준으로 제조간접원가를 배부한다. 당기 제조간접원가 관련 자료는 다음과 같다.

고정제조간접원가 표준배부율	₩100/시간
변동제조간접원가 표준배부율	₩300/시간
기준조업도(직접노무시간)	5,000시간
실제직접노무시간	4,850시간
실제생산량에 허용된 표준 직접노무시간	4,800시간
제조간접원가 배부차이	₩20,000 과소배부

(주)감평의 당기 제조간접원가 실제 발생액은?

① ₩1,900,000   ② ₩1,920,000
③ ₩1,940,000   ④ ₩1,960,000
⑤ ₩1,980,000

34 (주)감평은 제품 생산에 필요한 부품 400단위를 매년 외부에서 단위당 ₩1,000에 구입하였다. 그러나 최근 외부구입가격 인상이 예상됨에 따라 해당 부품을 자가제조하는 방안을 검토하고 있다. 다음은 (주)감평이 부품 100단위를 자가제조할 경우의 예상제조원가 자료이다.

직접재료원가	₩25,000
직접노무원가	₩30,000(₩100/직접노무시간)
변동제조간접원가	₩20,000(직접노무원가의 2/3)
고정제조간접원가	₩100,000(전액 유휴생산설비 감가상각비)

(주)감평은 현재 보유하고 있는 유휴생산설비를 이용하여 매년 필요로 하는 부품 400단위를 충분히 자가제조할 수 있을 것으로 예상하고 있으며, 부품은 한 묶음의 크기를 100단위로 하는 묶음생산방식으로 생산할 예정이다. 해당 부품을 자가 제조하는 경우, 직접노무시간이 학습률 90%의 누적평균시간 학습모형을 따를 것으로 추정된다. (주)감평이 부품 400단위를 자가제조할 경우, 단위당 제조원가는?

① ₩650   ② ₩712

③ ₩750   ④ ₩905

⑤ ₩1,000

35 변동원가계산제도를 채택하고 있는 (주)감평의 당기 기초재고자산과 영업이익은 각각 ₩64,000과 ₩60,000이다. 전부원가계산에 의한 (주)감평의 당기 영업이익은 ₩72,000이고, 기말재고자산이 변동원가계산에 의한 기말재고자산에 비하여 ₩25,000이 많은 경우, 당기 전부원가계산에 의한 기초재고자산은?

① ₩58,000   ② ₩62,000

③ ₩68,000   ④ ₩77,000

⑤ ₩89,000

36 당기에 설립된 (주)감평은 결합공정을 통하여 제품 X와 Y를 생산·판매한다. 제품 X는 분리점에서 즉시 판매하고 있으나, 제품 Y는 추가가공을 거쳐 판매한다. 결합원가는 균등이익률법에 의해 각 제품에 배분되며, 직접재료는 결합공정 초에 전량 투입되고 전환원가는 결합공정 전반에 걸쳐 균등하게 발생한다. 당기에 (주)감평은 직접재료 3,000단위를 투입하여 2,400단위를 제품으로 완성하고, 600단위는 기말재공품(전환원가 완성도 50%)으로 남아 있다. 당기에 발생한 직접재료원가와 전환원가는 각각 ₩180,000과 ₩108,000이다. (주)감평의 당기 생산 및 판매 관련 자료는 다음과 같다.

구분	생산량	판매량	단위당 추가가공원가	단위당 판매가격
제품 X	800단위	800단위	–	₩150
제품 Y	1,600	900	₩15	200

제품 Y의 단위당 제조원가는? (단, 공손 및 감손은 발생하지 않는다.)

① ₩100
② ₩105
③ ₩110
④ ₩115
⑤ ₩120

37 (주)감평은 분권화된 사업부 A와 B를 이익중심점으로 운영한다. 사업부 A는 매년 부품 X를 8,000단위 생산하여 전량 외부시장에 단위당 ₩150에 판매하여 왔다. 최근 사업부 B는 제품 단위당 부품 X가 1단위 소요되는 신제품 Y를 개발하고, 단위당 판매가격 ₩350에 4,000단위를 생산·판매하는 방안을 검토하고 있다. 다음은 부품 X에 대한 제조원가와 신제품 Y에 대한 예상제조원가 관련 자료이다.

구분	부품 X	신제품 Y
단위당 직접재료원가	₩40	₩80
단위당 직접노무원가	35	70
단위당 변동제조간접원가	25	30
연간 고정제조간접원가	200,000	100,000
연간 최대생산능력	10,000단위	5,000단위

사업부 B는 신제품 Y의 생산에 필요한 부품 X를 사내대체하거나 외부로부터 단위당 ₩135에 공급받을 수 있다. 사업부 A는 사내대체를 전량 수락하든지 기각해야 하며, 사내대체 시 외부시장 판매를 일부 포기해야 한다. 사업부 A가 사내대체를 수락할 수 있는 부품 X의 단위당 최소대체가격은?

① ₩100
② ₩125
③ ₩135
④ ₩170
⑤ ₩180

38 (주)감평은 정상개별원가계산제도를 채택하고 있다. 제조간접원가는 직접노무원가의 40%를 예정배부하고 있으며, 제조간접원가 배부차이는 전액 매출원가에서 조정하고 있다. (주)감평의 당기 재고자산 및 원가 관련 자료는 다음과 같다.

구분	기초잔액	기말잔액
직접재료	₩3,200	₩6,200
재공품	8,600	7,200
제품	6,000	8,000

- 직접재료매입액 : ₩35,000
- 기초원가(기본원가) : ₩56,000

(주)감평의 당기 제조간접원가 배부차이 조정 후 매출원가가 ₩67,700인 경우, 당기에 발생한 실제 제조간접원가는?

① ₩6,900   ② ₩9,700

③ ₩10,700   ④ ₩11,300

⑤ ₩12,300

39 단일 제품을 생산·판매하는 (주)감평의 당기 생산 및 판매 관련 자료는 다음과 같다.

단위당 판매가격	₩1,000
단위당 변동제조원가	600
연간 고정제조간접원가	600,000
단위당 변동판매관리비	100
연간 고정판매관리비	120,000

(주)감평은 단위당 판매가격을 10% 인상하고, 변동제조원가 절감을 위한 새로운 기계장치 도입을 검토하고 있다. 새로운 기계장치를 도입할 경우, 고정제조간접원가 ₩90,000이 증가할 것으로 예상된다. (주)감평이 판매가격을 인상하고 새로운 기계장치를 도입할 때, 손익분기점 판매수량 1,800단위를 달성하기 위하여 절감해야 하는 단위당 변동제조원가는?

① ₩50   ② ₩52.5

③ ₩70   ④ ₩72.5

⑤ ₩75

40 (주)감평은 가중평균법에 의한 종합원가계산제도를 채택하고 있으며, 단일공정을 통해 제품을 생산한다. 모든 원가는 공정 전반에 걸쳐 균등하게 발생한다. (주)감평의 당기 생산 관련 자료는 다음과 같다.

구분	물량(완성도)	직접재료원가	전환원가
기초재공품	100단위(?)	₩4,300	₩8,200
당기착수	900	20,000	39,500
기말재공품	200(?)	?	?

(주)감평의 당기 완성품환산량 단위당 원가가 ₩80이고 당기 완성품환산량이 선입선출법에 의한 완성품환산량보다 50단위가 더 많을 경우, 선입선출법에 의한 기말재공품 원가는? (단, 공손 및 감손은 발생하지 않는다.)

① ₩3,500 ② ₩4,500
③ ₩5,500 ④ ₩6,500
⑤ ₩7,000

※ 아래의 문제들에서 특별한 언급이 없는 한 기업의 보고기간(회계기간)은 매년 1월 1일부터 12월 31일까지이다. 또한, 기업은 주권상장법인으로 계속해서 한국채택국제회계기준(K-IFRS)을 적용해오고 있다고 가정하고, 답지항 중에서 물음에 가장 합당한 답을 고르시오. 단, 자료에서 제시한 모든 항목과 금액은 중요하며, 자료에서 제시한 것 이외의 사항은 고려하지 않고 답한다. 예를 들어, 법인세에 대한 언급이 없으면 법인세 효과는 고려하지 않는다.

01 ㈜감평이 총계정원장 상 당좌예금 잔액과 은행측 당좌예금잔액증명서의 불일치 원인을 조사한 결과 다음과 같은 사항을 발견하였다. 이때 ㈜감평이 장부에 반영해야 할 항목을 모두 고른 것은?

> ㄱ. 매출대금으로 받아 예입한 수표가 부도 처리되었으나, ㈜감평의 장부에 기록되지 않았다.
> ㄴ. 대금지급을 위해 발행한 수표 중 일부가 미인출수표로 남아 있다.
> ㄷ. 매입채무를 지급하기 위해 발행한 수표 금액이 장부에 잘못 기록되었다.
> ㄹ. 받을어음이 추심되어 ㈜감평의 당좌예금 계좌로 입금되었으나, ㈜감평에 아직 통보되지 않았다.

① ㄴ

② ㄱ, ㄴ

③ ㄴ, ㄷ

④ ㄱ, ㄷ, ㄹ

⑤ ㄴ, ㄷ, ㄹ

02 ㈜감평은 20×1년 초 현금 ₩2,000을 출자받아 설립되었으며, 이 금액은 ㈜감평이 판매할 재고자산 200개를 구입할 수 있는 금액이다. 20×1년 말 자본은 ₩3,000이고 20×1년도 자본거래는 없었다. 20×1년 말 ㈜감평이 판매하는 재고자산의 개당 구입가격은 ₩12이고, 20×1년 말 물가지수는 20×1년 초 100에 비하여 10% 상승하였다. 실물자본유지개념을 적용할 경우 20×1년도 이익은?

① ₩200

② ₩400

③ ₩600

④ ₩800

⑤ ₩1,000

03 ㈜감평의 현재 유동비율과 당좌비율은 각각 200%, 150%이다. 유동비율과 당좌비율을 모두 증가시킬 수 있는 거래는? (단, 모든 거래는 독립적이다.)

① 상품 ₩10,000을 외상으로 매입하였다.

② 영업용 차량운반구를 취득하면서 현금 ₩13,000을 지급하였다.

③ 매출채권 ₩12,000을 현금으로 회수하였다.

④ 장기차입금 ₩15,000을 현금으로 상환하였다.

⑤ 사용 중인 건물을 담보로 은행에서 현금 ₩30,000을 장기 차입하였다.

04 ㈜감평은 20×1년 초 임대목적으로 건물(취득원가 ₩1,000, 내용연수 10년, 잔존가치 ₩0, 정액법 감가상각)을 취득하여 이를 투자부동산으로 분류하였다. 20×1년 말 건물의 공정가치가 ₩930일 때 (A)공정가치모형과 (B)원가모형을 각각 적용할 경우 ㈜감평의 20×1년도 당기순이익에 미치는 영향은? (단, 해당 건물은 매각예정으로 분류되어 있지 않다.)

	(A)	(B)		(A)	(B)
①	₩70 감소	₩100 감소	②	₩70 감소	₩70 감소
③	₩30 감소	₩100 감소	④	₩30 증가	₩70 감소
⑤	₩30 증가	₩30 증가			

05 재무제표 요소의 측정기준에 관한 설명으로 옳은 것은?

① 공정가치는 측정일 현재 동등한 자산의 원가로서 측정일에 지급할 대가와 그 날에 발생할 거래원가를 포함한다.

② 현행원가는 자산을 취득 또는 창출할 때 발생한 원가의 가치로서 자산을 취득 또는 창출하기 위하여 지급한 대가와 거래원가를 포함한다.

③ 사용가치는 기업이 자산의 사용과 궁극적인 처분으로 얻을 것으로 기대하는 현금흐름 또는 그 밖의 경제적효익의 현재가치이다.

④ 이행가치는 측정일에 시장참여자 사이의 정상거래에서 부채를 이전할 때 지급하게 될 가격이다.

⑤ 역사적 원가는 측정일 현재 자산의 취득 또는 창출을 위해 이전해야 하는 현금이나 그 밖의 경제적자원의 가치이다.

06 ㈜감평의 20×1년 기말 재고자산 자료가 다음과 같다.

종목	실사수량	단위당 취득원가	단위당 예상판매가격
상품 A	100개	₩300	₩350
상품 B	100개	200	250
상품 C	200개	100	120

- 단위당 예상판매비용 : ₩30(모든 상품에서 발생)

상품 B의 70%는 확정판매계약(취소불능계약)을 이행하기 위하여 보유하고 있으며, 상품 B의 단위당 확정판매계약가격은 ₩220이다. 재고자산 평가와 관련하여 20×1년 인식할 당기손익은? (단, 재고자산의 감모는 발생하지 않았으며, 기초 재고자산평가충당금은 없다.)

① 손실 ₩2,700 ② 손실 ₩700
③ ₩0 ④ 이익 ₩2,200
⑤ 이익 ₩3,200

07 재무제표 요소에 관한 설명으로 옳지 않은 것은?
① 자산은 과거사건의 결과로 기업이 통제하는 현재의 경제적자원이다.
② 부채는 과거사건의 결과로 기업이 경제적자원을 이전해야 하는 현재의무이다.
③ 수익은 자본청구권 보유자로부터의 출자를 포함하며, 자본청구권 보유자에 대한 분배는 비용으로 인식한다.
④ 기업이 발행한 후 재매입하여 보유하고 있는 채무상품이나 지분상품은 기업의 경제적자원이 아니다.
⑤ 자본청구권은 기업의 자산에서 모든 부채를 차감한 후의 잔여지분에 대한 청구권이다.

08 ㈜감평은 재고자산의 원가를 평균원가법에 의한 소매재고법으로 측정한다. 20×1년 재고자산 자료가 다음과 같을 때, 매출원가는? (단, 평가손실과 감모손실은 발생하지 않았다.)

항목	원가	판매가
기초재고액	₩10,000	₩13,000
당기매입액	83,500	91,000
매가인상액		9,000
인상취소액		3,000
당기매출액		90,000

① ₩73,500　　　　　　　　　② ₩76,500
③ ₩77,000　　　　　　　　　④ ₩78,200
⑤ ₩80,620

09 재고자산 회계처리에 관한 설명으로 옳지 않은 것은?

① 생산에 투입하기 위해 보유하는 원재료 및 기타 소모품은 제품의 원가가 순실현가능가치를 초과할 것으로 예상되더라도 감액하지 아니한다.
② 생물자산에서 수확한 농림어업 수확물로 구성된 재고자산은 공정가치에서 처분부대원가를 뺀 금액으로 수확시점에 최초 인식한다.
③ 재고자산을 현재의 장소에 현재의 상태로 이르게 하는 데 기여하지 않은 관리간접원가는 재고자산의 취득원가에 포함할 수 없다.
④ 매입할인이나 매입금액에 대해 수령한 리베이트는 매입원가에서 차감한다.
⑤ 개별법이 적용되지 않는 재고자산의 단위원가는 선입선출법이나 가중평균법을 사용하여 결정한다.

10 ㈜감평은 재고상품에 대해 선입선출법을 적용하여 단위원가를 결정하며, 20×1년 기초상품은 ₩30,000(단위당 원가 ₩1,000), 당기상품매입액은 ₩84,000(단위당 원가 ₩1,200)이다. 기말상품의 감모손실과 평가손실에 관한 자료는 다음과 같다.

장부수량	실제수량	단위당 예상판매가격	단위당 예상판매비용
20개	16개	₩1,250	₩80

㈜감평이 기말 재고자산감모손실은 장부에 반영하였으나 재고자산평가손실을 반영하지 않았을 경우 옳은 것은?

① 20×1년 당기순이익 ₩1,000 과대
② 20×1년 기말재고자산 ₩600 과대
③ 20×1년 기말자본총계 ₩480 과소
④ 20×2년 기초재고자산 ₩600 과소
⑤ 20×2년 당기순이익 ₩480 과소

11 다음은 ㈜감평의 20×1년도 재무제표의 일부 자료이다.

(1) 재무상태표의 일부 자료

계정과목	기초잔액	기말잔액
매출채권(순액)	₩140	₩210
선급영업비용	25	10
미지급영업비용	30	50

(2) 포괄손익계산서의 일부 자료

- 매출액   ₩410
- 영업비용   150

위 자료에 기초한 20×1년도 ㈜감평의 (A)고객으로부터 유입된 현금흐름과 (B)영업비용으로 유출된 현금흐름은?

	(A)	(B)		(A)	(B)
①	₩335	₩155	②	₩340	₩115
③	₩340	₩145	④	₩350	₩115
⑤	₩350	₩155			

12 ㈜감평은 20×1년 1월 1일 다음과 같은 조건의 전환사채를 액면발행하였다.

- 액면금액 : ₩1,000,000
- 일반사채 시장이자율 : 연 10%
- 만기상환일 : 20×3년 12월 31일
- 표시이자율 : 연 6%
- 이자지급일 : 매년 말

동 전환사채는 전환권을 행사하지 않을 경우 만기상환일에 액면금액의 106.49%를 일시 상환하는 조건이다. 전환청구가 없었다고 할 때, ㈜감평이 동 전환사채와 관련하여 3년(20×1년 1월 1일~20×3년 12월 31일)간 인식할 이자비용 총액은? (단, 단수차이로 인한 오차가 있다면 가장 근사치를 선택한다.)

기간	단일금액 ₩1의 현재가치		정상연금 ₩1의 현재가치	
	6%	10%	6%	10%
3	0.83962	0.75131	2.67301	2.48685

① ₩50,719
② ₩115,619
③ ₩244,900
④ ₩295,619
⑤ ₩344,619

13 ㈜감평(리스이용자)은 20×1년 1월 1일에 ㈜한국리스(리스제공자)와 다음과 같은 리스계약을 체결하였다.

- 리스개시일 : 20×1년 1월 1일
- 리스기간 : 20×1년 1월 1일부터 20×3년 12월 31일까지
- 고정리스료 : 매년 말 ₩1,000,000 후급
- ㈜감평은 리스기간 종료일에 ㈜한국리스에게 ₩300,000을 지급하고, 기초자산(리스자산)의 소유권을 이전 받기로 하였다.
- ㈜감평과 ㈜한국리스는 리스개시일에 리스개설직접원가로 각각 ₩100,000과 ₩120,000을 지출하였다.
- 리스개시일 현재 기초자산의 내용연수는 4년이고, 잔존가치는 ₩0이다.

㈜감평은 사용권자산에 대해 원가모형을 적용하고 있으며 정액법으로 감가상각한다. 리스 관련 내재이자율은 알 수 없으나 ㈜감평의 증분차입이자율이 연 10%라고 할 때, 상기 리스 거래와 관련하여 ㈜감평이 20×1년도에 인식할 비용총액은? (단, 상기 리스계약은 소액 기초자산 리스에 해당하지 않으며, 감가상각비의 자본화는 고려하지 않는다. 또한, 단수차이로 인한 오차가 있다면 가장 근사치를 선택한다.)

기간	단일금액 ₩1의 현재가치	정상연금 ₩1의 현재가치
	10%	10%
3	0.75131	2.48685

① ₩532,449
② ₩949,285
③ ₩974,285
④ ₩1,175,305
⑤ ₩1,208,638

14 충당부채, 우발부채 및 우발자산에 관한 설명으로 옳지 않은 것은?

① 충당부채는 부채로 인식하는 반면, 우발부채는 부채로 인식하지 아니한다.

② 충당부채로 인식하는 금액은 현재의무를 보고기간 말에 이행하기 위하여 필요한 지출에 대한 최선의 추정치이어야 한다.

③ 충당부채에 대한 최선의 추정치를 구할 때에는 관련된 여러 사건과 상황에 따르는 불가피한 위험과 불확실성을 고려한다.

④ 예상되는 자산 처분이익은 충당부채를 생기게 한 사건과 밀접하게 관련되어 있다고 하더라도 충당부채를 측정함에 있어 고려하지 아니한다.

⑤ 충당부채는 충당부채의 법인세효과와 그 변동을 고려하여 세후 금액으로 측정한다.

15 ㈜감평은 20×1년 10월 1일에 고객과 원가 ₩900의 제품을 ₩1,200에 판매하는 계약을 체결하고 즉시 현금 판매하였다. 계약에 따르면 ㈜감평은 20×2년 3월 31일에 동 제품을 ₩1,300에 재매입할 수 있는 콜옵션을 보유하고 있다. 동 거래가 다음의 각 상황에서 ㈜감평의 20×2년도 당기순이익에 미치는 영향은? (단, 각 상황(A, B)은 독립적이고, 화폐의 시간가치는 고려하지 않으며, 이자비용(수익)은 월할계산한다.)

상황	내용
A	20×2년 3월 31일에 ㈜감평이 계약에 포함된 콜옵션을 행사한 경우
B	20×2년 3월 31일에 계약에 포함된 콜옵션이 행사되지 않은 채 소멸된 경우

	상황 A	상황 B		상황 A	상황 B
①	₩100 감소	₩100 증가	②	₩50 감소	₩100 증가
③	₩50 감소	₩350 증가	④	₩300 증가	₩350 증가
⑤	₩400 증가	₩400 증가			

16 다음은 ㈜감평의 20×1년도 기초와 기말 재무상태표의 금액이다.

	20×1년 기초	20×1년 기말
자산총계	₩5,000	₩7,000
부채총계	2,500	3,400

㈜감평은 20×1년 중에 ₩300의 유상증자와 ₩100의 무상증자를 각각 실시하였으며, 현금배당 ₩200을 지급하였다. 20×1년도 당기에 유형자산 관련 재평가잉여금이 ₩80만큼 증가한 경우 ㈜감평의 20×1년도 포괄손익계산서 상 당기순이익은? (단, 재평가잉여금의 변동 외에 다른 기타자본요소의 변동은 없다.)

① ₩820
② ₩900
③ ₩920
④ ₩980
⑤ ₩1,000

17 금융상품에 관한 설명으로 옳지 않은 것은?

① 금융자산의 정형화된 매입 또는 매도는 매매일이나 결제일에 인식하거나 제거한다.

② 당기손익-공정가치 측정 금융자산이 아닌 경우 해당 금융자산의 취득과 직접 관련되는 거래원가는 최초 인식시점의 공정가치에 가산한다.

③ 금융자산의 계약상 현금흐름이 재협상되거나 변경되었으나 그 금융자산이 제거되지 아니하는 경우에는 해당 금융자산의 총 장부금액을 재계산하고 변경손익을 당기손익으로 인식한다.

④ 금융자산 양도의 결과로 금융자산 전체를 제거하는 경우에는 금융자산의 장부금액과 수취한 대가의 차액을 당기손익으로 인식한다.

⑤ 최초 발생시점이나 매입할 때 신용이 손상되어 있는 상각후원가 측정 금융자산의 이자수익은 최초 인식시점부터 총 장부금액에 유효이자율을 적용하여 계산한다.

18 고객과의 계약에서 생기는 수익에 관한 설명으로 옳지 않은 것은?

① 고객과의 계약에서 약속한 대가에 변동금액이 포함된 경우 기업은 고객에게 약속한 재화나 용역을 이전하고 그 대가로 받을 권리를 갖게 될 금액을 추정한다.

② 고객이 재화나 용역의 대가를 선급하였고 그 재화나 용역의 이전 시점이 고객의 재량에 따라 결정된다면, 기업은 거래가격을 산정할 때 화폐의 시간가치가 미치는 영향을 고려하여 약속된 대가(금액)를 조정해야 한다.

③ 적절한 진행률 측정방법에는 산출법과 투입법이 포함되며, 진행률 측정방법을 적용할 때 고객에게 통제를 이전하지 않은 재화나 용역은 진행률 측정에서 제외한다.

④ 고객과의 계약체결 증분원가가 회수될 것으로 예상된다면 이를 자산으로 인식한다.

⑤ 고객이 기업이 수행하는 대로 기업의 수행에서 제공하는 효익을 동시에 얻고 소비한다면, 기업은 재화나 용역에 대한 통제를 기간에 걸쳐 이전하는 것이므로 기간에 걸쳐 수익을 인식한다.

19 20×1년 초에 사업을 개시한 ㈜감평의 회계담당자는 20×1년 말에 정기예금에 대한 미수이자 ₩200을 계상하지 않은 오류를 발견하였다. ㈜감평의 당기 및 차기 이후 적용 법인세율이 모두 30%일 때 이러한 회계처리 오류가 ㈜감평의 20×1년도 재무제표에 미친 영향으로 옳은 것은? (단, 세법상 정기예금 이자는 이자수령시점에 과세된다. 또한, ㈜감평은 이연법인세 회계를 적용하고 있으며, 미래에 충분한 과세소득이 발생할 것으로 판단된다.)

① 당기법인세자산이 ₩60 과대계상되었다.

② 당기법인세부채가 ₩60 과소계상되었다.

③ 법인세비용이 ₩60 과대계상되었다.

④ 당기순이익이 ₩140 과소계상되었다.

⑤ 이연법인세자산이 ₩60 과소계상되었다.

20 ㈜감평은 20×1년 1월 1일에 액면금액 ₩500,000(표시이자율 연 10%, 만기 3년, 매년 말 이자 지급)의 사채를 ₩475,982에 취득하고, 당기손익−공정가치 측정 금융자산으로 분류하였다. 동 사채의 취득 당시 유효이자율은 연 12%이며, 20×1년 말 공정가치는 ₩510,000이다. 상기 금융자산(사채) 관련 회계처리가 ㈜감평의 20×1년도 당기순이익에 미치는 영향은? (단, 단수차이로 인한 오차가 있다면 가장 근사치를 선택한다.)

① ₩84,018 증가   ② ₩70,000 증가

③ ₩60,000 증가   ④ ₩34,018 증가

⑤ ₩10,000 증가

21 ㈜감평은 특정차입금 없이 일반차입금을 사용하여 건물을 신축하였다. 건물은 차입원가 자본화 대상인 적격자산이다. 신축 건물과 관련한 자료가 다음과 같을 경우, 20×1년도에 자본화할 차입원가(A)와 20×2년도에 자본화할 차입원가(B)는? (단, 계산 시 월할 계산하며, 전기에 자본화한 차입원가는 적격자산의 연평균 지출액 계산 시 포함하지 않는다.)

- 공사기간 : 20×1년 5월 1일 ~ 20×2년 6월 30일
- 공사비 지출 :

20×1년 5월 1일	20×1년 10월 1일	20×2년 4월 1일
₩300,000	₩200,000	₩100,000

- 일반차입금 자본화 연이자율

20×1년	20×2년
10%	8%

- 실제 발생한 이자비용

20×1년	20×2년
₩20,000	₩24,200

	(A)	(B)		(A)	(B)
①	₩20,000	₩22,000	②	₩20,000	₩24,200
③	₩20,000	₩25,000	④	₩25,000	₩22,000
⑤	₩25,000	₩24,200			

22 ㈜감평의 20×1년 초 유통보통주식수는 1,600주(주당 액면금액 ₩100)이며 20×1년 7월 1일 기존주주를 대상으로 보통주 600주를 발행하는 유상증자를 실시하였다. 주당 발행가액은 ₩400이며 유상증자 직전 주당 공정가치는 ₩600이었다. 기본주당이익 계산을 위한 가중평균유통보통주식수는? (단, 유상증자대금은 20×1년 7월 1일 전액 납입완료되었으며, 유통보통주식수는 월할계산한다.)

① 1,600주
② 1,760주
③ 1,800주
④ 1,980주
⑤ 2,200주

23 ㈜감평은 20×1년 초 부여일로부터 3년의 용역제공을 조건으로 직원 50명에게 각각 주식선택권 10개를 부여하였다. 부여일 현재 주식선택권의 단위당 공정가치는 ₩1,000으로 추정되었으며, 매년 말 추정한 주식선택권의 공정가치는 다음과 같다.

20×1.12.31.	20×2.12.31.	20×3.12.31.	20×4.12.31.
₩1,000	₩1,100	₩1,200	₩1,300

주식선택권 1개당 1주의 주식을 부여받을 수 있으며 권리가득일로부터 3년간 행사가 가능하다. ㈜감평은 20×1년 말과 20×2년 말에 가득기간 중 직원의 퇴사율을 각각 25%와 28%로 추정하였으며, 20×1년도와 20×2년도에 실제로 퇴사한 직원은 각각 10명과 2명이다. 20×3년 말 주식선택권을 가득한 직원은 총 35명이다. 20×4년 1월 1일 주식선택권을 가득한 종업원 중 60%가 본인의 주식선택권 전량을 행사하였을 경우 이로 인한 ㈜감평의 자본 증가액은? (단, ㈜감평 주식의 주당 액면금액은 ₩5,000이고 주식선택권의 개당 행사가격은 ₩6,000이다.)

① ₩210,000
② ₩420,000
③ ₩1,050,000
④ ₩1,260,000
⑤ ₩1,470,000

24 퇴직급여제도에 관한 설명으로 옳지 않은 것은?
① 확정기여제도에서는 종업원이 보험수리적위험(급여가 예상에 미치지 못할 위험)과 투자위험(투자자산이 예상급여액을 지급하는 데 충분하지 못할 위험)을 실질적으로 부담한다.
② 확정기여제도에서는 기여금의 전부나 일부의 납입기일이 종업원이 관련 근무용역을 제공하는 연차보고기간 말 후 12개월이 되기 전에 모두 결제될 것으로 예상되지 않는 경우를 제외하고는 할인되지 않은 금액으로 채무를 측정한다.
③ 확정급여채무의 현재가치와 당기근무원가를 결정하기 위해서는 예측단위적립방식을 사용하며, 적용할 수 있다면 과거근무원가를 결정할 때에도 동일한 방식을 사용한다.
④ 확정급여제도에서 기업이 보험수리적위험(실제급여액이 예상급여액을 초과할 위험)과 투자위험을 실질적으로 부담하며, 보험수리적 실적이나 투자실적이 예상보다 저조하다면 기업의 의무가 늘어날 수 있다.
⑤ 퇴직급여채무를 할인하기 위해 사용하는 할인율은 보고기간 말 현재 그 통화로 표시된 국공채의 시장수익률을 참조하여 결정하고, 국공채의 시장수익률이 없는 경우에는 보고기간 말 현재 우량회사채의 시장수익률을 사용한다.

25 ㈜감평은 20×1년 1월 1일 사용목적으로 ₩5,000에 건물(내용연수 5년, 잔존가치 ₩0, 정액법 감가상각)을 취득하고 재평가모형을 적용하고 있다. 건물을 사용함에 따라 재평가잉여금 중 일부를 이익잉여금으로 대체하고, 건물 처분 시 재평가잉여금 잔액을 모두 이익잉여금으로 대체하는 정책을 채택하고 있다. 20×2년 말 건물에 대한 공정가치는 ₩6,000이다. ㈜감평이 20×5년 1월 1일 동 건물을 처분할 때, 재평가잉여금 중 이익잉여금으로 대체되는 금액은?

① ₩0
② ₩400
③ ₩500
④ ₩800
⑤ ₩1,000

26 무형자산의 회계처리에 관한 설명으로 옳지 않은 것은?

① 무형자산의 잔존가치는 해당 자산의 장부금액과 같거나 큰 금액으로 증가할 수도 있다.
② 브랜드, 제호, 출판표제, 고객목록, 그리고 이와 실질이 유사한 항목(외부에서 취득하였는지 또는 내부적으로 창출하였는지에 관계없이)에 대한 취득이나 완성 후의 지출은 발생시점에 항상 당기손익으로 인식한다.
③ 무형자산의 상각방법은 자산의 경제적효익이 소비될 것으로 예상되는 형태를 반영한 방법이어야 하지만, 그 형태를 신뢰성 있게 결정할 수 없는 경우에는 정액법을 사용한다.
④ 내용연수가 비한정인 무형자산은 상각하지 않고, 무형자산의 손상을 시사하는 징후가 있을 경우에 한하여 손상검사를 수행한다.
⑤ 내부적으로 창출한 브랜드, 제호, 출판표제, 고객목록과 이와 실질이 유사한 항목은 무형자산으로 인식하지 아니한다.

27 ㈜감평은 20×1년 9월 1일 미국에 있는 토지(유형자산)를 $5,000에 취득하고 원가모형을 적용하고 있다. 20×1년 12월 31일 현재 토지의 공정가치는 $5,100이며, 20×2년 2월 1일 토지 중 30%를 $1,550에 처분하였다. 일자별 환율이 다음과 같을 때, 처분손익은? (단, ㈜감평의 기능통화는 원화이다.)

일자	20×1년 9월 1일	20×1년 12월 31일	20×2년 2월 1일
환율(₩/$)	₩1,200	₩1,170	₩1,180

① 손실 ₩29,000
② 손실 ₩38,900
③ ₩0
④ 이익 ₩29,000
⑤ 이익 ₩38,900

28 ㈜감평은 20×1년 초 ₩20,000에 기계장치(내용연수 5년, 잔존가치 ₩0, 정액법 감가상각)를 취득하여 사용하고 있다. ㈜감평은 동 기계장치에 대해 취득 연도부터 재평가모형을 적용하고 있으며, 처분부대원가가 무시할 수 없을 정도로 상당하여 손상회계를 적용하고 있다. 공정가치와 회수가능액이 다음과 같을 경우, 20×2년도에 인식할 손상차손 또는 손상차손환입액은? (단, 기계장치를 사용함에 따라 재평가잉여금의 일부를 이익잉여금으로 대체하지 않는다.)

구분	20×1년 말	20×2년 말
공정가치	₩18,000	₩12,000
회수가능액	19,500	11,000

① ₩0
② 손상차손 ₩500
③ 손상차손 ₩1,000
④ 손상차손환입 ₩500
⑤ 손상차손환입 ₩1,000

29 ㈜감평은 확정급여제도를 운영하고 있으며, 20×1년도 관련 자료는 다음과 같다. 20×1년도 기타포괄손익으로 인식할 확정급여채무의 재측정요소는?

• 기초 확정급여채무의 현재가치	₩100,000
• 기초 사외적립자산의 공정가치	90,000
• 퇴직금 지급액(사외적립자산에서 지급)	12,000
• 포괄손익계산서 상 당기손익 인식 퇴직급여 관련 비용	28,000
• 이자비용	10,000
• 이자수익	9,000
• 기말 확정급여채무의 현재가치	128,000
• 기말 사외적립자산의 공정가치	99,000

① 재측정손실 ₩2,000
② 재측정손실 ₩3,000
③ 재측정손익 없음
④ 재측정이익 ₩2,000
⑤ 재측정이익 ₩3,000

30 매각예정으로 분류된 비유동자산 또는 처분자산집단에 관한 설명으로 옳은 것은?

① 매각예정으로 분류하였으나 중단영업의 정의를 충족하지 않는 비유동자산(또는 처분자산집단)을 재측정하여 인식하는 평가손익은 계속영업손익에 포함한다.

② 소유주에 대한 분배예정으로 분류된 비유동자산(또는 처분자산집단)은 공정가치와 장부금액 중 작은 금액으로 측정한다.

③ 비유동자산이 매각예정으로 분류되거나 매각예정으로 분류된 처분자산집단의 일부이더라도 그 자산은 감가상각 또는 상각을 중단하지 아니한다.

④ 매각예정으로 분류된 비유동자산(또는 처분자산집단)은 공정가치와 장부금액 중 큰 금액으로 측정한다.

⑤ 매각예정으로 분류된 처분자산집단의 부채와 관련된 이자와 기타 비용은 인식을 중단한다.

31 ㈜감평은 동일 공정에서 결합제품 A와 B를 생산하여 추가로 원가(A: ₩40, B: ₩60)를 각각 투입하여 가공한 후 판매하였다. 순실현가치법을 사용하여 결합원가 ₩120을 배분하면 제품 A의 총제조원가는 ₩70이며, 매출총이익률은 30%이다. 제품 B의 매출총이익률은?

① 27.5%　　② 30%
③ 32.5%　　④ 35%
⑤ 37.5%

32 원가에 관한 설명으로 옳지 않은 것은?

① 가공원가(전환원가)는 직접노무원가와 제조간접원가를 합한 금액이다.

② 연간 발생할 것으로 기대되는 총변동원가는 관련범위 내에서 일정하다.

③ 당기제품제조원가는 당기에 완성되어 제품으로 대체된 완성품의 제조원가이다.

④ 기초고정원가는 현재의 조업도 수준을 유지하는 데 기본적으로 발생하는 고정원가이다.

⑤ 회피가능원가는 특정한 의사결정에 의하여 원가의 발생을 회피할 수 있는 원가로서 의사결정과 관련있는 원가이다.

33 ㈜감평은 20×1년 3월 제품 A(단위당 판매가격 ₩800) 1,000단위를 생산·판매하였다. 3월의 단위당 변동원가는 ₩500이고, 총고정원가는 ₩250,000이 발생하였다. 4월에는 광고비 ₩15,000을 추가 지출하면 ₩50,000의 매출이 증가할 것으로 기대하고 있다. 이를 실행할 경우 ㈜감평의 4월 영업이익에 미치는 영향은? (단, 단위당 판매가격, 단위당 변동원가, 광고비를 제외한 총고정원가는 3월과 동일하다.)

① ₩3,750 감소 ② ₩3,750 증가
③ ₩15,000 감소 ④ ₩15,000 증가
⑤ ₩35,000 증가

34 ㈜감평은 두 개의 제조부문 X, Y와 두 개의 보조부문 S_1, S_2를 운영하고 있으며, 배부 전 부문발생원가는 다음과 같다.

부문		부문발생원가
보조부문	S_1	₩90
	S_2	180
제조부문	X	158
	Y	252

보조부문 S_1은 보조부문 S_2에 0.5, 제조부문 X에 0.3, 보조부문 S_2는 보조부문 S_1에 0.2의 용역을 제공하고 있다. 보조부문의 원가를 상호배분법에 의해 제조부문에 배부한 후 제조부문 X의 원가가 ₩275인 경우, 보조부문 S_2가 제조부문 X에 제공한 용역제공비율은?

① 0.2 ② 0.3
③ 0.4 ④ 0.5
⑤ 0.6

35 ㈜감평의 20×1년 제품 A의 생산·판매와 관련된 자료는 다음과 같다.

• 단위당 판매가격	₩25
• 단위당 변동제조원가	10
• 단위당 변동판매관리비	6
• 연간 총고정제조간접원가	1,500 (감가상각비 ₩200 포함)
• 연간 총고정판매관리비	2,500 (감가상각비 ₩300 포함)

㈜감평은 변동원가계산을 채택하고 있으며, 감가상각비를 제외한 모든 수익과 비용은 발생시점에 현금으로 유입되고 지출된다. 법인세율이 20%일 때 ㈜감평의 세후현금흐름분기점 판매량은?

① 180단위   ② 195단위
③ 360단위   ④ 375단위
⑤ 390단위

36 제품 A와 B를 생산·판매하고 있는 ㈜감평의 20×1년 제조간접원가를 활동별로 추적한 자료는 다음과 같다.

	원가동인	제품 A	제품 B	추적가능원가
자재주문	주문횟수	20회	35회	₩55
품질검사	검사횟수	10회	18회	84
기계수리	기계가동시간	80시간	100시간	180

제조간접원가를 활동기준으로 배부하였을 경우 제품 A와 B에 배부될 원가는?

	제품 A	제품 B		제품 A	제품 B
①	₩100	₩219	②	₩130	₩189
③	₩150	₩169	④	₩189	₩130
⑤	₩219	₩100			

37 다음은 ㈜감평의 20×1년 상반기 종합예산을 작성하기 위한 자료의 일부이다. 4월의 원재료 구입예산액은?

> • 예산판매량
> – 3월 : 2,000단위   4월 : 2,500단위   5월 : 2,400단위   6월 : 2,700단위
> • 재고정책
> – 제품 : 다음 달 예산판매량의 10%를 월말재고로 보유한다.
> – 원재료 : 다음 달 생산량에 소요되는 원재료의 5%를 월말재고로 보유한다.
> • 제품 1단위를 생산하는 데 원재료 2kg이 투입되며, kg당 구입단가는 ₩10이다.

① ₩49,740
② ₩49,800
③ ₩49,860
④ ₩52,230
⑤ ₩52,290

38 다음은 제품 A를 생산·판매하는 ㈜감평의 당기 전부원가 손익계산서와 공헌이익 손익계산서이다.

전부원가 손익계산서		공헌이익 손익계산서	
매출액	₩1,000,000	매출액	₩1,000,000
매출원가	650,000	변동원가	520,000
매출총이익	350,000	공헌이익	480,000
판매관리비	200,000	고정원가	400,000
영업이익	150,000	영업이익	80,000

제품의 단위당 판매가격 ₩1,000, 총고정판매관리비가 ₩50,000일 때 전부원가계산에 의한 기말제품재고는? (단, 기초 및 기말 재공품, 기초제품은 없다.)

① ₩85,000
② ₩106,250
③ ₩162,500
④ ₩170,000
⑤ ₩212,500

39 다음은 종합원가계산제도를 채택하고 있는 ㈜감평의 당기 제조활동에 관한 자료이다.

• 기초재공품	₩3,000(300단위, 완성도 60%)
• 당기투입원가	₩42,000
• 당기완성품수량	800단위
• 기말재공품	200단위(완성도 50%)

모든 원가는 공정 전체를 통하여 균등하게 발생하며, 기말재공품의 평가는 평균법을 사용하고 있다. 기말재공품원가는? (단, 공손 및 감손은 없다.)

① ₩4,200 ② ₩4,500
③ ₩5,000 ④ ₩8,400
⑤ ₩9,000

40 ㈜감평은 표준원가계산제도를 채택하고 있으며, 20×1년도 직접노무원가와 관련된 자료는 다음과 같다. 20×1년도 실제 총직접노무원가는?

• 실제생산량	100단위
• 직접노무원가 실제임률	시간당 ₩8
• 직접노무원가 표준임률	시간당 ₩10
• 실제생산량에 허용된 표준 직접작업시간 생산량 단위당	3시간
• 직접노무원가 임률차이	₩700(유리)
• 직접노무원가 능률차이	₩500(불리)

① ₩1,800 ② ₩2,500
③ ₩2,800 ④ ₩3,500
⑤ ₩4,200

2021년 32회 기출문제

※ 아래의 문제들에서 특별한 언급이 없는 한 기업의 보고기간(회계기간)은 매년 1월 1일부터 12월 31일까지이다. 또한, 기업은 주권상장법인으로 계속해서 한국채택국제회계기준(K-IFRS)을 적용해오고 있다고 가정하고, 답지항 중에서 물음에 가장 합당한 답을 고르시오. 단, 자료에서 제시한 모든 항목과 금액은 중요하며, 자료에서 제시한 것 이외의 사항은 고려하지 않고 답한다. 예를 들어, 법인세에 대한 언급이 없으면 법인세 효과는 고려하지 않는다.

01 유용한 재무정보의 질적특성에 관한 설명으로 옳은 것은?

① 근본적 질적특성은 목적적합성과 검증가능성이다.

② 목적적합한 재무정보는 이용자들의 의사결정에 차이가 나도록 할 수 있다.

③ 보고기간이 지난 정보는 더 이상 적시성을 갖지 않는다.

④ 정보가 비교가능하기 위해서는 비슷한 것은 다르게 보여야 하고 다른 것은 비슷하게 보여야 한다.

⑤ 표현충실성에서 오류가 없다는 것은 모든 면에서 완벽하게 정확하다는 것을 의미한다.

02 현금 및 현금성자산으로 재무상태표에 표시될 수 없는 것을 모두 고른 것은? (단, 지분상품은 현금으로 전환이 용이하다.)

> ㄱ. 부채상환을 위해 12개월 이상 사용이 제한된 요구불예금
> ㄴ. 사용을 위해 구입한 수입인지와 우표
> ㄷ. 상환일이 정해져 있고 취득일로부터 상환일까지 기간이 2년인 회사채
> ㄹ. 취득일로부터 1개월 내에 처분할 예정인 상장기업의 보통주
> ㅁ. 재취득한 자기지분상품

① ㄱ, ㄴ, ㄹ   ② ㄱ, ㄷ, ㄹ

③ ㄴ, ㄷ, ㅁ   ④ ㄱ, ㄴ, ㄷ, ㅁ

⑤ ㄱ, ㄴ, ㄷ, ㄹ, ㅁ

03 공정가치 측정에 관한 설명으로 옳지 않은 것은?

① 공정가치란 측정일에 시장참여자 사이의 정상거래에서 자산을 매도할 때 받거나 부채를 이전할 때 지급하게 될 가격이다.

② 공정가치는 시장에 근거한 측정치이며 기업 특유의 측정치가 아니다.

③ 공정가치를 측정하기 위해 사용하는 가치평가기법은 관측할 수 있는 투입변수를 최소한 으로 사용하고 관측할 수 없는 투입변수를 최대한으로 사용한다.

④ 기업은 시장참여자가 경제적으로 최선의 행동을 한다는 가정하에, 시장참여자가 자산이 나 부채의 가격을 결정할 때 사용할 가정에 근거하여 자산이나 부채의 공정가치를 측정 하여야 한다.

⑤ 비금융자산의 공정가치를 측정할 때는 자신이 그 자산을 최고 최선으로 사용하거나 최고 최선으로 사용할 다른 시장참여자에게 그 자산을 매도함으로써 경제적효익을 창출할 수 있는 시장참여자의 능력을 고려한다.

04 ㈜감평은 20×1년 중 공정가치선택권을 적용한 당기손익-공정가치 측정 금융부채 ₩80,000 을 최초 인식하였다. 20×1년 말 해당 금융부채의 공정가치는 ₩65,000으로 하락하였다. 공정가치 변동 중 ₩5,000은 ㈜감평의 신용위험 변동으로 발생한 것이다. 해당 금융부채로 인해 ㈜감평의 20×1년 당기순이익에 미치는 영향은? (단, ㈜감평의 신용위험 변동은 당기 손익의 회계불일치를 일으키거나 확대하지는 않는다.)

① ₩10,000 감소   ② ₩5,000 감소
③ 영향 없음   ④ ₩5,000 증가
⑤ ₩10,000 증가

05 다음의 특징을 모두 가지고 있는 자산은?

- 개별적으로 식별하여 별도로 인식할 수 없다.
- 손상징후와 관계없이 매년 손상검사를 실시한다.
- 손상차손환입을 인식할 수 없다.
- 사업결합 시 이전대가가 피취득자 순자산의 공정가치를 초과한 금액이다.

① 특허권   ② 회원권
③ 영업권   ④ 라이선스
⑤ 가상화폐

06 ㈜감평은 20×1년 초 해지불능 리스계약을 체결하고 사용권자산(내용연수 5년, 잔존가치 ₩0, 정액법 상각)과 리스부채(리스기간 5년, 매년 말 정기리스료 ₩13,870, 리스기간 종료 후 소유권 무상이전 약정)를 각각 ₩50,000씩 인식하였다. 리스계약의 내재이자율은 연 12% 이고 ㈜감평은 리스회사의 내재이자율을 알고 있다. ㈜감평은 사용권자산에 대해 재평가모형을 적용하고 있으며 20×1년 말 사용권자산의 공정가치는 ₩35,000이다. 동 리스계약이 ㈜감평의 20×1년 당기순이익에 미치는 영향은? (단, 리스계약은 소액자산리스 및 단기리스가 아니라고 가정한다.)

① ₩5,000 감소　　　　　　　　　② ₩6,000 감소
③ ₩15,000 감소　　　　　　　　 ④ ₩16,000 감소
⑤ ₩21,000 감소

07 ㈜감평의 20×1년 중 발생한 자본항목 사건이다.

• 무상증자 시행	₩500	• 주식배당 결의	₩300
• 자기주식 취득	600	• 자기주식 소각	600
• 당기순이익 발생	1,000	• 기타포괄이익 발생	800

20×1년 초 ㈜감평의 자본은 ₩10,000이고 이 외에 자본항목 사건은 없다고 가정할 때, 20×1년 말 ㈜감평의 자본은?

① ₩10,400　　　　　　　　　　② ₩11,000
③ ₩11,200　　　　　　　　　　④ ₩11,600
⑤ ₩11,800

08 ㈜감평은 20×1년부터 제품판매 ₩5당 포인트 1점을 고객에게 제공하는 고객충성제도를 운영하고 제품판매 대가로 ₩10,000을 수취하였다. 포인트는 20×2년부터 ㈜감평의 제품을 구매할 때 사용할 수 있으며 포인트 이행약속은 ㈜감평의 중요한 수행의무이다. ㈜감평은 포인트 1점당 ₩0.7으로 측정하고, 20×1년 부여된 포인트 중 75%가 사용될 것으로 예상하여 포인트의 개별 판매가격을 추정하였다. 포인트가 없을 때 20×1년 제품의 개별 판매가격은 ₩9,450이다. 상대적 개별 판매가격에 기초하여 ㈜감평이 판매대가 ₩10,000을 수행의무에 배분하는 경우, 20×1년 말 재무상태표에 인식할 포인트 관련 이연수익(부채)은?

① ₩1,000　　　　　　　　　　② ₩1,050
③ ₩1,450　　　　　　　　　　④ ₩1,550
⑤ ₩2,000

09 ㈜감평은 20×1년 초 액면금액 ₩100,000인 전환상환우선주(액면배당율 연 2%, 매년 말 배당지급)를 액면발행하였다. 전환상환우선주 발행 시 조달한 현금 중 금융부채요소의 현재가치는 ₩80,000이고 나머지는 자본요소(전환권)이다. 전환상환우선주 발행시점의 금융부채요소 유효이자율은 연 10%이다. 20×2년 초 전환상환우선주의 40%를 보통주로 전환할 때, ㈜감평의 자본증가액은?

① ₩32,000
② ₩34,400
③ ₩40,000
④ ₩42,400
⑤ ₩50,000

10 ㈜감평의 기말재고자산에 포함시켜야 할 항목을 모두 고른 것은?

> ㄱ. 창고가 작아 기말 현재 외부에 보관 중인 ㈜감평의 원재료
> ㄴ. ㈜감평이 FOB 선적지 인도조건으로 판매하였으나 기말 현재 도착하지 않은 상품
> ㄷ. ㈜감평이 고객에게 인도하고 기말 현재 고객이 사용의사를 표시한 시용품
> ㄹ. ㈜감평이 FOB 도착지 인도조건으로 매입하였으나 기말 현재 도착하지 않은 상품

① ㄱ
② ㄷ
③ ㄱ, ㄴ
④ ㄴ, ㄹ
⑤ ㄷ, ㄹ

11 고객과의 계약에서 생기는 수익에 관한 설명으로 옳지 않은 것은?

① 거래가격을 산정하기 위해서는 계약 조건과 기업의 사업 관행을 참고하며, 거래가격에는 제삼자를 대신해서 회수한 금액은 제외한다.
② 고객과의 계약에서 약속한 대가는 고정금액, 변동금액 또는 둘 다를 포함할 수 있다.
③ 변동대가의 추정이 가능한 경우, 계약에서 가능한 결과치가 두 가지뿐일 경우에는 기댓값이 변동대가의 적절한 추정치가 될 수 있다.
④ 기업이 받을 권리를 갖게 될 변동대가(금액)에 미치는 불확실성의 영향을 추정할 때에는 그 계약 전체에 하나의 방법을 일관되게 적용한다.
⑤ 고객에게서 받은 대가의 일부나 전부를 고객에게 환불할 것으로 예상하는 경우에는 환불부채를 인식한다.

12 투자부동산에 관한 설명으로 옳지 않은 것은?

① 소유 투자부동산은 최초 인식시점에 원가로 측정한다.

② 투자부동산을 후불조건으로 취득하는 경우의 원가는 취득시점의 현금가격상당액으로 한다.

③ 투자부동산의 평가방법으로 공정가치모형을 선택한 경우, 감가상각을 수행하지 아니한다.

④ 공정가치로 평가하게 될 자가건설 투자부동산의 건설이나 개발이 완료되면 해당일의 공정가치와 기존 장부금액의 차액은 기타포괄손익으로 인식한다.

⑤ 재고자산을 공정가치로 평가하는 투자부동산으로 대체하는 경우, 재고자산의 장부금액과 대체시점의 공정가치의 차액은 당기손익으로 인식한다.

13 재무제표의 표시에 관한 설명으로 옳지 않은 것은?

① 재무제표가 한국채택국제회계기준의 요구사항을 모두 충족한 경우가 아니라면 한국채택국제회계기준을 준수하여 작성되었다고 기재하여서는 안 된다.

② 기업이 재무상태표에 유동자산과 비유동자산으로 구분하여 표시하는 경우, 이연법인세자산은 유동자산으로 분류하지 아니한다.

③ 비용을 기능별로 분류하는 기업은 감가상각비, 기타 상각비와 종업원급여비용을 포함하여 비용의 성격에 대한 추가 정보를 공시한다.

④ 수익과 비용의 어느 항목은 포괄손익계산서 또는 주석에 특별손익항목으로 별도 표시한다.

⑤ 매출채권에 대한 대손충당금을 차감하여 관련 자산을 순액으로 측정하는 것은 상계표시에 해당하지 아니한다.

14 ㈜감평은 20×1년 초 기계장치(취득원가 ₩1,000,000, 내용연수 5년, 잔존가치 ₩50,000, 정액법 상각)를 구입하고, 원가모형을 적용하였다. 20×4년 초 ㈜감평은 기계장치의 내용연수를 당초 5년에서 7년으로, 잔존가치도 변경하였다. ㈜감평이 20×4년에 인식한 감가상각비가 ₩100,000인 경우, 기계장치의 변경된 잔존가치는?

① ₩20,000 　　　　　　　　② ₩30,000

③ ₩50,000 　　　　　　　　④ ₩70,000

⑤ ₩130,000

15 ㈜감평의 20×1년도 상품 매입과 관련된 자료이다. 20×1년도 상품 매입원가는? (단, ㈜감평은 부가가치세 과세사업자이며, 부가가치세는 환급대상에 속하는 매입세액이다.)

항목	금액	비고
당기매입	₩110,000	부가가치세 ₩10,000 포함
매입운임	10,000	
하역료	5,000	
매입할인	5,000	
리베이트	2,000	
보관료	3,000	후속 생산단계에 투입하기 전에 보관이 필요한 경우가 아님
관세납부금	500	

① ₩108,500
② ₩110,300
③ ₩110,500
④ ₩113,500
⑤ ₩123,500

16 ㈜감평은 20×1년 초 기계장치(내용연수 3년, 잔존가치 ₩0, 정액법 상각)를 구입과 동시에 무이자부 약속어음(액면금액 ₩300,000, 3년 만기, 매년 말 ₩100,000 균등상환)을 발행하여 지급하였다. 이 거래 당시 ㈜감평이 발행한 어음의 유효이자율은 연 12%이다. 기계장치에 대해 원가모형을 적용하고, 당해 차입원가는 자본화대상에 해당하지 않는다. 20×1년 ㈜감평이 인식할 비용은? (단, 12%, 3기간의 연금현가계수는 2.40183이고, 계산금액은 소수점 첫째자리에서 반올림하며, 단수차이로 인한 오차가 있으면 가장 근사치를 선택한다.)

① ₩59,817
② ₩80,061
③ ₩88,639
④ ₩108,883
⑤ ₩128,822

17 ㈜감평의 20×1년 초 유통보통주식수는 18,400주이다. ㈜감평은 20×1년 7월 초 주주우선배정 방식으로 유상증자를 실시하였다. 유상증자 권리행사 전일의 공정가치는 주당 ₩50,000이고, 유상증자 시의 주당 발행금액은 ₩40,000, 발행주식수는 2,000주이다. ㈜감평은 20×1년 9월 초 자기주식을 1,500주 취득하였다. ㈜감평의 20×1년 가중평균유통보통주식수는? (단, 가중평균유통보통주식수는 월할 계산한다.)

① 18,667주
② 19,084주
③ 19,268주
④ 19,400주
⑤ 20,400주

18 ㈜감평이 20×1년 말 재무상태표에 계상하여야 할 충당부채는? (단, 아래에서 제시된 금액은 모두 신뢰성 있게 측정되었다.)

사건	비고
20×1년 9월 25일에 구조조정 계획이 수립되었으며 예상비용은 ₩300,000으로 추정된다.	20×1년 말까지는 구조조정계획의 이행에 착수하지 않았다.
20×1년 말 현재 소송이 제기되어 있으며, 동 소송에서 패소 시 배상하여야 할 손해배상금액은 ₩200,000으로 추정된다.	㈜감평의 자문 법무법인에 의하면 손해발생 가능성은 높지 않다.
미래의 예상 영업손실이 ₩450,000으로 추정된다.	
회사가 사용 중인 공장 구축물 철거 시, 구축물이 정착되어 있던 토지는 원상복구의무가 있다. 원상복구원가는 ₩200,000으로 추정되며 그 현재가치는 ₩120,000이다.	
판매한 제품에서 제조상 결함이 발견되어 보증비용 ₩350,000이 예상되며, 그 지출가능성이 높다. 동 보증은 확신유형 보증에 해당한다.	예상비용을 보험사에 청구하여 50%만큼 변제받기로 하였다.

① ₩295,000
② ₩470,000
③ ₩550,000
④ ₩670,000
⑤ ₩920,000

19 20×1년 초 설립한 ㈜감평의 법인세 관련 자료이다. ㈜감평의 20×1년도 유효법인세율은? (단, 유효법인세율은 법인세비용을 법인세비용차감전순이익으로 나눈 값으로 정의한다.)

- 20×1년 세무조정사항
  - 벌과금 손금불산입   ₩20,000
  - 접대비한도초과액   15,000
  - 감가상각비한도초과액   15,000
- 20×1년도 법인세비용차감전순이익은 ₩500,000이며, 이연법인세자산(부채)의 실현가능성은 거의 확실하다.
- 연도별 법인세율은 20%로 일정하다.

① 19.27%
② 20%
③ 21.4%
④ 22%
⑤ 22.8%

20 ㈜감평은 20×1년 중 연구개발비를 다음과 같이 지출하였다.

지출시기	구분	금액	비고
1월 초 ~ 6월 말	연구단계	₩50,000	
7월 초 ~ 9월 말	개발단계	100,000	자산인식 요건 미충족함
10월 초 ~ 12월 말	개발단계	50,000	자산인식 요건 충족함

㈜감평은 20×2년 말까지 ₩100,000을 추가 지출하고 개발을 완료하였다. 무형자산으로 인식한 개발비(내용연수 10년, 잔존가치 ₩0, 정액법 상각)는 20×3년 1월 1일부터 사용이 가능하며, 원가모형을 적용한다. 20×3년 말 현재 개발비가 손상징후를 보였으며 회수가능 액은 ₩80,000이다. 20×3년 인식할 개발비 손상차손은?

① ₩50,000
② ₩50,500
③ ₩53,750
④ ₩55,000
⑤ ₩70,000

21 고객과의 계약으로 식별하기 위한 기준에 관한 설명으로 옳지 않은 것은?

① 계약 당사자들이 계약을 서면으로, 구두로 또는 그 밖의 사업 관행에 따라 승인하고 각 자의 의무를 수행하기로 확약한다.
② 이전할 재화나 용역과 관련된 각 당사자의 권리를 식별할 수 있다.
③ 이전할 재화나 용역의 지급조건을 식별할 수 있다.
④ 계약에 상업적 실질을 요하지는 않는다.
⑤ 고객에게 이전할 재화나 용역에 대하여 받을 권리를 갖게 될 대가의 회수 가능성이 높다.

22 다음 항목과 계정 분류를 연결한 것으로 옳지 않은 것은?

① 직접 소유 또는 금융리스를 통해 보유하고 운용리스로 제공하고 있는 건물 - 재고자산
② 소유 자가사용부동산 - 유형자산
③ 처분예정인 자가사용부동산 - 매각예정비유동자산
④ 통상적인 영업과정에서 판매하기 위한 부동산이나 이를 위하여 건설 또는 개발 중인 부 동산 - 재고자산
⑤ 장래 용도를 결정하지 못한 채로 보유하고 있는 토지 - 투자부동산

23 공기청정기를 위탁판매하고 있는 ㈜감평은 20×1년 초 공기청정기 10대(대당 판매가격 ₩1,000, 대당 원가 ₩700)를 ㈜한국에 적송하였으며, 운송업체에 총운송비용 ₩100을 현금으로 지급하였다. ㈜한국은 위탁받은 공기청정기 10대 중 7대를 20×1년에 판매하였다. 20×1년 위탁판매와 관련하여 ㈜감평이 인식할 매출원가는?

① ₩4,970   ② ₩5,700

③ ₩7,070   ④ ₩8,100

⑤ ₩10,100

24 ㈜감평은 20×1년 초 종업원 100명에게 현금결제형 주가차액보상권을 각각 20개씩 부여하고 2년간의 용역제공조건을 부과하였다. ㈜감평은 20×1년에 ₩6,000, 20×2년에 ₩6,500을 주식보상비용으로 인식하였다. 20×1년 초부터 20×2년 말까지 30명의 종업원이 퇴사하였으며, 20×3년 말 종업원 10명이 권리를 행사하였다. 20×3년 말 현금결제형 주가차액보상권의 개당 공정가치는 ₩15, 개당 내재가치는 ₩10이라고 할 때, ㈜감평이 20×3년 인식할 주식보상비용은?

① ₩5,500   ② ₩6,000

③ ₩7,000   ④ ₩7,500

⑤ ₩8,500

25 ㈜감평은 20×1년 초 주당 액면금액이 ₩150인 ㈜한국의 보통주 20주를 주당 ₩180에 취득하였고, 총거래원가 ₩150을 지급하였다. ㈜감평은 동 주식을 기타포괄손익-공정가치 측정 금융자산으로 분류하였고 20×1년 말 동 주식의 공정가치는 주당 ₩240이다. 동 금융자산과 관련하여 20×1년 인식할 기타포괄이익은?

① ₩1,050   ② ₩1,200

③ ₩1,350   ④ ₩1,600

⑤ ₩1,950

26 ㈜감평의 20×2년 발생주의 수익과 비용은 각각 ₩1,500과 ₩600이며, 관련 자산과 부채는 다음과 같다.

계정과목	20×1년 말	20×2년 말
재고자산	₩1,500	₩1,300
미수수익	500	800
매출채권	500	400
미지급비용	600	300

20×2년 순현금흐름(현금유입액 – 현금유출액)은?

① (−)₩800
② (−)₩700
③ (+)₩300
④ (+)₩400
⑤ (+)₩600

27 ㈜감평은 재고자산을 20×1년 말까지 평균법을 적용해 오다가 20×2년 초 선입선출법으로 회계정책을 변경하였다. 다음은 20×1년 말과 20×2년 말의 평가방법별 재고자산 금액이다.

구분		20×1년 말	20×2년 말
재고자산금액	평균법	₩2,800	₩2,200
	선입선출법	2,500	2,800

평균법을 적용한 20×2년 당기순이익이 ₩2,000일 때, 변경 후 20×2년 당기순이익은? (단, 동 회계정책 변경은 한국채택국제회계기준에서 제시하는 조건을 충족하는 것이며, 선입선출법으로의 회계정책 변경에 대한 소급효과를 모두 결정할 수 있다고 가정한다.)

① ₩1,400
② ₩2,000
③ ₩2,300
④ ₩2,600
⑤ ₩2,900

28 ㈜감평은 취득원가 ₩2,500(처분당시 장부금액은 ₩1,500, 원가모형 적용)인 기계장치를 20×1년 초 ₩1,600에 처분하였다. ㈜감평은 기계장치 장부금액을 제거하지 않고 처분대가를 잡수익으로 처리하고, 20×1년과 20×2년 각각 취득원가의 10%를 감가상각비로 계상하였다. 이러한 오류는 20×3년 초 발견되었고, 20×2년도의 장부가 마감되었다면, ㈜감평의 20×3년 당기순이익에 미치는 영향은? (단, 상기 오류는 오류의 영향이나 오류의 누적효과를 실무적으로 결정할 수 있으며 중요한 오류에 해당한다.)

① 영향 없음   ② ₩100 증가
③ ₩250 증가   ④ ₩500 증가
⑤ ₩600 증가

29 ㈜감평이 사용하는 기계장치의 20×1년 말 장부금액은 ₩3,500(취득원가 ₩6,000, 감가상각누계액 ₩2,500, 원가모형 적용)이다. 20×1년 말 동 기계장치의 진부화로 가치가 감소하여 순공정가치는 ₩1,200, 사용가치는 ₩1,800으로 추정되었다. ㈜감평이 20×1년 인식할 기계장치 손상차손은?

① ₩1,200   ② ₩1,700
③ ₩1,800   ④ ₩2,000
⑤ ₩2,300

30 ㈜감평은 20×1년 2월 초 영업을 개시하여 2년간 제품보증 조건으로 건조기(대당 판매가격 ₩100)를 판매하고 있다. 20×1년 1,500대, 20×2년 4,000대의 건조기를 판매하였으며, 동종업계의 과거 경험에 따라 판매수량 대비 평균 3%의 보증요청이 있을 것으로 추정되고 보증비용은 대당 평균 ₩20이 소요된다. 당사가 제공하는 보증은 확신유형의 보증이며 연도별 보증이행 현황은 다음과 같다.

구분	20×1년	20×2년
20×1년 판매분	5대	15대
20×2년 판매분		30대

20×2년 말 보증손실충당부채는? (단, 보증요청의 발생가능성이 높고 금액은 신뢰성 있게 측정되었다. 충당부채의 현재가치요소는 고려하지 않는다.)

① ₩800   ② ₩1,000
③ ₩1,200   ④ ₩1,800
⑤ ₩2,300

31 **원가관리기법에 관한 설명으로 옳은 것은?**

① 제약이론을 원가관리에 적용한 재료처리량공헌이익(throughput contribution)은 매출액에서 기본원가를 차감하여 계산한다.

② 수명주기원가계산에서는 공장자동화가 이루어지면서 제조이전단계보다는 제조단계에서의 원가절감 여지가 매우 높아졌다고 본다.

③ 목표원가계산은 표준원가와 마찬가지로 제조과정에서의 원가절감을 강조한다.

④ 균형성과표는 전략의 구체화와 의사소통에 초점이 맞춰진 제도이다.

⑤ 품질원가계산에서는 내부실패원가와 외부실패원가를 통제원가라 하며, 예방 및 평가활동을 통해 이를 절감할 수 있다.

32 **㈜감평은 단일 제품을 대량생산하고 있으며, 가중평균법을 적용하여 종합원가계산을 하고 있다. 직접재료는 공정초에 전량 투입되고, 전환원가는 공정 전체에서 균등하게 발생한다. 당기 원가계산 자료는 다음과 같다.**

• 기초재공품	3,000개(완성도 80%)
• 당기착수수량	14,000개
• 당기완성품	13,000개
• 기말재공품	2,500개(완성도 60%)

품질검사는 완성도 70%에서 이루어지며, 당기 중 검사를 통과한 합격품의 10%를 정상공손으로 간주한다. 직접재료원가와 전환원가의 완성품환산량 단위당 원가는 각각 ₩30과 ₩20이다. 완성품에 배부되는 정상공손원가는?

① ₩35,000   ② ₩44,000

③ ₩55,400   ④ ₩57,200

⑤ ₩66,000

33 ㈜감평은 제품라인 A, B, C부문을 유지하고 있다. 20×1년 각 부문별 손익계산서는 다음과 같다.

	A부문	B부문	C부문	합계
매출액	₩200,000	₩300,000	₩500,000	₩1,000,000
변동원가	100,000	200,000	220,000	520,000
공헌이익	100,000	100,000	280,000	480,000
고정원가				
급여	30,000	50,000	80,000	160,000
광고선전비	10,000	60,000	70,000	140,000
기타 배부액	20,000	30,000	50,000	100,000
영업손익	₩40,000	(₩40,000)	₩80,000	₩80,000

㈜감평의 경영자는 B부문의 폐쇄를 결정하기 위하여 각 부문에 관한 자료를 수집한 결과 다음과 같이 나타났다.

- 급여는 회피불능원가이다.
- 광고선전은 각 부문별로 이루어지기 때문에 B부문을 폐쇄할 경우 B부문의 광고선전비는 더 이상 발생하지 않는다.
- 기타 배부액 총 ₩100,000은 각 부문의 매출액에 비례하여 배부한 원가이다.
- B부문을 폐쇄할 경우 C부문의 매출액이 20% 감소한다.

㈜감평이 B부문을 폐쇄할 경우 ㈜감평 전체 이익의 감소액은? (단, 재고자산은 없다.)

① ₩36,000
② ₩46,000
③ ₩66,000
④ ₩86,000
⑤ ₩96,000

34 ㈜감평은 표준원가제도를 도입하고 있다. 변동제조간접원가의 배부기준은 직접노무시간이며, 제품 1개를 생산하는 데 소요되는 표준직접노무시간은 2시간이다. 20×1년 3월 실제 발생한 직접노무시간은 10,400시간이고, 원가자료는 다음과 같다.

- 변동제조간접원가 실제 발생액　　₩23,000
- 변동제조간접원가 능률차이　　2,000(불리)
- 변동제조간접원가 총차이　　1,000(유리)

㈜감평의 20×1년 3월 실제 제품생산량은?

① 4,600개　　　　　　　　② 4,800개
③ 5,000개　　　　　　　　④ 5,200개
⑤ 5,400개

35 ㈜감평의 생산량 관련범위 내에 해당하는 원가 자료는 다음과 같다. (　)에 들어갈 금액으로 옳지 않은 것은?

	생산량	
	2,000개	5,000개
총원가		
변동원가	A(　)	?
고정원가	B(　)	?
소계	?	E(　)
단위당 원가		
변동원가	C(　)	?
고정원가	?	₩10
소계	D(　)	₩30

① A : ₩40,000　　　　　② B : ₩50,000
③ C : ₩20　　　　　　　④ D : ₩45
⑤ E : ₩90,000

36 ㈜감평은 제조간접원가를 기계작업시간 기준으로 예정배부하고 있다. 20×1년 실제 기계작업시간은?

• 제조간접원가(예산)	₩928,000
• 제조간접원가(실제)	960,000
• 제조간접원가 배부액	840,710
• 기계작업시간(예산)	80,000시간

① 70,059시간　　　　　　　　② 71,125시간
③ 72,475시간　　　　　　　　④ 73,039시간
⑤ 74,257시간

37 ㈜감평이 20×2년 재무제표를 분석한 결과 전부원가계산보다 변동원가계산의 영업이익이 ₩30,000 더 많았다. 20×2년 기초재고수량은? (단, 20×1년과 20×2년의 생산·판매활동 자료는 동일하고, 선입선출법을 적용하며, 재공품은 없다.)

• 당기 생산량	5,000개
• 기초재고수량	?
• 기말재고수량	500개
• 판매가격(개당)	₩1,500
• 변동제조간접원가(개당)	500
• 고정제조간접원가(총액)	750,000

① 580개　　　　　　　　　　② 620개
③ 660개　　　　　　　　　　④ 700개
⑤ 740개

38 ㈜감평의 20×1년 매출 및 원가자료는 다음과 같다.

매출액	?
변동원가	₩700,000
공헌이익	500,000
고정원가	300,000
영업이익	₩200,000

20×2년에는 판매량이 20% 증가할 것으로 예상된다. ㈜감평의 20×2년 예상영업이익은?
(단, 판매량 이외의 다른 조건은 20×1년과 동일하다.)

① ₩260,000   ② ₩280,000
③ ₩300,000   ④ ₩340,000
⑤ ₩380,000

39 ㈜감평은 제품 A와 제품 B를 생산·판매하고 있다. 20×1년 ㈜감평의 매출액과 영업이익은 각각 ₩15,000,000과 ₩3,000,000이며, 고정원가는 ₩2,250,000이다. 제품 A와 제품 B의 매출배합비율이 각각 25%와 75%이며, 제품 A의 공헌이익률은 23%이다. 제품 B의 공헌이익률은?

① 29.25%   ② 34.4%
③ 35%   ④ 37.4%
⑤ 39%

40 ㈜감평은 평균영업용자산과 영업이익을 이용하여 투자수익률(ROI)과 잔여이익(RI)을 산출하고 있다. ㈜감평의 20×1년 평균영업용자산은 ₩2,500,000이며, ROI는 10%이다. ㈜감평의 20×1년 RI가 ₩25,000이라면 최저필수수익률은?

① 8%   ② 9%
③ 10%   ④ 11%
⑤ 12%

2020년 31회 기출문제

※ 아래의 문제들에서 특별한 언급이 없는 한 기업의 보고기간(회계기간)은 매년 1월 1일부터 12월 31일까지이다. 또한, 기업은 주권상장법인으로 계속해서 한국채택국제회계기준(K-IFRS)을 적용해오고 있다고 가정하고, 답지항 중에서 물음에 가장 합당한 답을 고르시오. 단, 자료에서 제시한 모든 항목과 금액은 중요하며, 자료에서 제시한 것 이외의 사항은 고려하지 않고 답한다. 예를 들어, 법인세에 대한 언급이 없으면 법인세 효과는 고려하지 않는다.

01 재무보고를 위한 개념체계 중 재무정보의 질적특성에 관한 설명으로 옳지 않은 것은?

① 유용한 재무정보의 질적특성은 그 밖의 방법으로 제공되는 재무정보뿐만 아니라 재무제표에서 제공되는 재무정보에도 적용된다.

② 중요성은 기업 특유 관점의 목적적합성을 의미하므로 회계기준위원회는 중요성에 대한 획일적인 계량 임계치를 정하거나 특정한 상황에서 무엇이 중요한 것인지를 미리 결정하여야 한다.

③ 재무정보의 예측가치와 확인가치는 상호 연관되어 있다. 예측가치를 갖는 정보는 확인가치도 갖는 경우가 많다.

④ 재무보고의 목적을 달성하기 위해 근본적 질적특성 간 절충('trade-off')이 필요할 수도 있다.

⑤ 근본적 질적특성을 충족하면 어느 정도의 비교가능성은 달성될 수 있다.

02 재무제표 표시에 관한 설명으로 옳은 것은?

① 비용을 성격별로 분류하는 경우에는 적어도 매출원가를 다른 비용과 분리하여 공시해야 한다.

② 기타포괄손익의 항목(재분류조정 포함)과 관련한 법인세비용 금액은 포괄손익계산서에 직접 표시해야 하며 주석을 통한 공시는 허용하지 않는다.

③ 유동자산과 비유동자산을 구분하여 표시하는 경우라면 이연법인세자산을 유동자산으로 분류할 수 있다.

④ 한국채택국제회계기준에서 별도로 허용하지 않는 한, 중요하지 않은 항목이라도 유사항목과 통합하여 표시해서는 안 된다.

⑤ 경영진은 재무제표를 작성할 때 계속기업으로서의 존속가능성을 평가해야 한다.

03 (주)감평은 20×1년 1월 1일 미국에 있는 건물(취득원가 $5,000, 내용연수 5년, 잔존가치 $0, 정액법 상각)을 취득하였다. (주)감평은 건물에 대하여 재평가모형을 적용하고 있으며, 20×1년 12월 31일 현재 동 건물의 공정가치는 $6,000로 장부금액과의 차이는 중요하다. (주)감평의 기능통화는 원화이며, 20×1년 1월 1일과 20×1년 12월 31일의 환율은 각각 ₩1,800/$과 ₩1,500/$이고, 20×1년의 평균환율은 ₩1,650/$이다. (주)감평이 20×1년 말 재무상태표에 인식해야 할 건물에 대한 재평가잉여금은?

① ₩1,500,000   ② ₩1,650,000

③ ₩1,800,000   ④ ₩3,000,000

⑤ ₩3,300,000

04 (주)감평은 20×1년 4월 1일에 만기가 20×1년 7월 31일인 액면금액 ₩1,200,000의 어음을 거래처로부터 수취하였다. (주)감평은 동 어음을 20×1년 6월 30일 은행에서 할인하였으며, 할인율은 연 12%이다. 동 어음이 무이자부인 어음일 경우(A)와 연 9%의 이자부어음일 경우(B) 각각에 대해 어음할인 시 (주)감평이 금융상품(받을어음)처분손실로 인식할 금액은? (단, 어음할인은 금융상품의 제거요건을 충족시킨다고 가정하며, 이자는 월할계산한다.)

	(A)	(B)		(A)	(B)
①	₩0	₩3,360	②	₩0	₩12,000
③	₩12,000	₩3,360	④	₩12,000	₩9,000
⑤	₩12,000	₩12,000			

05 (주)감평은 20×1년 초 임대수익을 얻고자 건물(취득원가 ₩1,000,000, 내용연수 5년, 잔존가치 ₩100,000, 정액법 상각)을 취득하고, 이를 투자부동산으로 분류하였다. 한편, 부동산 경기의 불황으로 20×1년 말 동 건물의 공정가치는 ₩800,000으로 하락하였다. 동 건물에 대하여 공정가치모형을 적용할 경우에 비해 원가모형을 적용할 경우 (주)감평의 20×1년도 당기순이익은 얼마나 증가 혹은 감소하는가? (단, 동 건물은 투자부동산의 분류요건을 충족하며, (주)감평은 동 건물을 향후 5년 이내 매각할 생각이 없다.)

① ₩20,000 증가   ② ₩20,000 감소

③ ₩0   ④ ₩180,000 증가

⑤ ₩180,000 감소

06 (주)감평은 20×1년 초 기계장치(취득원가 ₩1,600,000, 내용연수 4년, 잔존가치 ₩0, 정액법 상각)를 취득하였다. (주)감평은 기계장치에 대해 원가모형을 적용한다. 20×1년 말 동 기계장치에 손상징후가 존재하여 회수가능액을 결정하기 위해 다음과 같은 정보를 수집하였다.

- 20×1년 말 현재 기계장치를 처분할 경우, 처분금액은 ₩760,000이며 처분관련 부대원가는 ₩70,000이 발생할 것으로 추정된다.
- (주)감평이 동 기계장치를 계속하여 사용할 경우, 20×2년 말부터 내용연수 종료시점까지 매년 말 ₩300,000의 순현금유입과, 내용연수 종료시점에 ₩20,000의 기계 철거 관련 지출이 발생할 것으로 예상된다.
- 현재가치 측정에 사용할 할인율은 연 12%이다.

기간	단일금액 ₩1의 현재가치 (할인율 = 12%)	정상연금 ₩1의 현재가치 (할인율 = 12%)
3	0.7118	2.4018

(주)감평이 20×1년 유형자산(기계장치) 손상차손으로 인식할 금액은? (단, 계산금액은 소수점 첫째자리에서 반올림하며, 단수차이로 인한 오차가 있으면 가장 근사치를 선택한다.)

① ₩465,194
② ₩470,000
③ ₩479,460
④ ₩493,696
⑤ ₩510,000

07 (주)감평은 20×1년 초 환경설비(취득원가 ₩5,000,000, 내용연수 5년, 잔존가치 ₩0, 정액법 상각)를 취득하였다. 동 환경설비는 관계법령에 의하여 내용연수가 종료되면 원상 복구해야 하며, 이러한 복구의무는 충당부채의 인식요건을 충족한다. (주)감평은 취득시점에 내용연수 종료 후 복구원가로 지출될 금액을 ₩200,000으로 추정하였으며, 현재가치계산에 사용될 적절한 할인율은 연 10%로 내용연수 종료시점까지 변동이 없을 것으로 예상하였다. 하지만 (주)감평은 20×2년 초 환경설비의 내용연수 종료 후 복구원가로 지출될 금액이 ₩200,000에서 ₩300,000으로 증가할 것으로 예상하였으며, 현재가치계산에 사용될 할인율도 연 10%에서 연 12%로 수정하였다. (주)감평이 환경설비와 관련된 비용을 자본화하지 않는다고 할 때, 동 환경설비와 관련하여 20×2년도 포괄손익계산서에 인식할 비용은? (단, (주)감평은 모든 유형자산에 대하여 원가모형을 적용하고 있으며, 계산금액은 소수점 첫째자리에서 반올림하고, 단수차이로 인한 오차가 있으면 가장 근사치를 선택한다.)

기간	단일금액 ₩1의 현재가치 (할인율 = 10%)	단일금액 ₩1의 현재가치 (할인율 = 12%)
4	0.6830	0.6355
5	0.6209	0.5674

① ₩1,024,837　　　　　② ₩1,037,254

③ ₩1,038,350　　　　　④ ₩1,047,716

⑤ ₩1,061,227

08 토지의 취득원가에 포함해야 할 항목을 모두 고른 것은?

> ㄱ. 토지 중개수수료 및 취득세
> ㄴ. 직전 소유자의 체납재산세를 대납한 경우, 체납재산세
> ㄷ. 회사가 유지·관리하는 상하수도 공사비
> ㄹ. 내용연수가 영구적이지 않은 배수공사비용 및 조경공사비용
> ㅁ. 토지의 개발이익에 대한 개발부담금

① ㄱ, ㄴ, ㄷ　　　　　② ㄱ, ㄴ, ㅁ

③ ㄱ, ㄷ, ㄹ　　　　　④ ㄱ, ㄷ, ㅁ

⑤ ㄴ, ㄹ, ㅁ

09 상품매매기업인 (주)감평은 계속기록법과 실지재고조사법을 병행하고 있다. (주)감평의 20×1년 기초재고는 ₩10,000(단가 ₩100)이고, 당기매입액은 ₩30,000(단가 ₩100), 20×1년 말 현재 장부상 재고수량은 70개이다. (주)감평이 보유하고 있는 재고자산은 진부화로 인해 단위당 순실현가능가치가 ₩80으로 하락하였다. (주)감평이 포괄손익계산서에 매출원가로 ₩36,000을 인식하였다면, ㈜감평의 20×1년 말 현재 실제재고수량은? (단, 재고자산감모손실과 재고자산평가손실은 모두 매출원가에 포함한다.)

① 40개　　　　　② 50개

③ 65개　　　　　④ 70개

⑤ 80개

10 (주)감평은 신약개발을 위해 20×1년 중에 연구활동관련 ₩500,000, 개발활동관련 ₩800,000 을 지출하였다. 개발활동에 소요된 ₩800,000 중 ₩300,000은 20×1년 3월 1일부터 동년 9월 30일까지 지출되었으며 나머지 금액은 10월 1일 이후에 지출되었다. (주)감평의 개발활동이 무형자산 인식기준을 충족한 것은 20×1년 10월 1일부터이며, (주)감평은 20×2년 초부터 20×2년 말까지 ₩400,000을 추가 지출하고 신약개발을 완료하였다. 무형자산으로 인식한 개발비는 20×3년 1월 1일부터 사용이 가능하며, 내용연수 4년, 잔존가치 ₩0, 정액법으로 상각하고, 원가모형을 적용한다. (주)감평의 20×3년 개발비 상각액은?

① ₩225,000
② ₩250,000
③ ₩300,000
④ ₩325,000
⑤ ₩350,000

11 (주)감평은 20×1년 초 상각후원가(AC)로 측정하는 금융부채에 해당하는 회사채(액면금액 ₩1,000,000, 액면이자율 연 10%, 만기 3년, 매년 말 이자지급)를 발행하였다. 회사채 발행시점의 시장이자율은 연 12%이나 유효이자율은 연 13%이다. (주)감평이 동 회사채 발행과 관련하여 직접적으로 부담한 거래원가는? (단, 계산금액은 소수점 첫째자리에서 반올림하며, 단수차이로 인한 오차가 있으면 가장 근사치를 선택한다.)

기간	단일금액 ₩1의 현재가치			정상연금 ₩1의 현재가치		
	10%	12%	13%	10%	12%	13%
3	0.7513	0.7118	0.6931	2.4868	2.4018	2.3612

① ₩22,760
② ₩30,180
③ ₩48,020
④ ₩52,130
⑤ ₩70,780

12 (주)감평은 확정급여제도를 채택하고 있으며, 20×1년 초 순확정급여부채는 ₩20,000이다. (주)감평의 20×1년도 확정급여제도와 관련된 자료는 다음과 같다.

- 순확정급여부채(자산) 계산 시 적용한 할인율은 연 6%이다.
- 20×1년도 당기근무원가는 ₩85,000이고, 20×1년 말 퇴직종업원에게 ₩38,000의 현금이 사외적립자산에서 지급되었다.
- 20×1년 말 사외적립자산에 ₩60,000을 현금으로 출연하였다.
- 20×1년에 발생한 확정급여채무의 재측정요소(손실)는 ₩5,000이고, 사외적립자산의 재측정요소(이익)는 ₩2,200이다.

(주)감평이 20×1년 말 재무상태표에 순확정급여부채로 인식할 금액과 20×1년도 포괄손익계산서상 당기손익으로 인식할 퇴직급여 관련 비용은?

	순확정급여부채	퇴직급여 관련 비용
①	₩11,000	₩85,000
②	₩11,000	₩86,200
③	₩43,400	₩86,200
④	₩49,000	₩85,000
⑤	₩49,000	₩86,200

13 (주)감평은 20×1년 초 부여일로부터 3년의 용역제공을 조건으로 직원 50명에게 각각 주식선택권 10개를 부여하였으며, 부여일 현재 주식선택권의 단위당 공정가치는 ₩1,000으로 추정되었다. 주식선택권 1개로는 1주의 주식을 부여받을 수 있는 권리를 가득일로부터 3년간 행사가 가능하며, 총 35명의 종업원이 주식선택권을 가득하였다. 20×4년 초 주식선택권을 가득한 종업원 중 60%가 본인의 주식선택권 전량을 행사하였다면, (주)감평의 주식발행초과금은 얼마나 증가하는가? (단, (주)감평 주식의 주당 액면금액은 ₩5,000이고, 주식선택권의 개당 행사가격은 ₩7,000이다.)

① ₩630,000　　　　　　　　② ₩1,050,000
③ ₩1,230,000　　　　　　　④ ₩1,470,000
⑤ ₩1,680,000

14 (주)감평은 20×1년 1월 1일 제품을 판매하기로 (주)한국과 계약을 체결하였다. 동 제품에 대한 통제는 20×2년 말에 (주)한국으로 이전된다. 계약에 의하면 (주)한국은 ㉠ 계약을 체결할 때 ₩100,000을 지급하거나 ㉡ 제품을 통제하는 20×2년 말에 ₩125,440을 지급하는 방법 중 하나를 선택할 수 있다. 이 중 (주)한국은 ㉠을 선택함으로써 계약체결일에 현금 ₩100,000을 (주)감평에게 지급하였다. ㈜감평은 자산 이전시점과 고객의 지급시점 사이의 기간을 고려하여 유의적인 금융요소가 포함되어 있다고 판단하고 있으며, (주)한국과 별도 금융거래를 한다면 사용하게 될 증분차입이자율 연 10%를 적절한 할인율로 판단한다. 동 거래와 관련하여 (주)감평이 20×1년 말 재무상태표에 계상할 계약부채의 장부금액(A)과 20×2년도 포괄손익계산서에 인식할 매출수익(B)은?

	(A)	(B)		(A)	(B)
①	₩100,000	₩100,000	②	₩110,000	₩121,000
③	₩110,000	₩125,440	④	₩112,000	₩121,000
⑤	₩112,000	₩125,440			

15 (주)감평의 20×1년 말 예상되는 자산과 부채는 각각 ₩100,000과 ₩80,000으로 부채비율 (총부채 ÷ 주주지분) 400%가 예상된다. (주)감평은 부채비율을 낮추기 위해 다음 대안들을 검토하고 있다. 다음 설명 중 옳지 않은 것은? (단, (주)감평은 모든 유형자산에 대하여 재평가모형을 적용하고 있다.)

> • 대안Ⅰ : 토지A 처분(장부금액 ₩30,000, 토지재평가잉여금 ₩1,000, 처분손실 ₩5,000 예상) 후 처분대금으로 차입금 상환
> • 대안Ⅱ : 유상증자(₩25,000) 후 증자금액으로 차입금 상환
> • 대안Ⅲ : 토지B에 대한 재평가 실시(재평가이익 ₩25,000 예상)

① 토지A 처분대금으로 차입금을 상환하더라도 부채비율은 오히려 증가한다.
② 토지A를 처분만 하고 차입금을 상환하지 않으면 부채비율은 오히려 증가한다.
③ 유상증자 대금으로 차입금을 상환하면 부채비율은 감소한다.
④ 유상증자만 하고 차입금을 상환하지 않더라도 부채비율은 감소한다.
⑤ 토지B에 대한 재평가를 실시하면 부채비율은 감소한다.

16 (주)감평은 20×1년 초 액면가 ₩5,000인 보통주 200주를 주당 ₩15,000에 발행하여 설립되었다. 다음은 (주)감평의 20×1년 중 자본거래이다.

- 20×1년 10월 1일 주가 안정을 위해 보통주 100주를 주당 ₩10,000에 취득
- 20×1년 당기순이익 ₩1,000,000

경영진은 20×2년 초 부채비율(총부채 ÷ 주주지분) 200%를 160%로 낮추기 위한 방안을 실행하였다. 20×2년 초 실행된 방안으로 옳은 것은?

① 자기주식 50주를 소각
② 자기주식 50주를 주당 ₩15,000에 처분
③ 보통주 50주를 주당 ₩10,000에 유상증자
④ 이익잉여금 ₩750,000을 재원으로 주식배당
⑤ 주식발행초과금 ₩750,000을 재원으로 무상증자

17 (주)감평은 20×1년 초 지방자치단체로부터 무이자조건의 자금 ₩100,000을 차입(20×4년 말 전액 일시상환)하여 기계장치(취득원가 ₩100,000, 내용연수 4년, 잔존가치 ₩0, 정액법 상각)를 취득하는 데 전부 사용하였다. 20×1년 말 기계장치 장부금액은? (단, (주)감평이 20×1년 초 금전대차 거래에서 부담할 시장이자율은 연 8%이고, 정부보조금을 자산의 취득원가에서 차감하는 원가(자산)차감법을 사용한다.)

기간	단일금액 ₩1의 현재가치(할인율=8%)
4	0.7350

① ₩48,500
② ₩54,380
③ ₩55,125
④ ₩75,000
⑤ ₩81,625

18 (주)감평은 20×1년 초 기계장치(취득원가 ₩1,000,000, 내용연수 5년, 잔존가치 ₩0, 정액법 상각)를 취득하여 원가모형을 적용하고 있다. 20×2년 초 ㈜감평은 동 기계장치에 대해 자산인식기준을 충족하는 후속원가 ₩325,000을 지출하였다. 이로 인해 내용연수가 2년 연장(20×2년 초 기준 잔존내용연수 6년)되고 잔존가치는 ₩75,000 증가할 것으로 추정하였으며, 감가상각방법은 이중체감법(상각률은 정액법 상각률의 2배)으로 변경하였다. (주)감평은 동 기계장치를 20×3년 초 현금을 받고 처분하였으며, 처분이익은 ₩10,000이다. 기계장치 처분 시 수취한 현금은?

① ₩610,000   ② ₩628,750

③ ₩676,667   ④ ₩760,000

⑤ ₩785,000

19 (주)감평은 20×1년 1월 1일 (주)한국리스로부터 기계장치(기초자산)를 리스하는 계약을 체결하였다. 계약상 리스기간은 20×1년 1월 1일부터 4년, 내재이자율은 연 10%, 고정리스료는 매년 말 일정금액을 지급한다. (주)한국리스의 기계장치 취득금액은 ₩1,000,000으로 리스개시일의 공정가치이다. (주)감평은 리스개설과 관련하여 법률비용 ₩75,000을 지급하였으며, 리스기간 종료시점에 (주)감평은 매수선택권을 ₩400,000에 행사할 것이 리스약정일 현재 상당히 확실하다. 리스거래와 관련하여 (주)감평이 매년 말 지급해야 할 고정리스료는? (단, 계산금액은 소수점 첫째자리에서 반올림하고, 단수차이로 인한 오차가 있으면 가장 근사치를 선택한다.)

기간	단일금액 ₩1의 현재가치 (할인율＝10%)	정상연금 ₩1의 현재가치 (할인율＝10%)
4	0.6830	3.1699
5	0.6209	3.7908

① ₩198,280   ② ₩200,000

③ ₩208,437   ④ ₩229,282

⑤ ₩250,000

20 다음은 (주)감평의 수익 관련 자료이다.

- (주)감평은 20×1년 초 (주)한국에게 원가 ₩50,000의 상품을 판매하고 대금은 매년 말 ₩40,000씩 총 3회에 걸쳐 현금을 수취하기로 하였다.
- (주)감평은 20×1년 12월 1일 (주)대한에게 원가 ₩50,000의 상품을 ₩120,000에 현금 판매하였다. 판매계약에는 20×2년 1월 31일 이전에 (주)대한이 요구할 경우 (주)감평이 판매한 제품을 ₩125,000에 재매입해야 하는 풋옵션이 포함된다. 20×1년 12월 1일에 (주)감평은 재매입일 기준 제품의 예상 시장가치는 ₩125,000 미만이며, 풋옵션이 행사될 유인은 유의적일 것으로 판단하였으나, 20×2년 1월 31일까지 풋옵션은 행사되지 않은 채 소멸하였다.

(주)감평이 20×2년에 인식해야 할 총수익은? (단, 20×1년 초 (주)한국의 신용특성을 반영한 이자율은 5%이고, 계산금액은 소수점 첫째자리에서 반올림하며, 단수차이로 인한 오차가 있으면 가장 근사치를 선택한다.)

기간	단일금액 ₩1의 현재가치 (할인율 = 5%)	정상연금 ₩1의 현재가치 (할인율 = 5%)
3	0.8638	2.7232

① ₩0
② ₩120,000
③ ₩125,000
④ ₩128,719
⑤ ₩130,718

21 (주)감평의 20×1년도 현금흐름표상 영업에서 창출된 현금(영업으로부터 창출된 현금)은 ₩100,000이다. 다음 자료를 이용하여 계산한 (주)감평의 20×1년 법인세비용차감전순이익 및 영업활동순현금흐름은? (단, 이자지급 및 법인세 납부는 영업활동으로 분류한다.)

• 매출채권손상차손	₩500	• 매출채권(순액) 증가	₩4,800
• 감가상각비	1,500	• 재고자산(순액) 감소	2,500
• 이자비용	2,700	• 매입채무 증가	3,500
• 사채상환이익	700	• 미지급이자 증가	1,000
• 법인세비용	4,000	• 미지급법인세 감소	2,000

	법인세비용차감전순이익	영업활동순현금흐름
①	₩94,800	₩92,300
②	₩95,300	₩92,300
③	₩96,800	₩95,700
④	₩97,300	₩95,700
⑤	₩98,000	₩107,700

22 다음은 20×1년 초 설립한 (주)감평의 법인세 관련 자료이다.

• 20×1년 세무조정사항	
– 감가상각비한도초과액	₩125,000
– 접대비한도초과액	60,000
– 정기예금 미수이자	25,000
• 20×1년 법인세비용차감전순이익	₩490,000
• 연도별 법인세율은 20%로 일정하다.	
• 이연법인세자산(부채)의 실현가능성은 거의 확실하다.	

20×1년 법인세비용은?

① ₩85,000 ② ₩98,000

③ ₩105,000 ④ ₩110,000

⑤ ₩122,000

23 20×1년 1월 1일 설립한 (주)감평의 20×1년 보통주(주당 액면금액 ₩5,000) 변동현황은 다음과 같다.

구분	내용	보통주 증감
1월 1일	유통보통주식수	10,000주 증가
4월 1일	무상증자	2,000주 증가
7월 1일	유상증자	1,800주 증가
10월 1일	자기주식 취득	1,800주 감소

20×1년 7월 1일 주당 ₩5,000에 유상증자가 이루어졌으며, 유상증자 직전 주당공정가치는 ₩18,000이다. 20×1년 기본주당순이익이 ₩900일 때, 당기순이익은? (단, 우선주는 없고, 가중평균유통보통주식수는 월할계산한다.)

① ₩10,755,000
② ₩10,800,000
③ ₩11,205,000
④ ₩11,766,600
⑤ ₩12,273,750

24 (주)감평은 (주)한국과 다음과 같은 기계장치를 상호 교환하였다.

구분	㈜감평	㈜한국
취득원가	₩800,000	₩600,000
감가상각누계액	340,000	100,000
공정가치	450,000	480,000

교환과정에서 (주)감평은 (주)한국에게 현금을 지급하고, 기계장치 취득원가 ₩470,000, 처분손실 ₩10,000을 인식하였다. 교환과정에서 (주)감평이 지급한 현금은? (단, 교환거래에 상업적 실질이 있고 각 기계장치의 공정가치는 신뢰성 있게 측정된다.)

① ₩10,000
② ₩20,000
③ ₩30,000
④ ₩40,000
⑤ ₩50,000

25 다음은 (주)감평이 20×1년 1월 1일 액면발행한 전환사채와 관련된 자료이다.

- 액면금액 : ₩100,000
- 20×1년 1월 1일 전환권조정 : ₩11,414
- 20×1년 12월 31일 전환권조정 상각액 : ₩3,087
- 전환가격 : ₩1,000(보통주 주당 액면금액 ₩500)
- 상환할증금 : 만기에 액면금액의 105.348%

20×2년 1월 1일 전환사채 액면금액의 60%에 해당하는 전환사채가 보통주로 전환될 때, 증가하는 주식발행초과금은? (단, 전환사채 발행시점에서 인식한 자본요소(전환권대가) 중 전환된 부분은 주식발행초과금으로 대체하며, 계산금액은 소수점 첫째자리에서 반올림하며, 단수차이로 인한 오차가 있으면 가장 근사치를 선택한다.)

① ₩25,853
② ₩28,213
③ ₩28,644
④ ₩31,853
⑤ ₩36,849

26 다음은 20×1년 설립된 (주)감평의 재고자산(상품) 관련 자료이다.

- 당기매입액 : ₩2,000,000
- 취득원가로 파악한 장부상 기말재고액 : ₩250,000

기말상품	실지재고	단위당 원가	단위당 순실현가능가치
A	800개	₩100	₩120
B	250개	180	150
C	400개	250	200

(주)감평의 20×1년 재고자산감모손실은? (단, 재고자산평가손실과 재고자산감모손실은 매출원가에 포함한다.)

① ₩0
② ₩9,000
③ ₩25,000
④ ₩27,500
⑤ ₩52,500

27 (주)감평은 20×1년 1월 1일 기계장치(내용연수 5년, 잔존가치 ₩0, 정액법 상각)를 ₩1,000,000 에 취득하여 사용개시하였다. (주)감평은 동 기계장치에 재평가모형을 적용하며 20×2년 말 손상차손 ₩12,500을 인식하였다. 다음은 기계장치에 대한 재평가 및 손상 관련 자료이다.

구분	공정가치	순공정가치	사용가치
20×1년 말	₩850,000	₩800,000	₩900,000
20×2년 말	₩610,000	₩568,000	?

20×2년 말 기계장치의 사용가치는?

① ₩522,500   ② ₩550,000

③ ₩568,000   ④ ₩575,000

⑤ ₩597,500

28 상품매매기업인 (주)감평은 20×1년 초 건물(취득원가 ₩10,000,000, 내용연수 10년, 잔존 가치 ₩0, 정액법 상각)을 취득하면서 다음과 같은 조건의 공채를 액면금액으로 부수 취득하 였다.

- 액면금액 : ₩2,000,000
- 발행일 : 20×1년 1월 1일, 만기 3년
- 액면이자율 : 연 4%(매년 말 이자지급)
- 유효이자율 : 연 8%

(주)감평이 동 채권을 상각후원가 측정(AC) 금융자산으로 분류할 경우, 건물과 상각후원가 측정(AC) 금융자산 관련 거래가 20×1년 당기순이익에 미치는 영향은? (단, 건물에 대해 원가모형을 적용하고, 계산금액은 소수점 첫째자리에서 반올림하며, 단수차이로 인한 오차가 있으면 가장 근사치를 선택한다.)

기간	단일금액 ₩1의 현재가치		정상연금 ₩1의 현재가치	
	4%	8%	4%	8%
3	0.8890	0.7938	2.7751	2.5771

① ₩143,501 증가   ② ₩856,499 감소

③ ₩877,122 감소   ④ ₩920,000 감소

⑤ ₩940,623 감소

29 상품매매기업인 (주)감평은 20×0년 말 취득한 건물(취득원가 ₩2,400,000, 내용연수 10년, 잔존가치 ₩0, 정액법 상각)을 유형자산으로 분류하여 즉시 사용개시하고, 동 건물에 대해 재평가모형을 적용하기로 하였다. 20×1년 10월 1일 (주)감평은 동 건물을 투자부동산으로 계정 대체하고 공정가치모형을 적용하기로 하였다. 시점별 건물의 공정가치는 다음과 같다.

20×0년 말	20×1년 10월 1일	20×1년 말
₩2,400,000	₩2,300,000	₩2,050,000

동 건물 관련 회계처리가 20×1년 당기순이익과 기타포괄이익에 미치는 영향은 각각 얼마인가? (단, 재평가잉여금은 이익잉여금으로 대체하지 않으며, 감가상각은 월할계산한다.)

    당기순이익   기타포괄이익   당기순이익   기타포괄이익

① ₩180,000 감소 ₩80,000 증가   ② ₩180,000 감소 ₩350,000 증가

③ ₩430,000 감소 ₩80,000 증가   ④ ₩430,000 감소 ₩350,000 증가

⑤ ₩430,000 감소 ₩430,000 감소

30 20×1년 1월 1일 (주)감평은 (주)한국이 동 일자에 발행한 사채(액면금액 ₩1,000,000, 액면이자율 연 4%, 이자는 매년 말 지급)를 ₩896,884에 취득하였다. 취득 당시 유효이자율은 연 8%이다. 20×1년 말 동 사채의 이자수취 후 공정가치는 ₩925,000이며, 20×2년 초 ₩940,000에 처분하였다. (주)감평의 동 사채 관련 회계처리에 관한 설명으로 옳지 않은 것은? (단, 계산금액은 소수점 첫째자리에서 반올림하며, 단수차이로 인한 오차가 있으면 가장 근사치를 선택한다.)

① 당기손익-공정가치(FVPL) 측정 금융자산으로 분류하였을 경우, 20×1년 당기순이익은 ₩68,116 증가한다.

② 상각후원가(AC) 측정 금융자산으로 분류하였을 경우, 20×1년 당기순이익은 ₩71,751 증가한다.

③ 기타포괄손익-공정가치(FVOCI) 측정 금융자산으로 분류하였을 경우, 20×1년 당기순이익은 ₩71,751 증가한다.

④ 상각후원가(AC) 측정 금융자산으로 분류하였을 경우, 20×2년 당기순이익은 ₩11,365 증가한다.

⑤ 기타포괄손익-공정가치(FVOCI) 측정 금융자산으로 분류하였을 경우, 20×2년 당기순이익은 ₩15,000 증가한다.

31 (주)감평의 20×1년 기초 및 기말 재고자산은 다음과 같다.

구분	기초	기말
직접재료	₩10,000	₩15,000
재공품	40,000	50,000
제품	40,000	55,000

(주)감평은 20×1년 중 직접재료 ₩35,000을 매입하였고, 직접노무원가 ₩45,000을 지급하였으며, 제조간접원가 ₩40,000이 발생하였다. (주)감평의 20×1년 당기제품제조원가는? (단, 20×1년 초 직접노무원가 선급금액은 ₩15,000이고 20×1년 말 직접노무원가 미지급금액은 ₩20,000이다.)

① ₩110,000
② ₩120,000
③ ₩125,000
④ ₩140,000
⑤ ₩150,000

32 (주)감평은 두 개의 제조부문(P1, P2)과 두 개의 보조부문(S1, S2)을 두고 있다. 각 부문간의 용역수수관계는 다음과 같다.

사용부문 제공부문	보조부문		제조부문	
	S1	S2	P1	P2
S1	–	50%	20%	?
S2	20%	–	?	?
부문발생원가	₩270,000	₩450,000	₩250,000	₩280,000

(주)감평은 보조부문의 원가를 상호배분법으로 배분하고 있다. 보조부문의 원가를 배분한 후의 제조부문 P1의 총원가가 ₩590,000이라면, 보조부문 S2가 제조부문 P1에 제공한 용역 제공비율은?

① 20%
② 25%
③ 30%
④ 35%
⑤ 40%

33 (주)감평은 단일공정을 통해 단일제품을 생산하고 있으며, 선입선출법에 의한 종합원가계산을 적용하고 있다. 직접재료는 공정 초에 전량 투입되고, 가공원가는 공정 전반에 걸쳐 균등하게 발생한다. (주)감평의 20×1년 기초재공품은 10,000단위(가공원가 완성도 40%), 당기착수량은 30,000단위, 기말재공품은 8,000단위(가공원가 완성도 50%)이다. 기초재공품의 직접재료원가는 ₩170,000이고, 가공원가는 ₩72,000이며, 당기투입된 직접재료원가와 가공원가는 각각 ₩450,000과 ₩576,000이다. 다음 설명 중 옳은 것은? (단, 공손 및 감손은 발생하지 않는다.)

① 기말재공품원가는 ₩192,000이다.
② 가공원가의 완성품환산량은 28,000단위이다.
③ 완성품원가는 ₩834,000이다.
④ 직접재료원가의 완성품환산량은 22,000단위이다.
⑤ 직접재료원가와 가공원가에 대한 완성품환산량 단위당원가는 각각 ₩20.7과 ₩20.3이다.

34 (주)감평은 동일한 원재료를 결합공정에 투입하여 세 종류의 결합제품 A, B, C를 생산·판매하고 있다. 결합제품 A, B, C는 분리점에서 판매될 수 있으며, 추가가공을 거친 후 판매될 수도 있다. (주)감평의 20×1년 결합제품에 관한 자료는 다음과 같다.

제품	생산량	분리점에서의 단위당 판매가격	추가가공원가	추가가공 후 단위당 판매가격
A	400단위	₩120	₩150,000	₩450
B	450단위	150	80,000	380
C	250단위	380	70,000	640

결합제품 A, B, C의 추가가공 여부에 관한 설명으로 옳은 것을 모두 고른 것은? (단, 기초 및 기말 재고자산은 없으며, 생산된 제품은 모두 판매된다.)

ㄱ. 결합제품 A, B, C를 추가가공하는 경우, 단위당 판매가격이 높아지기 때문에 모든 제품을 추가가공해야 한다.
ㄴ. 제품 A는 추가가공을 하는 경우, 증분수익은 ₩132,000이고 증분비용은 ₩150,000이므로 분리점에서 즉시 판매하는 것이 유리하다.
ㄷ. 제품 B는 추가가공을 하는 경우, 증분이익이 ₩23,500이므로 추가가공을 거친 후에 판매해야 한다.
ㄹ. 제품 C는 추가가공을 하는 경우, 증분수익 ₩65,000이 발생하므로 추가가공을 해야 한다.
ㅁ. 결합제품에 대한 추가가공 여부를 판단하는 경우, 분리점까지 발생한 결합원가를 반드시 고려해야 한다.

① ㄱ, ㄴ   ② ㄴ, ㄷ
③ ㄱ, ㄴ, ㄷ   ④ ㄴ, ㄷ, ㄹ
⑤ ㄷ, ㄹ, ㅁ

35 (주)감평은 표준원가계산제도를 채택하고 있다. 20×1년 직접노무원가와 관련된 자료가 다음과 같을 경우, 20×1년 실제 직접노무시간은?

• 실제생산량	25,000단위
• 직접노무원가 실제임률	시간당 ₩10
• 직접노무원가 표준임률	시간당 ₩12
• 표준 직접노무시간	단위당 2시간
• 직접노무원가 임률차이	₩110,000(유리)
• 직접노무원가 능률차이	₩60,000(불리)

① 42,500시간   ② 45,000시간
③ 50,000시간   ④ 52,500시간
⑤ 55,000시간

36 (주)감평의 전부원가계산에 의한 영업이익은 ₩374,000이고, 변동원가계산에 의한 영업이익은 ₩352,000이며, 전부원가계산에 의한 기말제품재고액은 ₩78,000이다. 전부원가계산에 의한 기초제품재고액이 변동원가계산에 의한 기초제품재고액보다 ₩20,000이 많은 경우, 변동원가계산에 의한 기말제품재고액은? (단, 기초 및 기말 재공품은 없으며, 물량 및 원가 흐름은 선입선출법을 가정한다.)

① ₩36,000   ② ₩42,000
③ ₩56,000   ④ ₩58,000
⑤ ₩100,000

37 (주)감평은 단일 제품 A를 생산·판매하고 있다. 제품 A의 단위당 판매가격은 ₩2,000, 단위당 변동비는 ₩1,400, 총고정비는 ₩90,000이다. (주)감평이 세후목표이익 ₩42,000을 달성하기 위한 매출액과, 이 경우의 안전한계는? (단, 법인세율은 30%이다.)

	매출액	안전한계			매출액	안전한계
①	₩300,000	₩100,000		②	₩440,000	₩140,000
③	₩440,000	₩200,000		④	₩500,000	₩140,000
⑤	₩500,000	₩200,000				

38 (주)감평의 20×1년 4월 초 현금잔액은 ₩450,000이며, 3월과 4월의 매입과 매출은 다음과 같다.

구분	매입액	매출액
3월	₩600,000	₩800,000
4월	500,000	700,000

매출은 모두 외상으로 이루어지며, 매출채권은 판매한 달에 80%, 그 다음 달에 20%가 현금으로 회수된다. 모든 매입 역시 외상으로 이루어지고, 매입채무는 매입액의 60%를 구입한 달에, 나머지 40%는 그 다음 달에 현금으로 지급한다. (주)감평은 모든 비용을 발생하는 즉시 현금으로 지급하고 있으며, 4월 중에 급여 ₩20,000, 임차료 ₩10,000, 감가상각비 ₩15,000이 발생하였다. (주)감평의 4월 말 현금잔액은?

① ₩540,000   ② ₩585,000

③ ₩600,000   ④ ₩630,000

⑤ ₩720,000

39 (주)감평은 최근 신제품을 개발하여 최초 10단위의 제품을 생산하는데 총 150시간의 노무시간을 소요하였으며, 직접노무시간당 ₩1,200의 직접노무원가가 발생하였다. (주)감평은 해당 신제품 생산의 경우, 90%의 누적평균시간 학습곡선모형이 적용될 것으로 예상하고 있다. 최초 10단위 생산 후, 추가로 30단위를 생산하는 데 발생할 것으로 예상되는 직접노무원가는?

① ₩180,000   ② ₩259,200

③ ₩324,000   ④ ₩403,200

⑤ ₩583,200

40 레저용 요트를 전문적으로 생산·판매하고 있는 (주)감평은 매년 해당 요트의 주요 부품인 자동제어센서 2,000단위를 자가제조하고 있으며, 관련 원가자료는 다음과 같다.

구분	총원가	단위당원가
직접재료원가	₩700,000	₩350
직접노무원가	500,000	250
변동제조간접원가	300,000	150
고정제조간접원가	800,000	400
합계	₩2,300,000	₩1,150

(주)감평은 최근 외부업체로부터 자동제어센서 2,000단위 전량을 단위당 ₩900에 공급하겠다는 제안을 받았다. (주)감평이 동 제안을 수락할 경우, 기존설비를 임대하여 연간 ₩200,000의 수익을 창출할 수 있으며, 고정제조간접원가의 20%를 회피할 수 있다. (주)감평이 외부업체로부터 해당 부품을 공급받을 경우, 연간 영업이익에 미치는 영향은?

① ₩0
② ₩60,000 감소
③ ₩60,000 증가
④ ₩140,000 감소
⑤ ₩140,000 증가

2019년 30회 기출문제

※ 아래의 문제들에서 특별한 언급이 없는 한 기업의 보고기간(회계기간)은 매년 1월 1일부터 12월 31일 까지이다. 또한, 기업은 주권상장법인으로 계속해서 한국채택국제회계기준(K-IFRS)을 적용해오고 있다 고 가정하고, 답지항 중에서 물음에 가장 합당한 답을 고르시오. 단, 자료에서 제시한 모든 항목과 금 액은 중요하며, 자료에서 제시한 것 이외의 사항은 고려하지 않고 답한다. 예를 들어, 법인세에 대한 언급이 없으면 법인세 효과는 고려하지 않는다.

01 투자부동산에 관한 설명으로 옳지 않은 것은?

① 미래에 투자부동산으로 사용하기 위하여 건설 또는 개발 중인 부동산은 투자부동산에 해당한다.

② 소유 투자부동산은 최초 인식시점에 원가로 측정하며, 거래원가는 최초 측정치에 포함한다.

③ 통상적인 영업과정에서 판매하기 위한 부동산이나 이를 위하여 건설 또는 개발 중인 부 동산은 투자부동산에 해당하지 않는다.

④ 투자부동산을 개발하지 않고 처분하기로 결정하는 경우에는 재고자산으로 재분류한다.

⑤ 투자부동산에 대하여 공정가치모형을 선택한 경우, 투자부동산의 공정가치 변동으로 발 생하는 손익은 발생한 기간의 당기손익에 반영한다.

02 (주)감평과 (주)한국은 사용 중인 유형자산을 상호 교환하여 취득하였다. 두 회사가 보유하고 있는 유형자산에 대한 자료는 다음과 같으며, 교환 시 (주)감평이 (주)한국에 추가로 현금 ₩200,000을 지급하였다. 이들 자산 간 교환취득을 상업적 실질이 있다고 가정할 경우, (주) 감평이 인식할 유형자산 취득원가(A)와 (주)한국이 인식할 유형자산처분이익(B)은? (단, 두 자산의 공정가치는 신뢰성 있게 측정할 수 있으며, 각 회사의 입장에서 취득한 자산의 공정 가치가 더 명백하다는 증거는 없다.)

구분	(주)감평	(주)한국
취득원가	₩2,250,000	₩1,500,000
감가상각누계액	1,250,000	600,000
공정가치	950,000	1,150,000

① A : ₩950,000   B : ₩250,000   ② A : ₩950,000   B : ₩450,000

③ A : ₩1,050,000   B : ₩450,000   ④ A : ₩1,150,000   B : ₩250,000

⑤ A : ₩1,150,000   B : ₩450,000

03 (주)감평은 20×1년 초 기계장치(취득원가 ₩100,000, 내용연수 5년, 잔존가치 ₩0)를 취득하여 정액법으로 감가상각하고 있다. 20×1년 말 기계장치의 공정가치가 ₩100,000인 경우, 재평가모형 적용 시 인식할 재평가잉여금은?

① ₩20,000   ② ₩30,000

③ ₩40,000   ④ ₩50,000

⑤ ₩60,000

04 (주)감평은 20×1년 초 기계장치(취득원가 ₩6,000,000, 내용연수 5년, 잔존가치 ₩0)를 취득하여 정액법으로 감가상각하고 있다. 20×1년 말 이 기계장치에 손상징후가 존재하여 회수가능액을 추정한 결과 회수가능액이 ₩2,232,000으로 추정되었다. (주)감평은 동 금액과 장부금액 간의 차이가 중요한 것으로 판단하여 손상차손을 인식하였다. 한편, 20×2년 말 기계장치의 회수가능액이 ₩4,000,000으로 회복된 것으로 추정될 경우, (주)감평이 20×2년 말 인식할 손상차손환입액은? (단, 기계장치에 대하여 원가모형을 적용한다.)

① ₩1,574,000   ② ₩1,926,000

③ ₩2,138,000   ④ ₩2,326,000

⑤ ₩2,568,000

05 무형자산의 회계처리에 관한 설명으로 옳은 것을 모두 고른 것은?

> ㄱ. 내용연수가 비한정적인 무형자산은 상각하지 않고, 무형자산의 손상을 시사하는 징후가 있을 경우에 한하여 손상검사를 수행해야 한다.
> ㄴ. 무형자산을 창출하기 위한 내부 프로젝트를 연구단계와 개발단계로 구분할 수 없는 경우에는 그 프로젝트에서 발생한 지출은 모두 연구단계에서 발생한 것으로 본다.
> ㄷ. 브랜드, 제호, 출판표제, 고객목록 및 이와 실질이 유사한 항목은 그것을 외부에서 창출하였는지 또는 내부적으로 창출하였는지에 관계없이 취득이나 완성 후의 지출은 발생시점에 무형자산의 원가로 인식한다.
> ㄹ. 내용연수가 유한한 무형자산의 잔존가치는 적어도 매 회계연도 말에는 검토하고, 잔존가치의 변동은 회계추정의 변경으로 처리한다.
> ㅁ. 무형자산은 처분하는 때 또는 사용이나 처분으로부터 미래경제적효익이 기대되지 않을 때 재무상태표에서 제거한다.

① ㄱ, ㄴ, ㄷ   ② ㄱ, ㄷ, ㄹ

③ ㄱ, ㄹ, ㅁ   ④ ㄴ, ㄷ, ㅁ

⑤ ㄴ, ㄹ, ㅁ

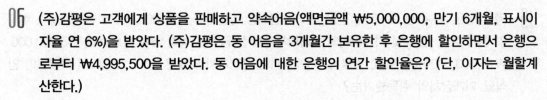

06 (주)감평은 고객에게 상품을 판매하고 약속어음(액면금액 ₩5,000,000, 만기 6개월, 표시이자율 연 6%)을 받았다. (주)감평은 동 어음을 3개월간 보유한 후 은행에 할인하면서 은행으로부터 ₩4,995,500을 받았다. 동 어음에 대한 은행의 연간 할인율은? (단, 이자는 월할계산한다.)

① 8%   ② 10%
③ 12%   ④ 14%
⑤ 16%

07 유형자산의 취득원가에 포함되는 것을 모두 고른 것은?

> ㄱ. 영업활동의 전부 또는 일부를 재배치하는 과정에서 발생하는 원가
> ㄴ. 유형자산의 매입 또는 건설과 직접 관련되어 발생한 종업원 급여
> ㄷ. 관세 및 환급불가능한 취득 관련 세금
> ㄹ. 새로운 상품이나 용역을 소개하는 데 소요되는 원가
> ㅁ. 설치장소를 준비하는 원가

① ㄱ, ㄴ, ㄷ   ② ㄱ, ㄴ, ㄹ
③ ㄴ, ㄷ, ㄹ   ④ ㄴ, ㄷ, ㅁ
⑤ ㄷ, ㄹ, ㅁ

08 (주)감평은 20×1년 초 기계장치(취득원가 ₩50,000, 내용연수 4년, 잔존가치 ₩0)를 취득하여 연수합계법으로 감가상각하고 있다. (주)감평은 20×1년 말 동 자산에 손상징후가 존재하여 회수가능액을 추정하였다. 그 결과 기계장치의 처분공정가치는 ₩25,000, 처분부대원가는 ₩3,000, 그리고 사용가치는 ₩23,000으로 확인되었다. (주)감평이 원가모형을 채택할 때, 동 기계장치와 관련하여 20×1년도에 인식할 손상차손은?

① ₩4,000   ② ₩5,000
③ ₩6,000   ④ ₩7,000
⑤ ₩8,000

09 (주)감평은 20×1년 초 토지, 건물 및 기계장치를 일괄하여 ₩20,000,000에 취득하였다. 취득일 현재 토지, 건물 및 기계장치의 판매회사 장부상 금액은 각각 ₩12,000,000, ₩3,000,000, ₩10,000,000이며, 토지, 건물 및 기계장치의 공정가치 비율은 7 : 1 : 2이다. (주)감평이 인식할 기계장치의 취득원가는?

① ₩4,000,000   ② ₩5,000,000
③ ₩6,000,000   ④ ₩7,000,000
⑤ ₩8,000,000

10 건강식품을 생산하는 (주)감평은 (주)대한에 판매를 위탁하고 있다. (주)감평은 20×1년 초 단위당 판매가격이 ₩2,000(단위당 원가 ₩1,400)인 건강식품 100단위를 (주)대한에 발송하였으며, 운반비 ₩8,000을 운송업체에 현금으로 지급하였다. 한편, (주)대한은 (주)감평으로부터 수탁한 건강식품 중 60%를 20×1년도에 판매하였다. (주)감평은 판매금액의 5%를 (주)대한에 수수료로 지급한다. 이 거래로 20×1년도에 (주)대한이 인식할 수익(A)과 (주)감평이 인식할 매출원가(B)는?

① A : ₩6,000 B : ₩84,000   ② A : ₩6,000 B : ₩88,800
③ A : ₩6,240 B : ₩84,000   ④ A : ₩6,240 B : ₩88,800
⑤ A : ₩8,000 B : ₩84,000

11 (주)감평은 20×1년 중 (주)한국이 주문한 맞춤형 특수기계를 ₩10,000에 제작하는 계약을 체결하였다. 20×1년에 발생한 제작원가는 ₩2,000이고, 추정총원가는 ₩8,000이다. 20×2년에 설계변경이 있었고, 이로 인한 원가상승을 반영하여 계약금액을 ₩12,000으로 변경하였다. 20×2년에 발생한 제작원가는 ₩4,000이고, 추정총원가는 ₩10,000이다. 이 기계는 20×3년 3월 31일에 완성되었다. 원가기준 투입법으로 진행률을 측정할 때, (주)감평이 동 계약과 관련하여 20×2년도에 인식할 이익은?

① ₩300   ② ₩400
③ ₩500   ④ ₩600
⑤ ₩700

12 다음은 (주)감평의 20×1년 세무조정사항 등 법인세 계산 자료이다. (주)감평의 20×1년도 법인세비용은?

- 접대비 한도초과액은 ₩24,000이다.
- 감가상각비 한도초과액은 ₩10,000이다.
- 20×1년 초 전기이월 이연법인세자산은 ₩7,500이고, 이연법인세부채는 없다.
- 20×1년도 법인세비용차감전순이익은 ₩150,000이고, 이후에도 매년 이 수준으로 실현될 가능성이 높다.
- 과세소득에 적용될 세율은 25%이고, 향후에도 변동이 없다.

① ₩37,500
② ₩40,500
③ ₩43,500
④ ₩45,500
⑤ ₩48,500

13 (주)감평은 리스이용자로 사무실용 건물을 20×1년 초부터 4년간 리스하는 계약(연간리스료 매년 말 ₩90,000 지급)을 체결하였다. (주)감평은 리스개시일인 20×1년 초에 리스부채로 ₩311,859을 인식하였다. 한편, 2년이 경과된 20×3년 초 (주)감평은 리스회사와 매년 말 연간 리스료 ₩70,000을 지급하기로 합의하였다. 20×3년 초 리스변경을 반영한 후 (주)감평의 리스부채 장부금액은? (단, 리스의 내재이자율은 쉽게 산정할 수 없으나, 리스개시일과 20×3년 초 리스이용자인 (주)감평의 증분차입이자율은 각각 연 6%와 연 8%이다.)

기간	정상연금 ₩1의 현재가치	
	6%	8%
1	0.9434	0.9259
2	1.8334	1.7833
3	2.6730	2.5771
4	3.4651	3.3121

① ₩124,831
② ₩128,338
③ ₩159,456
④ ₩231,847
⑤ ₩242,557

14 (주)감평의 20×1년도 회계오류 수정 전 법인세비용차감전순이익은 ₩500,000이다. 오류수정과 관련된 자료는 다음과 같다.

	20×0년	20×1년
기말재고자산 과대(과소)계상	₩12,000 과소	₩5,000 과대
선급비용을 당기비용으로 처리	₩4,000	₩3,000

회계오류 수정 후 (주)감평의 20×1년도 법인세비용차감전순이익은?

① ₩476,000

② ₩482,000

③ ₩486,000

④ ₩488,000

⑤ ₩492,000

15 당기순손익과 총포괄손익 간의 차이를 발생시키는 항목으로 옳은 것을 모두 고른 것은?

> ㄱ. 감자차익
> ㄴ. 주식선택권
> ㄷ. 확정급여제도의 재측정요소
> ㄹ. 이익준비금
> ㅁ. 해외사업장의 재무제표 환산으로 인한 손익

① ㄱ, ㄴ

② ㄱ, ㅁ

③ ㄴ, ㄷ

④ ㄴ, ㄹ

⑤ ㄷ, ㅁ

16 (주)감평은 20×1년 12월 31일자로 종료되는 회계연도 재무제표의 이사회 승인을 앞두고 있다. 아래의 각 상호 독립된 사건은 재무제표에 반영되어 있지 않지만 보고기간말 이후 발생한 것이다. '수정을 요하는 보고기간 후 사건'을 모두 고른 것은? (단, 주석으로 공시되는 금액은 제외한다.)

> ㄱ. 관계회사의 금융기관 차입에 대해 ₩30,000의 지급보증 약정을 체결하였다.
> ㄴ. 생산공장에 화재가 발생하여 ₩50,000의 생산설비가 파손되었다.
> ㄷ. 20×1년 말 현재 피고로 계류 중이던 손해배상소송에서 ₩10,000의 손해배상 확정판결을 받았다.
> ㄹ. 내부규정에 의해 20×1년 말 지급하여야 할 상여금 지급액이 ₩25,000으로 확정되었다.

① ㄱ, ㄴ   ② ㄱ, ㄷ
③ ㄴ, ㄹ   ④ ㄷ, ㄹ
⑤ ㄴ, ㄷ, ㄹ

17 (주)감평은 (주)대한을 합병하고 합병대가로 ₩30,000,000의 현금을 지급하였다. 합병 시점 (주)대한의 재무상태표상 자산총액은 ₩20,000,000이고 부채총액은 ₩11,000,000이다. (주)대한의 재무상태표상 장부금액은 토지를 제외하고는 공정가치와 같다. 토지는 장부상 ₩10,000,000으로 기록되어 있으나, 합병 시점에 공정가치는 ₩18,000,000인 것으로 평가되었다. 이 합병으로 (주)감평이 인식할 영업권은?

① ₩9,000,000   ② ₩10,000,000
③ ₩13,000,000   ④ ₩21,000,000
⑤ ₩23,000,000

18 재무제표 요소의 측정에 관한 설명으로 옳지 않은 것은?

① 재무제표를 작성할 때 기업이 가장 보편적으로 채택하고 있는 재무제표 요소의 측정기준은 역사적 원가이다.
② 재무제표를 작성할 때 합리적 추정을 사용해야 하는데 이는 신뢰성을 훼손하게 된다.
③ 부채에 현행원가 개념을 적용하면 현재시점에서 그 의무를 이행하는 데 필요한 현금이나 현금성자산의 할인하지 아니한 금액으로 평가한다.
④ 자산에 대하여 손상차손회계를 적용할 때 고려하는 사용가치는 그 자산의 공정가치와 다르다.
⑤ 재무제표 요소의 측정은 재무상태표와 포괄손익계산서에 인식되고 평가되어야 할 재무제표 요소의 화폐금액을 결정하는 과정으로 특정 측정기준의 선택과정을 포함한다.

19 재무보고를 위한 개념체계에 관한 설명으로 옳은 것은?

① 부채는 과거 거래의 결과로 발생한 것으로 미래에 기업실체가 부담할 의무로서 현재 그 의무를 이행한다.

② 미래경제적효익의 유입 가능성이 높거나 그 항목의 원가를 신뢰성 있게 측정할 수 있으면 재무제표에 자산으로 인식한다.

③ 비용은 경제적효익이 유출, 소비됨으로써 자산이 증가하거나 부채가 감소할 가능성이 높고 그 금액을 신뢰성 있게 측정할 수 있을 때 인식한다.

④ 자산의 사용정도를 체계적이고 합리적인 방법으로 배분하는 감가상각비는 관련 수익과의 관련성이 직접적으로 파악, 결정되는 비용이다.

⑤ 표현충실성을 위한 서술에 오류가 없다는 것은 현상의 기술에 오류나 누락이 없고, 보고 정보를 생산하는데 사용되는 절차의 선택과 적용에 절차상의 오류가 없음을 의미한다.

20 (주)감평은 20×1년 1월 1일 액면금액 ₩1,000,000(만기 3년, 표시이자율 연 6%, 매년 말 이자지급)의 사채를 발행하였으며, 사채의 발행 당시 유효이자율은 연 8%이었다. (주)감평은 20×2년 6월 30일 사채를 조기상환하였다. 조기상환 시 발생한 사채상환손실은 ₩32,000 이다. (주)감평이 유효이자율법을 적용할 때, 상환일까지의 경과이자를 포함한 사채조기상환 금액은? (단, 이자비용은 월할계산하고, 계산금액은 소수점 첫째자리에서 반올림하며, 단수 차이로 인한 오차가 있으면 가장 근사치를 선택한다.)

기간	단일금액 ₩1의 현재가치		정상연금 ₩1의 현재가치	
	6%	8%	6%	8%
1	0.9434	0.9259	0.9434	0.9259
2	0.8900	0.8574	1.8334	1.7833
3	0.8396	0.7938	2.6730	2.5771

① ₩970,872

② ₩996,300

③ ₩1,004,872

④ ₩1,034,872

⑤ ₩1,073,444

21 (주)감평은 20×1년 1월 1일에 액면금액 ₩500,000의 전환사채를 다음과 같은 조건으로 액면발행하였다.

- 표시이자율 : 연 6%(매년 말 지급)
- 전환사채 발행당시 일반사채의 시장이자율 : 연 10%
- 만기일 : 20×3년 12월 31일

전환사채의 만기 상환조건이 액면상환조건인 경우의 전환권대가(A)와 할증상환조건(보장수익률 8%, 상환할증금 ₩32,464)인 경우의 전환권대가(B)는? (단, 계산금액은 소수점 첫째자리에서 반올림하고, 단수차이로 인한 오차가 있으면 가장 근사치를 선택한다.)

기간	단일금액 ₩1의 현재가치		정상연금 ₩1의 현재가치	
	8%	10%	8%	10%
3	0.7938	0.7513	2.5771	2.4869

① A : ₩24,878 B : ₩488
② A : ₩25,787 B : ₩17
③ A : ₩25,787 B : ₩25,353
④ A : ₩49,743 B : ₩25,353
⑤ A : ₩49,743 B : ₩17

22 금융상품에 관한 설명으로 옳은 것은?

① 당기손익 – 공정가치로 측정되는 '지분상품에 대한 특정 투자'에 대해서는 후속적인 공정가치 변동은 최초 인식시점이라 하더라도 기타포괄손익으로 표시하도록 선택할 수 없다.
② 측정이나 인식의 불일치, 즉 회계불일치의 상황이 아닌 경우 금융자산은 금융자산의 관리를 위한 사업모형과 금융자산의 계약상 현금흐름의 특성 모두에 근거하여 상각후원가, 기타포괄손익 – 공정가치, 당기손익 – 공정가치로 측정되도록 분류한다.
③ 금융자산 전체나 일부의 회수를 합리적으로 예상할 수 없는 경우에도 해당 금융자산의 총 장부금액을 직접 줄일 수는 없다.
④ 기타포괄손익 – 공정가치 측정 금융자산의 기대신용손실을 조정하기 위한 기대신용손실액(손상차손)은 당기손실로 인식하고, 기대신용손실환입액(손상차손환입)은 기타포괄손익으로 인식한다.
⑤ 금융자산을 상각후원가 측정범주에서 기타포괄손익 – 공정가치 측정 범주로 재분류하는 경우 재분류일의 공정가치로 측정하며, 재분류 전 상각후원가와 공정가치 차이에 따른 손익은 당기손익으로 인식한다.

23 (주)감평은 재고자산 평가방법으로 소매재고법을 적용하고 있다. 20×1년도 재고자산 관련
    자료가 다음과 같은 경우, 평균원가법에 의한 20×1년 말 재고자산은?

항목	원가	판매가
기초재고액	₩143,000	₩169,000
당기매입액	1,138,800	1,586,000
매가인상액		390,000
인상취소액		150,000
매가인하액		110,000
당기매출액		1,430,000

① ₩211,000   ② ₩237,000
③ ₩309,400   ④ ₩455,000
⑤ ₩485,400

24 (주)감평의 당기 매출총이익률은 30%이고, 기초재고자산원가는 ₩2,000,000, 당기순매입원
    가는 ₩6,000,000, 순매출액은 ₩10,000,000일 때, 기말재고자산원가는?

① ₩500,000   ② ₩1,000,000
③ ₩3,000,000   ④ ₩5,000,000
⑤ ₩7,000,000

25 (주)감평은 20×1년 12월 31일 주거래은행으로부터 당좌예금잔액증명서상 잔액이 ₩7,810,000 이라는 통지를 받았으나, 회사의 12월 31일 현재 총계정원장상 당좌예금 잔액과 불일치하였다. (주)감평이 이러한 불일치의 원인을 조사한 결과 다음과 같은 사항을 발견하였다. 이들 자료를 활용하여 (주)감평의 수정 전 당좌예금계정 잔액(A)과 수정 후 재무상태표에 당좌예금으로 계상할 금액(B)은?

- (주)감평이 발행하고 인출 기록한 수표 ₩2,100,000이 은행에서 아직 지급되지 않았다.
- 매출거래처로부터 받아 예금한 수표 ₩1,500,000이 부도 처리되었으나, (주)감평의 장부에 기록되지 않았다.
- 주거래은행에 추심의뢰한 받을어음 ₩500,000이 (주)감평의 당좌예금 계좌로 입금 처리되었으나, 통보 받지 못하였다.
- 지난 달 주거래은행에 현금 ₩190,000을 당좌예입하면서 회계직원의 실수로 장부상 ₩910,000으로 잘못 기장된 것이 확인되었다.

① A : ₩5,990,000 B : ₩5,210,000
② A : ₩5,990,000 B : ₩5,710,000
③ A : ₩7,430,000 B : ₩5,710,000
④ A : ₩7,430,000 B : ₩6,430,000
⑤ A : ₩9,530,000 B : ₩7,310,000

26 (주)감평의 20×1년 12월 31일 현재 재무상태는 다음과 같다.

• 자산총계	₩880,000	• 비유동부채	₩540,000
• 매출채권	120,000	• 자본총계	100,000
• 재고자산	240,000		
• 비유동자산	520,000		

만약 (주)감평이 현금 ₩50,000을 단기차입한다고 가정하면 이러한 거래가 당좌비율(A)과 유동비율(B)에 미치는 영향은?

① A : 영향 없음 B : 영향 없음
② A : 감소   B : 증가
③ A : 감소   B : 감소
④ A : 증가   B : 증가
⑤ A : 증가   B : 감소

27 (주)감평의 20×1년도 발행주식 변동내역은 다음과 같다.

		보통주	우선주
1월 1일	발행주식수	6,400주	5,000주
4월 1일	유상증자	2,000주	–
7월 1일	무상증자 20%	1,680주	–
12월 31일		10,080주	5,000주

4월 1일 유상증자한 보통주 1주당 발행금액은 ₩1,600이고, 권리락 직전일의 주당 공정가치는 ₩2,000이다. 우선주 1주당 배당금은 ₩60이고, 20×1년도 당기순이익은 ₩1,353,360이다. 20×1년도 기본주당순이익은? (단, 가중평균유통보통주식수 계산은 월할계산한다.)

① ₩110
② ₩120
③ ₩130
④ ₩140
⑤ ₩150

28 (주)감평의 20×1년도 포괄손익계산서상 당기순이익은 ₩800,000으로 보고되었다. 다음 자료에 의해 간접법으로 구한 20×1년도 영업활동 현금흐름은?

- 토지(장부금액 ₩3,000,000) 처분금액   ₩3,100,000
- 매출채권(총액) 증가   165,000
- 매출채권손실충당금 증가   5,000
- 매입채무 증가   80,000
- 매출채권손상차손   20,000
- 감가상각비   120,000
- 개발비 지출   180,000

① ₩740,000
② ₩760,000
③ ₩840,000
④ ₩900,000
⑤ ₩920,000

29 (주)감평의 20×1년도 이자비용 ₩30,000에는 사채할인발행차금 상각액 ₩3,000이 포함되어 있다. 미지급이자비용의 기초잔액과 기말잔액은 각각 ₩3,800과 ₩5,200이고, 선급이자비용의 기초잔액과 기말잔액은 각각 ₩2,000과 ₩2,700이다. (주)감평의 20×1년도 현금이자지급액은?

① ₩24,900   ② ₩26,300
③ ₩29,100   ④ ₩30,900
⑤ ₩35,100

30 20×1년 초 설립된 (주)감평의 20×3년 말 자본계정은 다음과 같으며, 설립 후 현재까지 자본금 변동은 없었다. 그동안 배당가능이익의 부족으로 어떠한 형태의 배당도 없었으나, 20×3년 말 배당재원의 확보로 20×4년 3월 10일 정기 주주총회에서 ₩7,500,000의 현금배당을 선언할 예정이다. (주)감평이 우선주에 배분할 배당금은?

구분	액면금액	발행주식수	자본금총계	비고
보통주자본금	₩5,000	12,000주	₩60,000,000	배당률 3%
우선주자본금	₩10,000	3,000주	₩30,000,000	배당률 5%, 누적적, 완전참가적

① ₩2,900,000   ② ₩3,900,000
③ ₩4,500,000   ④ ₩4,740,000
⑤ ₩4,900,000

31 단일제품을 생산하는 (주)감평은 매출원가의 20%를 이익으로 가산하여 제품을 판매하고 있다. 당기의 생산 및 판매 자료가 다음과 같다면, (주)감평의 당기 직접재료매입액과 영업이익은?

• 재고자산		
	기초재고	기말재고
직접재료	₩17,000	₩13,000
재공품	20,000	15,000
제품	18,000	23,000

- 기본(기초)원가   ₩85,000
- 가공(전환)원가   98,000
- 매출액   180,000
- 판매관리비   10,000

	직접재료매입액	영업이익
①	₩46,000	₩15,000
②	₩48,000	₩15,000
③	₩48,000	₩20,000
④	₩52,000	₩20,000
⑤	₩52,000	₩26,000

32 (주)감평은 정상원가계산을 사용하고 있으며, 직접노무시간을 기준으로 제조간접원가를 예정배부하고 있다. (주)감평의 20×1년도 연간 제조간접원가 예산은 ₩600,000이고, 실제 발생한 제조간접원가는 ₩650,000이다. 20×1년도 연간 예정조업도는 20,000시간이고, 실제 직접노무시간은 18,000시간이다. (주)감평은 제조간접원가 배부차이를 전액 매출원가에서 조정하고 있다. 20×1년도 제조간접원가 배부차이 조정전 매출총이익이 ₩400,000이라면, 포괄손익계산서에 인식할 매출총이익은?

① ₩290,000   ② ₩360,000

③ ₩400,000   ④ ₩450,000

⑤ ₩510,000

33 (주)감평은 동일한 원재료를 투입하여 제품 X, 제품 Y, 제품 Z를 생산한다. (주)감평은 결합원가를 분리점에서의 상대적 판매가치를 기준으로 결합제품에 배부한다. 결합제품 및 추가가공과 관련된 자료는 다음과 같다.

	제품 X	제품 Y	제품 Z	합계
생산량	150단위	200단위	100단위	450단위
결합원가	₩15,000	?	?	?
분리점에서의 단위당 판매가격	₩200	₩100	₩500	
추가가공원가	₩3,500	₩5,000	₩7,500	₩16,000
추가가공 후 단위당 판매가격	₩220	₩150	₩600	

(주)감평은 각 제품을 분리점에서 판매할 수도 있고, 분리점 이후에 추가가공을 하여 판매할 수도 있다. (주)감평이 위 결합제품을 전부 판매할 경우, 예상되는 최대 매출총이익은? (단, 결합공정 및 추가가공과정에서 재공품 및 공손은 없다.)

① ₩25,000
② ₩57,000
③ ₩57,500
④ ₩82,000
⑤ ₩120,000

34 (주)감평은 활동기준원가계산방법에 의하여 제품의 원가를 계산하고 있다. 다음은 (주)감평의 연간 활동제조간접원가 예산자료와 작업 #203의 원가동인에 관한 자료이다.

• 연간 활동제조간접원가 예산자료

활동	활동별 제조간접원가	원가동인	원가동인수량
생산준비	₩200,000	생산준비시간	1,250시간
재료처리	₩300,000	재료처리횟수	1,000회
기계작업	₩500,000	기계작업시간	50,000시간
품질관리	₩400,000	품질관리횟수	10,000회

• 작업 #203의 원가동인 자료

작업	생산준비시간	재료처리횟수	기계작업시간	품질관리횟수
#203	60시간	50회	4,500시간	500회

작업 #203의 제조원가가 ₩300,000이라면, 작업 #203의 기본(기초)원가는?

① ₩210,400
② ₩220,400
③ ₩225,400
④ ₩230,400
⑤ ₩255,400

35 20×1년 초 영업을 개시한 (주)감평의 20×1년도와 20×2년도의 생산 및 판매와 관련된 자료는 다음과 같다.

	20×1년	20×2년
생산량	5,000개	10,000개
판매량	4,000개	10,000개
직접재료원가	₩500,000	₩1,000,000
직접노무원가	₩600,000	₩1,200,000
변동제조간접원가	₩400,000	₩800,000
고정제조간접원가	₩200,000	₩250,000
변동판매관리비	₩200,000	₩400,000
고정판매관리비	₩300,000	₩350,000

(주)감평의 20×2년도 전부원가계산에 의한 영업이익이 ₩100,000일 때, 변동원가계산에 의한 영업이익은? (단, 재공품은 없으며 원가흐름은 선입선출법을 가정한다.)

① ₩85,000 ② ₩115,000
③ ₩120,000 ④ ₩135,000
⑤ ₩140,000

36 표준원가계산에 관한 설명으로 옳은 것을 모두 고른 것은?

> ㄱ. 표준원가계산제도는 전부원가계산에서 적용할 수 있으나 변동원가계산에서는 적용할 수 없다.
> ㄴ. 표준원가계산제도는 종합원가계산제도에 적용이 가능하다.
> ㄷ. 직접재료원가 가격차이를 구입시점에서 분리하든 사용시점에서 분리하든 직접재료원가 능률차이는 동일하다.
> ㄹ. 고정제조간접원가의 예산차이는 실제투입량 변동예산과 실제산출량 변동예산의 차이를 의미한다.

① ㄱ, ㄴ ② ㄱ, ㄷ
③ ㄴ, ㄷ ④ ㄴ, ㄹ
⑤ ㄷ, ㄹ

37 (주)감평은 단일제품 8,000단위를 생산 및 판매하고 있다. 제품의 단위당 판매가격은 ₩500, 단위당 변동원가는 ₩300이다. (주)감평은 (주)한국으로부터 단위당 ₩450에 1,500단위의 특별주문을 받았다. 이 특별주문을 수락하는 경우, 별도의 포장 작업이 추가로 필요하여 단위당 변동원가가 ₩20 증가하게 된다. (주)감평의 연간 최대생산능력이 9,000단위라면, 이 특별주문을 수락하는 경우 증분손익은?

① 손실 ₩105,000 ② 손실 ₩75,000
③ 손실 ₩55,000   ④ 이익 ₩95,000
⑤ 이익 ₩195,000

38 (주)감평의 총변동원가가 ₩240,000, 총고정원가가 ₩60,000, 공헌이익률이 40%이며, 법인세율은 20%이다. 이에 관한 설명으로 옳지 않은 것은? (단, 기초재고와 기말재고는 동일하다.)

① 매출액은 ₩400,000이다.   ② 안전한계율은 62.5%이다.
③ 영업레버리지도는 1.2이다.   ④ 세후 영업이익은 ₩80,000이다.
⑤ 손익분기점 매출액은 ₩150,000이다.

39 (주)감평은 단위당 판매가격이 ₩300이고, 단위당 변동원가가 ₩180인 단일제품을 생산 및 판매하고 있다. (주)감평의 최대조업도는 5,000단위이고, 고정원가는 조업도 수준에 따라 변동하며 이와 관련된 자료는 다음과 같다.

연간 조업도	고정원가
0 ~ 2,000단위	₩300,000
2,001 ~ 4,000단위	450,000
4,001 ~ 5,000단위	540,000

(주)감평이 달성할 수 있는 최대 영업이익은?

① ₩12,000   ② ₩15,000
③ ₩24,000   ④ ₩30,000
⑤ ₩60,000

40 20×1년 초 영업을 개시한 상품매매기업인 (주)감평의 20×1년 1분기 월별 매출액 예산은 다음과 같다.

	1월	2월	3월
매출액	₩2,220,000	₩2,520,000	₩2,820,000

(주)감평은 매출원가의 20%를 이익으로 가산하여 상품을 판매하고, 월말재고로 그 다음 달 매출원가의 40%를 보유하는 재고정책을 실시하고 있다. (주)감평의 매월 상품매입 중 50%는 현금매입이고, 50%는 외상매입이다. 외상매입대금 중 80%는 매입한 달의 1개월 후에, 20%는 매입한 달의 2개월 후에 지급된다. 상품매입과 관련하여 (주)감평의 20×1년 2월 예상되는 현금지출액은? (단, 매입에누리, 매입환출, 매입할인 등은 발생하지 않는다.)

① ₩1,076,000
② ₩1,100,000
③ ₩1,345,000
④ ₩2,176,000
⑤ ₩2,445,000

2018년 29회 기출문제

※ 아래의 문제들에서 특별한 언급이 없는 한 기업의 보고기간(회계기간)은 매년 1월 1일부터 12월 31일 까지이다. 또한, 기업은 주권상장법인으로 계속해서 한국채택국제회계기준(K-IFRS)을 적용해오고 있다고 가정하고, 답지항 중에서 물음에 가장 합당한 답을 고르시오. 단, 자료에서 제시한 모든 항목과 금액은 중요하며, 자료에서 제시한 것 이외의 사항은 고려하지 않고 답한다. 예를 들어, 법인세에 대한 언급이 없으면 법인세 효과는 고려하지 않는다.

01 **재무보고를 위한 개념체계에서 유용한 재무정보의 질적 특성에 관한 설명으로 옳은 것은?**

① 재무정보가 예측가치를 갖기 위해서 그 자체가 예측치 또는 예상치일 필요는 없다.
② 계량화된 정보가 검증가능하기 위해서 단일 점추정치이어야 한다.
③ 완벽하게 표현충실성을 위해서는 서술은 완전하고, 검증가능하며, 오류가 없어야 한다.
④ 재무정보에 예측가치가 있다면 그 재무정보는 나타내고자 하는 현상을 충실하게 표현한다.
⑤ 재고자산평가손실의 인식은 보수주의 원칙이 적용된 것이며, 보수주의는 표현충실성의 한 측면으로 포함할 수 있다.

02 **20×1년 말 현재 (주)감평의 외부감사 전 재무상태표상 재고자산은 ₩1,000,000이다. (주)감평은 실지재고조사법을 사용하여 창고에 있는 상품만을 기말재고로 보고하였다. 회계감사 중 공인회계사는 (주)감평의 기말 재고자산과 관련하여 다음 사항을 알게 되었다.**

- 20×1년 12월 27일 FOB 선적지조건으로 (주)한국에게 판매한 상품(원가 ₩300,000)이 20×1년 말 현재 운송 중에 있다.
- 수탁자에게 20×1년 중에 적송한 상품(원가 ₩100,000) 중 40%가 20×1년 말 현재 판매완료되었다.
- 고객에게 20×1년 중에 인도한 시송품의 원가는 ₩200,000이며, 이 중 20×1년 말까지 매입의사표시를 해 온 금액이 ₩130,000이다.
- 20×1년 12월 29일 FOB 도착지조건으로 (주)민국으로부터 매입한 상품(원가 ₩200,000)이 20×1년 말 현재 운송 중에 있다.

위의 내용을 반영하여 작성된 20×1년 말 재무상태표상 재고자산은?

① ₩1,010,000
② ₩1,110,000
③ ₩1,130,000
④ ₩1,330,000
⑤ ₩1,430,000

03 (주)감평은 20×1년 초 기계장치를 ₩100,000에 취득하고 재평가모형을 적용하기로 하였다. 기계장치의 내용연수는 5년, 잔존가치는 ₩0이며 정액법으로 감가상각한다. 다음은 연도별 기계장치의 공정가치와 회수가능액이다.

구분	20×1년 말	20×2년 말
공정가치	₩88,000	₩60,000
회수가능액	90,000	48,000

(주)감평은 20×2년 말에 기계장치에 대해서 손상이 발생하였다고 판단하였다. 기계장치와 관련하여 20×2년도 포괄손익계산서상 당기순이익과 기타포괄이익에 미치는 영향은 각각 얼마인가? (단, 기계장치를 사용함에 따라 재평가잉여금의 일부를 이익잉여금으로 대체하지 않는다.)

    당기순이익에 미치는 영향   기타포괄이익에 미치는 영향
①   ₩10,000 감소   ₩2,000 증가
②   ₩10,000 감소   ₩8,000 감소
③   ₩32,000 감소   ₩2,000 감소
④   ₩32,000 감소   ₩2,000 증가
⑤   ₩32,000 감소   ₩8,000 감소

04 다음은 (주)감평의 20×1년도 재고자산 거래와 관련된 자료이다.

일자	적요	수량	단가
1월 1일	기초재고	100개	₩90
3월 9일	매입	200개	150
5월 16일	매출	150개	
8월 20일	매입	50개	200
10월 25일	매입	50개	220
11월 28일	매출	200개	

다음 설명 중 옳지 않은 것은?

① 실지재고조사법을 적용하여 선입선출법을 사용할 경우 기말재고자산 금액은 ₩11,000이다.
② 실지재고조사법을 적용하여 가중평균법을 사용할 경우 매출원가는 ₩52,500이다.
③ 선입선출법을 사용할 경우보다 가중평균법을 사용할 때 당기순이익이 더 작다.
④ 가중평균법을 사용할 경우, 실지재고조사법을 적용하였을 때보다 계속기록법을 적용하였을 때 당기순이익이 더 크다.
⑤ 선입선출법을 사용할 경우, 계속기록법을 적용하였을 때보다 실지재고조사법을 적용하였을 때 매출원가가 더 크다.

05 (주)감평은 20×1년 초 ₩100,000인 건물(내용연수 10년, 잔존가치 ₩0, 정액법 상각)을 취득하였다. (주)감평은 동 건물에 대하여 재평가모형을 적용하며, 20×1년 말과 20×2년 말 현재 건물의 공정가치는 각각 ₩99,000과 ₩75,000이다. 동 건물 관련 회계처리가 (주)감평의 20×2년도 당기순이익에 미치는 영향은? (단, 건물을 사용함에 따라 재평가잉여금의 일부를 이익잉여금으로 대체하지 않는다.)

① ₩11,000 감소
② ₩15,000 감소
③ ₩20,000 감소
④ ₩24,000 감소
⑤ ₩29,000 감소

06 재무보고를 위한 개념체계에서 재무제표 요소에 관한 설명으로 옳지 않은 것은?

① 자산이 갖는 미래경제적효익은 대체적인 제조과정의 도입으로 생산원가가 절감되는 경우와 같이 현금유출을 감소시키는 능력일 수도 있다.

② 자산의 존재를 판단하기 위해서 물리적 형태가 필수적인 것은 아니다.

③ 경제적효익에 대한 통제력은 법률적 권리의 결과이므로 법률적 통제가 있어야 자산의 정의를 충족시킬 수 있다.

④ 기업은 일반적으로 구매나 생산을 통하여 자산을 획득하지만 다른 거래나 사건도 자산을 창출할 수 있다.

⑤ 보증기간이 명백히 경과한 후에 발생하는 제품하자에 대해서도 수리해 주기로 방침을 정한 경우에 이미 판매된 제품과 관련하여 지출될 것으로 예상되는 금액은 부채이다.

07 (주)감평은 20×1년 초 공장건물을 신축하기 시작하여 20×1년 말에 완공하였다. 다음은 공장건물의 신축을 위한 (주)감평의 지출액과 특정차입금 및 일반차입금에 대한 자료이다.

구분	연평균금액	이자비용
공장건물에 대한 지출액	₩320,000	
특정차입금	160,000	₩18,400
일반차입금	100,000	12,000

20×1년 공장건물과 관련하여 자본화할 차입원가는? (단, 이자비용은 20×1년 중에 발생한 금액이며, 공장건물은 차입원가를 자본화하는 적격자산에 해당된다.)

① ₩12,000
② ₩18,400
③ ₩30,400
④ ₩31,200
⑤ ₩37,600

08 (주)감평은 20×8년 3월 1일 사용중이던 기계장치를 (주)대한의 신형 기계장치와 교환하면서 ₩4,000의 현금을 추가로 지급하였다. (주)감평이 사용하던 기계장치는 20×5년에 ₩41,000에 취득한 것으로 교환당시 감가상각누계액은 ₩23,000이고 공정가치는 ₩21,000이다. 한편, 교환시점 (주)대한의 신형 기계장치의 공정가치는 ₩26,000이다. 동 교환거래가 상업적 실질이 있으며 (주)감평의 사용 중이던 기계장치의 공정가치가 더 명백한 경우 (주)감평이 교환거래로 인해 인식할 처분손익은?

① 이익 ₩3,000 ② 이익 ₩4,000
③ 손실 ₩3,000 ④ 손실 ₩4,000
⑤ 이익 ₩1,000

09 (주)감평은 본사 사옥을 신축하기 위하여 토지를 취득하였는데 이 토지에는 철거예정인 창고가 있었다. 다음 자료를 고려할 때, 토지의 취득원가는?

• 토지 구입대금	₩1,000,000
• 사옥 신축 개시 이전까지 토지 임대를 통한 수익	₩25,000
• 토지 취득세 및 등기수수료	₩70,000
• 창고 철거비	₩10,000
• 창고 철거 시 발생한 폐자재 처분 수입	₩5,000
• 본사 사옥 설계비	₩30,000
• 본사 사옥 공사대금	₩800,000

① ₩1,050,000 ② ₩1,075,000
③ ₩1,080,000 ④ ₩1,100,000
⑤ ₩1,105,000

10 다음 설명 중 옳은 것을 모두 고른 것은?

> ㄱ. 특정 유형자산을 재평가할 때, 해당 자산이 포함되는 유형자산 분류 전체를 재평가한다.
> ㄴ. 자가사용부동산을 공정가치로 평가하는 투자부동산으로 대체하는 시점까지 그 부동산
> 을 감가상각하고, 발생한 손상차손을 인식한다.
> ㄷ. 무형자산으로 인식되기 위해서는 식별가능성, 자원에 대한 통제 및 미래경제적효익의
> 존재 중 최소 하나 이상의 조건을 충족하여야 한다.
> ㄹ. 무형자산을 창출하기 위한 내부 프로젝트를 연구단계와 개발단계로 구분할 수 없는 경
> 우에는 그 프로젝트에서 발생한 지출은 모두 개발단계에서 발생한 것으로 본다.

① ㄱ, ㄴ   ② ㄱ, ㄷ
③ ㄴ, ㄹ   ④ ㄷ, ㄹ
⑤ ㄱ, ㄴ, ㄷ

11

(주)감평은 20×1년 1월 1일 (주)한국이 동 일자에 발행한 액면금액 ₩1,000,000, 표시이자율 연 10%(이자는 매년 말 지급)의 3년 만기의 사채를 ₩951,963에 취득하였다. 동 사채의 취득 시 유효이자율은 연 12%이었으며, (주)감평은 동 사채를 상각후원가로 측정하는 금융자산으로 분류하였다. 동 사채의 20×1년 12월 31일 공정가치는 ₩975,123이었으며, (주)감평은 20×2년 7월 31일에 경과이자를 포함하여 ₩980,000에 전부 처분하였다. 동 사채 관련 회계처리가 (주)감평의 20×2년도 당기순이익에 미치는 영향은? (단, 단수차이로 인한 오차가 있으면 가장 근사치를 선택한다.)

① ₩13,801 증가   ② ₩14,842 감소
③ ₩4,877 증가   ④ ₩34,508 감소
⑤ ₩48,310 증가

12 다음은 (주)감평이 채택하고 있는 확정급여제도와 관련한 자료이다.

- 확정급여채무 계산 시 적용하는 할인율　　　　연 5%
- 기초 확정급여채무의 현재가치　　　　₩700,000
- 기초 사외적립자산의 공정가치　　　　600,000
- 당기근무원가　　　　73,000
- 사외적립자산에 대한 기여금 출연(기말 납부)　　　90,000
- 퇴직급여 지급액(사외적립자산에서 기말 지급)　　68,000
- 기말 사외적립자산의 공정가치　　　　670,000
- 기말 재무상태표에 표시된 순확정급여부채　　100,000

(주)감평의 확정급여제도 적용이 포괄손익계산서의 당기순이익과 기타포괄이익에 미치는 영향은 각각 얼마인가?

	당기순이익에 미치는 영향	기타포괄이익에 미치는 영향
①	₩108,000 감소	₩48,000 감소
②	₩108,000 감소	₩48,000 증가
③	₩108,000 감소	₩12,000 감소
④	₩78,000 감소	₩12,000 증가
⑤	₩78,000 감소	₩12,000 감소

13 (주)감평은 20×1년 1월 1일 다음과 같은 조건의 전환사채(만기 3년)를 액면발행하였다. 20×3년 1월 1일에 액면금액의 40%에 해당하는 전환사채가 보통주로 전환될 때 인식되는 주식발행초과금은? (단, 전환권대가는 전환 시 주식발행초과금으로 대체되며, 단수차이로 인한 오차가 있으면 가장 근사치를 선택한다.)

- 액면금액 : ₩1,000,000
- 표시이자율 : 연 5%
- 이자지급시점 : 매년 12월 31일
- 일반사채의 시장이자율 : 연 12%
- 전환가격 : ₩2,000(보통주 주당 액면금액 ₩1,000)
- 상환할증금 : 만기상환 시 액면금액의 119.86%로 일시상환

기간	단일금액 ₩1의 현재가치		정상연금 ₩1의 현재가치	
	5%	12%	5%	12%
1	0.9524	0.8929	0.9524	0.8929
2	0.9070	0.7972	1.8594	1.6901
3	0.8638	0.7118	2.7233	2.4018

① ₩166,499   ② ₩177,198

③ ₩245,939   ④ ₩256,638

⑤ ₩326,747

14 다음은 (주)감평의 20×1년도 현금흐름표를 작성하기 위한 자료이다.

(1) 20×1년도 포괄손익계산서 자료
- 당기순이익 : ₩100,000
- 대손상각비 : ₩5,000(매출채권에서 발생)
- 감가상각비 : ₩20,000
- 유형자산처분이익 : ₩7,000
- 사채상환손실 : ₩8,000

(2) 20×1년 말 재무상태표 자료
- 20×1년 기초금액 대비 기말금액의 증감은 다음과 같다.

자산		부채	
계정과목	증가(감소)	계정과목	증가(감소)
재고자산	(₩80,000)	매입채무	(₩4,000)
매출채권(순액)	50,000	미지급급여	6,000
유형자산(순액)	(120,000)	사채(순액)	(90,000)

(주)감평의 20×1년도 영업활동순현금흐름은?

① ₩89,000   ② ₩153,000

③ ₩158,000   ④ ₩160,000

⑤ ₩161,000

15 (주)감평의 20×1년도 희석주당이익은? (단, 전환우선주 전환 이외의 보통주식수의 변동은 없으며, 유통보통주식수 계산 시 월할계산한다. 또한 계산결과는 가장 근사치를 선택한다.)

- 20×1년도 당기순이익 : ₩1,049,000
- 기초유통보통주식수 : 20,000주(주당 액면금액 ₩1,000)
- 기초유통우선주식수 : 5,000주(전환우선주, 주당 액면금액 ₩1,000, 전환비율 1:1)
- 전환우선주 : 회계연도 말까지 미전환된 부분에 대해서 액면금액의 8% 배당(전년도에는 배당가능이익이 부족하여 배당금을 지급하지 못하였으나, 20×1년도에는 전년도 배당금까지 포함하여 지급할 예정)
- 20×1년 5월 1일 : 전환우선주 900주가 보통주로 전환되고 나머지는 기말까지 미전환

① ₩30   ② ₩32

③ ₩35   ④ ₩37

⑤ ₩42

16 (주)감평은 20×1년 초 (주)대한을 합병하면서 이전대가로 현금 ₩1,500,000과 (주)감평이 보유한 토지(장부금액 ₩200,000, 공정가치 ₩150,000)를 (주)대한의 주주에게 지급하였다. 합병일 현재 (주)대한의 식별가능한 자산의 공정가치는 ₩3,000,000, 부채의 공정가치는 ₩1,500,000이며, 주석으로 공시한 우발부채는 현재의무이며 신뢰성 있는 공정가치는 ₩100,000이다. 합병 시 (주)감평이 인식할 영업권은?

① ₩150,000   ② ₩200,000

③ ₩250,000   ④ ₩350,000

⑤ ₩400,000

17 (주)감평은 20×1년 초에 부여일로부터 3년의 지속적인 용역제공을 조건으로 직원 100명에게 주식선택권을 1인당 10개씩 부여하였다. 20×1년 초 주식선택권의 단위당 공정가치는 ₩150이며, 주식선택권은 20×4년 초부터 행사할 수 있다. (주)감평의 연도별 실제 퇴직자 수 및 추가퇴직 예상자 수는 다음과 같다.

	실제 퇴직자 수	추가퇴직 예상자 수
20×1년 말	5명	15명
20×2년 말	8명	17명

(주)감평은 20×1년 말에 주식선택권의 행사가격을 높이는 조건변경을 하였으며, 이러한 조건변경으로 주식선택권의 단위당 공정가치가 ₩30 감소하였다. 20×2년도 인식할 보상비용은?

① ₩16,000 ② ₩30,000
③ ₩40,000 ④ ₩56,000
⑤ ₩70,000

18 충당부채, 우발부채 및 우발자산에 관한 설명으로 옳지 않은 것은?

① 충당부채는 현재의무이고 이를 이행하기 위하여 경제적효익이 있는 자원을 유출할 가능성이 높고 해당 금액을 신뢰성 있게 추정할 수 있으므로 부채로 인식한다.

② 제품보증이나 이와 비슷한 계약 등 비슷한 의무가 다수 있는 경우에 의무 이행에 필요한 자원의 유출 가능성은 해당 의무 전체를 고려하여 판단한다.

③ 재무제표는 미래시점의 예상 재무상태가 아니라 보고기간 말의 재무상태를 표시하는 것이므로, 미래 영업에서 생길 원가는 충당부채로 인식한다.

④ 손실부담계약은 계약상 의무의 이행에 필요한 회피 불가능 원가가 그 계약에서 받을 것으로 예상되는 경제적효익을 초과하는 계약을 말한다.

⑤ 우발자산은 과거사건으로 생겼으나, 기업이 전적으로 통제할 수는 없는 하나 이상의 불확실한 미래 사건의 발생 여부로만 그 존재 유무를 확인할 수 있는 잠재적자산을 말한다.

19 (주)감평은 20×1년 초 업무용 건물을 ₩2,000,000에 취득하였다. 구입 당시에 동 건물의 내용연수는 5년이고 잔존가치는 ₩200,000으로 추정되었다. (주)감평은 감가상각방법으로서 연수합계법을 사용하여 왔으나 20×3년 초에 정액법으로 변경하고, 동일 시점에 잔존가치를 ₩20,000으로 변경하였다. 20×3년도 포괄손익계산서상 감가상각비는?

① ₩144,000   ② ₩300,000

③ ₩360,000   ④ ₩396,000

⑤ ₩400,000

20 다음은 20×1년 초 설립한 (주)감평의 20×1년도 법인세와 관련된 내용이다.

• 20×1년 과세소득 산출내역	
법인세비용차감전순이익	₩1,000,000
세무조정항목 :	
감가상각비 한도초과액	250,000
접대비 한도초과액	50,000
과세소득	₩1,300,000
• 감가상각비 한도초과액은 20×2년에 전액 소멸한다.	
• 차감할 일시적차이가 사용될 수 있는 미래 과세소득의 발생가능성은 높다.	
• 연도별 법인세율은 20%로 일정하다.	

20×1년도에 인식할 법인세비용은?

① ₩200,000   ② ₩210,000

③ ₩260,000   ④ ₩310,000

⑤ ₩320,000

21 (주)감평의 20×1년 초 유통보통주식수는 1,000주(주당 액면금액 ₩1,000), 유통우선주식수는 200주(주당 액면금액 ₩1,000)이다. 20×1년 9월 1일에 (주)감평은 보통주 1,000주의 유상증자를 실시하였는데, 발행금액은 주당 ₩1,200이고 유상증자 직전 주당 공정가치는 ₩2,000이다. 20×1년도 당기순이익은 ₩280,000이며, 우선주(비누적적, 비참가적)의 배당률은 5%이다. 20×1년도 기본주당이익은? (단, 유상증자대금은 20×1년 9월 1일 전액 납입완료되었으며, 유통보통주식수 계산 시 월할계산한다.)

① ₩135
② ₩140
③ ₩168.75
④ ₩180
⑤ ₩202.5

22 (주)감평은 20×1년 1월 1일에 액면금액 ₩1,000,000(표시이자율 연 8%, 매년 말 이자지급, 만기 3년)의 사채를 발행하였다. 발행당시 시장이자율은 연 13%이다. 20×1년 12월 31일 현재 동 사채의 장부금액은 ₩916,594이다. 동 사채와 관련하여 (주)감평이 20×3년도 인식할 이자비용은? (단, 단수차이로 인한 오차가 있으면 가장 근사치를 선택한다.)

① ₩103,116
② ₩107,026
③ ₩119,157
④ ₩124,248
⑤ ₩132,245

23 (주)감평은 20×1년 초 투자 목적으로 건물을 ₩2,000,000에 취득하여 공정가치 모형을 적용하였다. 건물의 공정가치 변동이 다음과 같을 때, ㈜감평의 20×2년도 당기순이익에 미치는 영향은? (단, 필요할 경우 건물에 대해 내용연수 8년, 잔존가치 ₩0, 정액법으로 감가상각한다.)

	20×1년 말	20×2년 말
공정가치	₩1,900,000	₩1,800,000

① 영향 없음
② ₩100,000 감소
③ ₩200,000 감소
④ ₩350,000 감소
⑤ ₩450,000 감소

24 (주)감평은 20×7년 초 기계장치를 ₩5,000(내용연수 5년, 잔존가치 ₩0, 정액법 상각)에 취득하였다. 20×7년 말과 20×8년 말 기계장치에 대한 공정가치는 각각 ₩7,000과 ₩5,000 이다. (주)감평은 동 기계장치에 대해 공정가치로 재평가하고 있으며, 기계장치를 사용함에 따라 재평가잉여금 중 실현된 부분을 이익잉여금으로 직접 대체하는 정책을 채택하고 있다. 20×8년에 재평가잉여금 중 이익잉여금으로 대체되는 금액은?

① ₩500
② ₩750
③ ₩1,500
④ ₩1,750
⑤ ₩2,500

25 생물자산에 관한 설명으로 옳지 않은 것은?

① 생물자산의 순공정가치를 산정할 때에 추정 매각부대원가를 차감하기 때문에 생물자산 의 최초 인식시점에 손실이 발생할 수 있다.

② 수확시점의 수확물은 어떠한 경우에도 순공정가치로 측정한다.

③ 최초 인식 후 생물자산의 순공정가치 변동으로 발생하는 평가손익은 발생한 기간의 당기 손익에 반영한다.

④ 순공정가치로 측정하는 생물자산과 관련된 정부보조금에 다른 조건이 없는 경우에는 이 를 수취할 수 있게 되는 시점에 기타포괄손익으로 인식한다.

⑤ 생물자산을 최초로 인식하는 시점에 시장 공시가격을 구할 수 없고, 대체적인 공정가치 측정치가 명백히 신뢰성 없게 결정되는 경우에는 원가에서 감가상각누계액과 손상차손 누계액을 차감한 금액으로 측정한다.

26 (주)감평은 선입선출법에 의한 저가기준을 적용하여 소매재고법으로 재고자산을 평가하고 있다. 20×8년도 상품재고 거래와 관련된 자료가 다음과 같은 경우 (주)감평의 20×8년도 매출원가는?

	원가	매가
기초재고자산	₩162,000	₩183,400
당기매입액	1,220,000	1,265,000
인상액		260,000
인하액		101,000
인하취소액		11,000
당기매출액		960,000

① ₩526,720
② ₩532,600
③ ₩849,390
④ ₩855,280
⑤ ₩952,400

27 재고자산에 관한 설명으로 옳지 않은 것은?

① 재료원가, 노무원가 및 기타 제조원가 중 비정상적으로 낭비된 부분은 재고자산의 취득원가에 포함시키지 않고 발생기간의 비용으로 인식한다.

② 제작기간이 단기간인 재고자산은 차입원가를 자본화할 수 있는 적격자산에 해당되지 아니한다.

③ 매입거래처로부터 매입수량이나 매입금액의 일정률만큼 리베이트를 수령할 경우 이를 수익으로 인식하지 않고 재고자산 매입원가에서 차감한다.

④ 기말 재고자산은 취득원가와 순실현가능가치 중 낮은 금액으로 측정한다.

⑤ 가격변동이익이나 중개이익을 목적으로 옥수수, 구리, 석유 등의 상품을 취득하여 단기간 내에 매도하는 기업은 순공정가치의 변동을 기타포괄손익으로 인식한다.

28 (주)감평은 20×3년도부터 재고자산 평가방법을 선입선출법에서 가중평균법으로 변경하였다. 이러한 회계정책의 변경은 한국채택국제회계기준에서 제시하는 조건을 충족하며, (주)감평은 이러한 변경에 대한 소급효과를 모두 결정할 수 있다. 다음은 (주)감평의 재고자산 평가방법별 기말재고와 선입선출법에 의한 당기순이익이다.

	20×1년	20×2년	20×3년
기말 재고자산 :			
선입선출법	₩1,100	₩1,400	₩2,000
가중평균법	1,250	1,600	1,700
당기순이익	₩21,000	₩21,500	₩24,000

회계변경 후 20×3년도 당기순이익은? (단, 20×3년도 장부는 마감 전이다.)

① ₩23,500   ② ₩23,700

③ ₩24,000   ④ ₩24,300

⑤ ₩24,500

29 (주)감평은 20×3년 초 건물을 ₩41,500에 취득(내용연수 10년, 잔존가치 ₩1,500, 정액법 상각)하여 사용하고 있으며, 20×5년 중 손상이 발생하여 20×5년 말 회수가능액은 ₩22,500으로 추정되었다. 20×6년 말 건물의 회수가능액은 ₩26,000인 것으로 추정되었다. 동 건물에 대해 원가모형을 적용하는 경우 다음 설명 중 옳지 않은 것은?

① 20×5년 말 손상을 인식하기 전의 건물의 장부금액은 ₩29,500이다.

② 20×5년 건물의 손상차손은 ₩7,000이다.

③ 20×6년 건물의 감가상각비는 ₩3,000이다.

④ 20×6년 말 손상이 회복된 이후 건물의 장부금액은 ₩25,500이다.

⑤ 20×6년 건물의 손상차손환입액은 ₩6,500이다.

30 (주)감평은 20×1년 초에 하수처리장치를 ₩20,000,000에 구입하여 즉시 가동하였으며, 하수처리장치의 내용연수는 3년이고 잔존가치는 없으며 정액법으로 감가상각한다. 하수처리장치는 내용연수 종료 직후 주변 환경을 원상회복하는 조건으로 허가받아 취득한 것이며, 내용연수 종료시점의 원상회복비용은 ₩1,000,000으로 추정된다. (주)감평의 내재이자율 및 복구충당부채의 할인율이 연 8%일 때, 20×1년도 감가상각비는? (단, 계산결과는 가장 근사치를 선택한다.)

기간	단일금액 ₩1의 현재가치	정상연금 ₩1의 현재가치
	8%	8%
3	0.79383	2.57710

① ₩6,666,666   ② ₩6,931,277
③ ₩7,000,000   ④ ₩7,460,497
⑤ ₩7,525,700

31 제조기업인 (주)감평이 변동원가계산방법에 의하여 제품원가를 계산할 때 제품원가에 포함되는 항목을 모두 고른 것은?

ㄱ. 직접재료원가	ㄴ. 직접노무원가
ㄷ. 본사건물 감가상각비	ㄹ. 월정액 공장임차료

① ㄱ, ㄴ   ② ㄱ, ㄹ
③ ㄴ, ㄷ   ④ ㄴ, ㄹ
⑤ ㄱ, ㄷ, ㄹ

32 원가가산 가격결정방법에 의해서 판매가격을 결정하는 경우 (　　)에 들어갈 금액으로 옳은 것은? (단, 영업이익은 총원가의 30%이고, 판매비와 관리비는 제조원가의 50%이다.)

			영업이익 (ㅁ)	
		판매비와 관리비 (ㄷ)		판매가격 ₩58,500
	제조간접원가 (ㄱ)		총원가 (ㅂ)	
직접재료원가 ₩12,500		제조원가 (ㄹ)		
	기초원가 (ㄴ)			
직접노무원가 ₩12,500				

	(ㄱ)	(ㄴ)	(ㄷ)	(ㄹ)	(ㅁ)	(ㅂ)
①	₩5,000	₩25,000	₩15,000	₩30,000	₩13,500	₩45,000
②	₩5,000	₩25,000	₩17,500	₩35,000	₩10,500	₩48,000
③	₩10,000	₩25,000	₩15,000	₩30,000	₩13,500	₩45,000
④	₩10,000	₩25,000	₩17,500	₩35,000	₩10,500	₩48,000
⑤	₩10,000	₩25,000	₩17,500	₩30,000	₩10,500	₩48,000

33 실제개별원가계산제도를 사용하는 (주)감평의 20×1년도 연간 실제 원가는 다음과 같다.

• 직접재료원가	₩4,000,000
• 직접노무원가	₩5,000,000
• 제조간접원가	₩1,000,000

(주)감평은 20×1년 중 작업지시서 #901을 수행하였는데 이 작업에 320시간의 직접노무시간이 투입되었다. (주)감평은 제조간접원가를 직접노무시간을 기준으로 실제배부율을 사용하여 각 작업에 배부한다. 20×1년도 실제 총직접노무시간은 2,500시간이다. (주)감평이 작업지시서 #901에 배부하여야 할 제조간접원가는?

① ₩98,000　　　　　　　　　② ₩109,000

③ ₩128,000　　　　　　　　　④ ₩160,000

⑤ ₩175,000

34 (주)감평은 수선부문과 동력부문의 두 개의 보조부문과 도색부문과 조립부문의 두 개의 제조부문으로 구성되어 있다. (주)감평은 상호배부법을 사용하여 보조부문의 원가를 제조부문에 배부한다. 20×1년도 보조부문의 용역제공은 다음과 같다.

제공부문	보조부문		제조부문	
	수선	동력	도색	조립
수선(시간)	–	400	1,000	600
동력(kWh)	2,000	–	4,000	4,000

20×1년도 보조부문인 수선부문과 동력부문으로부터 도색부문에 배부된 금액은 ₩100,000이고, 조립부문에 배부된 금액은 ₩80,000이었다. 동력부문의 배부 전 원가는?

① ₩75,000
② ₩80,000
③ ₩100,000
④ ₩105,000
⑤ ₩125,000

35 다음은 (주)감평의 20×1년도 매출관련 자료이다.

• 매출액	₩282,000	• 총변동원가	₩147,000
• 총고정원가	₩30,000	• 판매량	3,000단위

20×2년도에 광고비 ₩10,000을 추가로 지출한다면, 판매량이 300단위 증가할 확률이 60%이고, 200단위 증가할 확률이 40%로 될 것으로 예상된다. 이때 증가될 것으로 기대되는 이익은? (단, 20×2년도 단위당 판매가격, 단위당 변동원가, 광고비를 제외한 총고정원가는 20×1년도와 동일하다고 가정한다.)

① ₩700
② ₩800
③ ₩1,200
④ ₩1,700
⑤ ₩2,700

36 정상원가계산을 사용하는 (주)감평은 단일제품을 제조·판매하는 기업이다. 20×1년도의 고정제조간접원가 총예산액 및 실제 발생액은 ₩720,000이었다. 20×1년 제품의 생산 및 판매량은 다음과 같고, 기초 및 기말 재공품은 없다.

• 기초재고	40,000단위	• 생산량	140,000단위
• 판매량	160,000단위		

고정제조간접원가배부율은 120,000단위를 기준으로 산정하며, 이 배부율은 매년 동일하게 적용된다. 한편, 제조원가의 원가차이는 전액 매출원가에서 조정한다. 변동원가계산에 의한 영업이익이 ₩800,000인 경우, 전부원가계산에 의한 영업이익은?

① ₩680,000

② ₩700,000

③ ₩750,000

④ ₩830,000

⑤ ₩920,000

37 다음은 활동기준원가계산을 사용하는 제조기업인 (주)감평의 20×1년도 연간 활동원가 예산자료이다. 20×1년에 회사는 제품 A를 1,000단위 생산하였는데 제품 A의 생산을 위한 활동원가는 ₩830,000으로 집계되었다. 제품 A의 생산을 위해서 20×1년에 80회의 재료이동과 300시간의 직접노동시간이 소요되었다. (주)감평이 제품 A를 생산하는 과정에서 발생한 기계작업시간은?

연간 활동원가 예산자료

활동	활동원가	원가동인	원가동인 총수량
재료이동	₩4,000,000	이동횟수	1,000회
성형	₩3,000,000	제품생산량	15,000단위
도색	₩1,500,000	직접노동시간	7,500시간
조립	₩1,000,000	기계작업시간	2,000시간

① 400시간

② 500시간

③ 600시간

④ 700시간

⑤ 800시간

38 (주)감평은 세 종류의 제품 A, B, C를 독점 생산 및 판매하고 있다. 제품생산을 위해 사용되는 공통설비의 연간 사용시간은 총 40,000시간으로 제한되어 있다. 20×1년도 예상 자료는 다음과 같다. 다음 설명 중 옳은 것은?

구분	제품 A	제품 B	제품 C
단위당 판매가격	₩500	₩750	₩1,000
단위당 변동원가	₩150	₩300	₩600
단위당 공통설비사용시간	5시간	10시간	8시간
연간 최대 시장수요량	2,000단위	3,000단위	2,000단위

① 제품단위당 공헌이익이 가장 작은 제품은 C이다.
② 공헌이익을 최대화하기 위해 생산할 제품 C의 설비 사용시간은 12,000시간이다.
③ 공헌이익을 최대화하기 위해 생산할 총제품수량은 5,000단위이다.
④ 공헌이익을 최대화하기 위해서는 제품 C, 제품 B, 제품 A의 순서로 생산한 후 판매해야 한다.
⑤ 획득할 수 있는 최대공헌이익은 ₩2,130,000이다.

39 (주)감평은 종합원가계산제도를 채택하고 단일제품을 생산하고 있다. 재료는 공정이 시작되는 시점에서 전량 투입되며, 가공(전환)원가는 공정 전체에 걸쳐 균등하게 발생한다. 가중평균법과 선입선출법에 의한 가공(전환)원가의 완성품환산량은 각각 108,000단위와 87,000단위이다. 기초재공품의 수량이 70,000단위라면 기초재공품 가공(전환)원가의 완성도는?

① 10%
② 15%
③ 20%
④ 25%
⑤ 30%

40 다음 자료를 이용하여 계산한 매출원가는?

• 기초재공품	₩60,000	• 기초제품	₩45,000	• 기말재공품	₩30,000
• 기말제품	₩60,000	• 직접재료원가	₩45,000	• 직접노무원가	₩35,000
• 제조간접원가	₩26,000				

① ₩121,000
② ₩126,000
③ ₩131,000
④ ₩136,000
⑤ ₩141,000

2017년 28회 기출문제

※ 아래의 문제들에서 특별한 언급이 없는 한 기업의 보고기간(회계기간)은 매년 1월 1일부터 12월 31일까지이다. 또한, 기업은 주권상장법인으로 계속해서 한국채택국제회계기준(K-IFRS)을 적용해오고 있다고 가정하고, 답지항 중에서 물음에 가장 합당한 답을 고르시오. 단, 자료에서 제시한 모든 항목과 금액은 중요하며, 자료에서 제시한 것 이외의 사항은 고려하지 않고 답한다. 예를 들어, 법인세에 대한 언급이 없으면 법인세 효과는 고려하지 않는다.

01 **유형자산의 교환거래 시 취득원가에 관한 설명으로 옳지 않은 것은?**

① 교환거래의 상업적 실질이 결여된 경우에는 제공한 자산의 장부금액을 취득원가로 인식한다.

② 취득한 자산과 제공한 자산의 공정가치를 모두 신뢰성 있게 측정할 수 없는 경우에는 취득한 자산의 장부금액을 취득원가로 인식한다.

③ 유형자산을 다른 비화폐성자산과 교환하여 취득하는 경우 제공한 자산의 공정가치를 신뢰성 있게 측정할 수 있다면 취득한 자산의 공정가치가 더 명백한 경우를 제외하고는 취득원가는 제공한 자산의 공정가치로 측정한다.

④ 취득한 자산의 공정가치가 제공한 자산의 공정가치보다 더 명백하다면 취득한 자산의 공정가치를 취득원가로 한다.

⑤ 제공한 자산의 공정가치를 취득원가로 인식하는 경우 현금을 수령하였다면 이를 취득원가에서 차감하고, 현금을 지급하였다면 취득원가에 가산한다.

02 **수익인식에 관한 설명으로 옳지 않은 것은?**

① 재화의 결함에 대하여 정상적인 품질보증범위를 초과하여 판매자가 책임을 지더라도 재화가 구매자에게 인도되었다면 수익으로 인식한다.

② 설치조건부 판매에서 계약의 중요한 부분을 차지하는 설치가 아직 완료되지 않은 경우에는 당해 거래를 판매로 보지 아니하며, 수익을 인식하지 아니한다.

③ 위탁판매의 경우 위탁자는 수탁자가 제3자에게 재화를 판매한 시점에 수익을 인식한다.

④ 주문형 소프트웨어의 개발수수료는 진행기준에 따라 수익을 인식한다.

⑤ 판매대금의 회수가 구매자의 재판매에 의해 결정되는 경우에는 당해 거래를 판매로 보지 아니하며, 수익을 인식하지 아니한다.

03 (주)감평은 20×1년 4월 1일에 거래처에 상품을 판매하고 그 대가로 이자부 약속어음(3개월 만기, 표시이자율 연 5%, 액면금액 ₩300,000)을 수취하였다. 동 어음을 1개월 보유하다가 주거래은행에서 연 8% 이자율로 할인할 경우, 어음할인액과 금융자산처분손실은? (단, 어음 할인은 금융자산 제거요건을 충족함)

	할인액	처분손실			할인액	처분손실
①	₩4,000	₩1,550		②	₩4,000	₩2,500
③	₩4,000	₩4,000		④	₩4,050	₩1,550
⑤	₩4,050	₩2,500				

04 (주)감평은 (주)리스가 20×1년 1월 1일에 취득한 기계장치(공정가치 ₩390,000)에 대하여 금융리스계약(리스기간 3년, 연간리스료 ₩150,000 매년 말 지급, (주)감평이 지급한 리스개설직접원가 ₩7,648)을 20×1년 1월 1일에 체결하고 즉시 사용하였다. 리스기간 종료 시 예상잔존가치 ₩50,000 중 ₩20,000을 (주)감평이 보증하기로 하였다. ㈜감평은 잔존가치 보증에 따라 지출이 예상되는 금액도 ₩20,000으로 추정하였다. 동 금융리스에 적용되는 내재이자율이 연 12%라면, (주)감평이 20×1년도에 인식할 사용권자산상각비는? (단, 리스자산은 정액법으로 감가상각한다.)

기간	단일금액 ₩1의 현재가치	정상연금 ₩1의 현재가치
	12%	12%
1	0.8929	0.8929
2	0.7972	1.6901
3	0.7118	2.4018

① ₩102,432
② ₩108,168
③ ₩110,718
④ ₩118,168
⑤ ₩120,718

05 보고기간후사건에 관한 설명으로 옳지 않은 것은?

① 보고기간 후부터 재무제표 발행승인일 전 사이에 배당을 선언한 경우에는 보고기간 말에 부채로 인식한다.

② 보고기간 말 이전에 구입한 자산의 취득원가나 매각한 자산의 대가를 보고기간 후에 결정하는 경우는 수정을 요하는 보고기간후사건이다.

③ 보고기간 말과 재무제표 발행승인일 사이에 투자자산의 공정가치의 하락은 수정을 요하지 않는 보고기간후사건이다.

④ 보고기간 후에 발생한 화재로 인한 주요 생산 설비의 파손은 수정을 요하지 않는 보고기간후사건이다.

⑤ 경영진이 보고기간 후에, 기업을 청산하거나 경영활동을 중단할 의도를 가지고 있다고 판단하는 경우에는 계속기업의 기준에 따라 재무제표를 작성해서는 아니 된다.

06 (주)감평은 20×1년부터 20×3년까지 배당가능이익의 부족으로 배당금을 지급하지 못하였으나, 20×4년도에는 영업의 호전으로 ₩220,000을 현금배당할 계획이다. (주)감평의 20×4년 12월 31일 발행주식수가 보통주 200주(주당 액면 금액 ₩3,000, 배당률 4%)와 우선주 100주 (비누적적, 완전참가적 우선주, 주당 액면금액 ₩2,000, 배당률 7%)인 경우, 보통주배당금으로 배분해야 할 금액은?

① ₩120,000 ② ₩136,500

③ ₩140,000 ④ ₩160,500

⑤ ₩182,000

07 20×1년 초 (주)감평은 정부보조금 ₩500,000을 받아 연구소 건물(내용연수 5년, 잔존가치 ₩0, 정액법 상각)을 ₩1,000,000에 취득하고 다음과 같이 회계처리를 하였다.

(차변) 건물	1,000,000	(대변) 현금	1,000,000

위 거래와 관련하여 정부보조금 및 감가상각에 대한 회계처리가 누락되었다. 이를 장부마감 이전에 반영하여 재무제표에 표시할 경우, 20×1년 말 재무제표에 미치는 영향으로 옳은 것은? (단, 정부보조금은 자산에서 차감하는 방법으로 회계처리한다.)

① 20×1년 말 총자산금액에는 영향이 없음

② 20×1년도 당기순이익은 ₩100,000 감소

③ 20×1년 말 총부채 금액은 ₩400,000 증가

④ 20×1년 말 감가상각누계액은 ₩200,000 감소

⑤ 20×1년 말 건물 장부금액은 ₩200,000 감소

08 다음 20×1년 말 (주)감평의 자료에서 재무상태표에 표시될 충당부채 금액은? (단, 현재가치 계산은 고려하지 않는다.)

- 20×1년 초에 취득한 공장건물은 정부와의 협약에 의해 내용연수가 종료되면 부속토지를 원상으로 회복시켜야 하는데, 그 복구비용은 ₩500,000이 발생될 것으로 추정된다.
- 20×1년 말에 새로운 회계시스템의 도입으로 종업원들에 대한 교육훈련이 20×2년에 진행될 예정이며, 교육훈련비용으로 ₩300,000의 지출이 예상된다.
- 20×1년 초에 구입한 기계장치는 3년마다 한 번씩 대대적인 수리가 필요한데, 3년 후 ₩600,000의 수리비용이 발생될 것으로 추정된다.

① ₩0   ② ₩500,000
③ ₩600,000   ④ ₩800,000
⑤ ₩1,100,000

09 다음은 (주)감평의 20×1년 현금흐름표 작성을 위한 자료이다.

• 감가상각비	₩40,000	• 미지급이자 증가액	₩5,000
• 유형자산처분손실	20,000	• 매출채권 증가액	15,000
• 이자비용	25,000	• 재고자산 감소액	4,000
• 법인세비용	30,000	• 매입채무 감소액	6,000
• 미지급법인세 감소액	5,000	• 당기순이익	147,000

(주)감평은 간접법으로 현금흐름표를 작성하며, 이자지급 및 법인세납부를 영업활동으로 분류한다. 20×1년 (주)감평이 현금흐름표에 보고해야 할 영업활동 순현금흐름은?

① ₩160,000   ② ₩165,000
③ ₩190,000   ④ ₩195,000
⑤ ₩215,000

10 (주)감평은 20×1년 1월 1일에 설립되었다. 20×1년도 (주)감평의 법인세비용차감전순이익은 ₩1,000,000이며, 법인세율은 20%이고, 법인세와 관련된 세무 조정사항은 다음과 같다.

- 감가상각비 한도초과액은 ₩50,000이고, 동 초과액 중 ₩30,000은 20×2년에, ₩20,000 은 20×3년에 소멸될 것으로 예상된다.
- 접대비 한도초과액은 ₩80,000이다.
- 20×1년 말에 정기예금(20×2년 만기)에 대한 미수이자는 ₩100,000이다.

20×1년 중 법인세법의 개정으로 20×2년부터 적용되는 법인세율은 25%이며, 향후 (주)감평의 과세소득은 계속적으로 ₩1,000,000이 될 것으로 예상된다. (주)감평이 20×1년도 포괄손익계산서에 인식할 법인세비용과 20×1년말 재무상태표에 표시할 이연법인세자산(또는 부채)은? (단, 이연법인세자산과 이연법인세부채는 상계하여 표시한다.)

	법인세비용	이연법인세		법인세비용	이연법인세
①	₩218,500	₩12,500(부채)	②	₩206,000	₩12,500(자산)
③	₩206,000	₩12,500(부채)	④	₩218,500	₩37,500(자산)
⑤	₩218,500	₩37,500(부채)			

11 (주)감평은 20×1년 초에 도급금액 ₩1,000,000인 건설공사를 수주하고, 20×3년 말에 공사를 완공하였다. 이와 관련된 원가자료는 다음과 같다. (주)감평이 20×1년도 포괄손익계산서에 인식할 공사손익과 20×1년말 재무상태표에 표시할 미청구공사(또는 초과청구공사) 금액은? (단, 진행률은 발생누적계약원가를 추정총계약원가로 나눈 비율로 계산한다.)

구분	20×1년	20×2년	20×3년
실제발생 공사원가	₩320,000	₩200,000	₩250,000
연도 말 예상 추가원가	480,000	280,000	–
계약대금 청구액	350,000	350,000	300,000

	공사이익(손실)	미청구공사(초과청구공사)
①	₩80,000	₩50,000
②	₩60,000	₩30,000
③	₩60,000	₩(30,000)
④	₩80,000	₩(50,000)
⑤	₩80,000	₩30,000

12 (주)대한은 20×1년 1월 1일에 건물을 ₩20,000,000에 취득하여 사용하고 있다(내용연수 5년, 잔존가치 ₩0, 정액법 상각). (주)대한은 20×2년 말에 재평가모형을 최초 적용하였으며, 장부금액과 감가상각누계액을 비례하여 수정하는 방법으로 회계처리하고 있다. 20×2년 말 건물의 재평가 전 장부금액은 ₩12,000,000이고, 공정가치는 ₩18,000,000이다. 다음 중 옳지 않은 것은? (단, 재평가잉여금은 이익잉여금으로 대체하지 않는다.)

① (주)대한은 20×2년에 감가상각비로 ₩4,000,000을 보고한다.

② 재평가 이후 (주)대한의 20×2년 말 재무상태표에 표시되는 건물의 장부금액은 ₩18,000,000 이다.

③ (주)대한은 20×2년 말에 재무상태표에 ₩6,000,000을 기타포괄손익누계액으로 인식한다.

④ 자산재평가로 인한 장부금액 수정을 기존의 감가상각누계액을 제거하는 방법을 사용하면 건물의 장부금액 ₩18,000,000이 보고된다.

⑤ (주)대한이 20×1년에도 이 건물에 대한 재평가를 실시하여 재평가손실 ₩1,000,000을 인식하였다면, 20×2년에는 ₩5,000,000을 당기이익으로 인식한다.

13 (주)감평이 본사 건물 취득시점부터 취득 후 2년간 지출은 다음과 같다. 동 건물과 관련하여 (주)감평이 20×3년도 포괄손익계산서에 인식할 당기비용은? (단, 감가상각은 월할상각한다.)

- 20×1.7.1. 건물 취득원가 ₩1,000,000(내용연수 4년, 잔존가치 ₩0, 연수합계법으로 감가상각)
- 20×2.1.1. 엘리베이터 교체 ₩200,000(자본적 지출에 해당, 추정 잔여내용연수 4년으로 변경, 잔존가치는 변동 없음)
- 20×3.1.1. 건물 도색 ₩50,000(수익적 지출에 해당, 내용연수와 잔존가치 변동 없음, 정액법으로 감가상각방법 변경)

① ₩200,000   ② ₩250,000

③ ₩300,000   ④ ₩350,000

⑤ ₩400,000

14 상품매매기업인 (주)감평은 20×1년 1월 1일 특허권(내용연수 5년, 잔존가치 ₩0)과 상표권(비한정적 내용연수, 잔존가치 ₩0)을 각각 ₩100,000과 ₩200,000에 취득하였다. (주)감평은 무형자산에 대해 원가모형을 적용하며, 정액법에 의한 월할상각을 한다. 특허권과 상표권 회수가능액 자료가 다음과 같을 때, 20×2년도 포괄손익계산서에 인식할 당기비용은? (단, 20×2년 말 모든 무형자산의 회수가능액 감소는 손상징후에 해당된다.)

구분	특허권	상표권
20×1년 말 회수가능액	₩90,000	₩200,000
20×2년 말 회수가능액	35,000	120,000

① ₩45,000
② ₩105,000
③ ₩120,000
④ ₩125,000
⑤ ₩145,000

15 (주)감평은 20×1년 1월 1일 토지와 토지 위에 있는 건물 A를 일괄하여 ₩40,000에 취득(토지와 건물 A의 공정가치 비율은 4:1)하였다. 취득당시 건물 A의 잔여 내용연수는 5년이고 잔존가치는 없으며 정액법으로 감가상각한다. 20×2년 1월 1일 더 이상 건물 A를 사용할 수 없어 철거하고 새로운 건물 B의 신축을 시작하였다. 건물 A의 철거비용은 ₩1,500이며, 철거시 수거한 고철 등을 매각하여 ₩500을 수령하였다. 건물신축과 관련하여 20×2년에 ₩20,000의 건설비가 발생하였으며, 건물 B(내용연수 10년, 잔존가치 ₩0, 정액법 감가상각)는 20×2년 10월 1일 완공 후 즉시 사용하였다. 20×1년 12월 31일 건물 A의 장부금액과 20×2년 12월 31일 건물 B의 장부금액은? (단, 감가상각은 월할계산한다.)

	건물 A	건물 B			건물 A	건물 B
①	₩6,400	₩19,500		②	₩6,400	₩18,000
③	₩6,400	₩25,900		②	₩8,000	₩19,500
⑤	₩8,000	₩26,900				

16 자동차부품 제조업을 영위하고 있는 (주)감평은 20×1년 초 임대수익 목적으로 건물(취득원가 ₩1,000,000, 잔여내용연수 5년, 잔존가치 ₩0, 정액법 감가상각)을 취득하였다. 한편, 20×1년 말 동 건물의 공정가치는 ₩1,200,000이다. 다음 설명 중 옳지 않은 것은? (단, 해당 건물은 매각예정으로 분류되어 있지 않다.)

① 원가모형을 적용할 경우, 20×1년 감가상각비는 ₩200,000이다.
② 공정가치모형을 적용할 경우, 20×1년 감가상각비는 ₩200,000이다.
③ 공정가치모형을 적용할 경우, 20×1년 평가이익은 ₩200,000이다.
④ 공정가치모형을 적용할 경우, 20×1년 당기순이익은 ₩200,000만큼 증가한다.
⑤ 공정가치모형을 적용할 경우, 20×1년 기타포괄손익에 미치는 영향은 ₩0이다.

17 유형자산의 감가상각에 관한 설명으로 옳지 않은 것은?

① 건물이 위치한 토지의 가치가 증가할 경우 건물의 감가상각대상금액이 증가한다.
② 유형자산을 수선하고 유지하는 활동을 하더라도 감가상각의 필요성이 부인되는 것은 아니다.
③ 유형자산의 사용정도에 따라 감가상각을 하는 경우에는 생산활동이 이루어지지 않을 때 감가상각액을 인식하지 않을 수 있다.
④ 유형자산의 잔존가치는 해당 자산의 장부금액과 같거나 큰 금액으로 증가할 수도 있다.
⑤ 유형자산의 공정가치가 장부금액을 초과하더라도 잔존가치가 장부금액을 초과하지 않는 한 감가상각액을 계속 인식한다.

18 재무제표 표시에 관한 설명으로 옳은 것은?

① 비용을 기능별로 분류하는 것이 성격별 분리보다 더욱 목적적합한 정보를 제공하므로, 비용은 기능별로 분류한다.
② 재무상태표에 표시되는 자산과 부채는 반드시 유동자산과 비유동자산, 유동부채와 비유동부채로 구분하여 표시하여야 한다.
③ 영업이익에 포함되지 않은 항목 중 기업의 영업성과를 반영하는 그 밖의 수익 항목이 있다면 조정영업이익으로 포괄손익계산서 본문에 표시하여야 한다.
④ 재무제표에는 중요하지 않아 구분하여 표시하지 않은 항목이라도 주석에서는 구분 표시해야 할 만큼 충분히 중요할 수 있다.
⑤ 부적절한 회계정책은 이에 대하여 공시나 주석 또는 보충자료를 통해 설명할 수 있다면 정당화될 수 있다.

19 (주)감평은 20×1년 1월 1일에 설립되었다. 다음 20×1년 자료를 이용하여 계산한 기말자산은?

• 기초자산	₩1,000	• 당기 중 유상증자	₩500	• 기초부채	₩620
• 영업수익	2,500	• 기말부채	740	• 영업비용	2,320

① ₩1,060   ② ₩1,200

③ ₩1,300   ④ ₩1,700

⑤ ₩1,800

20 회계정책, 회계추정의 변경 및 오류에 관한 설명으로 옳은 것은?

① 측정기준의 변경은 회계정책의 변경이 아니라 회계추정의 변경에 해당한다.

② 회계추정의 변경효과를 전진적으로 인식하는 것은 추정의 변경을 그것이 발생한 시점 이후부터 거래, 기타 사건 및 상황에 적용하는 것을 말한다.

③ 과거에 발생한 거래와 실질이 다른 거래, 기타 사건 또는 상황에 대하여 다른 회계정책을 적용하는 경우에도 회계정책의 변경에 해당한다.

④ 과거기간의 금액을 수정하는 경우 과거기간에 인식, 측정, 공시된 금액을 추정함에 있어 사후에 인지된 사실을 이용할 수 있다.

⑤ 회계정책의 변경과 회계추정의 변경을 구분하는 것이 어려운 경우에는 이를 회계정책의 변경으로 본다.

21 유용한 재무정보의 질적 특성에 관한 설명으로 옳지 않은 것은?

① 재무정보가 유용하기 위해서는 목적적합해야 하고 나타내고자 하는 바를 충실하게 표현해야 한다.

② 보강적 질적 특성을 적용하는 것은 어떤 규정된 순서를 따르지 않는 반복적인 과정이므로 때로는 하나의 보강적 질적 특성이 다른 질적 특성의 극대화를 위해 감소되어야 할 수도 있다.

③ 회계기준위원회는 중요성에 대한 획일적인 계량 임계치를 정하거나 특정한 상황에서 무엇이 중요한 것인지를 미리 결정할 수 있다.

④ 중요성은 개별 기업 재무보고서 관점에서 해당 정보와 관련된 항목의 성격이나 규모 또는 이 둘 모두에 근거하여 해당 기업에 특유한 측면의 목적적합성을 의미한다.

⑤ 근본적 질적 특성을 충족하면 어느 정도의 비교가능성은 달성될 수 있을 것이다.

22 (주)감평은 20×1년 1월 1일에 공장건물을 신축하여 20×2년 9월 30일에 완공하였다. 공장건물 신축 관련 자료가 다음과 같을 때, (주)감평이 20×1년도에 자본화할 차입원가는?

(1) 공사비 지출

일자	금액
20×1.1.1.	₩600,000
20×1.7.1.	500,000
20×2.3.1.	500,000

(2) 차입금 현황

종류	차입금액	차입기간	연이자율
특정차입금	₩300,000	20×1.4.1. ~ 20×1.12.31.	3%
일반차입금 A	500,000	20×1.7.1. ~ 20×2.12.31.	4%
일반차입금 B	1,000,000	20×1.10.1. ~ 20×3.12.31.	5%

① ₩29,250   ② ₩31,500
③ ₩34,875   ④ ₩37,125
⑤ ₩40,125

23 (주)감평은 20×1년 1월 1일에 사채를 발행하여 매년 말 액면이자를 지급하고 유효이자율법에 의하여 상각한다. 20×2년 말 이자와 관련된 회계처리는 다음과 같다.

(차변) 이자비용	6,000	(대변) 사채할인발행차금	3,000
		현금	3,000

위 거래가 반영된 20×2년 말 사채의 장부금액이 ₩43,000으로 표시되었다면, 사채의 유효이자율은? (단, 사채의 만기는 20×3년 12월 31일이다.)

① 연 11%   ② 연 12%
③ 연 13%   ④ 연 14%
⑤ 연 15%

24 (주)감평은 20×1년 1월 1일에 다음 조건의 전환사채를 발행하였다.

- 액면금액 : ₩2,000,000
- 표시이자율 : 연 7%
- 일반사채의 시장이자율 : 연 12%
- 이자지급일 : 매년 12월 31일
- 상환조건 : 20×3년 12월 31일에 액면금액의 110.5%로 일시상환
- 전환가격 : ₩3,000(보통주 주당 액면금액 ₩1,000)

만일 위 전환사채에 상환할증금 지급조건이 없었다면, 상환할증금 지급조건이 있는 경우에 비해 포괄손익계산서에 표시되는 20×1년 이자비용은 얼마나 감소하는가? (단, 현재가치는 다음과 같으며 계산결과는 가장 근사치를 선택한다.)

기간	단일금액 ₩1의 현재가치		정상연금 ₩1의 현재가치	
	7%	12%	7%	12%
1	0.9346	0.8929	0.9346	0.8929
2	0.8734	0.7972	1.8080	1.6901
3	0.8163	0.7118	2.6243	2.4018

① ₩17,938
② ₩10,320
③ ₩21,215
④ ₩23,457
⑤ ₩211,182

25 (주)감평은 20×1년 1월 1일에 (주)민국을 흡수합병하였다. 합병시점에 (주)감평과 (주)민국의 식별가능한 자산과 부채의 장부금액 및 공정가치는 다음과 같다. (주)감평이 합병대가로 보통주(액면금액 ₩3,000, 공정가치 ₩3,500)를 (주)민국에 발행교부하였을 경우, 영업권으로 인식할 금액은?

구분	㈜감평		㈜민국	
	장부금액	공정가치	장부금액	공정가치
유동자산	₩2,000	₩1,900	₩1,800	₩1,300
유형자산	3,000	2,700	2,100	1,600
특허권	300	0	100	200
유동부채	400	400	200	200
장기차입금	600	600	600	660

① ₩760
② ₩960
③ ₩1,260
④ ₩1,360
⑤ ₩1,460

26 (주)감평의 20×1년 재고자산 관련 자료는 다음과 같다. 재고자산 가격결정 방법으로 선입선출 – 소매재고법을 적용할 경우 기말재고액(원가)은? (단, 단수차이는 가장 근사치를 선택한다.)

구분	매가	원가
기초재고자산	₩1,000,000	₩800,000
당기매입액	4,900,000	3,000,000
매출액	4,000,000	
인상액	500,000	
인하액	300,000	
인상취소액	200,000	
인하취소액	100,000	

① ₩1,125,806
② ₩1,153,846
③ ₩1,200,000
④ ₩1,266,667
⑤ ₩1,288,136

27 (주)감평은 20×1년 1월 1일에 건물을 ₩5,000,000에 취득(내용연수 10년, 잔존가치 ₩0, 정액법 감가상각)하였다. 20×1년 말 및 20×2년 말 기준 원가모형을 적용하는 건물의 순공정가치는 각각 ₩3,600,000과 ₩3,900,000이고, 사용가치는 각각 ₩3,000,000과 ₩4,300,000이다. (주)감평은 건물의 회수가능액과 장부금액의 차이가 중요하고 손상징후가 있는 것으로 판단하여 손상차손(손상차손환입)을 인식하였다. 관련 설명으로 옳지 않은 것은?

① 20×2년도에 감가상각비로 ₩400,000을 인식한다.
② 20×1년 말 재무상태표에 표시되는 건물 장부금액은 ₩3,600,000이다.
③ 20×2년 말 재무상태표에 표시되는 건물 장부금액은 ₩4,000,000이다.
④ 20×1년도에 손상차손으로 ₩900,000을 인식한다.
⑤ 20×2년도에 손상차손환입으로 ₩1,100,000을 인식한다.

28 (주)감평의 20×1년 초 상품재고는 ₩30,000이며, 당기매출액과 당기상품매입액은 각각 ₩100,000과 ₩84,000이다. (주)감평의 원가에 대한 이익률이 25%인 경우, 20×1년 재고자산회전율은? (단, 재고자산회전율 계산 시 평균상품재고와 매출원가를 사용한다.)

① 0.4회   ② 1.5회
③ 2.0회   ④ 2.5회
⑤ 3.0회

29 (주)감평은 20×1년 초에 1주당 액면금액 ₩5,000인 보통주 140주를 액면발행하여 설립하였으며, 20×1년 말 이익잉여금이 ₩300,000이었다. 20×2년 중 발생한 자기주식 관련 거래는 다음과 같으며 그 외 거래는 없다. (주)감평은 소각하는 자기주식의 원가를 선입선출법으로 측정하고 있다. 20×2년 말 자본총계는?

> • 3월 1일 자기주식 20주를 1주당 ₩4,900에 취득하였다.
> • 3월 5일 자기주식 40주를 1주당 ₩5,300에 취득하였다.
> • 4월 1일 자기주식 10주를 소각하였다.
> • 4월 6일 자기주식 30주를 소각하였다.

① ₩390,000   ② ₩690,000
③ ₩790,000   ④ ₩840,000
⑤ ₩966,000

30 충당부채와 우발부채에 관한 설명으로 옳지 않은 것은?
① 제3자와 연대하여 의무를 지는 경우에는 이행할 전체의무 중 제3자가 이행할 것으로 예상되는 부분을 우발부채로 인식한다.
② 충당부채로 인식되기 위해서는 과거사건의 결과로 현재의무가 존재하여야 한다.
③ 충당부채를 현재가치로 평가할 때 할인율은 부채의 특유한 위험과 화폐의 시간가치에 대한 현행 시장의 평가를 반영한 세전이율을 적용한다.
④ 충당부채와 관련하여 포괄손익계산서에 인식한 비용은 제3자의 변제와 관련하여 인식한 금액과 상계하여 표시할 수 있다.
⑤ 과거에 우발부채로 처리하였다면 이후 충당부채의 인식조건을 충족하더라도 재무제표의 신뢰성 제고를 위해서 충당부채로 인식하지 않는다.

31 (주)대한은 제1공정에서 주산물 A, B와 부산물 C를 생산한다. 주산물 A와 부산물 C는 즉시 판매될 수 있으나, 주산물 B는 제2공정에서 추가가공을 거쳐 판매된다. 20×1년에 제1공정과 제2공정에서 발생된 제조원가는 각각 ₩150,000과 ₩60,000이었고, 제품별 최종 판매가치 및 판매비는 다음과 같다.

구분	최종 판매가치	판매비
A	₩100,000	₩2,000
B	180,000	3,000
C	2,000	600

(주)대한은 주산물의 매출총이익률이 모두 동일하게 되도록 제조원가를 배부하며, 부산물은 판매시점에 최초로 인식한다. 주산물 A의 총제조원가는? (단, 기초 및 기말 재고자산은 없다.)

① ₩74,500   ② ₩75,000
③ ₩76,000   ④ ₩77,500
⑤ ₩78,000

32 표준원가계산제도를 채택하고 있는 (주)대한의 20×1년도 직접노무원가와 관련된 자료는 다음과 같다. 20×1년도의 실제생산량은?

실제직접노무시간	101,500시간
직접노무원가 실제발생액	₩385,700
직접노무원가 능률차이	₩14,000(유리)
직접노무원가 임률차이	₩20,300(유리)
단위당 표준직접노무시간	2시간

① 51,000단위   ② 51,500단위
③ 52,000단위   ④ 52,500단위
⑤ 53,000단위

33 다음은 (주)대한의 20×1년도 예산자료이다.

구분	A제품	B제품	C제품
판매수량	1,000단위	500단위	1,500단위
단위당 판매가격	₩150	₩100	₩200
공헌이익률	20%	30%	25%

연간 고정원가 총액은 ₩156,000이다. (주)대한의 20×1년도 예상 매출액이 ₩700,000이라면, 회사 전체의 예상 영업이익은? (단, 매출배합은 불변)

① ₩10,000   ② ₩10,400

③ ₩11,200   ④ ₩12,000

⑤ ₩12,400

34 (주)대한은 펌프사업부와 밸브사업부를 이익중심점으로 운영하고 있다. 밸브 사업부는 X제품을 생산하며, X제품의 단위당 판매가격과 단위당 변동원가는 각각 ₩100과 ₩40이고, 단위당 고정원가는 ₩20이다. 펌프사업부는 연초에 Y제품을 개발했으며, Y제품을 생산하는 데 필요한 A부품은 외부업체로부터 단위당 ₩70에 구입할 수 있다. 펌프사업부는 A부품 500단위를 밸브사업부로부터 대체받는 것을 고려하고 있다. 밸브사업부가 A부품 500단위를 생산 및 대체하기 위해서는 단위당 변동제조원가 ₩30과 단위당 운송비 ₩7이 발생하며, 기존 시장에서 X제품의 판매량을 200단위만큼 감소시켜야 한다. 밸브사업부가 대체거래를 수락할 수 있는 A부품의 단위당 최소 대체가격은?

① ₩53   ② ₩58

③ ₩61   ④ ₩65

⑤ ₩70

35 (주)대한은 X, Y, Z 제품을 생산·판매하고 있으며, 20×1년도 제품별 예산손익 계산서는 다음과 같다.

구분		X제품	Y제품	Z제품
매출액		₩100,000	₩200,000	₩150,000
매출원가 :	변동원가	40,000	80,000	60,000
	고정원가	30,000	70,000	50,000
매출총이익		₩30,000	₩50,000	₩40,000
판매관리비 :	변동원가	20,000	10,000	10,000
	고정원가	20,000	20,000	20,000
영업이익(손실)		(₩10,000)	₩20,000	₩10,000

(주)대한의 경영자는 영업손실을 초래하고 있는 X제품의 생산을 중단하려고 한다. X제품의 생산을 중단하면, X제품의 변동원가를 절감하고, 매출원가에 포함된 고정원가의 40%와 판매관리비에 포함된 고정원가의 60%를 회피할 수 있다. 또한, 생산중단에 따른 여유생산능력을 임대하여 ₩10,000의 임대수익을 얻을 수 있다. X제품의 생산을 중단할 경우, 20×1년도 회사 전체의 예산 영업이익은 얼마나 증가(또는 감소)하는가? (단, 기초 및 기말 재고자산은 없다.)

① ₩4,000 감소
② ₩5,000 증가
③ ₩6,000 감소
④ ₩7,000 증가
⑤ ₩8,000 증가

36 (주)감평의 최근 6개월간 A제품 생산량 및 총원가 자료이다.

월	생산량(단위)	총원가
1	110,000	₩10,000,000
2	50,000	7,000,000
3	150,000	11,000,000
4	70,000	7,500,000
5	90,000	8,500,000
6	80,000	8,000,000

원가추정은 고저점법(high-low method)을 이용한다. 7월에 A제품 100,000단위를 생산하여 75,000단위를 단위당 ₩100에 판매할 경우, 7월의 전부원가계산에 의한 추정 영업이익은? (단, 7월에 A제품의 기말제품 이외에는 재고자산이 없다.)

① ₩362,500
② ₩416,000
③ ₩560,000
④ ₩652,500
⑤ ₩750,000

37 (주)감평은 선입선출법에 의한 종합원가계산을 채택하고 있다. 전환원가(가공원가)는 공정 전반에 걸쳐 균등하게 발생한다. 다음 자료를 활용할 때, 기말재공품원가에 포함된 전환원가(가공원가)는? (단, 공손 및 감손은 발생하지 않는다.)

• 기초재공품	1,000단위(완성도 40%)
• 당기착수	4,000단위
• 당기완성	4,000단위
• 기말재공품	1,000단위(완성도 40%)
• 당기발생 전환원가(가공원가)	₩1,053,000

① ₩98,000   ② ₩100,300

③ ₩102,700   ④ ₩105,300

⑤ ₩115,500

38 (주)감평은 매입원가의 130%로 매출액을 책정한다. 모든 매입은 외상거래이다. 외상매입액 중 30%는 구매한 달에, 70%는 구매한 달의 다음 달에 현금으로 지급된다. (주)감평은 매월 말에 다음 달 예상 판매량의 25%를 안전재고로 보유한다. 20×1년도 예산자료 중 4월, 5월, 6월의 예상 매출액은 다음과 같다.

구분	4월	5월	6월
예상 매출액	₩1,300,000	₩3,900,000	₩2,600,000

20×1년 5월에 매입대금 지급으로 인한 예상 현금지출액은? (단, 4월, 5월, 6월의 판매단가 및 매입단가는 불변)

① ₩1,750,000   ② ₩1,875,000

③ ₩2,050,000   ④ ₩2,255,000

⑤ ₩2,500,000

39 (주)감평은 A제품을 생산·판매하고 있다. 20×1년에는 기존고객에게 9,000단위를 판매할 것으로 예상되며, A제품 관련 자료는 다음과 같다.

• 연간 최대생산량	10,000단위
• 단위당 판매가격	₩2,000
• 단위당 변동제조원가	₩1,000
• 단위당 변동판매비	₩200
• 연간 총고정제조원가	₩2,500,000

20×1년 중에 (주)감평은 새로운 고객인 (주)대한으로부터 A제품 2,000단위를 구매하겠다는 특별주문을 제안받았다. 특별주문을 수락하면 기존고객에 대한 판매량 중 1,000단위를 감소시켜야 하며, 특별주문에 대해서는 단위당 변동판매비 ₩200이 발생하지 않는다. (주)감평이 특별주문으로부터 받아야 할 단위당 최소판매가격은? (단, 특별주문은 일부분만 수락할 수 없음)

① ₩1,300 ② ₩1,350
③ ₩1,400 ④ ₩1,450
⑤ ₩1,500

40 (주)감평은 20×1년 1월 1일에 설립된 회사이다. 20×1년도 1월 및 2월의 원가 자료는 다음과 같다.

구분	1월	2월
최대생산가능량	1,000단위	1,200단위
생산량	800단위	1,000단위
판매량	500단위	1,100단위
변동제조원가(총액)	₩40,000	₩50,000
고정제조간접원가(총액)	₩20,000	₩30,000
변동판매관리비(총액)	₩1,500	₩5,500
고정판매관리비(총액)	₩2,000	₩2,000

(주)감평은 실제원가계산을 적용하고 있으며, 원가흐름가정은 선입선출법이다. 20×1년 2월의 전부원가계산에 의한 영업이익이 ₩10,000이면, 2월의 변동원가계산에 의한 영업이익은? (단, 기초 및 기말 재공품재고는 없다.)

① ₩10,500 ② ₩11,000
③ ₩11,500 ④ ₩12,000
⑤ ₩12,500

2016년 27회 기출문제

※ 아래의 문제들에서 특별한 언급이 없는 한 기업의 보고기간(회계기간)은 매년 1월 1일부터 12월 31일까지이다. 또한, 기업은 주권상장법인으로 계속해서 한국채택국제회계기준(K-IFRS)을 적용해오고 있다고 가정하고, 답지항 중에서 물음에 가장 합당한 답을 고르시오. 단, 자료에서 제시한 모든 항목과 금액은 중요하며, 자료에서 제시한 것 이외의 사항은 고려하지 않고 답한다. 예를 들어, 법인세에 대한 언급이 없으면 법인세 효과는 고려하지 않는다.

01 재무보고를 위한 개념체계 상 재무제표 요소의 정의 및 인식에 관한 설명으로 옳지 않은 것은?

① 이익의 측정과 직접 관련된 요소는 수익과 비용이다.

② 합리적인 추정을 할 수 없는 경우 해당 항목은 재무상태표나 포괄손익계산서에 인식될 수 없다.

③ 자산이 갖는 미래경제적효익이란 직접으로 또는 간접으로 미래 현금 및 현금성자산의 기업에의 유입에 기여하게 될 잠재력을 말한다.

④ 미래경제적효익의 유입과 유출에 대한 불확실성 정도의 평가는 재무제표를 작성할 때 이용가능한 증거에 기초하여야 한다.

⑤ 증여받은 재화는 관련된 지출이 없으므로 자산으로 인식할 수 없다.

02 (주)감평은 20×5년 초 액면금액 ₩1,000,000(액면이자율 연 4%, 매년 말 이자 지급, 만기 3년)의 전환사채를 발행하였다. 사채 액면금액 ₩3,000당 보통주(액면금액 ₩1,000) 1주로 전환할 수 있는 권리가 부여되어 있다. 만약 만기일까지 전환권이 행사되지 않을 경우 추가로 ₩198,600의 상환할증금을 지급한다. 이 사채는 액면금액인 ₩1,000,000에 발행되었으며 전환권이 없었다면 ₩949,213에 발행되었을 것이다(유효이자율 연 12%). 사채발행일 후 1년 된 시점인 20×6년 초에 액면금액의 60%에 해당하는 전환사채가 보통주로 전환되었다. 이러한 전환으로 인해 증가할 주식발행초과금은? (단, 전환사채 발행 시 인식한 전환권대가 중 전환된 부분은 주식발행초과금으로 대체하며, 단수차이가 있으면 가장 근사치를 선택한다.)

① ₩413,871

② ₩433,871

③ ₩444,071

④ ₩444,343

⑤ ₩464,658

03 20×1년 초에 설립된 (주)감평은 사옥 건설을 위하여 현금 ₩95,000을 지급하고 건물(공정가치 ₩10,000)이 있는 토지(공정가치 ₩90,000)를 구입하였다. 건물을 철거하면서 철거비용 ₩16,000을 지불하였다. 20×1년 말과 20×2년 말 토지의 공정가치는 각각 ₩120,000과 ₩85,000이고, 재평가모형을 적용하고 있다. 20×2년 포괄손익계산서에 당기비용으로 인식할 토지재평가손실은?

① ₩2,500
② ₩18,000
③ ₩21,000
④ ₩26,000
⑤ ₩35,000

04 (주)감평은 1주당 액면금액이 ₩1,000인 보통주 10,000주를 발행한 상태에서 20×6년 중 다음과 같은 자기주식 거래가 있었다. 회사는 재발행된 자기주식의 원가를 선입선출법으로 측정하며, 20×6년 9월 1일 현재 자기주식처분손실 ₩25,000이 있다.

- 9월 1일 자기주식 500주를 1주당 ₩1,100에 취득하였다.
- 9월 15일 자기주식 300주를 1주당 ₩1,200에 취득하였다.
- 10월 1일 자기주식 400주를 1주당 ₩1,200에 재발행하였다.
- 10월 9일 자기주식 300주를 1주당 ₩1,050에 재발행하였다.

자기주식 거래 결과 20×6년 말 자기주식처분손익은?

① 자기주식처분이익 ₩15,000
② 자기주식처분손실 ₩15,000
③ 자기주식처분이익 ₩20,000
④ 자기주식처분손실 ₩20,000
⑤ 자기주식처분손실 ₩25,000

05 투자부동산의 계정대체와 평가에 관한 설명으로 옳지 않은 것은?

① 투자부동산을 원가모형으로 평가하는 경우에는 투자부동산, 자가사용부동산, 재고자산 사이에 대체가 발생할 때에 대체 전 자산의 장부금액을 승계한다.
② 자가사용부동산을 공정가치로 평가하는 투자부동산으로 대체하는 경우, 사용목적 변경 시점까지 그 부동산을 감가상각하고 발생한 손상차손을 인식한다.
③ 재고자산을 공정가치로 평가하는 투자부동산으로 대체하는 경우, 재고자산의 장부금액과 대체시점의 공정가치의 차액은 기타포괄손익으로 인식한다.
④ 공정가치로 평가하게 될 자가건설 투자부동산의 건설이나 개발이 완료되면 해당일의 공정가치와 기존 장부금액의 차액은 당기손익으로 인식한다.
⑤ 공정가치로 평가한 투자부동산을 자가사용부동산이나 재고자산으로 대체하는 경우, 후속적인 회계를 위한 간주원가는 사용목적 변경시점의 공정가치가 된다.

06 (주)감평의 20×2년 퇴직급여 관련 정보가 다음과 같을 때 이로 인해 20×2년도 기타포괄손익
에 미치는 영향은? (단, 기여금의 출연과 퇴직금의 지급은 연도 말에 발생하였다고 가정한다.)

• 기초 확정급여채무 현재가치	₩24,000
• 기초 사외적립자산 공정가치	20,000
• 당기 근무원가	3,600
• 기여금 출연	4,200
• 퇴직금 지급	2,300
• 기말 확정급여채무 현재가치	25,000
• 기말 사외적립자산 공정가치	22,000
• 확정급여채무 계산시 적용할 할인율	연 5%

① ₩1,500 감소   ② ₩900 감소
③ ₩0   ④ ₩600 증가
⑤ ₩2,400 증가

07 무형자산에 관한 설명으로 옳지 않은 것은?

① 내부적으로 창출한 영업권은 자산으로 인식하지 않는다.
② 사업결합으로 인식하는 영업권은 사업결합에서 획득하였지만 개별적으로 식별하여 별도로
   인식하는 것이 불가능한 그 밖의 자산에서 발생하는 미래경제적효익을 나타내는 자산이다.
③ 무형자산을 창출하기 위한 내부 프로젝트를 연구단계와 개발단계로 구분할 수 없는 경우
   에는 그 프로젝트에서 발생한 지출은 모두 연구단계에서 발생한 것으로 본다.
④ 자산에서 발생하는 미래경제적효익이 기업에 유입될 가능성이 높고 자산의 원가를 신뢰
   성 있게 측정할 수 있는 경우에만 무형자산을 인식한다.
⑤ 경영자가 의도하는 방식으로 운용될 수 있으나 아직 사용하지 않고 있는 기간에 발생한
   원가는 무형자산의 장부금액에 포함한다.

08 (주)감평은 20×1년 1월 1일에 공사계약(계약금액 ₩6,000)을 체결하였으며 20×3년 말에 완공될 예정이다. (주)감평은 진행기준에 따라 수익과 비용을 인식하며, 진행률은 추정총계약원가 대비 발생한 누적계약원가의 비율을 사용한다. 공사 관련 자료가 다음과 같을 때 20×2년의 공사계약손실은?

구분	20×1년	20×2년
발생한 누적계약원가	₩1,200	₩5,100
완성까지 추가계약원가 예상액	3,600	2,400
계약대금 회수액	1,300	2,500

① ₩1,300
② ₩1,320
③ ₩1,500
④ ₩1,620
⑤ ₩1,800

09 (주)감평은 기계장치를 (주)대한의 기계장치와 교환하였다. 교환시점에 두 회사가 소유하고 있던 기계장치의 장부금액과 공정가치는 다음과 같다.

구분	㈜감평	㈜대한
취득원가	₩1,000,000	₩1,200,000
감가상각누계액	300,000	600,000
공정가치	600,000	–

이 기계장치의 교환과 관련하여 (주)감평은 (주)대한으로부터 현금 ₩50,000을 추가로 수령하였다. (주)감평이 교환거래로 인식해야 할 처분손익은? (단, 교환거래는 상업적 실질이 있다.)

① 처분이익 ₩50,000
② 처분손실 ₩50,000
③ 처분이익 ₩100,000
④ 처분손실 ₩100,000
⑤ 처분손실 ₩150,000

10 (주)감평은 20×1년 1월 1일에 종업원 100명에게 각각 10개의 주식선택권을 부여하고 4년의 용역제공조건을 부과하였다. 부여시점의 주식선택권 공정가치는 개당 ₩10이다. (주)감평은 종업원 중 20명이 부여일로부터 4년 이내에 퇴사하여 주식선택권을 상실할 것으로 추정하였으나 20×1년 말까지 실제로 퇴사한 종업원은 없었다. 20×2년 말에는 가득기간 동안 30명이 퇴사할 것으로 추정을 변경하였으며 20×2년 말까지 실제 퇴사한 종업원은 없었다. 주식선택권의 부여와 관련하여 20×2년도에 인식할 보상비용은?

① ₩1,000
② ₩1,500
③ ₩1,750
④ ₩2,000
⑤ ₩2,500

11 재무제표 표시에 관한 설명으로 옳지 않은 것은?

① 계속기업의 가정이 적절한지의 여부를 평가할 때 경영진은 적어도 보고기간 말로부터 향후 12개월 기간에 대하여 이용가능한 모든 정보를 고려한다.

② 기업이 재무상태표에 유동자산과 비유동자산, 그리고 유동부채와 비유동부채로 구분하여 표시하는 경우, 이연법인세자산(부채)은 유동자산(부채)으로 분류하지 아니한다.

③ 매입채무 그리고 종업원 및 그 밖의 영업원가에 대한 미지급비용과 같은 유동부채는 기업의 정상영업주기 내에 사용되는 운전자본의 일부이다. 이러한 항목은 보고기간 후 12개월 후에 결제일이 도래한다 하더라도 유동부채로 분류한다.

④ 보고기간 후 12개월 이내에 만기가 도래하는 경우에는, 기업이 기존의 대출계약 조건에 따라 보고기간 후 적어도 12개월 이상 부채를 차환하거나 연장할 것으로 기대하고 있고, 그런 재량권이 있다고 하더라도, 유동부채로 분류한다.

⑤ 비용을 기능별로 분류하는 기업은 감가상각비, 기타 상각비와 종업원급여비용을 포함하여 비용의 성격에 대한 추가 정보를 공시한다.

12 다음은 (주)감평의 20×2년도 비교재무상태표의 일부분이다. (주)감평의 20×2년도 매출채권평균회수기간이 73일이고 재고자산회전율이 3회일 때 20×2년도 매출총이익은? (단, 재고자산회전율 계산 시 매출원가를 사용하고, 평균재고자산과 평균매출채권은 기초와 기말의 평균값을 이용하며, 1년은 365일로 계산한다.)

계정과목	20×2년 12월 31일	20×1년 12월 31일
매출채권	₩240,000	₩200,000
재고자산	180,000	140,000

① ₩460,000   ② ₩580,000

③ ₩620,000   ④ ₩660,000

⑤ ₩780,000

13 (주)감평은 20×1년 1월 1일 액면금액이 ₩1,000,000이고, 표시이자율 연 10%(이자는 매년 말 지급), 만기 3년인 사채를 시장이자율 연 8%로 발행하였다. (주)감평이 20×2년 1월 1일 동 사채를 ₩1,100,000에 조기상환할 경우, 사채의 조기상환손익은? (단, 단수차이가 있으면 가장 근사치를 선택한다.)

기간	단일금액 ₩1의 현재가치		정상연금 ₩1의 현재가치	
	8%	10%	8%	10%
1	0.9259	0.9091	0.9259	0.9091
2	0.8573	0.8264	1.7833	1.7355
3	0.7938	0.7513	2.5771	2.4868

① ₩64,369 손실   ② ₩64,369 이익

③ ₩134,732 손실   ④ ₩134,732 이익

⑤ ₩0

14 (주)감평은 (주)대한리스회사와 20×1년 1월 1일 공정가치 ₩2,500,000의 기계장치에 대한 금융리스계약을 체결하였다. 리스기간은 3년이고 리스기간 종료 시 리스자산을 반환한다. 리스료는 매년 말 ₩1,000,000을 지급하며, 리스기간 종료 시 예상잔존가치 ₩200,000 중 ₩100,000을 보증하기로 하였다. 리스기간 개시일에 (주)감평이 인식하여야 할 금융리스부채는? (단, 동 금융리스에 적용되는 내재이자율은 연 8%이고, 단일금액 ₩1의 현가계수(3년, 8%)와 정상연금 ₩1의 현가계수(3년, 8%)는 각각 0.7938과 2.5771이다.)

① ₩2,300,000   ② ₩2,413,680
③ ₩2,500,000   ④ ₩2,577,100
⑤ ₩2,656,480

15 (주)감평은 20×1년 기말재고자산을 ₩50,000만큼 과소계상하였고, 20×2년 기말재고자산을 ₩30,000만큼 과대계상하였음을 20×2년 말 장부마감 전에 발견하였다. 20×2년 오류수정 전 당기순이익이 ₩200,000이라면, 오류수정 후 당기순이익은?

① ₩120,000   ② ₩170,000
③ ₩230,000   ④ ₩250,000
⑤ ₩280,000

16 (주)감평은 재화의 생산을 위하여 기계장치를 취득하였으며, 관련 자료는 다음과 같다. 동 기계장치의 취득원가는?

• 구입가격(매입할인 미반영)	₩1,000,000
• 매입할인	15,000
• 설치장소 준비원가	25,000
• 정상작동여부 시험과정에서 발생한 원가	10,000
• 정상작동여부 시험과정에서 생산된 시제품 순매각금액	5,000
• 신제품을 소개하는 데 소요되는 원가	3,000
• 신제품 영업을 위한 직원 교육훈련비	2,000
• 기계 구입과 직접적으로 관련되어 발생한 종업원 급여	2,000

① ₩1,015,000   ② ₩1,017,000
③ ₩1,020,000   ④ ₩1,022,000
⑤ ₩1,027,000

17 수익에 관한 설명으로 옳지 않은 것은?

① 용역제공거래의 성과를 신뢰성 있게 추정할 수 없는 경우에는 인식된 비용의 회수가능한 범위 내에서의 금액만을 수익으로 인식한다.

② 제품판매가격에 제품판매 후 제공할 용역에 대한 식별가능한 대가가 포함되어 있는 경우에는, 그 금액을 이연하여 용역수행기간에 걸쳐 수익으로 인식한다.

③ 재화를 판매하고 동시에 당해 재화를 나중에 재구매하기로 하는 별도의 약정을 체결함으로써 판매거래의 실질적 효과가 상쇄되는 경우에는 두 개의 거래를 하나의 거래로 보아 회계처리한다.

④ 판매대금의 회수가 구매자의 재판매에 의해 결정되는 경우에는 판매자가 소유에 따른 유의적인 위험을 부담하는 경우에 해당하므로, 당해 거래를 판매로 보지 아니하여 수익을 인식하지 아니한다.

⑤ 수익은 기업이 받았거나 받을 경제적효익의 총유입을 의미하므로, 기업이 받는 판매세, 특정재화나 용역과 관련된 세금, 부가가치세 금액도 수익에 포함된다.

18 공정가치 측정에 관한 설명으로 옳지 않은 것은?

① 공정가치 측정은 자산을 매도하거나 부채를 이전하는 거래가 주된 시장이나 가장 유리한 시장(주된 시장이 없는 경우)에서 이루어지는 것으로 가정한다.

② 부채의 공정가치는 불이행위험의 효과를 반영한다.

③ 자산이나 부채의 공정가치를 측정하기 위하여 사용되는 주된 시장의 가격에서 거래원가는 조정한다.

④ 요구불 특성을 가진 금융부채(예 요구불예금)의 공정가치는 요구하면 지급요구가 가능한 최초일부터 할인한 금액 이상이어야 한다.

⑤ 자산이나 부채의 공정가치는 자산을 매도하면서 수취하거나 부채를 이전하면서 지급하게 될 가격(유출가격)이다.

19 다음은 각각 독립적인 사건으로, '재무제표에 인식된 금액의 수정을 요하는 보고기간후사건'에 해당하는 것을 모두 고른 것은?

> ㄱ. 보고기간 말에 존재하였던 현재의무가 보고기간 후에 소송사건의 확정에 의해 확인되는 경우
> ㄴ. 보고기간 말과 재무제표 발행승인일 사이에 투자자산의 공정가치가 하락하는 경우
> ㄷ. 보고기간 말 이전에 구입한 자산의 취득원가나 매각한 자산의 대가를 보고기간 후에 결정하는 경우

① ㄱ   ② ㄴ
③ ㄴ, ㄷ   ④ ㄱ, ㄷ
⑤ ㄱ, ㄴ, ㄷ

20 20×6년 1월 1일 (주)감평은 건물과 토지를 ₩2,000,000에 일괄구입하였다. 구입당시 건물과 토지의 공정가치는 각각 ₩960,000과 ₩1,440,000이었다. 건물의 내용연수는 7년, 잔존가치는 ₩100,000으로 추정하였으며 정액법으로 감가상각한다. 20×6년 12월 31일 건물과 토지에 관한 순공정가치와 사용가치는 다음과 같으며 회수가능액과 장부금액의 차이는 중요하고 손상징후가 있다고 판단된다.

	순공정가치	사용가치
건물	₩600,000	₩670,000
토지	1,150,000	1,000,000

(주)감평이 20×6년도에 인식해야 할 손상차손은?

① ₩0   ② ₩80,000
③ ₩130,000   ④ ₩230,000
⑤ ₩300,000

21 (주)감평은 20×6년 1월 1일 본사 건물을 새로 마련하기 위한 공사계약을 체결하였다. 본 건물은 적격자산에 해당되며 차입원가 자본화와 관련된 내용은 다음과 같다.

- 공사 착공일 : 20×6년 5월 1일
- 공사 완공일 : 20×6년 12월 31일
- 공사대금 지급
  - 20×6년 5월 1일 ₩1,200,000
  - 20×6년 9월 1일 ₩900,000
  - 20×6년 10월 1일 ₩500,000
- 차입금
  - 20×6년 2월 1일 본사 건물 공사와 관련하여 상환일이 20×7년 12월 31일인 ₩1,200,000 (연 8%)을 차입
  - 20×6년 7월 1일 건물 공사 이외의 목적으로 상환일이 20×7년 6월 30일인 ₩800,000 (연 10%)을 차입
  - 20×6년 10월 1일 건물 공사 이외의 목적으로 상환일이 20×8년 12월 31일인 ₩1,500,000 (연 12%)을 차입
  - 20×6년 2월 1일 차입한 금액 중에서 ₩120,000을 20×6년 4월 1일부터 8월 31일까지 연 5% 수익률로 일시적 투자

20×6년 12월 31일 재무상태표에 계상되는 건물의 취득원가는? (단, 계산 시 월할계산하며 단수차이가 있으면 가장 근사치를 선택한다.)

① ₩2,671,214 ② ₩2,685,613
③ ₩2,697,000 ④ ₩2,702,123
⑤ ₩2,713,000

22 (주)감평의 20×6년 말 법인세와 관련된 자료는 다음과 같으며 차감할 일시적 차이의 실현 가능성은 거의 확실하다.

• 조세특례제한법상 준비금전입액	₩40,000
• 감가상각비 한도초과액	30,000
• 당기손익－공정가치 측정 금융자산 평가이익	10,000
• 법인세율	20%

(주)감평의 20×6년 말 이연법인세자산과 이연법인세부채 금액은? (단, 이연법인세자산과 이연법인세부채는 상계하지 않으며, 법인세율은 변하지 않는다고 가정한다.)

	이연법인세자산	이연법인세부채		이연법인세자산	이연법인세부채
①	₩4,000	₩6,000	②	₩6,000	₩10,000
③	₩8,000	₩12,000	④	₩10,000	₩10,000
⑤	₩10,000	₩6,000			

23 (주)감평은 20×6년 10월 1일 전환사채권자의 전환권 행사로 1,000주의 보통주를 발행하였다. 20×6년 말 주당이익 관련 자료가 다음과 같을 때 20×6년도 기본주당이익과 희석주당이익은? (단, 유통보통주식수 계산 시 월할계산하며 전환간주일 개념은 적용하지 않는다.)

• 기초유통보통주식수 8,000주
• 당기순이익 ₩198,000
• 보통주 1주당 액면금액 ₩1,000
• 전환사채 액면금액은 ₩1,000,000이며 전환가격은 1주당 ₩500
• 포괄손익계산서상 전환사채의 이자비용은 ₩15,000
• 법인세율 20%

	기본주당이익	희석주당이익		기본주당이익	희석주당이익
①	₩24	₩22	②	₩24	₩21
③	₩24	₩20	④	₩25	₩21
⑤	₩25	₩22			

24 일반목적재무보고의 목적에 관한 설명으로 옳지 않은 것은?

① 현재 및 잠재적 투자자, 대여자 및 기타 채권자가 기업에 자원을 제공하는 것에 대한 의사결정을 할 때 유용한 보고기업 재무정보를 제공하는 것이다.

② 지분상품 및 채무상품을 매수, 매도 또는 보유하는 것에 대한 현재 및 잠재적 투자자의 의사결정은 그 금융상품 투자에서 그들이 기대하는 수익, 예를 들어, 배당, 원금 및 이자의 지급 또는 시장가격의 상승에 의존한다.

③ 경영진의 책임 이행에 대한 정보는 경영진의 행동에 대해 의결권을 가지거나 다른 방법으로 영향력을 행사하는 현재 투자자, 대여자 및 기타 채권자의 의사결정에도 유용하다.

④ 일반목적재무보고서는 보고기업의 가치를 보여주기 위해 고안된 것이다. 따라서 그 보고서는 현재 및 잠재적인 정보이용자가 보고기업의 가치를 추정하는 데 도움이 되는 정보를 제공한다.

⑤ 보고기업의 경영진도 해당 기업에 대한 재무정보에 관심이 있다. 그러나 경영진은 그들이 필요로 하는 재무정보를 내부에서 구할 수 있기 때문에 일반목적재무보고서에 의존할 필요가 없다.

25 (주)감평은 20×1년 초에 해양구조물을 ₩4,000,000(내용연수 5년, 잔존가치 없음, 정액법 상각)에 취득하여 사용하고 있다. 동 해양구조물은 사용기간 종료시점에 원상복구해야 할 의무가 있으며, 종료시점의 원상복구예상금액은 ₩500,000으로 추정되었다. 원가모형을 적용할 경우 (주)감평이 동 해양구조물의 회계처리와 관련하여 20×1년도 포괄손익계산서에 비용으로 처리할 총 금액은? (단, 유효이자율은 연 10%이며 단일금액 ₩1의 현가계수(5년, 10%)는 0.6209이다.)

① ₩800,000
② ₩831,046
③ ₩862,092
④ ₩893,135
⑤ ₩900,000

26 (주)감평은 상품에 관한 단위원가 결정방법으로 선입선출법을 이용하고 있으며 20×1년도 상품 관련 자료는 다음과 같다. 20×1년 말 재고실사결과 3개였으며 감모는 모두 정상적이다. 기말 현재 상품의 단위당 순실현가능가치가 ₩100일 때 (주)감평의 20×1년도 매출총이익은? (단, 정상적인 재고자산감모손실과 재고자산평가손실은 모두 매출원가에 포함한다.)

항목	수량	단위당 취득원가	단위당 판매가격	금액
기초재고(1월 1일)	20개	₩120	–	₩2,400
매입(4월 8일)	30개	180	–	5,400
매출(5월 3일)	46개	–	₩300	13,800

① ₩6,300
② ₩6,780
③ ₩7,020
④ ₩7,260
⑤ ₩7,500

27 20×1년 1월 1일 (주)감평은 장부상 순자산가액이 ₩460,000인 (주)대한의 보통주 70%를 현금 ₩440,000에 취득하였다. 취득일 현재 (주)대한의 자산 및 부채에 관한 장부금액과 공정가치는 건물을 제외하고 모두 일치하였다. 건물의 장부금액과 공정가치는 각각 ₩70,000과 ₩150,000이고 잔여내용연수는 10년, 잔존가치는 없고 정액법으로 상각한다. (주)대한은 20×1년도 당기순이익으로 ₩120,000을 보고하였으며, 이를 제외하면 20×1년 자본의 변동은 없다. 20×1년 말 연결재무제표에 기록될 비지배지분은? (단, 비지배지분은 종속기업의 식별가능한 순자산의 공정가치에 비례하여 측정한다.)

① ₩33,600
② ₩138,000
③ ₩162,000
④ ₩171,600
⑤ ₩195,600

28 (주)감평의 20×1년도 매출 및 매출채권 관련 자료는 다음과 같다. 20×1년 고객으로부터의 현금유입액은? (단, 매출은 전부 외상으로 이루어진다.)

〈재무상태표 관련 자료〉

구분	20×1년 1월 1일	20×1년 12월 31일
매출채권	₩110,000	₩150,000
대손충당금	3,000	5,000

〈포괄손익계산서 관련 자료〉

• 매출액	₩860,000
• 대손상각비	6,000

① ₩812,000   ② ₩816,000

③ ₩854,000   ④ ₩890,000

⑤ ₩892,000

29 충당부채와 우발부채에 관한 설명으로 옳지 않은 것은?

① 충당부채를 인식하기 위해서는 당해 의무를 이행하기 위하여 경제적효익을 갖는 자원이 유출될 가능성이 매우 높아야 한다.

② 우발부채는 경제적효익을 갖는 자원의 유출을 초래할 현재의무가 있는지의 여부가 아직 확인되지 아니한 잠재적 의무이므로 부채로 인식하지 않는다.

③ 재무제표는 미래 시점의 예상 재무상태가 아니라 보고기간말의 재무상태를 표시하는 것 이므로, 미래영업을 위하여 발생하게 될 원가에 대하여는 충당부채를 인식하지 않는다.

④ 충당부채로 인식되기 위해서는 과거사건으로 인한 의무가 기업의 미래행위(즉, 미래사업 행위)와 독립적이어야 한다.

⑤ 상업적 압력 때문에 공장에 특정 정화장치를 설치하기 위한 비용지출을 계획하고 있는 경우 공장운영방식을 바꾸는 등의 미래행위를 통하여 미래의 지출을 회피할 수 있으므로 당해 지출은 현재의무가 아니며 충당부채도 인식하지 아니한다.

30 (주)감평은 20×1년 4월 1일 건물신축을 위해 토지, 건물과 함께 기계장치를 일괄하여 ₩20,000,000(토지, 건물, 기계장치의 공정가치 비율은 5 : 3 : 2)에 취득하여 사용하고 있다. 기계장치의 잔여내용연수는 4년이고, 잔존가치는 없는 것으로 추정하였으며 연수합계법을 적용하여 감가상각한다. 기계장치와 관련하여 (주)감평이 20×1년에 인식할 감가상각비는? (단, 감가상각은 월할 계산한다.)

① ₩1,200,000   ② ₩1,500,000
③ ₩1,600,000   ④ ₩1,800,000
⑤ ₩2,000,000

31 (주)감평의 20×6년도 생산·판매자료가 다음과 같을 때 기본원가(prime cost)는?

- 재고자산

구분	기초	기말
원재료	₩10,000	₩12,000
재공품	50,000	60,000
제품	80,000	96,000

- 당기 원재료 매입 ₩40,000
- 당기 매출원가 ₩150,000
- 직접노무원가는 가공원가의 60%이며, 원재료는 직접재료로만 사용된다고 가정한다.

① ₩82,800   ② ₩105,200
③ ₩120,800   ④ ₩132,800
⑤ ₩138,000

32 다음은 A제품의 20×4년과 20×5년의 생산 관련 자료이며, 총고정원가와 단위당 변동원가는 일정하였다.

구분	생산량(개)	총제조원가(원)
20×4년	1,000	50,000,000
20×5년	2,000	70,000,000

20×6년도에는 전년도에 비해 총고정원가는 20% 증가하고 단위당 변동원가는 30% 감소한다면, 생산량이 3,000개일 때 총제조원가는?

① ₩62,000,000   ② ₩72,000,000
③ ₩78,000,000   ④ ₩86,000,000
⑤ ₩93,000,000

33 (주)감평은 활동기준원가계산에 의하여 간접원가를 배부하고 있다. 20×6년 중 고객 갑은 10회를 주문하였다. 20×6년도 간접원가 관련 자료가 다음과 같을 때, 고객 갑에게 배부될 간접원가 총액은?

(1) 연간 간접원가

구분	금액
급여	₩500,000
임대료	200,000
통신비	120,000
계	820,000

(2) 활동별 간접원가 배부비율

구분	주문처리	고객대응
급여	60%	40%
임대료	50%	50%
통신비	70%	30%

(3) 활동별 원가동인과 연간 활동량

활동	원가동인	활동량
주문처리	주문횟수	1,600회
고객대응	고객수	120명

① ₩3,025   ② ₩3,235
③ ₩5,125   ④ ₩5,265
⑤ ₩5,825

34 (주)감평은 20×6년도에 설립되었고, 당해 연도에 A제품 25,000단위를 생산하여 20,000단위를 판매하였다. (주)감평의 20×6년도 A제품 관련 자료가 다음과 같을 때, 전부원가계산과 변동원가계산에 의한 20×6년도 기말재고자산의 차이는?

• 단위당 판매가격	₩250
• 단위당 변동제조원가	₩130
• 단위당 변동판매관리비	₩30
• 총고정제조원가	₩1,000,000
• 총고정판매비와 관리비	₩500,000

① ₩50,000 ② ₩200,000
③ ₩250,000 ④ ₩350,000
⑤ ₩400,000

35 다음은 (주)감평의 20×6년도 예산자료이다. 손익분기점을 달성하기 위한 A제품의 예산판매수량은? (단, 매출배합은 변하지 않는다고 가정한다.)

구분	A제품	B제품
총매출액	₩2,100,000	₩2,900,000
총변동원가	1,470,000	1,740,000
총고정원가	1,074,000	
판매량	600개	400개

① 240개 ② 300개
③ 360개 ④ 420개
⑤ 480개

36 (주)감평은 A, B 두 개의 사업부만 두고 있다. 투자수익률과 잔여이익을 이용하여 사업부를 평가할 때 관련 설명으로 옳은 것은? (단, 최저필수수익률은 6%라고 가정한다.)

구분	A사업부	B사업부
투자금액	₩250,000,000	₩300,000,000
감가상각비	25,000,000	28,000,000
영업이익	20,000,000	22,500,000

① A사업부와 B사업부의 성과는 동일하다.
② A사업부가 투자수익률로 평가하든 잔여이익으로 평가하든 더 우수하다.
③ B사업부가 투자수익률로 평가하든 잔여이익으로 평가하든 더 우수하다.
④ 투자수익률로 평가하는 경우 B사업부, 잔여이익으로 평가하는 경우 A사업부가 각각 더 우수하다.
⑤ 투자수익률로 평가하는 경우 A사업부, 잔여이익으로 평가하는 경우 B사업부가 각각 더 우수하다.

37 (주)감평은 당기부터 단일의 공정을 거쳐 주산물 A, B, C와 부산물 X를 생산하고 있고 당기 발생 결합원가는 ₩9,900이다. 결합원가의 배부는 순실현가치법을 사용하며, 부산물의 평가는 생산기준법(순실현가치법)을 적용한다. 주산물 C의 기말재고자산은?

구분	최종생산량(개)	최종판매량(개)	최종 단위당 판매가격(원)	추가 가공원가(원)
A	9	8	100	0
B	27	10	150	450
C	50	20	35	250
X	40	1	10	0

① ₩800
② ₩1,300
③ ₩1,575
④ ₩1,975
⑤ ₩2,375

38 (주)감평은 표준원가계산을 적용하고 있으며, 직접노무시간을 기준으로 제조간접원가를 배부하고 있다. 고정제조간접원가 조업도차이는?

• 당기 실제 발생 총제조간접원가	₩700,000
• 실제 직접노무시간	70,000시간
• 기준조업도	80,000시간
• 실제 직접노무시간에서의 제조간접원가 변동예산	₩770,000
• 기준조업도에서의 제조간접원가 예산	₩820,000
• 당기 실제 발생 직접노무원가	₩200,000
• 직접노무원가 임률차이	₩25,000(불리)
• 직접노무원가 능률차이	₩15,000(유리)
• 표준 직접노무원가 시간당	₩2.5

① ₩21,000(유리) ② ₩21,000(불리)
③ ₩31,500(유리) ④ ₩31,500(불리)
⑤ ₩52,500(유리)

39 (주)감평의 20×6년도 제품에 관한 자료가 다음과 같을 때 안전한계율은?

• 단위당 판매가격	₩5,000
• 공헌이익률	35%
• 총고정원가	₩140,000
• 법인세율	30%
• 세후이익	₩208,250

① 68% ② 70%
③ 72% ④ 74%
⑤ 76%

40 (주)감평은 A제품을 주문생산하고 있다. 월간 최대 생산가능수량은 10,000개이며, 현재 7,500개를 생산·판매하고 있다. A제품의 개당 판매가격은 ₩150이며, 현재 조업도 수준하의 원가정보는 다음과 같다.

구분	금액
직접재료원가	₩262,500
직접노무원가	300,000
배치(batch) 수준의 변동원가	75,000
고정제조간접원가	275,000
고정광고비	175,000
계	1,087,500

배치 수준의 변동원가는 공정초기화비용(set-up cost), 품질검사비 등을 포함하고 있으며, 1배치에 50개의 A제품을 생산할 수 있다. 최근 (주)감평은 (주)대한으로부터 A제품 2,500개를 개당 ₩120에 구매하겠다는 특별주문을 제안받았다. 이 특별주문을 수락하게 되면 배치를 조정하여 배치당 100개의 A제품을 생산하는 형식으로 변경해야 하고(배치변경에 따른 추가비용은 없음), 기존 고객들에게 개당 ₩10의 할인혜택을 부여해야 한다. 특별주문을 수락한다면 이익에 미치는 영향은?

① ₩25,000 이익
② ₩50,000 이익
③ ₩25,000 손실
④ ₩50,000 손실
⑤ ₩75,000 손실

2015년 26회 기출문제

※ 아래의 문제들에서 특별한 언급이 없는 한 기업의 보고기간(회계기간)은 매년 1월 1일부터 12월 31일까지이다. 또한, 기업은 주권상장법인으로 계속해서 한국채택국제회계기준(K-IFRS)을 적용해오고 있다고 가정하고, 답지항 중에서 물음에 가장 합당한 답을 고르시오. 단, 자료에서 제시한 모든 항목과 금액은 중요하며, 자료에서 제시한 것 이외의 사항은 고려하지 않고 답한다. 예를 들어, 법인세에 대한 언급이 없으면 법인세 효과는 고려하지 않는다.

01 다음은 공정가치에 관한 정의이다. 괄호 안에 들어갈 적절한 단어를 나타낸 것은?

> 공정가치는 원칙적으로 측정일에 (ㄱ) 사이의 정상거래에서 자산을 매도하면서 수취하거나 (ㄴ)을(를) 이전하면서 지급하게 될 (ㄷ)을 의미한다.

	(ㄱ)	(ㄴ)	(ㄷ)		(ㄱ)	(ㄴ)	(ㄷ)
①	매도자와 매수자	손실	유출가격	②	이해관계자	손실	유입가격
③	이해관계자	부채	유입가격	④	시장참여자	부채	유입가격
⑤	시장참여자	부채	유출가격				

02 수익에 관한 설명으로 옳지 않은 것은?

① 수익은 자본참여자의 출자관련 증가분을 제외한 자본의 증가를 수반하는 것으로서 회계기간의 정상적인 활동에서 발생하는 경제적효익의 총유입을 의미한다.

② 판매자가 판매대금의 회수를 확실히 할 목적만으로 해당 재화의 법적 소유권을 계속 가지고 있더라도 소유에 따른 중요한 위험과 보상이 이전되었다면 해당 거래를 판매로 보아 수익을 인식한다.

③ 수익금액은 일반적으로 판매자와 구매자 또는 자산의 사용자 간의 합의에 따라 결정되며, 판매자에 의해 제공된 매매할인 및 수량리베이트를 고려하여 받았거나 받을 대가의 공정가치로 측정한다.

④ 이미 수익으로 인식한 금액에 대해서는, 추후에 회수가능성이 불확실해지는 경우에도 이미 인식한 수익금액을 조정하지 아니하고, 회수불가능한 금액이나 더 이상 회수가능성이 높다고 볼 수 없는 금액을 비용으로 인식한다.

⑤ 대리관계에서 본인을 대신하여 대리인인 기업이 받는 금액은 경제적효익의 총유입에 해당하므로 대리인인 기업의 수익에 해당한다.

03 ㈜감평은 보유 중인 유형자산을 ㈜대한의 유형자산과 교환하면서 공정가치 차액에 해당하는 현금 ₩300,000을 지급하였다. 교환일 현재 보유 중인 유형자산의 취득원가는 ₩2,100,000, 감가상각누계액은 ₩500,000, 공정가치는 ₩1,700,000이다. ㈜감평이 교환과정에서 인식할 유형자산의 취득원가와 유형자산처분손익은? (단, 동 교환거래는 상업적 실질이 있다고 가정한다.)

	취득원가	유형자산처분손익
①	₩2,000,000	₩0
②	₩2,000,000	이익 ₩100,000
③	₩1,900,000	손실 ₩100,000
④	₩1,900,000	이익 ₩100,000
⑤	₩1,900,000	₩0

04 ㈜감평은 20×1년 12월 말 현재 창고에 보관 중인 상품재고를 실사한 결과, 금액이 ₩2,000,000 임을 확인하였다. 다음 자료를 반영하여 계산한 기말상품재고액은?

- 거래처에 FOB 도착지 인도조건으로 발송한 상품(원가 ₩400,000)이 20×1년 말 현재 운송 중에 있다.
- 20×1년 12월 28일에 고객에게 발송한 시송품(원가 ₩200,000) 가운데 20×1년 말까지 매입의사표시를 해 온 금액이 ₩120,000이다.
- 20×1년 12월 15일에 거래처에 반품가능판매 조건으로 상품(원가 ₩500,000)을 판매하였다. 12월 말까지 반품된 상품은 없으며, 반품률은 10%로 신뢰성 있게 추정된다.

① ₩2,130,000 ② ₩2,480,000
③ ₩2,530,000 ④ ₩2,980,000
⑤ ₩3,100,000

05 상품매매기업인 ㈜감평의 정상영업주기는 상품 매입시점부터 판매대금 회수시점까지 기간으로 정의된다. 20×1년 정상영업주기는 42일이며, 매출이 ₩1,000,000, 평균매출채권이 ₩50,000, 평균재고자산이 ₩40,000이라면 ㈜감평의 20×1년 매출원가는? (단, 매출은 전액 외상매출이고, 1년은 360일로 가정한다.)

① ₩520,000 ② ₩540,000
③ ₩560,000 ④ ₩580,000
⑤ ₩600,000

06 ㈜감평은 20×3년 초 건설공사를 수주하였다. 공사기간은 20×5년 말까지이며, 총공사계약 금액은 ₩1,000,000이다. 20×3년 공사진행 과정에서 발생한 비용은 ₩500,000이다. 전체 공사에서 손실이 발생하지 않을 것으로 예상되었으나, 총공사예정원가와 진행률을 신뢰성 있게 추정할 수 없다. 이때 ㈜감평이 20×3년에 공사계약에서 인식할 손익은? (단, 발생원 가의 회수가능성은 높다고 판단된다.)

① ₩1,000,000 이익　　　　　　　② ₩500,000 이익
③ ₩0　　　　　　　　　　　　　④ ₩500,000 손실
⑤ ₩1,000,000 손실

07 20×1년 1월 1일에 설립된 ㈜감평은 20×1년 말에 확정급여제도를 도입하였다. 확정급여 채무 계산 시 적용한 할인율은 연 10%이며, 20×1년 이후 할인율의 변동은 없다. 다음 자료 를 이용하여 계산된 20×2년 순확정급여부채는?

- 20×1년 말 확정급여채무의 장부금액은 ₩30,000이다.
- 20×1년 말 사외적립자산에 ₩20,000을 현금으로 출연하였다.
- 20×2년 말 퇴직한 종업원에게 ₩1,000의 현금이 사외적립자산에서 지급되었다. 당기근 무원가는 ₩40,000이다.
- 20×2년 말 사외적립자산에 ₩30,000을 현금으로 출연하였다.
- 20×2년 말 현재 사외적립자산의 공정가치는 ₩65,000이다.
- 20×2년 말 보험수리적가정의 변동을 반영한 확정급여채무의 현재가치는 ₩80,000이다.

① ₩15,000　　　　　　　　　　② ₩20,000
③ ₩25,000　　　　　　　　　　④ ₩65,000
⑤ ₩80,000

08 ㈜감평의 20×5년 법인세와 관련된 자료가 다음과 같을 때, 법인세비용, 이연법인세자산, 이연법인세부채는 각각 얼마인가?

㈜감평은 20×5년 2월 5일에 설립되었다. 20×5년 법인세차감전순이익은 ₩10,000,000 이며, 여기에는 당기손익-공정가치 측정 금융자산 평가손실(차감할 일시적 차이) ₩100,000 이 포함되어 있다. 법인세율은 20% 단일세율이며, 그 외 세무조정사항은 없다. (단, 법인세율 은 일정하고 법인세비용차감전순이익은 미래에도 지속되는 것으로 가정한다.)

	법인세비용	이연법인세자산	이연법인세부채
①	₩2,000,000	₩20,000	₩0
②	₩2,000,000	₩0	₩20,000
③	₩2,020,000	₩20,000	₩20,000
④	₩2,020,000	₩20,000	₩0
⑤	₩2,020,000	₩0	₩20,000

09 ㈜감평은 20×1년 10월 1일 미국에 소재한 토지를 영업에 사용할 목적으로 $10,000에 취득하였고 20×1년 12월 31일 현재 토지의 공정가치는 $12,000이다. ㈜감평의 재무제표는 원화로 환산표시하며, 이 기간 중 $ 대비 원화의 환율은 다음과 같다.

- 20×1년 10월 1일 : $1 = ₩1,000
- 20×1년 12월 31일 : $1 = ₩1,030
- 20×2년 3월 1일 : $1 = ₩1,050

㈜감평이 20×2년 3월 1일에 위 토지의 50%를 $6,000에 매각하였을 때, 원가모형에 의한 유형자산처분이익은?

① ₩18,000
② ₩300,000
③ ₩1,000,000
④ ₩1,180,000
⑤ ₩1,300,000

10 ㈜감평은 20×4년 초 ₩5,000,000(잔존가치 ₩1,000,000, 내용연수 5년, 정액법 감가상각)에 건물을 취득하였다. ㈜감평은 20×4년 말 건물을 공정가치 ₩6,300,000으로 재평가하고 자산의 장부금액이 재평가금액과 일치하도록 감가상각누계액과 총장부금액을 비례적으로 수정하였다. ㈜감평이 20×4년 말 재무상태표에 보고할 건물의 감가상각누계액은?

① ₩600,000
② ₩800,000
③ ₩1,200,000
④ ₩1,300,000
⑤ ₩2,100,000

11 ㈜감평의 보통주에 귀속되는 당기순이익이 20×2년과 20×3년에 각각 ₩450,000과 ₩1,080,000이다. 20×3년 8월 31일까지 보통주의 발행주식수는 400주이다. ㈜감평은 20×2년 1월 2일에 자기주식 100주를 취득하여 20×3년 9월 1일까지 보유하고 있다. ㈜감평은 20×3년 9월 1일에 유통보통주 1주당 2주의 보통주를 지급하는 무상증자를 실시하였다. 20×3년 포괄손익계산서에 비교표시되는 20×2년과 20×3년의 기본주당순이익은 각각 얼마인가?

	20×2년	20×3년			20×2년	20×3년
①	₩500	₩1,080		②	₩500	₩1,200
③	₩1,125	₩1,080		④	₩1,500	₩1,080
⑤	₩1,500	₩1,200				

12 ㈜감평은 20×4년 1월 1일 ㈜대한을 흡수합병하였다. 합병 관련 자료가 다음과 같을 때 합병시 영업권의 금액은?

(1) 합병일 현재 ㈜대한의 재무상태표는 다음과 같다.

• 현금	₩2,000,000
• 매출채권	4,000,000
• 토지	4,000,000
• 건물	14,000,000
• 매입채무	2,000,000
• 장기차입금	4,000,000
• 자본금	12,000,000
• 이익잉여금	6,000,000

(2) 합병일 현재 토지와 건물의 공정가치는 각각 ₩10,000,000과 ₩20,000,000이며, 그 외 자산과 부채의 공정가치는 장부금액과 동일하다.

(3) ㈜감평은 합병대가로 현금 ₩3,500,000과 보통주 100,000주(액면가 ₩100, 발행가 ₩150, 시가 ₩300)를 발행하여 교부하였다.

① ₩1,550,000   ② ₩2,500,000
③ ₩3,500,000   ④ ₩4,500,000
⑤ ₩15,500,000

13 정부보조금의 회계처리에 관한 설명으로 옳지 않은 것은?

① 정부보조금은 정부보조금에 부수되는 조건의 준수와 보조금 수취에 대한 합리적인 확신이 있을 경우에만 정부보조금을 인식한다.

② 정부보조금으로 보전하려 하는 관련원가를 비용으로 인식하는 기간에 걸쳐 체계적인 기준에 따라 정부보조금을 당기손익으로 인식한다.

③ 이미 발생한 비용이나 손실에 대한 보전 또는 향후의 관련원가 없이 기업에 제공되는 즉각적인 금융지원으로 수취하는 정부보조금은 정부보조금을 수취할 권리가 발생하는 기간에 당기손익으로 인식한다.

④ 정부보조금은 비화폐성자산을 기업이 사용하도록 이전하는 형식을 취할 수 있다. 이러한 상황에서는 비화폐성자산을 공정가치로 회계처리할 수 없다.

⑤ 자산관련 정부보조금은 재무상태표에 이연수익으로 표시하거나 자산의 장부금액을 결정할 때 차감하여 표시한다.

14 ㈜감평은 20×1년 1월 1일에 기계장치를 ₩1,000,000에 취득하였다. (잔존가치 ₩0, 내용연수 5년, 정액법 감가상각, 원가모형 적용) 20×3년 12월 31일에 동 기계장치의 순공정가치는 ₩300,000으로 하락하였으며, 사용가치는 ₩250,000으로 추정되어 손상을 인식하였다. 20×4년 12월 31일에 동 기계장치의 회수가능액이 ₩230,000으로 회복되고 손상차손환입 요건을 충족하는 경우 ㈜감평이 계상할 손상차손 환입액은?

① ₩30,000
② ₩50,000
③ ₩75,000
④ ₩80,000
⑤ ₩105,000

15 ㈜감평은 20×3년 초 토지를 ₩1,500,000에 취득하고 매년 말 공정가치로 평가하는 재평가모형을 적용한다. 또한 재평가잉여금을 자산의 처분시점에 이익잉여금으로 직접 대체하기로 하였다. 동 토지의 매년 말 공정가치는 다음과 같다.

20×3년 말	20×4년 말
₩1,200,000	₩1,600,000

㈜감평이 20×5년 말에 동 토지를 ₩1,100,000에 처분했을 때 토지의 보유 및 처분과 관련하여 다음의 설명 중 옳지 않은 것은?

① 20×3년 초부터 20×5년 말까지 이익잉여금이 총 ₩400,000 감소한다.

② 20×3년 당기순이익이 ₩300,000 감소한다.

③ 20×4년 당기순이익이 ₩200,000 증가한다.

④ 20×4년 기타포괄이익이 ₩100,000 증가한다.

⑤ 20×5년 유형자산처분손실이 ₩500,000 인식된다.

16 금융상품에 해당하는 것을 모두 고른 것은?

> ㄱ. 국공채를 기초자산으로 발행된 약속어음
> ㄴ. 대여금   ㄷ. 매출채권   ㄹ. 선급비용   ㅁ. 투자사채
> ㅂ. 산업재산권   ㅅ. 선수수익   ㅇ. 미지급법인세   ㅈ. 충당부채

① ㄱ, ㄴ, ㄹ   ② ㄱ, ㄴ, ㄷ, ㅁ
③ ㄱ, ㄷ, ㅁ, ㅅ   ④ ㄴ, ㄷ, ㅁ, ㅇ
⑤ ㄴ, ㄹ, ㅂ, ㅇ, ㅈ

17 ㈜감평은 20×1년 1월 1일에 다음과 같은 전환사채를 액면발행하였다.

> • 액면금액 : ₩500,000
> • 표시이자율 : 연 8%
> • 일반사채의 시장수익률 : 연 10%
> • 이자지급방법 : 매 연도 말 후급
> • 상환기일(만기) : 20×3년 12월 31일
> • 원금상환방법 : 상환할증금은 없으며, 상환기일에 액면금액을 일시에 상환함

현가계수표는 다음과 같다.

구분	단일금액 ₩1의 현재가치		정상연금 ₩1의 현재가치	
	8%	10%	8%	10%
1년	0.9259	0.9091	0.9259	0.9091
2년	0.8573	0.8264	1.7833	1.7355
3년	0.7938	0.7513	2.5771	2.4868

20×1년 1월 1일 전환사채 발행 시 부채요소와 자본요소로 계상될 금액은 각각 얼마인가?

	부채요소	자본요소		부채요소	자본요소
①	₩500,000	₩0	②	₩24,878	₩475,122
③	₩4,976	₩495,024	④	₩475,122	₩24,878
⑤	₩495,747	₩4,253			

18 농림어업에 관한 회계처리로 옳지 않은 것은?

① 생물자산은 최초 인식시점과 매 보고기간 말에 공정가치에서 추정 매각부대원가를 차감한 금액(순공정가치)으로 측정하여야 한다. 다만, 공정가치를 신뢰성 있게 측정할 수 없는 경우는 제외한다.

② 생물자산에서 수확된 수확물은 수확시점에 순공정가치로 측정하여야 한다.

③ 생물자산을 최초 인식시점에 순공정가치로 인식하여 발생하는 평가손익과 생물자산의 순공정가치 변동으로 발생하는 평가손익은 발생한 기간의 당기손익에 반영한다.

④ 수확물을 최초 인식시점에 순공정가치로 인식하여 발생하는 평가손익은 발생한 기간의 기타포괄손익에 반영한다.

⑤ 순공정가치로 측정하는 생물자산과 관련된 정부보조금에 다른 조건이 없는 경우에는 이를 수취할 수 있게 되는 시점에만 당기손익으로 인식한다.

19 유형자산의 장부금액에 가산하지 않는 항목을 모두 고른 것은?

> ㄱ. 시험과정에서 생산된 재화의 순매각금액
> ㄴ. 유형자산의 매입 또는 건설과 직접적으로 관련되어 발생한 종업원급여
> ㄷ. 기업의 영업 전부 또는 일부를 재배치하거나 재편성하는 과정에서 발생하는 원가
> ㄹ. 설치장소 준비원가
> ㅁ. 정기적인 종합검사과정에서 발생하는 원가가 인식기준을 충족하는 경우

① ㄱ
② ㄱ, ㄷ
③ ㄴ, ㄹ
④ ㄴ, ㄷ, ㅁ
⑤ ㄷ, ㄹ, ㅁ

20 ㈜감평은 20×1년 1월 1일부터 공장을 신축하였으며, 이를 위해 연 8%의 이자율로 특정목적차입금 ₩1,000,000을 차입하였다. ㈜감평은 동 차입금 ₩1,000,000 중 1월 1일과 4월 1일에 각각 ₩200,000과 ₩600,000을 공사비로 지출하였으며, 지출되지 않은 금액을 금융기관에 예치하여 연 6%의 투자수익을 거두었다. 이 공장은 20×2년에 완공될 예정이며, 이 경우 20×1년도에 자본화할 차입원가는? (단, 이자는 월할계산한다.)

① ₩21,000
② ₩36,000
③ ₩47,000
④ ₩59,000
⑤ ₩80,000

21 ㈜감평의 20×5년 당기순이익은 ₩2,500,000이다. 다음 자료를 이용하여 20×5년의 영업 활동 현금흐름을 계산하면? (단, 간접법으로 계산한다.)

구분	기초	기말
• 재고자산	₩250,000	₩380,000
• 매출채권(순액)	620,000	450,000
• 선급비용	350,000	250,000
• 선수수익	400,000	240,000
• 미지급비용	240,000	180,000

• 영업권상각비	₩100,000
• 토지처분이익	80,000
• 당기손익인식금융자산평가손실	150,000

① ₩2,590,000 ② ₩2,750,000
③ ₩2,830,000 ④ ₩2,910,000
⑤ ₩2,990,000

22 ㈜감평은 20×5년 6월 2일에 주식 100주를 주당 ₩2,500에 취득하고, 취득과 직접적으로 관련된 수수료 ₩15,000을 지급하였다. 위 주식의 각 연도말 주당 공정가치는 다음과 같다.

20×5년 말	20×6년 말	20×7년 말
₩2,800	₩2,450	₩2,700

㈜감평이 20×8년 1월 2일에 동 주식 전부를 주당 ₩2,750에 처분하였다. ㈜감평이 동 주식을 취득시점에서 단기매매금융자산으로 분류했을 경우와 매도가능금융자산으로 분류했을 경우로 구분하여 20×8년에 인식할 처분손익을 각각 계산하면 얼마인가?

	단기매매금융자산	매도가능금융자산
①	손실 ₩25,000	손실 ₩25,000
②	손실 ₩5,000	이익 ₩25,000
③	이익 ₩5,000	이익 ₩10,000
④	이익 ₩5,000	이익 ₩25,000
⑤	이익 ₩5,000	손실 ₩10,000

23 재무제표 표시의 일반사항에 관한 설명으로 옳지 않은 것은?

① 당해 기간의 기타포괄손익금액을 기능별로 분류해야 하며, 다른 한국채택국제회계기준서에 따라 후속적으로 당기손익으로 재분류되지 않는 항목과 재분류되는 항목을 각각 집단으로 묶어 표시한다.

② 경영진이 기업을 청산하거나 경영활동을 중단할 의도를 가지고 있지 않거나, 청산 또는 경영활동의 중단 외에 다른 현실적 대안이 없는 경우가 아니면 계속기업을 전제로 재무제표를 작성한다.

③ 재무제표는 기업의 재무상태, 재무성과 및 현금흐름을 공정하게 표시해야 하며, 이를 위해서 '개념체계'에서 정한 자산, 부채, 수익 및 비용에 대한 정의와 인식요건에 따라 거래, 그 밖의 사건과 상황의 효과를 충실하게 표현해야 한다.

④ 사업내의 유의적인 변화나 재무제표를 검토한 결과 다른 표시나 분류방법이 더 적절한 것이 명백한 경우, 한국채택국제회계기준에서 표시방법의 변경을 요구하는 경우가 아니면 재무제표항의 표시와 분류는 매기 동일하여야 한다.

⑤ 전체 재무제표는 적어도 1년마다 작성하되, 보고기간종료일의 변경으로 보고기간이 1년을 초과하거나 미달하게 되는 경우는 그렇지 않다.

24 ㈜대한은 20×5년 초 기계장치를 공정가치 ₩296,894에 구입하여, ㈜감평에 5년간 임대해주는 금융리스계약을 체결하였다. ㈜감평은 리스료를 매년 말 ₩80,000씩 지급한다. 리스기간 종료시 동 기계장치의 잔존가치는 ₩15,000이며, 이 가운데 보증잔존가치는 ₩8,000이다. ㈜감평이 보증잔존가치로 인해 지급이 예상되는 금액도 ₩8,000이라고 예상한다. 리스계약 체결 시 ㈜감평이 지출한 리스개설직접원가는 ₩5,000이다. 리스종료일에 리스자산은 반환되며, ㈜대한의 내재이자율은 12%이다. ㈜감평이 20×5년 초 인식할 사용권자산의 금액은? (단, 12%, 5년의 정상연금의 현재가치는 3.60478, 단일금액의 현재가치는 0.56743이다. 단수차이로 인한 오차가 있으면 가장 근사치를 선택한다.)

① ₩292,894
② ₩292,922
③ ₩296,894
④ ₩297,922
⑤ ₩301,894

25 ㈜감평은 20×1년 7월 1일 임직원 40명에게 다음과 같은 조건으로 1인당 100개의 주식선택권을 부여하였다. 20×1년 말 현재 2명이 퇴사하였으며, 가득기간 종료시점(20×4년 6월 30일) 이전까지 2명이 추가 퇴사할 것으로 예상된다. 20×1년에 인식할 주식보상비용은? (단, 주식보상비용은 월할계산한다.)

- 가득조건 : 20×4년 6월 30일까지 근무
- 행사가격 : ₩6,000
- 주식선택권의 1개당 공정가치 : ₩5,000
- 기대행사기간 : 5년

① ₩1,800,000
② ₩2,160,000
③ ₩2,400,000
④ ₩3,000,000
⑤ ₩3,600,000

26 ㈜감평은 제품 구입 후 1년 이내에 발생하는 제품의 결함에 대하여 제품보증을 실시하고 있다. 20×3년에 판매된 제품에 대하여 중요하지 않은 결함이 발생한다면 ₩50,000의 수리비용이 발생하고, 치명적인 결함이 발생하면 ₩200,000의 수리비용이 발생한다. 과거경험률에 따르면 70%는 결함이 없으며, 20%는 중요하지 않은 결함이 발생하며, 10%는 치명적인 결함이 발생한다고 할 때 20×3년 말에 제품보증충당부채로 인식할 금액은? (단, 20×3년 말까지 발생한 수리비용은 없다.)

① ₩10,000
② ₩20,000
③ ₩30,000
④ ₩200,000
⑤ ₩250,000

27 ㈜감평은 20×3년, 20×4년에 당기순이익을 각각 ₩55,000, ₩56,000으로 보고하였지만, 다음과 같은 오류를 포함하고 있었다. 이러한 오류가 20×3년과 20×4년의 순이익에 미친 영향은?

구분	20×3년	20×4년
기말재고자산	₩5,000 과대계상	₩7,000 과대계상
기말선급보험료	₩700 과대계상	₩1,400 과대계상
감가상각비	₩2,700 과소계상	₩2,400 과소계상

	20×3년		20×4년	
①	₩8,400	과대계상	₩5,100	과소계상
②	₩8,400	과대계상	₩5,100	과대계상
③	₩8,400	과소계상	₩5,100	과대계상
④	₩8,400	과소계상	₩10,800	과소계상
⑤	₩8,400	과소계상	₩10,800	과대계상

28 투자부동산에 해당되는 항목을 모두 고른 것은?

> ㄱ. 장래 사용목적을 결정하지 못한 채로 보유하고 있는 토지
> ㄴ. 직접 소유(또는 금융리스를 통해 보유)하고 운용리스로 제공하고 있는 건물
> ㄷ. 제3자를 위하여 건설 또는 개발 중인 부동산
> ㄹ. 자가사용부동산
> ㅁ. 처분예정인 자가사용부동산
> ㅂ. 금융리스로 제공한 부동산
> ㅅ. 운용리스로 제공하기 위하여 보유하고 있는 미사용 건물
> ㅇ. 미래에 투자부동산으로 사용하기 위하여 건설 또는 개발 중인 부동산

① ㄱ, ㄴ, ㄹ　　　　　　　　② ㄱ, ㄴ, ㅅ, ㅇ
③ ㄱ, ㄷ, ㅁ, ㅂ　　　　　　④ ㄴ, ㄷ, ㅂ, ㅇ
⑤ ㄱ, ㄴ, ㄷ, ㅁ, ㅅ, ㅇ

29 다음은 ㈜감평의 20×1년 연구 및 개발활동 지출에 관한 자료이다. ㈜감평이 20×1년에 연구활동으로 분류해야 하는 금액은?

> • 새로운 지식을 얻고자 하는 활동 : ₩100,000
> • 연구결과나 기타 지식을 최종 선택하는 활동 : ₩200,000
> • 생산이나 사용 전의 시제품과 모형을 제작하는 활동 : ₩350,000
> • 상업적 생산 목적으로 실현가능한 경제적 규모가 아닌 시험공장을 건설하는 활동 : ₩400,000

① ₩300,000　　　　　　　　② ₩450,000
③ ₩500,000　　　　　　　　④ ₩550,000
⑤ ₩600,000

30 ㈜감평은 20×1년 중에 단기매매목적으로 공정가치 ₩10,000,000의 주식을 취득하고, 20×2년 7월 1일에 예외적인 상황이 발생하여 단기매매금융자산을 매도가능금융자산으로 재분류하였다. 동 주식의 공정가치는 다음과 같다.

20×1년 말	20×2년 7월 1일	20×2년 말
₩14,000,000	₩13,000,000	₩11,000,000

동 주식과 관련하여 다음의 설명 중 옳지 않은 것은?

① 20×1년 순이익이 ₩4,000,000 증가한다.

② 20×2년 매도가능금융자산평가손실이 ₩2,000,000 인식된다.

③ 20×2년 단기매매금융자산평가손실이 ₩1,000,000 인식된다.

④ 20×2년 총자본이 ₩3,000,000 감소한다.

⑤ 20×2년 기타포괄손익누계액이 ₩3,000,000 감소한다.

31 전년도에 ㈜감평의 변동원가는 매출액의 60%였고, 고정원가는 매출액의 10%였다. 당해 연도에 경영자가 단위당 판매가격을 10% 인상하였을 경우, 전년 대비 당해 연도의 공헌이익 증가율은? (단, 판매량과 단위당 변동원가 및 고정원가는 변하지 않는다.)

① 5%   ② 10%

③ 15%   ④ 20%

⑤ 25%

32 ㈜감평은 두 개의 보조부문(X부문, Y부문)과 두 개의 제조부문(A부문, B부문)으로 구성되어 있다. 각각의 부문에서 발생한 부문원가는 A부문 ₩100,000, B부문 ₩200,000, X부문 ₩140,000, Y부문 ₩200,000이다. 각 보조부문이 다른 부문에 제공한 용역은 다음과 같다.

사용부문 제공부문	보조부문		제조부문	
	X부문	Y부문	A부문	B부문
X부문(kWh)	–	50,000	30,000	20,000
Y부문(기계시간)	200	–	300	500

㈜감평이 단계배부법을 이용하여 보조부문원가를 제조부문에 배부할 경우, A부문과 B부문 각각의 부문원가 합계는? (단, 배부순서는 Y부문의 원가를 먼저 배부한다.)

	A부문원가 합계	B부문원가 합계		A부문원가 합계	B부문원가 합계
①	₩168,000	₩172,000	②	₩202,000	₩328,000
③	₩214,000	₩336,000	④	₩244,000	₩356,000
⑤	₩268,000	₩372,000			

33 ㈜감평은 생활용품을 생산·판매하고 있다. 20×5년 생산량은 1,200단위이고 판매량은 1,000단위이다. 판매가격 및 원가자료는 다음과 같다.

- 단위당 판매가격   ₩8,000
- 단위당 변동제조원가   3,000
- 단위당 변동판매비와관리비   1,500
- 고정제조간접원가   2,400,000
- 고정판매비와 관리비   1,000,000

전부원가계산방법으로 계산한 영업이익은 변동원가계산방법으로 계산한 영업이익에 비해 얼마만큼 증가 또는 감소하는가? (단, 기초재고자산과 기말재공품은 없다.)

① ₩400,000 증가   ② ₩400,000 감소

③ ₩600,000 증가   ④ ₩600,000 감소

⑤ ₩500,000 감소

34 선박을 제조하여 판매하는 ㈜감평은 20×5년초에 영업을 개시하였으며, 제조와 관련된 원가 및 활동에 관한 자료는 다음과 같다.

구분	화물선	유람선	여객선
직접재료원가	₩60,000	₩140,000	₩200,000
직접노무원가	240,000	460,000	500,000
실제직접작업시간	1,500시간	1,500시간	2,000시간
완성도	60%	100%	100%

㈜감평은 직접작업시간을 제조간접원가 배부기준으로 사용하는 정상원가계산제도를 채택하고 있다. 20×5년 제조간접원가예산은 ₩480,000이고 예정 직접작업시간은 6,000시간이다. 20×5년에 발생한 실제 제조간접원가는 ₩500,000이고, 완성된 제품 중 여객선은 고객에게 인도되었다. 제조간접원가 배부차이를 총원가(총원가 비례배분법)를 기준으로 조정할 경우 제품원가는?

① ₩450,000   ② ₩750,000

③ ₩756,000   ④ ₩903,000

⑤ ₩1,659,000

35 ㈜감평은 종합원가계산을 채택하고 있다. 원재료는 공정초에 전량 투입되며, 가공원가(전환원가)는 공정 전반에 걸쳐 균등하게 발생한다. 공손 및 감손은 발생하지 않는다. 다음은 20×5년 6월의 생산활동과 관련된 자료이다.

- 기초재공품   10,000단위(완성도 20%)
- 당기투입량   80,000단위
- 당기완성량   85,000단위
- 기말재공품   ? 단위(완성도 40%)

가중평균법과 선입선출법에 의하여 각각 완성품환산량을 구하면 가공원가(전환원가)의 완성품환산량 차이는?

① 2,000단위   ② 4,000단위
③ 6,000단위   ④ 8,000단위
⑤ 10,000단위

36 다음 자료를 이용하여 계산한 ㈜감평의 20×5년 손익분기점 매출액은?

- 단위당 판매가   ₩2,000
- 단위당 변동제조원가   700
- 단위당 변동판매비와관리비   300
- 연간 고정제조간접원가   1,350,000
- 연간 고정판매비와관리비   1,250,000

① ₩2,500,000   ② ₩2,700,000
③ ₩4,000,000   ④ ₩5,200,000
⑤ ₩5,400,000

37 ㈜감평의 20×5년 생산활동 및 제조간접원가에 관한 정보는 다음과 같다.

활동	원가	원가동인	원가동인 총량
조립	₩450,000	기계시간	37,500시간
구매주문	₩32,000	주문횟수	1,000회
품질검사	₩120,000	검사시간	1,600시간

제품 #23의 생산 및 판매와 관련된 활동 및 원가정보는 다음과 같다.

• 단위당 판매가격	₩90.7
• 단위당 직접재료원가	₩15.5
• 단위당 직접노무원가	₩12.2
• 연간 생산 및 판매량	300단위
• 연간 기계시간	850시간
• 연간 주문횟수	90회
• 연간 검사시간	30시간

활동기준원가계산을 사용할 경우, 제품 #23의 매출총이익은?

① ₩3,570

② ₩7,725

③ ₩11,880

④ ₩15,330

⑤ ₩18,900

38 ㈜감평은 향후 6개월의 월별 매출액을 다음과 같이 추정하였다.

월	매출액
1월	₩350,000
2월	300,000
3월	320,000
4월	400,000
5월	450,000
6월	470,000

㈜감평의 모든 매출은 외상거래이다. 외상매출 중 70%는 판매한 달에, 25%는 판매한 다음 달에 현금회수될 것으로 예상되고, 나머지 5%는 회수가 불가능할 것으로 예상된다. ㈜감평은 당월 매출액 중 당월에 현금회수된 부분에 대해 2%를 할인해주는 방침을 가지고 있다. ㈜감평이 예상하는 4월의 현금유입액은?

① ₩294,400

② ₩300,400

③ ₩354,400

④ ₩380,400

⑤ ₩406,400

39 표준원가계산제도를 채택하고 있는 ㈜감평의 20×5년 6월의 제조간접원가 예산과 실제발생액은 다음과 같다.

구분	예산	실제발생액
변동제조간접원가 :		
간접재료원가	₩4,480	₩4,310
간접노무원가	3,360	3,630
고정제조간접원가 :		
공장임대료	10,640	10,630
감가상각비	14,280	14,260
총 제조간접원가	₩32,760	₩32,830

㈜감평은 고정제조간접원가의 예산을 월간 2,800기계시간을 기준으로 수립하였다. 20×5년 6월 실제 기계시간은 2,730시간이다. 만약 실제 생산량에 허용된 표준 기계시간이 2,860시간이라면, 6월의 고정제조간접원가 조업도차이는?

① ₩534 불리
② ₩623 불리
③ ₩702 불리
④ ₩534 유리
⑤ ₩623 유리

40 ㈜감평의 20×5년 1월 1일 재공품 재고액은 ₩50,000이고, 1월 31일 재공품 재고액은 ₩100,000이다. 1월에 발생한 원가자료가 다음과 같을 경우, ㈜감평의 20×5년 1월 당기제품 제조원가는?

• 직접재료 사용액	₩300,000
• 공장건물 감가상각비	100,000
• 공장기계 수선유지비	150,000
• 본사건물 감가상각비	200,000
• 영업직원 급여	300,000
• 공장감독자 급여	400,000
• 공장근로자 급여	500,000
• 판매수수료	100,000

① ₩1,000,000
② ₩1,400,000
③ ₩1,450,000
④ ₩1,600,000
⑤ ₩1,900,000

2014년 25회 기출문제

※ 아래의 문제들에서 특별한 언급이 없는 한 기업의 보고기간(회계기간)은 매년 1월 1일부터 12월 31일까지이다. 또한, 기업은 주권상장법인으로 계속해서 한국채택국제회계기준(K-IFRS)을 적용해오고 있다고 가정하고, 답지항 중에서 물음에 가장 합당한 답을 고르시오. 단, 자료에서 제시한 모든 항목과 금액은 중요하며, 자료에서 제시한 것 이외의 사항은 고려하지 않고 답한다. 예를 들어, 법인세에 대한 언급이 없으면 법인세 효과는 고려하지 않는다.

01 재무보고를 위한 개념체계상 유용한 정보의 질적 특성에 관한 설명으로 옳지 않은 것은?

① 충실한 표현은 모든 면에서 정확한 것을 의미하지는 않는다.

② 중요성은 개별 기업 재무보고서 관점에서 해당 정보와 관련된 항목의 성격이나 규모 또는 이 둘 모두에 근거하여 해당 기업에 특유한 측면의 목적적합성을 의미한다.

③ 완전한 서술은 필요한 기술과 설명을 포함하여 정보이용자가 서술되는 현상을 이해하는 데 필요한 모든 정보를 포함하는 것이다.

④ 중립적 정보는 목적이 없거나 행동에 대한 영향력이 없는 정보를 의미하지 않는다.

⑤ 재무정보의 비교가능성은 정보이용자가 항목 간의 차이점을 식별하고 이해할 수 있게 하는 질적 특성으로 비슷한 것을 달리 보이게 함으로써 보강된다.

02 다음은 ㈜감평의 20×1년도 재무제표 자료의 일부이다.

(1) 기초 및 기말 계정잔액

구분	20×1.1.1.	20×1.12.31.
선급보험료	₩2,500	₩2,000
선수임대료	4,000	5,000

(2) 포괄손익계산서에 계상되어 있는 보험료비용은 ₩4,000, 임대료수익은 ₩5,000이다.

20×1년도에 보험료 및 임대료와 관련하여 발생한 순현금흐름(유입 - 유출)은?

① ₩500

② ₩1,000

③ ₩1,500

④ ₩2,000

⑤ ₩2,500

03 ㈜한국은 20×2년 10월 1일 ㈜세종에 상품을 매출하고 동일자에 액면금액 ₩1,000,000, 표시이자율 연 6%, 만기일 20×3년 1월 31일인 받을어음을 수취하였다. ㈜한국은 동 받을어음을 20×2년 11월 1일에 대한은행에서 연 8%로 할인하는 차입거래로 자금을 조달하였다. ㈜한국이 20×2년 11월 1일에 수령할 현금수취액과 이 거래로 20×2년에 이자비용(할인료)으로 인식할 금액은? (단, 이자는 월할계산한다.)

	현금수취액	이자비용		현금수취액	이자비용
①	₩984,600	₩15,400	②	₩999,600	₩5,400
③	₩999,600	₩15,400	④	₩1,000,000	₩15,000
⑤	₩1,000,000	₩20,000			

04 투자부동산에 해당하지 않는 것은?

① 장기 시세차익을 얻기 위하여 보유하고 있는 토지(단, 정상적인 영업과정에서 단기간에 판매하기 위하여 보유하는 토지는 제외)
② 미래에 개발 후 자가사용할 부동산
③ 미래에 투자부동산으로 사용하기 위하여 건설 또는 개발 중인 부동산
④ 직접 소유(또는 금융리스를 통해 보유)하고 운용리스로 제공하고 있는 건물
⑤ 장래 사용목적을 결정하지 못한 채로 보유하고 있는 토지

05 유형자산에 관한 설명으로 옳은 것은?

① 유형자산은 다른 자산의 미래경제적효익을 얻기 위해 필요하더라도, 그 자체로의 직접적인 미래경제적효익을 얻을 수 없다면 인식할 수 없다.
② 유형자산이 경영진이 의도하는 방식으로 가동될 수 있으나 가동수준이 완전조업도 수준에 미치지 못하는 경우에 발생하는 원가는 유형자산의 원가에 포함한다.
③ 유형자산의 원가는 경영진이 의도하는 방식으로 자산을 가동하는 데 필요한 장소와 상태에 이르게 하는 데 직접 관련되는 원가를 포함하며, 해당 자산의 시험과정에서 생산된 시제품의 순매각금액은 차감한다.
④ 건설이 시작되기 전에 건설용지를 주차장 용도로 사용함에 따라 획득한 수익은 유형자산의 원가에서 차감한다.
⑤ 교환거래에 상업적 실질이 있는지 여부를 결정할 때 교환거래의 영향을 받는 영업 부문의 기업특유가치는 세전현금흐름을 반영하여야 한다.

06 재무제표 표시에 관한 설명으로 옳은 것은?

① 부적절한 회계정책은 이에 대하여 공시나 주석 또는 보충 자료를 통해 설명함으로써 정당화될 수 있다.

② 비유동자산의 처분손익을 처분대금에서 그 자산의 장부금액과 관련처분비용을 차감하여 표시하는 것은 총액주의에 위배되므로 허용되지 아니한다.

③ 재무제표 항목의 표시와 분류는 한국채택국제회계기준에서 표시방법의 변경을 요구하는 경우 이외에는 매기 동일하여야 한다.

④ 기업이 기존의 대출계약조건에 따라 보고기간 후 적어도 12개월 이상 부채를 차환하거나 연장할 것으로 기대하고 있고, 그런 재량권이 있다 하더라도, 보고기간 후 12개월 이내에 만기가 도래한다면 유동부채로 분류한다.

⑤ 단기매매금융상품에서 발생하는 손익과 같이 유사한 거래의 집합에서 발생하는 차익과 차손은 순액으로 표시한다. 그러나 그러한 차익과 차손이 중요한 경우에는 구분하여 표시한다.

07 유형자산의 재평가 회계처리에 관한 설명으로 옳은 것은?

① 재평가는 자산의 장부금액이 공정가치와 중요하게 차이가 나지 않도록 매 보고기간말에 수행한다.

② 특정 유형자산을 재평가할 때, 해당 자산이 포함되는 유형자산 분류 전체를 재평가할 필요는 없으며, 개별 유형자산별로 재평가모형을 선택하는 것이 가능하다.

③ 자산의 장부금액이 재평가로 인하여 증가된 경우에 그 증가액은 동일한 자산에 대하여 이전에 당기손익으로 인식한 재평가감소액이 있다 하더라도 기타포괄손익으로 인식하고 재평가잉여금의 과목으로 자본에 가산한다.

④ 자산의 장부금액이 재평가로 인하여 감소된 경우에 그 감소액은 당기손익으로 인식한다. 그러나 그 자산에 대한 재평가잉여금의 잔액이 있다면 그 금액을 한도로 재평가감소액을 기타포괄손익으로 인식한다.

⑤ 자본에 계상된 재평가잉여금은 그 자산이 제거될 때 이익잉여금으로 대체될 수 있다. 그러나 기업이 그 자산을 사용함에 따라 재평가잉여금의 일부를 대체할 수도 있다.

08 ㈜대한은 ㈜세종의 주식을 다음과 같이 취득 및 처분하였다. 20×1년 3월 1일 이전에 보유하고 있는 ㈜세종의 주식은 없으며, ㈜대한은 ㈜세종의 주식을 당기손익−공정가치측정금융자산으로 구분하였다. 일자별 자료는 다음과 같다.

> • 20×1.3.1. : 주식 20주를 주당 ₩1,000에 취득, 수수료 ₩1,000을 지불
> • 20×1.5.1. : 주식 30주를 주당 ₩1,200에 취득, 수수료 ₩1,500을 지불
> • 20×1.10.1. : 주식 10주를 주당 ₩1,500에 처분, 수수료 ₩1,500을 지불
> • 20×1.12.31. 기말 종가는 주당 ₩1,400이다.

㈜대한은 주식의 단가산정과 관련하여 이동평균법을 이용한다. ㈜대한이 20×1년 포괄손익계산서에 인식할 당기손익−공정가치측정금융자산 평가손익은?

① 평가이익 ₩5,200
② 평가이익 ₩11,200
③ 평가손실 ₩10,200
④ 평가손실 ₩12,200
⑤ 평가손실 ₩15,200

09 ㈜감평은 20×1년 초에 차량운반구를 ₩10,000,000에 취득하였다. 취득 시에 차량운반구의 내용연수는 5년, 잔존가치는 ₩1,000,000, 감가상각방법은 연수합계법이다. 20×4년 초에 ㈜감평은 차량운반구의 내용연수를 당초 5년에서 7년으로, 잔존가치는 ₩500,000으로 변경하였다. ㈜감평이 20×4년에 인식할 차량운반구에 대한 감가상각비는?

① ₩575,000
② ₩700,000
③ ₩920,000
④ ₩990,000
⑤ ₩1,120,000

10 ㈜서울은 20×1년 2월 1일에 총계약금액 ₩6,000의 공장건설계약을 수주하였다. 이 공장은 20×3년 말에 완공될 예정이며, 건설에 소요될 원가는 ₩4,000으로 추정되었으며, 관련 자료는 다음과 같다.

구분	20×1년	20×2년	20×3년
누적건설원가	₩1,500	₩2,640	₩4,600
남은 건설원가	2,500	1,760	0
누적계약대금 회수액	2,000	4,000	6,000

㈜서울은 이 계약에 대해 진행기준에 따라 수익을 인식한다면, 20×2년의 건설계약이익은?

① ₩210   ② ₩628
③ ₩750   ④ ₩960
⑤ ₩1,350

11 재고자산에 대한 설명으로 옳은 것은?

① 후속 생산단계에 투입하기 전에 보관이 필요한 경우 이외의 보관원가는 재고자산의 취득원가에 포함될 수 있다.

② 확정판매계약을 이행하기 위하여 보유하는 재고자산의 순실현가능가치는 계약가격에 기초하며, 확정판매계약의 이행에 필요한 수량을 초과하는 경우에는 일반 판매가격에 기초한다.

③ 재고자산의 지역별 위치나 과세방식이 다른 경우 동일한 재고자산에 다른 단위원가 결정방법을 적용할 수 있다.

④ 가중평균법의 경우 재고자산 원가의 평균은 기업의 상황에 따라 주기적으로 계산하거나 매입 또는 생산할 때마다 계산하여서는 아니된다.

⑤ 완성될 제품이 원가 이상으로 판매될 것으로 예상하는 경우에는 해당 원재료를 순실현가능가치로 감액한다.

12 ㈜한영의 20×1년의 기초재고액은 ₩200,000, 당기매입액은 ₩500,000이며, 기말 실사 결과 창고에 보유 중인 재고자산은 ₩50,000이다. 당기 말 현재 재고자산 관련 추가 자료는 다음과 같다.

항목	원가	비고
미착상품	₩30,000	선적지 인도조건으로 현재 운송 중이다.
적송품	100,000	해당 금액 중 수탁자가 40%를 판매완료한 상태이다.
시용품	30,000	해당 금액 중 고객이 매입의사표시를 한 금액은 ₩10,000이다.
재구매조건부판매	40,000	
저당상품	20,000	기말재고자산 실사에 포함되었다.
반품가능판매	60,000	반품액의 합리적 추정이 불가능하다.

위 자료를 이용할 때 매출원가는?

① ₩400,000   ② ₩420,000
③ ₩440,000   ④ ₩460,000
⑤ ₩500,000

13 ㈜한국은 결산을 앞두고 당좌예금의 계정 잔액을 조정하기 위해 은행에 예금 잔액을 조회한 결과 20×1년 12월 31일 잔액은 ₩125,400이라는 회신을 받았다. ㈜한국의 당좌예금 장부 상의 수정 전 잔액은 ₩149,400이다. ㈜한국의 내부감사인은 차이의 원인에 대해 분석하였고, 다음과 같은 사실을 확인하였다.

- ㈜한국이 20×1년 12월 31일에 입금한 ₩50,000이 은행에서는 20×2년 1월 4일자로 입금 처리되었다.
- ㈜한국이 발행한 수표 중에서 20×1년 12월 3일에 발행한 수표(no.164) ₩20,000이 아직 인출되지 않았다.
- ㈜한국이 발행한 수표(no.173)의 발행액은 ₩21,000이었으나 회계담당자가 이를 ₩12,000으로 잘못 기록하였다.
- ㈜한국이 발행한 수표(no.182) ₩15,000을 은행의 착오로 다른 기업의 계좌에서 출금처리하였다.

위 자료를 이용할 때 20×1년 말 ㈜한국의 수정 후 당좌예금 잔액은?

① ₩134,400
② ₩140,400
③ ₩158,400
④ ₩168,400
⑤ ₩171,400

14 ㈜감평은 20×1년에 전기온수매트 100개를 개당 ₩200,000에 현금 판매하였다. 제품보증 기간은 2년이며, 판매가격에는 제품보증활동과 관련한 대가로 개당 ₩20,000(보증비용은 개당 ₩10,000이 소요)이 포함되어 있다. 20×1년 중 보증비용이 ₩200,000 발생하였으며, ㈜감평이 이연수익법(보증수익인식법)으로 회계처리하는 경우 20×1년도에 인식할 제품보증수익은?

① ₩200,000
② ₩250,000
③ ₩300,000
④ ₩350,000
⑤ ₩400,000

15 ㈜신성축산은 20×1년 1월 초에 수익용으로 젖소를 ₩1,500,000에 매입하였는데, 그 젖소는 농림어업자산의 인식요건을 충족한다. 20×1년 12월 31일 젖소의 공정가치는 ₩2,250,000 이며 사육에 소요된 비용은 ₩450,000이다. 20×1년 12월 말에 젖소로부터 원유를 생산하기 시작하였으며, 생산된 원유를 공정가치 ₩300,000에 판매하였다. 판매를 위해 ₩50,000의 비용이 발생되었다면, 20×1년도 ㈜신성축산의 당기순이익은?

① ₩300,000
② ₩550,000
③ ₩600,000
④ ₩1,000,000
⑤ ₩1,050,000

16 수익에 관한 설명으로 옳지 않은 것은?

① 인도된 재화의 결함에 대하여 정상적인 품질보증범위를 초과하여 책임을 지는 경우에는 수익을 인식하지 않는다.

② 판매대금의 회수가 구매자의 재판매에 의해 결정되는 경우에는 수익을 인식하지 않는다.

③ 설치조건부 판매에서 계약의 중요한 부분을 차지하는 설치가 아직 완료되지 않은 경우에는 수익을 인식하지 않는다.

④ 판매자가 판매대금의 회수를 확실히 할 목적만으로 해당 재화의 법적 소유권을 계속 가지고 있더라도 소유에 따른 중요한 위험과 보상이 이전되었다면 해당 거래를 판매로 보아 수익을 인식한다.

⑤ 수익은 기업이 받았거나 받을 경제적효익의 총유입을 포함하므로, 판매세, 특정재화나 용역과 관련된 세금, 부가가치세와 같이 제3자를 대신하여 받는 금액도 기업에 유입된 경제적효익이므로 기타수익에 포함시킨다.

17 ㈜국제는 당해 연도 초에 설립한 후 유형자산과 관련하여 다음과 같은 지출을 하였다.

• 건물이 있는 토지 구입대금	₩2,000,000
• 토지취득 중개수수료	80,000
• 토지 취득세	160,000
• 공장건축허가비	10,000
• 신축공장건물 설계비	50,000
• 기존건물 철거비	150,000
• 기존건물 철거 중 수거한 폐건축자재 판매대금	100,000
• 토지 정지비	30,000
• 건물신축을 위한 토지굴착비용	50,000
• 건물 신축원가	3,000,000
• 건물 신축용 차입금의 차입원가(전액 자본화기간에 발생)	10,000

위 자료를 이용할 때 토지와 건물 각각의 취득원가는? (단, 건물은 당기 중 완성되었다.)

	토지	건물
①	₩2,220,000	₩3,020,000
②	₩2,320,000	₩3,110,000
③	₩2,320,000	₩3,120,000
④	₩2,420,000	₩3,120,000
⑤	₩2,420,000	₩3,220,000

18 확정급여제도를 시행하고 있는 ㈜송림의 20×1년 관련 자료는 다음과 같다.

- 20×1년 초 사외적립자산의 장부금액은 ₩3,000,000이다.
- 사외적립자산의 기대수익은 사외적립자산 장부금액의 연 5%이다.
- 20×1년 말 사외적립자산의 공정가치는 ₩3,200,000이다.
- 20×1년 말에 기여금 ₩150,000을 납부하였다.
- 20×1년 말에 퇴직금 ₩200,000을 지급하였다.

위 자료를 이용할 때 20×1년 사외적립자산의 실제수익은?

① ₩200,000   ② ₩250,000
③ ₩300,000   ④ ₩350,000
⑤ ₩400,000

19 ㈜오월은 당기 중 다음과 같은 거래가 있었다.

> - 전환사채 ₩60,000이 주식 10주로 전환
> - 유상증자(발행가 ₩50,000, 액면가 ₩20,000이며, 주주 100%가 유상증자에 참여하여 전액 현금수취)
> - 무상증자(자본잉여금 ₩10,000을 자본전입)
> - 전기에 ₩5,000에 취득하였던 자기주식을 당기에 현금 ₩3,000에 처분
> - 외화차입금에 대한 외화환산이익 ₩10,000

위 자료를 이용할 때 당기 현금흐름표 상의 재무활동 순현금흐름(유입 − 유출)은?

① ₩53,000   ② ₩63,000

③ ₩73,000   ④ ₩80,000

⑤ ₩92,000

20 다음은 20×1년 초에 설립한 ㈜감평의 20×2년 말 현재 자본금과 관련한 정보이다. 설립 이후 20×2년 말까지 자본금과 관련한 변동은 없었다.

> - 보통주자본금 : ₩100,000 (액면금액 @₩500, 발행주식수 200주)
> - 우선주자본금 : ₩50,000 (액면금액 @₩500, 발행주식수 100주)

㈜감평은 20×1년도에 현금배당이나 주식배당을 하지 않았으며, 20×2년도에 ₩13,000의 현금배당금 지급을 결의하였다. 우선주의 배당률은 5%이며 우선주가 누적적, 완전참가적이라면 우선주와 보통주에 대한 배당금은?

	우선주	보통주			우선주	보통주
①	₩3,000	₩10,000		②	₩5,000	₩8,000
③	₩6,000	₩7,000		④	₩6,500	₩6,500
⑤	₩8,000	₩5,000				

21 ㈜서울은 20×1년 1월 1일에 ₩10,000에 기계장비를 취득하였다. 이 기계장비의 내용연수
는 10년이며, 잔존가치는 없으며, 정액법을 이용하여 감가상각하였다. 20×1년 말과 20×2
년 말에 ㈜서울은 이 기계장치에 대한 손상 징후가 있다고 판단하여 손상검사를 실시하였는
데, 이에 대한 정보는 아래와 같다.

구분	20×1.12.31.	20×2.12.31.
순공정가치	₩7,200	₩7,750
사용가치	8,100	7,600

이 기간 중 내용연수, 잔존가치 및 감가상각방법에 변화가 없었다면, 20×2년 포괄손익계산
서에 인식할 내용은?

① 손상차손 ₩350   ② 손상차손 ₩400
③ 손상차손 ₩500   ④ 손상차손환입 ₩550
⑤ 손상차손환입 ₩1,200

22 다음은 ㈜한영의 당기 거래 내역이다. ㈜한영이 무형자산으로 보고할 수 있는 상황들로만
모두 고른 것은?

> ㄱ. 경영진이 미래효익을 기대하고 있는 고객관계 개선 관련 프로젝트에 ₩3,000 지출
> ㄴ. ㈜부산의 장부에 자산으로 기록하지 않았던 품질향상 제조기법을 배타적 통제가능성과
> 　　함께 획득하고 ₩2,000 지급
> ㄷ. 기계를 ₩30,000에 구입하면서 기계제어 소프트웨어프로그램 구입을 위해 ₩3,000 추
> 　　가 지급
> ㄹ. 신제품에 대한 광고비 ₩20,000 지급
> ㅁ. ㈜대한의 식별가능한 순자산의 공정가치는 ₩4,000인데, ㈜한영은 ㈜대한의 주식 전
> 　　부를 인수하기 위해 ₩7,000 지급
> ㅂ. ㈜한영은 다른 회사로부터 실용신안권을 ₩5,000에 인수하였으며, 이 권리를 활용하여
> 　　얻은 수익 ₩10,000의 10%인 ₩1,000을 로열티로 지급하기로 약정
> ㅅ. ㈜세종의 장부상 금액 ₩1,000인 디자인권을 ₩5,000에 구입

① ㄱ, ㄴ, ㄷ   ② ㄴ, ㄷ, ㅅ
③ ㅁ, ㅂ, ㅅ   ④ ㄴ, ㅁ, ㅂ, ㅅ
⑤ ㄱ, ㄴ, ㄷ, ㄹ, ㅁ, ㅂ, ㅅ

23 ㈜대한은 자사가 소유하고 있는 기계장치를 ㈜세종이 소유하고 있는 차량운반구와 교환하였다. 두 기업의 유형자산에 관한 정보와 세부 거래 내용은 다음과 같다.

- 이 교환은 상업적 실질이 있는 거래이다.
- ㈜대한의 기계장치 공정가치가 더 명백하다.
- ㈜세종은 ㈜대한에게 공정가치의 차이인 ₩5,000을 지급하였다.

구분	㈜대한 기계장치	㈜세종 차량운반구
취득원가	₩50,000	₩50,000
감가상각누계액	30,000	20,000
공정가치	30,000	25,000
현금지급액	0	5,000
현금수취액	5,000	0

이 거래와 관련한 설명 중 옳은 것은?

① ㈜대한은 이 교환거래와 관련하여 유형자산처분이익 ₩5,000을 인식해야 한다.
② ㈜대한이 새로 취득한 차량운반구의 취득원가는 ₩30,000이다.
③ ㈜세종은 이 교환거래와 관련하여 유형자산처분이익 ₩5,000을 인식해야 한다.
④ ㈜세종이 새로 취득한 기계장치의 취득원가는 ₩30,000이다.
⑤ ㈜대한과 ㈜세종 모두 유형자산처분손익을 인식하지 않는다.

24 ㈜서울은 20×1년 초에 만기 4년인 액면가 ₩10,000의 전환사채 100매를 액면가에 발행하였다. 표시이자율은 연 6%이며, 이 전환사채와 유사한 위험을 가진 일반사채의 시장이자율은 연 9%이다. 이자는 매년 12월 31일에 지급하며, 사채액면 ₩10,000당 1주의 보통주(액면가 ₩5,000)로 전환이 가능하다. 이 전환사채 발행 시 ㈜서울의 전환권대가 금액은? (단, 현가계수는 다음 표를 이용하고, 단수차이로 인한 오차가 있으면 가장 근사치를 선택한다.)

4년	6%	9%
단일금액 ₩1의 현가계수	0.79209	0.70843
정상연금 ₩1의 현가계수	3.46511	3.23972

① ₩0
② ₩83,663
③ ₩92,067
④ ₩97,187
⑤ ₩250,000

25 ㈜한국은 20×1년 초에 ㈜세종이 발행한 주당 액면금액 ₩500인 보통주식 10주를 주당 ₩1,000에 취득하면서 수수료로 총 ₩100을 지불하였고, 매도가능금융자산으로 분류하였다. 이 주식의 20×1년 말 주당 공정가치는 ₩800이며, 20×2년 말 주당 공정가치는 ₩1,300이다. ㈜한국은 20×3년 4월 10일에 이 주식 전부를 주당 ₩1,100씩에 매각하였고, 처분 시 부담한 수수료는 총 ₩600이다. ㈜한국이 20×3년 4월 10일 이 주식을 매각할 때 인식해야 할 매도가능금융자산처분손익은?

① 처분이익 ₩300   ② 처분이익 ₩400
③ 처분손실 ₩2,000   ④ 처분손실 ₩2,500
⑤ 처분손실 ₩2,600

26 다음은 ㈜강남의 20×1년도 재무비율과 관련된 정보이다.

• 유동비율	250%
• 당좌비율	100%
• 자본대비 부채비율	200%
• 재고자산회전율	5회
• 유동부채	₩2,000
• 비유동부채	₩3,000

위 자료를 이용할 때 20×1년도 ㈜강남의 매출원가와 자본은? (단, 유동자산은 당좌자산과 재고자산만으로 구성되며, 재고자산의 기초와 기말 금액은 동일하다.)

	매출원가	자본		매출원가	자본
①	₩15,000	₩2,500	②	₩15,000	₩10,000
③	₩25,000	₩2,500	④	₩25,000	₩10,000
⑤	₩10,000	₩2,500			

27 20×1년 12월 1일 원화가 기능통화인 ㈜서울은 해외 거래처에 US $5,000의 상품을 판매하고 판매대금은 2개월 후인 20×2년 1월 31일에 회수하였다. 이 기간 중 US $ 대비 원화의 환율은 아래와 같으며, 회사는 회계기준에 준거하여 외화거래 관련 회계처리를 적절하게 수행하였다.

- 20×1년 12월 1일 : US $1 = ₩1,030
- 20×1년 12월 31일 : US $1 = ₩1,060
- 20×2년 1월 31일 : US $1 = ₩1,050

대금결제일인 20×2년 1월 31일에 ㈜서울이 인식할 외환차익 혹은 외환차손은?

① 외환차손 ₩50,000 ② 외환차손 ₩100,000
③ 외환차익 ₩100,000 ④ 외환차익 ₩150,000
⑤ 외환차손 ₩150,000

28 20×1년 1월 1일에 ㈜서울은 ㈜부산의 발행주식 60%를 ₩180,000에 취득하여 지배권을 획득하였다. 주식취득시점 현재 ㈜부산의 식별가능한 순자산의 장부금액과 공정가치는 다음과 같다.

구분	장부금액	공정가치
현금	₩90,000	₩90,000
재고자산	70,000	80,000
건물(순액)	100,000	130,000
특허권	0	20,000
차입금	50,000	50,000
자본금	100,000	
자본잉여금	50,000	
이익잉여금	60,000	

이 사업결합으로 인하여 ㈜서울이 인식할 영업권의 금액은? (단, 비지배지분의 요소는 공정가치로 측정하지 않는다.)

① ₩18,000 ② ₩30,000
③ ₩32,000 ④ ₩38,000
⑤ ₩54,000

29 ㈜대한은 20×1년 1월 1일에 액면금액 ₩1,000,000(표시이자율 연 8%, 이자지급일 매년 12월 31일, 만기일 20×3년 12월 31일)의 사채를 발행하려고 했으나 실패하고, 9개월이 경과된 20×1년 10월 1일에 동 사채를 ㈜세종에게 발행하였다. 20×1년 1월 1일과 사채발행일 현재 유효이자율은 연 10%로 동일하며, ㈜세종은 현금흐름 수취목적으로 취득하였다. ㈜대한이 20×1년 10월 1일에 사채발행으로 수취할 금액은? (단, 현가계수는 다음의 표를 이용하고, 단수차이로 인한 오차가 있으면 가장 근사치를 선택한다.)

3년	8%	10%
단일금액 ₩1의 현가계수	0.79383	0.75131
정상연금 ₩1의 현가계수	2.57719	2.48685

① ₩950,258
② ₩961,527
③ ₩1,000,000
④ ₩1,021,527
⑤ ₩1,060,000

30 ㈜서울은 영업 첫해인 20×1년의 법인세비용차감전순이익은 ₩800,000이고 과세소득은 ₩1,200,000이며, 이 차이는 일시적 차이로서 향후 2년간 매년 ₩200,000씩 소멸될 것이다. 20×1년과 20×2년의 법인세율은 40%이고 20×1년에 개정된 세법에 따라 20×3년부터 적용될 법인세율은 35%이다. ㈜서울이 이 차이에 관하여 20×1년 말 재무상태표 상에 기록하여야 하는 이연법인세자산 또는 이연법인세부채의 금액은? (단, 이연법인세자산 또는 이연법인세부채는 각각 자산과 부채의 인식요건을 충족한다.)

① 이연법인세자산 ₩140,000
② 이연법인세부채 ₩140,000
③ 이연법인세자산 ₩150,000
④ 이연법인세부채 ₩150,000
⑤ 이연법인세자산 ₩160,000

31 ㈜대한은 매출원가의 20%에 해당하는 이익을 매출원가에 가산하여 판매하고 있으며, 당기에 완성된 모든 제품을 ₩180,000에 판매하였다. 제조간접원가 예정배부율은 직접노무원가의 60%이다. 당기의 원가자료가 다음과 같다면 기말재공품 평가액은? (단, 기초 및 기말 제품재고는 없으며, 제조간접원가 배부차이도 없었다.)

• 기초재공품	₩20,000
• 기본원가(prime costs)	120,000
• 가공원가(conversion costs)	160,000

① ₩50,000 ② ₩52,000
③ ₩54,000 ④ ₩56,000
⑤ ₩58,000

32 ㈜대한은 A, B 두 제품을 생산·판매하고 있다. 두 제품에 대한 20×1년도 예산자료는 다음과 같다.

구분	A제품	B제품	합계
매출액	₩300,000	₩900,000	₩1,200,000
변동원가	120,000	450,000	570,000
공헌이익	₩180,000	₩450,000	₩630,000

회사 전체의 연간 고정원가 총액은 ₩262,500이다. A제품의 연간 손익분기점 매출액은? (단, 예산 매출배합이 일정하게 유지된다고 가정한다.)

① ₩105,000 ② ₩110,000
③ ₩115,000 ④ ₩120,000
⑤ ₩125,000

33 ㈜대한은 실제원가에 의한 종합원가계산을 적용하고 있으며, 재공품 평가방법은 선입선출법이다. 다음은 5월의 생산 활동과 가공원가에 관한 자료이다.

구분	물량(단위)	가공원가
월초재공품	2,500	₩52,500
5월 중 생산투입 및 발생원가	7,500	244,000
5월 중 완성품	6,000	?

월초재공품과 월말재공품의 가공원가 완성도는 각각 60%와 40%이고, 공손품이나 감손은 발생하지 않았다. 월말재공품에 포함된 가공원가는?

① ₩56,000　　　　　　　　　② ₩60,000
③ ₩64,000　　　　　　　　　④ ₩68,000
⑤ ₩72,000

34 ㈜대한은 표준원가계산제도를 채택하고 있으며, 기계작업시간을 기준으로 고정제조간접원가를 제품에 배부한다. 다음 자료에 의할 경우 기준조업도는?

• 기계작업시간당 고정제조간접원가 표준배부율	₩10
• 유리한 조업도차이	₩10,000
• 실제생산량	1,000단위
• 제품 단위당 표준기계작업시간	2시간

① 500시간　　　　　　　　　② 700시간
③ 800시간　　　　　　　　　④ 1,000시간
⑤ 1,100시간

35 ㈜대한은 단일 종류의 제품을 생산·판매하고 있다. 20×1년도 단위당 판매가격은 ₩4,000, 단위당 변동원가는 ₩3,500, 연간 총고정원가는 ₩500,000으로 예상된다. 20×1년 중에 특정 고객으로부터 제품 100단위를 구입하겠다는 주문(이하, 특별주문)을 받았다. 특별주문을 수락할 경우 단위당 변동원가 중 ₩500을 절감할 수 있으며, 배송비용은 총 ₩10,000이 추가로 발생한다. 특별주문을 수락하더라도 여유설비가 충분하기 때문에 정상적인 영업활동이 가능하다. ㈜대한이 특별주문을 수락하여 ₩30,000의 이익을 얻고자 한다면, 단위당 판매가격을 얼마로 책정해야 하는가?

① ₩3,100
② ₩3,300
③ ₩3,400
④ ₩3,500
⑤ ₩3,600

36 ㈜대한은 단일제품을 생산·판매하고 있다. 제품 1단위를 생산하기 위해서는 직접재료 0.5kg이 필요하고, 직접재료의 kg당 구입가격은 ₩10이다. 1분기 말과 2분기 말의 재고자산은 다음과 같이 예상된다.

구분	재고자산	
	1분기 말	2분기 말
직접재료	100kg	120kg
제품	50단위	80단위

2분기의 제품 판매량이 900단위로 예상될 경우, 2분기의 직접재료 구입예산은? (단, 각 분기말 재공품 재고는 무시한다.)

① ₩4,510
② ₩4,600
③ ₩4,850
④ ₩4,900
⑤ ₩4,960

37 ㈜감평은 단일 종류의 상품을 구입하여 판매하고 있다. 20×1년 4월과 5월의 매출액은 각각 ₩6,000과 ₩8,000으로 예상된다. 20×1년 중 매출원가는 매출액의 70%이다. 매월 말의 적정 재고금액은 다음 달 매출원가의 10%이다. 4월 중 예상되는 상품구입액은?

① ₩4,340
② ₩4,760
③ ₩4,920
④ ₩5,240
⑤ ₩5,600

38 ㈜감평은 20×1년 초에 신제품을 개발하여 최초 10단위를 생산하였으며, 최초 10단위의 신제품 생산과 관련된 제조원가는 다음과 같다.

• 직접재료원가	₩8,000
• 직접노무원가(시간당 ₩10)	3,000
• 변동제조간접원가(직접노무시간에 비례하여 발생)	9,000
• 고정제조간접원가 배부액	2,000

신제품 생산에는 90% 누적평균시간 학습효과가 있는 것으로 분석되었다. 추가로 30단위를 생산하여 총 40단위를 생산할 경우, 총 40단위에 대해 예상되는 변동원가는? (단, ㈜감평은 신제품을 생산할 수 있는 충분한 여유설비를 확보하고 있다.)

① ₩70,880   ② ₩72,880

③ ₩76,680   ④ ₩78,680

⑤ ₩80,880

39 ㈜감평은 A제품과 B제품을 생산 · 판매하고 있으며, 다음 연도 예산손익계산서는 다음과 같다.

구분	A제품	B제품
매출액	₩4,000	₩2,000
변동원가	1,500	1,200
고정원가	2,000	1,400
영업이익(손실)	₩500	(₩600)
판매량	2,000단위	2,000단위

회사는 영업손실을 초래하고 있는 B제품의 생산을 중단하고자 한다. B제품의 생산을 중단하면, A제품의 연간 판매량이 1,000단위만큼 증가하고 연간 고정원가 총액은 변하지 않는다. 이 경우 회사 전체의 영업이익은 얼마나 증가(혹은 감소)하는가? (단, 기초 및 기말 재고자산은 없다.)

① ₩175 감소   ② ₩450 증가

③ ₩650 감소   ④ ₩1,250 증가

⑤ ₩1,425 증가

40 ㈜대한은 완제품 생산에 필요한 A부품을 매월 500단위씩 자가제조하고 있다. 그런데 타 회사에서 매월 A부품 500단위를 단위당 ₩100에 납품하겠다고 제의하였다. A부품을 자가제조할 경우 변동제조원가는 단위당 ₩70이고, 월간 고정제조간접원가 총액은 ₩50,000이다. 만약 A부품을 외부구입하면 변동제조원가는 발생하지 않으며, 월간 고정제조간접원가의 40%를 절감할 수 있다. 또한 A부품 생산에 사용되었던 설비는 여유설비가 되며 다른 회사에 임대할 수 있다. A부품을 외부 구입함으로써 매월 ₩10,000의 이익을 얻고자 한다면, 여유설비의 월 임대료를 얼마로 책정해야 하는가?

① ₩5,000   ② ₩6,000

③ ₩7,000   ④ ₩8,000

⑤ ₩10,000

※ 아래의 문제들에서 특별한 언급이 없는 한 기업의 보고기간(회계기간)은 매년 1월 1일부터 12월 31일까지이다. 또한, 기업은 주권상장법인으로 계속해서 한국채택국제회계기준(K-IFRS)을 적용해오고 있다고 가정하고, 답지항 중에서 물음에 가장 합당한 답을 고르시오. 단, 자료에서 제시한 모든 항목과 금액은 중요하며, 자료에서 제시한 것 이외의 사항은 고려하지 않고 답한다. 예를 들어, 법인세에 대한 언급이 없으면 법인세 효과는 고려하지 않는다.

01 재무보고를 위한 개념체계 상 재무제표 구성요소 및 인식에 관한 설명으로 옳지 않은 것은?

① 자산은 과거 사건의 결과로 기업이 통제하고 있고 미래경제적효익이 기업에 유입될 것으로 기대되는 자원이다.

② 부채는 현재 의무의 이행에 따라 경제적효익을 갖는 자원의 유출 가능성이 높고 결제될 금액에 대해 신뢰성 있게 측정할 수 있을 때 재무상태표에 인식한다.

③ 비용은 자산의 감소나 부채의 증가와 관련하여 미래경제적효익이 감소하고 이를 신뢰성 있게 측정할 수 있을 때 포괄손익계산서에 인식한다.

④ 수익은 자산의 증가나 부채의 감소와 관련하여 미래경제적효익이 증가하고 이를 신뢰성 있게 측정할 수 있을 때 포괄손익계산서에 인식한다.

⑤ 자본은 소유주 지분의 공정가치로 측정하여 재무상태표에 인식한다.

02 포괄손익계산서에 관한 설명으로 옳은 것은?

① 기업은 예외적인 경우를 제외하고 수익에서 매출원가 및 판매비와관리비(물류원가 등을 포함)를 차감한 영업이익(또는 영업손실)을 포괄손익계산서에 구분하여 표시한다.

② 비용을 성격별로 분류하는 기업은 매출원가, 감가상각비, 기타 상각비와 종업원급여비용을 포함하여 비용의 기능에 대한 추가 정보를 공시한다.

③ 재분류조정은 당기나 과거 기간에 기타포괄손익으로 인식되었다가 당기에 자본잉여금으로 재분류된 금액을 의미한다.

④ 기타포괄손익의 항목은 세후금액으로 표시할 수 없으며, 관련된 법인세 효과 반영 전 금액으로 표시하고 각 항목들에 관련된 법인세 효과는 단일금액으로 합산하여 표시한다.

⑤ 기업은 재무성과를 설명하는 데 필요하다면 특별항목을 비롯하여 추가항목을 포괄손익계산서에 재량적으로 포함할 수 있으며, 사용된 용어와 항목의 배열도 필요하면 수정할 수 있다.

03 ㈜한국은 20×1년 1월 1일 내용연수 10년, 잔존가치 ₩0인 건물을 ₩20,000,000에 취득하여 정액법으로 상각하고 있다. 원가모형을 적용하는 건물의 20×2년 12월 31일 회수가능액은 ₩12,800,000이고, ㈜한국은 이에 대한 손상차손을 인식하였다. 20×3년 12월 31일에는 회수가능액이 ₩16,000,000으로 회복되는 경우, 건물과 관련된 회계처리가 ㈜한국의 20×3년 당기순이익에 미치는 영향은?

① ₩1,200,000 증가   ② ₩1,200,000 감소

③ ₩3,200,000 증가   ④ ₩3,200,000 감소

⑤ ₩4,200,000 증가

04 ㈜감평은 20×1년 1월 1일 영업활동에 사용할 목적으로 다음과 같은 건물을 취득하였다. 다음 자료를 이용하여 ㈜감평이 20×2년 인식해야 할 재평가손실(당기손실)은?

> • 취득원가 : ₩1,000,000
> • 내용연수 : 5년
> • 잔존가치 : ₩0
> • 감가상각방법 : 정액법
> • 재평가모형 적용 : 매년 말 감가상각 후 재평가
> • 장부금액수정방법 : 기존의 감가상각누계액 전액 제거
> • 재평가잉여금의 처리 : 당해 자산 제거 시 일괄적으로 이익잉여금으로 대체
> • 손상차손은 고려하지 않음
> • 공정가치 : 20×1년 말 ₩900,000, 20×2년 말 ₩500,000

① ₩75,000   ② ₩100,000

③ ₩175,000   ④ ₩200,000

⑤ ₩275,000

05 재평가모형을 적용하고 있는 ㈜한국은 20×1년 1월 1일 건물을 ₩10,000,000에 구입하였는데, 내용연수는 5년, 잔존가치는 ₩2,000,000이고 정액법으로 감가상각하고 있다. ㈜한국은 20×1년 말과 20×2년 말 재평가한 결과, 건물의 공정가치는 각각 ₩7,000,000과 ₩6,000,000으로 판단되었다. 한편 20×2년 1월 1일 건물을 점검한 결과 연수합계법이 보다 체계적이고 합리적인 것으로 추정되어 감가상각방법을 변경하였고, 잔존가치는 ₩0으로 추정되었다. 20×2년 말 재평가와 관련하여 재무제표에 인식되는 내용으로 옳은 것은? (단, 매년 말 감가상각 후 재평가한다.)

① 재평가이익(당기이익) ₩1,800,000
② 재평가잉여금(기타포괄이익) ₩1,800,000
③ 재평가이익(당기이익) ₩800,000,
　 재평가잉여금(기타포괄이익) ₩1,000,000
④ 재평가이익(당기이익) ₩1,400,000,
　 재평가잉여금(기타포괄이익) ₩400,000
⑤ 재평가손실(당기손실) ₩1,800,000

06 ㈜한국은 20×1년 7월 1일 사옥신축을 위하여 ㈜민국과 건설계약을 체결하였다. 사옥의 건설기간은 20×1년 7월 1일부터 20×2년 12월 31일까지이다. ㈜한국은 동 사옥건설과 관련하여 20×1년 7월 1일과 10월 1일에 각각 ₩3,000,000과 ₩6,000,000을 지출하였다. 건설기간 동안 ㈜한국의 차입금과 관련된 내용은 다음과 같다.

차입금	A	B	C
차입금액	₩2,000,000	₩2,000,000	?
차입일	20×0.9.1	20×1.1.1	20×1.7.1
상환일	20×3.8.31	20×2.12.31	20×3.6.30
연이자율	10%	8%	10%
이자지급조건	매년말 후급		

차입금 A와 차입금 B는 일반차입금이며, 차입금 C는 동 사옥건설을 위하여 차입한 특정차입금으로 ㈜한국은 차입과 동시에 사옥건설을 위하여 전액 지출하였다. ㈜한국이 동 사옥건설과 관련하여 20×1년도에 자본화한 일반차입금의 차입원가가 ₩135,000이라면, ㈜한국이 금융기관으로부터 차입한 차입금 C는? (단, 이자는 월할계산한다.)

① ₩750,000　　　　　　　② ₩1,000,000
③ ₩2,000,000　　　　　　④ ₩2,500,000
⑤ ₩3,000,000

07 ㈜대한은 20×1년 초 정부보조금 ₩3,000,000을 지원받아 기계장치(내용연수 3년, 잔존가치 ₩1,000,000)를 ₩10,000,000에 취득하였다. ㈜대한은 기계장치에 대해 원가모형을 적용하며, 연수합계법으로 감가상각한다. ㈜대한이 정부보조금을 기계장치의 차감항목으로 회계처리하였다면, 20×2년 말 기계장치의 장부금액은?

① ₩1,000,000 ② ₩1,500,000
③ ₩2,000,000 ④ ₩2,500,000
⑤ ₩3,000,000

08 ㈜감평은 20×1년 7월 1일 건물(공정가치 ₩200,000)이 세워져 있는 토지(공정가치 ₩600,000)를 ₩700,000에 일괄 취득하였다. 건물은 사용목적이 아니어서 취득 즉시 철거하였다. 건물에 대한 철거비용은 ₩20,000이 발생하였으며, 건물철거 후 발생한 폐자재는 ₩10,000에 처분하였다. 토지의 취득원가는?

① ₩525,000 ② ₩600,000
③ ₩610,000 ④ ₩710,000
⑤ ₩720,000

09 ㈜대한은 20×1년 1월 1일 공장건물을 ₩5,000,000에 취득하여 사용하기 시작하였다. ㈜대한은 공장건물에 대해 취득 이후 원가모형을 적용하고 감가상각방법으로 정액법을 선택하였다(내용연수는 20년, 잔존가치는 ₩0). ㈜대한은 20×6년 1월 1일 공장건물의 사용을 중단하고 투자부동산으로 전환하여 임대를 시작하였다. 분류변경 시점에서 잔여내용연수는 10년으로 재추정되었고 공정가치모형을 적용하여 회계처리하기로 하였다. 20×6년 1월 1일 공장건물의 공정가치는 ₩3,800,000이었으며 20×5년 12월 31일까지 인식된 손상차손누계액은 ₩150,000이었다. 이러한 분류변경이 20×6년도 당기순이익에 미치는 영향은? (단, 20×6년도 건물의 공정가치는 변동이 없다.)

① ₩380,000 감소 ② ₩180,000 감소
③ ₩50,000 증가 ④ ₩150,000 증가
⑤ ₩200,000 증가

10 무형자산에 관한 설명으로 옳지 않은 것은?

① 무형자산을 최초로 인식할 때에는 공정가치로 측정한다.

② 최초에 비용으로 인식한 무형항목에 대한 지출은 그 이후에 무형자산의 원가로 인식할 수 없다.

③ 자산에서 발생하는 미래경제적효익이 기업에 유입될 가능성이 높고 자산의 원가를 신뢰성 있게 측정할 수 있을 때에만 무형자산을 인식한다.

④ 자산을 사용가능한 상태로 만드는 데 직접적으로 발생하는 종업원 급여와 같은 직접 관련되는 원가는 무형자산의 원가에 포함한다.

⑤ 새로운 지역에서 또는 새로운 계층의 고객을 대상으로 사업을 수행하는 데서 발생하는 원가 등은 무형자산 원가에 포함하지 않는다.

11 ㈜한국의 20×1년 상품과 관련된 내용은 다음과 같다.

구분	기초재고	당기매입
원가	₩14,000	₩51,000
판매가	15,000	85,000

20×1년도 매출(판매가)은 ₩74,000이고, 20×1년 말 상품의 순실현가능가치는 ₩16,000 이다. ㈜한국은 상품의 원가측정방법으로 소매재고법을 선택하였다. 원가흐름에 대한 가정으로 평균법을 적용하는 경우와 선입선출법을 적용하는 경우 각각의 평가방법에 따른 상품평가손실액의 차이는? (단, 평가손실충당금의 기초잔액은 없는 것으로 한다.)

① ₩400
② ₩600
③ ₩900
④ ₩1,000
⑤ ₩1,300

12 재고자산의 측정에 관한 설명으로 옳지 않은 것은?

① 표준원가법으로 평가한 결과가 실제원가와 유사하지 않은 경우에는 편의상 표준원가법을 사용할 수 있다.

② 개별법은 통상적으로 상호 교환될 수 없는 항목이나 특정 프로젝트별로 생산되고 분리되는 재화 또는 용역에 적용하는 방법이다.

③ 생물자산에서 수확한 농림어업 수확물로 구성된 재고자산은 순공정가치로 측정하여 수확시점에 최초로 인식한다.

④ 소매재고법은 이익률이 유사하고 품종변화가 심한 다품종 상품을 취급하는 유통업에서 실무적으로 다른 원가측정법을 사용할 수 없는 경우에 흔히 사용한다.

⑤ 후입선출법은 대부분의 경우 실제물량흐름과 반대라는 점, 재고층의 청산 시 수익·비용 대응구조의 왜곡 등 여러 가지 비판으로 한국채택국제회계기준에서는 인정되지 않고 있다.

13 영업 첫 해인 20×1년 말 현재 ㈜대한이 보유하고 있는 재고자산에 관한 자료는 다음과 같다.

구분	수량	단위당 원가	단위당 현행대체원가 혹은 순실현가능가치
원재료	1,000단위	₩500	₩350
제품	2,000단위	2,700	3,000
상품	1,500단위	2,500	2,350

㈜대한은 원재료를 사용하여 제품을 직접 생산·판매하며, 상품의 경우 다른 제조업자로부터 취득하여 적절한 이윤을 덧붙여 판매하고 있다. 20×1년도 ㈜대한이 인식해야 할 재고자산평가손실은?

① ₩0
② ₩225,000
③ ₩275,000
④ ₩325,000
⑤ ₩375,000

14 수익인식에 관한 설명으로 옳지 않은 것은?

① 공장에서 이미 검사가 완료된 TV수상기의 설치와 같이 설치과정이 성격상 단순한 경우에는 구매자가 재화의 인도를 수락한 시점에 즉시 수익을 인식한다.

② 인도결제판매(cash on delivery sales)의 경우에는 인도가 완료되고 판매자가 현금을 수취할 때 수익을 인식한다.

③ 프랜차이즈 수수료 중 계약에 의한 권리의 계속적인 사용에 부과되는 수수료나 계약기간 동안 제공하는 기타 용역에 대한 수수료는 권리를 사용하는 시점이나 용역을 제공하는 시점에 수익으로 인식한다.

④ 하나의 입장권으로 여러 행사에 참여할 수 있는 경우의 입장료수익은 각각의 행사를 위한 용역의 수행된 정도가 반영된 기준에 따라 각 행사에 배분하여 인식한다.

⑤ 광고매체수수료는 광고 또는 상업방송이 대중에게 전달될 때 인식하고, 광고제작수수료는 제작이 완성되었을 때 인식한다.

15 ㈜대한은 선입선출법을 적용하여 재고자산을 평가하고 있다. 20×1년 기초재고는 ₩30,000 이며 기말재고는 ₩45,000이다. 만일 평균법을 적용하였다면 기초재고는 ₩25,000 기말재 고는 ₩38,000이다. 선입선출법 적용 시 ㈜대한의 20×1년 매출총이익이 ₩55,000이라면 평균법 적용 시 ㈜대한의 20×1년 매출총이익은?

① ₩43,000
② ₩53,000
③ ₩55,000
④ ₩57,000
⑤ ₩67,000

16 ㈜감평은 20×1년 4월 1일에 다음과 같은 조건으로 발행된 채무증권을 취득하고 기타포괄 손익-공정가치 측정 금융자산(FVOCI 금융자산)으로 분류하였다.

- 액면금액 : ₩1,000,000
- 발행일 : 20×1년 4월 1일
- 상환일 : 20×4년 3월 31일
- 표시이자율 : 연 8%
- 유효이자율 : 연 10%
- 이자는 매년 3월 31일에 지급하고 월할계산한다.
- 20×1년 12월 31일 현재 공정가치(기간 경과이자 포함)는 ₩1,010,000이다.

20×1년 12월 31일에 ㈜감평이 인식해야 할 기타포괄손익-공정가치 측정 금융자산 평가 손익은? (단, 현가계수는 아래의 표를 이용하며, 단수차이로 인한 오차가 있으면 가장 근사 치를 선택한다.)

(3년 기준)	8%	10%
단일금액 ₩1의 현가계수	0.7938	0.7513
정상연금 ₩1의 현가계수	2.5771	2.4868

① 이익 ₩9,091
② 이익 ₩48,488
③ 손실 ₩10,244
④ 손실 ₩11,268
⑤ 손실 ₩11,512

17 ㈜한국은 20×1년 3월 1일에 ㈜민국의 주식 500주를 주당 ₩1,000에 취득하고, 직접 관련된 수수료 ₩50,000을 지급하였다. ㈜한국은 동 주식을 매도가능금융자산으로 분류하였다. 동 주식의 각 연도 말 주당 공정가치는 다음과 같다.

20×1년 말	20×2년 말	20×3년 말
₩1,200	₩950	₩1,050

㈜한국이 20×4년 1월 1일에 동 주식 전부를 ₩540,000에 처분하였다면 ㈜한국이 동 주식과 관련하여 20×4년도에 인식할 당기손익은?

① 손실 ₩5,000 ② 손실 ₩10,000
③ 손실 ₩15,000 ④ 이익 ₩15,000
⑤ 이익 ₩40,000

18 ㈜대한은 다음의 사채를 사채권면에 표시된 발행일(20×1년 1월 1일)이 아닌 20×1년 4월 1일에 실제 발행하였다.

- 만기일 : 20×3년 12월 31일
- 표시이자율 : 연 10%
- 액면금액 : ₩100,000
- 이자는 매년 말에 지급한다.

20×1년 4월 1일 ㈜대한의 시장이자율이 연 12%일 경우, 20×1년 4월 1일의 사채발행이 동 시점의 ㈜대한의 부채총액에 미치는 영향은? (단, 현가계수는 아래의 표를 이용하며, 이자는 월할계산한다. 단수차이로 인한 오차가 있으면 가장 근사치를 선택한다.)

(3년 기준)	10%	12%
단일금액 ₩1의 현가계수	0.7513	0.7118
정상연금 ₩1의 현가계수	2.4868	2.4018

① ₩95,554 증가 ② ₩97,698 증가
③ ₩98,054 증가 ④ ₩100,000 증가
⑤ ₩102,500 증가

19 ㈜한국은 20×1년 1월 1일 만기 3년, 액면 ₩10,000의 전환사채를 액면발행하였다. 전환사채의 표시이자율은 연 7%이고 이자는 매년 말에 지급한다. 전환조건은 다음과 같다.

> • 사채액면 ₩10당 1주의 보통주(액면가액 ₩5)로 전환
> • 전환권이 행사되지 않은 부분에 대해서는 액면금액의 110%를 일시 상환

발행시점에 전환권이 부여되지 않은 동일한 조건의 일반사채 시장이자율은 연 11%이었다. 20×2년 1월 1일 사채 액면금액의 35%가 전환되었을 경우, 전환권 행사가 20×2년 1월 1일 ㈜한국의 재무상태표 상 자본총계에 미치는 영향은? (단, 이자율 11%의 3년에 대한 단일금액 ₩1의 현가계수와 정상연금 ₩1의 현가계수는 각각 0.7312와 2.4437이며, 단수차이로 인한 오차가 있으면 가장 근사치를 선택한다.)

① ₩86 증가
② ₩1,750 증가
③ ₩1,794 증가
④ ₩1,880 증가
⑤ ₩3,544 증가

20 건설업체 ㈜감평은 20×1년 5월 1일 ㈜대한과 도급계약을 체결하였다. ㈜감평은 진행기준에 의해 수익과 비용을 인식하며 진행률은 발생한 누적계약원가를 추정총계약원가로 나눈 비율로 측정한다. 공사기간은 20×4년 12월 31일까지이다. 최초계약금액은 ₩100,000이었으며, 계약금액의 변동내역, 원가 등에 관한 자료가 다음과 같을 때 20×3년 말 미청구공사 잔액은?

(단위 : ₩)

연도	20×1	20×2	20×3	20×4
당기 계약금액의 증가분(공사변경, 보상금, 장려금)	0	0	20,000	10,000
누적발생계약원가	20,000	45,000	68,000	86,000
각 연도말에 추정한 예상추가원가	60,000	45,000	17,000	–
대금청구액	30,000	40,000	20,000	40,000
대금회수액	20,000	30,000	20,000	60,000

① ₩3,000
② ₩4,000
③ ₩5,000
④ ₩6,000
⑤ ₩7,000

21 ㈜대한은 20×1년도 말에 재고자산이 ₩20,000 증가하였고, 매입채무는 ₩15,000 감소되었으며, 매출채권은 ₩22,000 증가되었다. 20×1년도 매출채권현금회수액이 ₩139,500이고, 매입채무현금지급액이 ₩118,000일 때 20×1년도 매출총이익은? (단, 현금매입 및 현금매출은 없다고 가정한다.)

① ₩38,500   ② ₩44,000

③ ₩48,500   ④ ₩58,500

⑤ ₩78,500

22 ㈜한국의 20×1년도 재무제표에는 기말재고자산이 ₩750 과소계상되어 있으나, 20×2년도 기말재고자산은 정확하게 계상되어 있다. 동 재고자산 오류가 수정되지 않은 ㈜한국의 20×1년도와 20×2년도 당기순이익은 각각 ₩3,800과 ₩2,700이다. ㈜한국은 오류를 수정하여 비교재무제표를 재작성하고자 한다. 20×1년 초 이익잉여금이 ₩11,500인 경우, 20×2년 말 이익잉여금은?

① ₩14,200   ② ₩15,200

③ ₩15,950   ④ ₩18,000

⑤ ₩18,750

23 20×1년도 ㈜한국의 다음 자료를 이용하여 계산된 20×1년도 당기순이익은? (단, 이자지급 및 법인세납부는 영업활동으로 분류한다.)

- 현금흐름표상 영업활동순현금흐름은 ₩182,000이다.
- 포괄손익계산서상 사채상환손실, 이자비용 및 감가상각비는 각각 ₩15,000, ₩10,000 및 ₩5,000이다.
- 법인세비용은 ₩8,000이다.
- 매출채권은 ₩20,000 증가하였다.
- 재고자산은 ₩10,000 감소하였다.
- 매입채무는 ₩15,000 증가하였다.

① ₩148,000   ② ₩157,000

③ ₩163,000   ④ ₩173,000

⑤ ₩178,000

24 ㈜감평은 20×1년 초 다음과 같은 금융리스계약에 의해 기계장치를 사용하기로 하였다.

> - 리스기간 : 3년(리스기간 종료 후 리스자산 반환조건)
> - 매년 말 정기리스료 : ₩150,000
> - 보증잔존가치 : ₩30,000
> - 추정무보증잔존가치 : ₩20,000
> - 리스제공자의 리스개설직접원가 : ₩50,000
> - 리스제공자의 내재이자율 : 10%

위의 자료에 근거할 때 20×1년 초 동 기계장치의 공정가치는? (단, 이자율 10%의 3년에 대한 단일금액 ₩1의 현가계수와 정상연금 ₩1의 현가계수는 각각 0.7513과 2.4868이며, 단수차이로 인한 오차가 있으면 가장 근사치를 선택한다.)

① ₩345,559   ② ₩360,585
③ ₩388,086   ④ ₩395,559
⑤ ₩410,585

25 20×1년 1월 1일 ㈜한국은 이자부 받을어음 ₩1,000,000(만기 9개월, 표시이자율 연 10%)을 거래처로부터 수취하였다. 20×1년 7월 1일 ㈜대한은행에서 연 12%로 할인하였다. 동 할인이 제거요건을 충족하는 경우, 매출채권처분손실은? (단, 이자는 월할 계산한다.)

① ₩1,875   ② ₩5,000
③ ₩7,250   ④ ₩17,250
⑤ ₩32,250

26 주식기준보상에 관한 설명으로 옳지 않은 것은?

① 현금결제형 주식기준보상거래의 경우, 제공받는 재화나 용역과 그 대가로 부담하는 부채를 부채의 공정가치로 측정한다.

② 현금결제형 주식기준보상거래의 경우, 부채가 결제될 때까지 매 보고기간말과 결제일에 부채의 공정가치를 재측정하고, 공정가치의 변동액은 기타포괄손익으로 인식한다.

③ 주식결제형 주식기준보상거래의 경우, 제공받는 용역의 공정가치를 신뢰성 있게 추정할 수 없다면, 제공받는 용역과 그에 상응하는 자본의 증가는 부여된 지분상품의 공정가치에 기초하여 간접 측정한다.

④ 주식결제형 주식기준보상거래의 경우, 부여한 지분상품의 공정가치에 기초하여 거래를 측정하는 경우에는 지분상품의 부여조건을 고려하여 측정기준일 현재 공정가치를 측정한다.

⑤ 기업이 거래상대방에게 주식기준보상거래를 현금이나 지분상품발행으로 결제받을 수 있는 선택권을 부여한 경우에는, 부채요소와 자본요소가 포함된 복합금융상품을 부여한 것이다.

27 ㈜대한은 20×1년 12월 31일에 현금 ₩120,000을 지불하고 ㈜민국을 합병하였다. 취득일 현재 ㈜민국의 식별가능한 순자산 장부금액과 공정가치는 다음과 같다.

구분	장부금액	공정가치
기타자산	₩20,000	₩24,000
유형자산	60,000	108,000
부채	40,000	40,000
자본	40,000	

[추가사항]
㈜민국은 자원유출가능성은 높지 않아 장부에 반영하지 않았던 우발부채가 있으며, 우발부채의 취득일 현재 신뢰성 있는 공정가치 측정치는 ₩8,000이었다.

취득일에 합병과 관련하여 ㈜대한이 인식할 영업권은?

① ₩28,000 ② ₩36,000
③ ₩40,000 ④ ₩72,000
⑤ ₩80,000

28 ㈜대한의 현재 유동비율은 200%, 부채비율(= 부채/자본 × 100)은 100%이다. 다음 거래 중 ㈜대한의 유동비율과 부채비율을 동시에 감소시키는 경우는?

① 매출채권의 현금회수 ② 선급보험료의 1년분 납부
③ 매입채무의 현금지급 ④ 장기차입금의 현금상환
⑤ 상품의 외상매입

29 20×1년 초 ㈜대한의 납입자본의 내역은 다음과 같다.

Ⅰ. 자본금	
보통주(주당 액면가액 ₩5,000)	₩10,000,000
우선주(주당 액면가액 ₩5,000)	2,000,000
합계	₩12,000,000
Ⅱ. 자본잉여금	
보통주주식발행초과금	₩4,000,000
우선주주식발행초과금	1,000,000
합계	₩5,000,000

㈜대한은 20×1년 3월 1일에 보통주 400주와 우선주 100주를 ₩5,000,000에 현금발행하였으며, 발행 당시 보통주와 우선주의 주당 공정가치는 각각 ₩10,000으로 동일하였다. 한편, ㈜대한은 20×1년 12월 1일에 주당 공정가치가 ₩12,000인 보통주 1,000주를 발행하고 공정가치가 ₩8,000,000인 토지를 출자받았다. 20×1년 말 ㈜대한의 보통주주식발행초과금은?

① ₩7,500,000
② ₩8,000,000
③ ₩9,000,000
④ ₩9,500,000
⑤ ₩11,000,000

30 ㈜대한은 20×1년 1월 1일 ㈜서울의 의결권주식 30%(300주)를 주당 ₩1,500에 취득함으로써 유의적인 영향력을 행사할 수 있게 되어 관계기업투자주식으로 분류하였다. 취득 당시 ㈜서울의 순자산 장부금액은 ₩900,000이었다. 취득 당시 ㈜서울의 재고자산과 토지의 공정가치가 장부금액에 비해 각각 ₩100,000과 ₩200,000 더 높고 나머지 자산과 부채는 장부금액과 공정가치가 일치하였다. ㈜서울의 재고자산은 20×1년에 모두 판매되었다. 20×1년도 ㈜서울이 보고한 당기순이익은 ₩200,000이며 기타포괄이익은 ₩40,000이었다. ㈜서울은 20×1년 12월 31일에 ₩30,000의 현금배당을 실시하였다. ㈜대한이 지분법을 적용할 경우 20×1년도 말 관계기업투자주식은?

① ₩423,000
② ₩461,000
③ ₩483,000
④ ₩513,000
⑤ ₩522,000

31 ㈜감평은 두 개의 보조부문(수선부문과 동력부문)과 두 개의 제조부문(조립부문과 포장부문)으로 구성되어 있다. 수선부문에 집계된 부문원가는 노무시간을 기준으로 배부하며, 동력부문에 집계된 부문원가는 기계시간을 기준으로 배부한다. 보조부문원가를 제조부문에 배부하기 이전, 각 부문에 집계된 원가와 배부기준 내역은 다음과 같다.

구분	보조부문		제조부문	
	수선부문	동력부문	조립부문	포장부문
노무시간	2,000시간	2,400시간	3,200시간	2,400시간
기계시간	5,000시간	5,000시간	10,000시간	10,000시간
부문원가	₩40,000	₩35,000	₩150,000	₩100,000

상호배부법을 사용하여 보조부문의 원가를 제조부문에 배부하면, 조립부문에 집계된 부문원가 합계액은? (단, 보조부문 용역의 자가소비분은 무시한다.)

① ₩135,000   ② ₩185,000
③ ₩190,000   ④ ₩195,000
⑤ ₩200,000

32 감평회계법인은 컨설팅과 회계감사서비스를 제공하고 있다. 지금까지 감평회계법인은 일반관리비 ₩270,000을 용역제공시간을 기준으로 컨설팅과 회계감사서비스에 각각 45%와 55%씩 배부해 왔다. 앞으로 감평회계법인이 활동기준원가계산을 적용하기 위해, 활동별로 일반관리비와 원가동인을 파악한 결과는 다음과 같다.

활동	일반관리비	원가동인
스탭지원	₩200,000	스탭수
컴퓨터지원	50,000	컴퓨터사용시간
고객지원	20,000	고객수
합계	₩270,000	

컨설팅은 스탭수 35%, 컴퓨터사용시간 30% 그리고 고객수 20%를 소비하고 있다. 활동기준원가계산을 이용하여 컨설팅에 집계한 일반관리비는 이전 방법을 사용하는 경우보다 얼마만큼 증가 또는 감소하는가?

① ₩32,500 감소   ② ₩32,500 증가
③ ₩59,500 감소   ④ ₩59,500 증가
⑤ 변화 없음

33 ㈜감평은 가중평균법에 의한 종합원가계산시스템을 도입하고 있다. 직접재료는 공정의 초기에 전량 투입되고 가공원가는 공정 전반에 걸쳐 균등하게 발생된다. ㈜감평은 원가계산을 위해 다음과 같은 자료를 수집하였다.

> • 직접재료원가의 완성품환산량   5,000단위
> • 가공원가의 완성품환산량   4,400단위
> • 당기완성품수량   3,500단위

위 자료를 이용하여 계산한 기말재공품의 가공원가 완성도는?

① 50% ② 60%
③ 70% ④ 80%
⑤ 90%

34 ㈜감평은 제조원가 항목을 직접재료원가, 직접노무원가 및 제조간접원가로 분류한 후, 개별 – 정상원가계산을 적용하고 있다. 기초재공품(작업 No.23)의 원가는 ₩22,500이며, 당기에 개별 작업별로 발생된 직접재료원가와 직접노무원가를 다음과 같이 집계하였다.

작업번호	직접재료원가	직접노무원가
No.23	₩2,000	₩6,000
No.24	9,000	10,000
No.25	14,000	8,000

제조간접원가는 직접노무원가에 비례하여 예정배부한다. 기초에 직접노무원가는 ₩20,000으로 예측되었으며, 제조간접원가는 ₩30,000으로 예측되었다. 기말 현재 진행 중인 작업은 No.25뿐이라고 할 때, 당기제품제조원가는?

① ₩34,000 ② ₩39,500
③ ₩56,500 ④ ₩62,000
⑤ ₩73,500

35 (주)한국은 동일한 공정에서 A, B, C라는 3가지 결합제품을 생산하고 있다. 결합원가 ₩1,600은 제품별 순실현가치에 비례하여 배부한다. 제품별 자료가 다음과 같을 때, 제품 단위당 매출총이익이 높은 것부터 낮은 순으로 나열한 것은?

제품명	A	B	C
생산량 및 판매량	100단위	300단위	500단위
단위당 판매가격	₩13	₩10	₩15
단위당 추가가공원가	3	2	–
단위당 판매비	1	1	5

① A > B > C
② A > C > B
③ C > B > A
④ C > A > B
⑤ B > C > A

36 ㈜감평은 제품A를 단위당 ₩100에 판매하고 있는데, ㈜한국으로부터 제품A 2,000단위를 단위당 ₩70에 구입하겠다는 제안을 받았다. 제품A의 단위당 원가는 다음과 같다.

• 직접재료원가	₩20	• 직접노무원가	₩15
• 변동제조간접원가	10	• 고정제조간접원가	5

판매비와관리비는 모두 변동비로 매출액의 20%이다. ㈜감평은 ㈜한국의 제안을 수락할 수 있는 충분한 유휴생산능력을 보유하고 있다. ㈜감평이 ㈜한국의 제안을 수락하는 경우 영업이익 증가액은?

① ₩2,000
② ₩12,000
③ ₩22,000
④ ₩40,000
⑤ ₩50,000

37 ㈜감평은 선입선출법에 의해 실제원가계산을 사용하고 있다. ㈜감평은 전부원가계산에 의해 20×1년 영업이익을 ₩65,000으로 보고하였다. ㈜감평의 기초제품수량은 1,000단위이며, 20×1년 제품 20,000단위를 생산하고 18,000단위를 단위당 ₩20에 판매하였다. ㈜감평의 20×1년 고정제조간접원가 ₩100,000이고 기초제품의 단위당 고정제조간접원가가 20×1년과 동일하다고 가정할 때, 변동원가계산에 의한 20×1년 영업이익은? (단, 재공품은 고려하지 않는다.)

① ₩35,000
② ₩40,000
③ ₩55,000
④ ₩65,000
⑤ ₩80,000

38 ㈜감평은 이익중심점인 A사업부와 B사업부를 운영하고 있다. A사업부가 생산하는 열연강판의 변동제조원가와 고정제조원가는 각각 톤당 ₩2,000과 톤당 ₩200이며, 외부 판매가격과 판매비는 각각 톤당 ₩3,000과 톤당 ₩100이다. 현재 B사업부가 열연강판을 외부에서 톤당 ₩2,600에 구입하여 사용하고 있는데, 이를 A사업부로부터 대체받을 것을 고려하고 있다. A사업부는 B사업부가 필요로 하는 열연강판 수요를 충족시킬 수 있는 유휴생산능력을 보유하고 있으며, 사내대체하는 경우 판매비가 발생하지 않을 것이다. A사업부가 사내대체를 수락할 수 있는 최소사내대체가격은?

① ₩2,000
② ₩2,100
③ ₩2,200
④ ₩2,600
⑤ ₩3,000

39 ㈜감평은 표준원가계산을 사용하고 있다. 20×1년 제품 8,600단위를 생산하는 데 24,000 직접노무시간이 사용되어 직접노무원가 ₩456,000이 실제 발생되었다. 제품 단위당 표준직접노무시간은 2.75시간이고 표준임률이 직접노무시간당 ₩19.20이라면, 직접노무원가의 능률차이는?

① ₩1,920 불리
② ₩4,800 불리
③ ₩4,800 유리
④ ₩6,720 불리
⑤ ₩6,720 유리

40 ㈜감평은 품질관련 활동원가를 예방원가, 평가원가, 내부실패원가 및 외부실패원가로 구분하고 있다. 다음에 제시한 자료 중 외부실패원가로 집계한 금액은?

• 제품보증수리활동	₩21,000
• 원재료 검사활동	11,000
• 직원 품질교육활동	50,000
• 고객서비스센터활동	6,000
• 불량품 재작업활동	8,000
• 설비보수 및 유지활동	5,000
• 판매기회 상실로 인한 기회비용	18,000
• 공정검사활동	7,000
• 설계개선활동	10,000

① ₩35,000
② ₩43,000
③ ₩45,000
④ ₩53,000
⑤ ₩57,000

2012년 23회 기출문제

※ 아래의 문제들에서 특별한 언급이 없는 한 기업의 보고기간(회계기간)은 매년 1월 1일부터 12월 31일까지이다. 또한, 기업은 주권상장법인으로 계속해서 한국채택국제회계기준(K-IFRS)을 적용해오고 있다고 가정하고, 답지항 중에서 물음에 가장 합당한 답을 고르시오. 단, 자료에서 제시한 모든 항목과 금액은 중요하며, 자료에서 제시한 것 이외의 사항은 고려하지 않고 답한다. 예를 들어, 법인세에 대한 언급이 없으면 법인세 효과는 고려하지 않는다.

01 **재무보고를 위한 개념체계의 '유용한 재무정보의 질적 특성'에 관한 설명으로 옳지 않은 것은?**

① 보강적 질적 특성은 정보가 목적적합하지 않거나 충실하게 표현되지 않으면 개별적으로든 집단적으로든 그 정보를 유용하게 할 수 없다.

② 재무정보가 예측가치를 갖기 위해서 그 자체가 예측치 또는 예상치일 필요는 없다.

③ 보강적 질적 특성을 적용하는 것은 어떤 규정된 순서를 따르지 않는 반복적인 과정으로 때로는 하나의 보강적 질적 특성이 다른 질적 특성의 극대화를 위해 감소되어야 할 수도 있다.

④ 중요성은 개별 기업 재무보고서 관점에서 해당 정보와 관련된 항목의 성격이나 규모 또는 이 둘 모두에 근거하여 해당 기업에 특유한 측면의 목적적합성을 의미한다.

⑤ 보강적 질적 특성에는 비교가능성, 검증가능성, 적시성 및 충실한 표현이 있다.

02 **유형자산의 취득원가에 포함되지 않는 것은?**

① 유형자산과 관련된 산출물에 대한 수요가 형성되는 과정에서 발생하는 가동손실과 같은 초기 가동손실

② 설치장소 준비 원가

③ 유형자산이 정상적으로 작동되는지 여부를 시험하는 과정에서 발생하는 원가

④ 최초의 운송 및 취급 관련 원가

⑤ 설치원가 및 조립원가

03 ㈜강남은 ㈜대한으로부터 공정가치 ₩6,500,000의 기계장치를 리스하였다. 리스기간은 20×1년 초부터 20×4년 말까지 4년이고, 리스료는 매년 말 ₩2,000,000씩 후급하기로 하였으며, 추정잔존가치 ₩120,000 중 ₩100,000을 ㈜강남이 보증하기로 하였다. ㈜강남이 보증으로 인해 지급이 예상되는 금액도 ₩100,000이라고 리스개시일에 추정하였다. 이 리스는 금융리스에 해당되고, 내재이자율은 10%이며, 동 리스자산은 정액법으로 감가상각한다. ㈜강남이 리스와 관련하여 20×1년에 계상할 총비용은? (단, 기간말 단일금액의 현가계수(4기간, 10%)는 0.6830, 정상연금의 현가계수(4기간, 10%)는 3.1670이다.)

① ₩1,570,325   ② ₩1,575,575

③ ₩1,975,000   ④ ₩2,000,000

⑤ ₩2,240,805

04 다음 자료를 이용하여 계산한 기말매입채무 잔액은? (단, 매입은 모두 외상으로 한다.)

• 기초매입채무	₩8,000
• 매입채무상환	35,000
• 기초상품재고	12,000
• 기말상품재고	11,000
• 당기매출	50,000
• 매출총이익	10,000

① ₩11,000   ② ₩12,000

③ ₩13,000   ④ ₩14,000

⑤ ₩15,000

05 ㈜대한은 20×1년 초 총계약금액이 ₩600,000인 교량 신축공사를 수주하였다. 공사기간은 20×1년 초부터 3년이며, 20×1년에 이 교량의 총계약원가는 ₩500,000으로 추정되었으나 완공 후 실제 총 원가는 ₩540,000이 소요되었다. 다음 자료를 이용하여 ㈜대한이 진행기준에 따라 인식할 20×2년 계약이익은?

구분	20×1년	20×2년	20×3년
실제발생 누적계약원가	₩200,000	₩390,000	₩540,000
완성시까지 잔여계약원가 예상액	300,000	130,000	–

① ₩10,000 ② ₩20,000
③ ₩30,000 ④ ₩40,000
⑤ ₩50,000

06 ㈜한국은 20×1년 12월 31일에 3개의 사업부 중 사업부 A를 매각하기로 결정하였다. ㈜한국과 사업부 A의 20×1년 12월 31일 자산과 부채의 장부금액 및 20×1년의 수익과 비용 발생금액은 다음과 같다. 사업부 A의 자산은 모두 비유동자산으로 순공정가치가 ₩1,800이며, 부채의 순공정가치는 장부금액과 동일하다.

구분	㈜한국	사업부A
자산	₩10,000	₩2,000
부채	6,000	1,500
자본	4,000	–
수익	8,000	1,000
비용	6,000	700

㈜한국의 20×1년 포괄손익계산서에 표시될 계속영업손익과 중단영업손익은?

① 계속영업이익 ₩2,000, 중단영업이익 ₩100
② 계속영업이익 ₩1,700, 중단영업이익 ₩100
③ 계속영업이익 ₩1,800, 중단영업이익 ₩100
④ 계속영업이익 ₩1,700, 중단영업이익 ₩300
⑤ 계속영업이익 ₩2,000, 중단영업이익 ₩300

07 ㈜강남은 사옥을 건설하기 위하여 20×2년 1월 1일에 ㈜대한과 건설계약을 체결하였다. ㈜강남의 사옥은 20×3년 6월 30일에 준공될 예정이고, ㈜강남은 사옥건설을 위해 다음과 같이 지출하였다.

일자	20×2.1.1.	20×2.7.1.	20×2.10.1.	20×3.1.1.
금액	₩50,000	₩50,000	₩60,000	₩70,000

㈜강남의 차입금은 다음과 같다.

차입금	차입일	차입금액	상환일	이자율	이자지급조건
K은행	20×2.1.1.	₩50,000	20×3.6.30.	12%	단리/매년말지급
A은행	20×1.1.1.	₩30,000	20×3.6.30.	10%	단리/매년말지급
B은행	20×1.1.1.	₩50,000	20×4.12.31.	12%	단리/매년말지급

이들 차입금 중 K은행에서의 차입금은 ㈜강남의 사옥건설을 위한 특정차입금이며, A은행 차입금과 B은행 차입금은 일반차입금이다. ㈜강남의 건설 중인 사옥은 차입원가 자본화의 적격자산에 해당된다. 이에 대하여 ㈜강남이 20×2년 자본화할 차입원가의 금액은?

① ₩4,500
② ₩6,000
③ ₩9,000
④ ₩10,500
⑤ ₩13,500

08 유형자산의 감가상각에 관한 설명으로 옳지 않은 것은?

① 유형자산을 구성하는 일부의 원가가 당해 유형자산의 전체원가에 비교하여 유의적이라면, 해당 유형자산을 감가상각할 때 그 부분은 별도로 구분하여 감가상각한다.
② 유형자산의 전체원가에 비교하여 해당 원가가 유의적이지 않은 부분도 별도로 분리하여 감가상각할 수 있다.
③ 각 기간의 감가상각액은 다른 자산의 장부금액에 포함되는 경우가 아니라면 당기손익으로 인식한다.
④ 유형자산의 잔존가치와 내용연수는 적어도 매 회계연도말에 재검토한다.
⑤ 감가상각방법은 해당 자산의 공정가치 감소형태에 따라 선택한다.

09 ㈜서울은 사옥을 건설하기 위하여 토지를 구입한 후 토지 위에 있던 건물을 철거하면서 철거비용 ₩150,000을 지불하였으며, 철거할 때 나온 철근을 ₩19,000에 매각하였다. ㈜서울은 공유도로로부터 사옥까지 도로공사비 ₩80,000, 신축건물의 설계비 ₩100,000, 신축건물 건설을 위한 측량비 ₩45,000, 신축건물 건설공사비 ₩450,000, 신축건물 완성 후 조경공사비 ₩270,000을 지불하였다. 이 경우 건물의 취득원가는?

① ₩595,000
② ₩726,000
③ ₩745,000
④ ₩806,000
⑤ ₩825,000

10 회계변경과 오류수정에 관한 설명으로 옳지 않은 것은?

① 기업은 회계정책의 변경을 반영한 재무제표가 거래, 기타 사건 또는 상황이 재무상태, 재무성과 또는 현금흐름에 미치는 영향에 대하여 신뢰성 있고 더 목적적합한 정보를 제공하는 경우 회계정책을 변경할 수 있다.

② 특정 범주별로 서로 다른 회계정책을 적용하도록 규정하거나 허용하는 경우를 제외하고는 유사한 거래, 기타 사건 및 상황에는 동일한 회계정책을 선택하여 일관성 있게 적용한다.

③ 과거에 발생한 거래와 실질이 다른 거래에 대하여 다른 회계정책을 적용하는 경우는 회계정책의 변경에 해당하지 않는다.

④ 당기 기초시점에 과거기간 전체에 대한 새로운 회계정책 적용의 누적효과를 실무적으로 결정할 수 없는 경우, 실무적으로 적용할 수 있는 가장 이른 날부터 새로운 회계정책을 소급적용하여 비교정보를 재작성한다.

⑤ 전기오류는 특정기간에 미치는 오류의 영향이나 오류의 누적효과를 실무적으로 결정할 수 없는 경우를 제외하고는 소급재작성에 의하여 수정한다.

11 다음은 20×1년 ㈜서울의 기초와 기말 재무상태에 관한 자료이다.

구분	기초	기말
자산총계	₩25,000	₩27,000
부채총계	16,000	15,000

당기 중에 배당으로 현금 ₩400의 지급과 주식교부(금액 ₩100)가 있었고, 유형자산재평가이익이 ₩100 발생하였다면 20×1년 당기순이익은?

① ₩3,000
② ₩3,200
③ ₩3,300
④ ₩3,400
⑤ ₩3,500

12 ㈜남부는 20×1년 1월 1일 설비자산을 ₩2,000,000에 취득하면서 구입자금의 일부인 ₩600,000을 정부로부터 보조받았다. 설비자산의 내용연수는 5년, 잔존가치는 없으며, 감가상각방법은 정액법으로 한다. 정부보조금에 부수되는 조건은 이미 충족되었고 상환의무는 없다. ㈜남부가 정부보조금을 이연수익으로 처리하는 경우 20×3년 12월 31일 재무상태표에 보고할 정부보조금과 관련된 이연수익은?

① ₩120,000   ② ₩220,000
③ ₩240,000   ④ ₩360,000
⑤ ₩440,000

13 다음 자료를 이용하여 계산한 현금및현금성자산은?

• 보관 중인 현금 ₩100	• 받을어음 ₩400	• 요구불예금 ₩200
• 선급금 500	• 자기앞수표 600	• 우편환증서 300

① ₩100   ② ₩300
③ ₩700   ④ ₩900
⑤ ₩1,200

14 다음 자료를 이용하여 계산한 ㈜한국의 20×1년 매출액순이익률은?

• 자산총액	₩900억
• 자기자본순이익률(당기순이익/자본)	15%
• 총자산회전율	0.5회
• 부채비율(부채/자본)	200%
* 기초자산과 기말자산 금액은 동일	
* 기초자본과 기말자본 금액은 동일	

① 2%   ② 4%
③ 6%   ④ 8%
⑤ 10%

15 ㈜서울은 20×1년 12월 1일에 창고의 화재로 인하여 재고자산 전부와 회계장부의 일부가
    소실되었다. 기초재고자산 ₩360,000, 당기순매입액 ₩900,000, 당기순매출액 ₩1,200,000
    이고, 과거 3년간 평균매출총이익률이 30%라면 화재 직전 창고에 남아 있었던 재고자산은?

    ① ₩370,000   ② ₩378,000
    ③ ₩420,000   ④ ₩470,000
    ⑤ ₩490,000

16 ㈜한국은 매년 말 모든 자산에 대하여 손상검사를 실시하고 있으며, 20×1년 말 실시한 손
    상검사로 영업권 손상차손 ₩5,000, 토지 손상차손 ₩20,000, 기계장치 손상차손 ₩20,000
    이 발생하였다. 20×1년 초 토지에 대한 재평가잉여금이 ₩30,000일 때, 손상차손 회계처
    리가 20×1년 포괄손익계산서의 당기순이익과 총포괄이익에 미치는 영향은?

    ① 당기순이익 ₩5,000 감소, 총포괄이익 ₩5,000 감소
    ② 당기순이익 ₩25,000 감소, 총포괄이익 ₩20,000 감소
    ③ 당기순이익 ₩25,000 감소, 총포괄이익 ₩45,000 감소
    ④ 당기순이익 ₩45,000 감소, 총포괄이익 ₩25,000 감소
    ⑤ 당기순이익 ₩45,000 감소, 총포괄이익 ₩45,000 감소

17 충당부채, 우발부채 및 우발자산에 관한 설명으로 옳지 않은 것은?
    ① 소송이 진행 중인 경우는 보고기간 말에 현재의무가 존재하지 아니할 가능성이 높더라도
       경제적효익이 내재된 자원의 유출가능성이 아주 낮지 않은 한 충당부채로 공시한다.
    ② 우발부채는 경제적효익이 내재된 자원의 유출을 초래할 현재의무가 있는지의 여부가 아
       직 확인되지 아니한 잠재적 의무이다.
    ③ 충당부채는 현재의무이고 이를 이행하기 위하여 경제적효익이 내재된 자원이 유출될 가
       능성이 높고 해당 금액을 신뢰성 있게 추정할 수 있으므로 부채로 인식한다.
    ④ 충당부채로 인식하는 금액은 현재의무를 보고기간 말에 이행하기 위하여 소요되는 지출
       에 대한 최선의 추정치이어야 한다.
    ⑤ 미래에 전혀 실현되지 아니할 수도 있는 수익을 인식하는 결과를 초래할 수 있기 때문에
       우발자산은 재무제표에 인식하지 아니한다.

18 ㈜서울은 20×1년 중에 ₩10,100을 지급하고 지분상품을 취득하였는데, 지급액 중 ₩100은 매매수수료이다. 20×1년 말 현재 지분상품의 공정가치는 ₩11,000이며, ㈜서울은 20×2년 초에 지분상품 전체를 ₩11,200에 처분하였다. ㈜서울이 이 지분상품을 당기손익－공정가치 측정 금융자산(FVPL금융자산)으로 인식할 경우, 이에 대한 회계처리가 20×1년과 20×2년 당기순이익에 미치는 영향은?

① 20×1년 ₩100 감소, 20×2년 ₩1,200 증가
② 20×1년 ₩900 증가, 20×2년 ₩200 증가
③ 20×1년 ₩900 증가, 20×2년 ₩900 증가
④ 20×1년 ₩1,000 증가, 20×2년 ₩200 증가
⑤ 20×1년 ₩1,000 증가, 20×2년 ₩1,200 증가

19 ㈜서울은 20×1년 1월 1일 ₩1,000,000에 기계장치를 취득하여 사용하기 시작하였다. 기계장치의 내용연수는 5년이고 잔존가치 없이 정액법으로 상각하며 원가모형을 적용한다. ㈜서울은 20×2년부터 기계장치에 대해서 재평가모형을 최초 적용하기로 하였다. 또한 내용연수를 재검토한 결과 당초 내용연수를 5년이 아니라 6년으로 재추정하였다. 20×2년 12월 31일 기계장치의 공정가치는 ₩700,000이다. ㈜서울이 20×2년에 인식할 기계장치의 감가상각비와 20×2년 12월 31일 재평가잉여금의 잔액은?

① 감가상각비 ₩133,333, 재평가잉여금 ₩33,333
② 감가상각비 ₩133,333, 재평가잉여금 ₩0
③ 감가상각비 ₩166,667, 재평가잉여금 ₩66,667
④ 감가상각비 ₩160,000, 재평가잉여금 ₩60,000
⑤ 감가상각비 ₩160,000, 재평가잉여금 ₩0

20 무형자산에 관한 설명으로 옳지 않은 것은?

① 무형자산은 물리적 실체는 없지만 식별가능한 비화폐성 자산을 말하며, 식별가능성은 자산의 분리가능성 여부와 계약상 또는 법적 권리여부에 의해 판단할 수 있다.

② 무형자산으로 분류되기 위해서는, 식별가능해야 하고, 통제하고 있어야 하며, 그로부터 미래경제적효익이 창출되어야 한다.

③ 광물자원과 관련된 지출은 해당자산이 기술적 실현가능성과 상업화가능성이 있다고 판단되어 개발활동을 시작하면 이 단계부터의 지출을 탐사평가자산이 아닌 개발비로 인식한다.

④ 무형자산이 한정할 수 없는 기간 동안 순현금유입을 창출할 수 있을 것으로 기대된다면 그 무형자산은 비한정내용연수를 가지며, 상각하지 아니한다.

⑤ 무형자산의 공정가치는 합리적인 공정가치 측정치의 범위의 편차가 자산가치에 비하여 유의적일 때 신뢰성 있게 측정할 수 있다.

21 ㈜한국은 20×6년 초 ㈜서울을 매수하기로 하였다. 다음 자료를 이용하여 초과이익을 고려한 ㈜한국의 ㈜서울에 대한 매수금액은?

- ㈜서울의 20×5년 말 자산의 공정가치 합계는 ₩1,500,000이고, 부채의 공정가치 합계는 ₩200,000이다.
- 과거 5년간 ㈜서울의 당기순이익은 아래와 같으며, 20×3년 당기순이익에는 중단사업이익 ₩200,000이 포함되어 있다.

20×1년	₩150,000	20×4년	₩240,000
20×2년	₩100,000	20×5년	₩120,000
20×3년	₩300,000		

- 정상이익률은 동일업종의 평균이익률인 10%, ㈜한국이 기대하는 투자수익률은 20%이다.
- 초과이익은 영구적이라고 가정한다.

① ₩710,000

② ₩1,100,000

③ ₩1,148,000

④ ₩1,360,000

⑤ ₩1,560,000

22 ㈜한국은 제품 판매를 촉진하기 위하여 제품을 구입하는 고객에게 판매액 ₩1,000마다 1장 씩의 경품권을 교부하고 있으며, 경품권 1장과 현금 ₩100을 가져오는 고객에게 경품용 제품 1개를 제공하고 있다. ㈜한국은 경품용 제품을 개당 ₩300에 구입하였으며, 교부한 경품 권 중 60%가 회수될 것으로 추정하고 있다. 경품과 관련된 다음 자료를 이용하여 계산한 ㈜한국의 20×2년 말 경품부채 잔액은?

• 20×1년 말 경품부채	₩120,000
• 20×2년 제품 매출액	₩2,400,000
• 20×2년 중 회수된 경품권	1,000장

① ₩108,000   ② ₩160,000

③ ₩208,000   ④ ₩288,000

⑤ ₩408,000

23 20×1년 1월 1일에 ㈜한국은 20×1년 12월 31일부터 매년 말 ₩100,000씩 3년간 수취하 는 조건으로 상품을 할부판매하였다. 이 상품의 현금판매가격은 ₩257,710으로 취득 당시 의 유효이자율 8%를 반영하여 결정된 것이다. 유효이자율법을 적용하여 회계처리하는 경우, 20×1년 12월 31일 판매대금 ₩100,000을 회수할 때 인식하여야 하는 이자수익은? (단, 계산금액은 소수점 첫째자리에서 반올림한다.)

① ₩8,000   ② ₩16,000

③ ₩20,617   ④ ₩22,266

⑤ ₩24,000

24 ㈜한국은 20×1년 사업결합과 관련하여 새로 개점되는 영업점 1개당 보통주 5주를 발행하 는 조건에 따라 보통주를 추가로 발행하기로 하였다. ㈜한국의 20×1년 1월 1일 유통보통 주식수는 1,000주이고, 이 외에 유통되고 있는 희석증권 및 우선주는 없다. ㈜한국은 20×1년 4월 1일과 10월 1일에 각각 새로운 영업점 1개씩을 개점하였으며, 20×1년 당기순이익은 ₩290,000이다. 20×1년 기본주당순이익은? (단, 계산금액은 소수점 첫째자리에서 반올림 한다.)

① ₩278   ② ₩281

③ ₩287   ④ ₩289

⑤ ₩290

25 다음 자료를 이용하여 계산한 기말재고액은?

- 기초재고액 ₩10,000
- 3월 8일 상품 ₩60,000 매입
- 11월 3일 원가 ₩45,000(판매가격 ₩60,000)인 상품을 시용판매하기 위하여 고객에게 배송
- 12월 20일 고객으로부터 판매가격 ₩40,000에 해당하는 시송품의 매입의사통지 수취
- 기말 실지재고액 ₩20,000

① ₩20,000   ② ₩29,500

③ ₩35,000   ④ ₩39,500

⑤ ₩45,500

26 ㈜대한은 내용연수가 종료되면 원상복구를 해야 하는 구축물을 20×1년 1월 1일에 취득하였다. 구축물의 취득원가는 ₩4,000,000이고, 감가상각은 정액법(내용연수는 5년, 잔존가치는 ₩200,000)을 사용하기로 하였다. 복구원가와 관련된 예상현금흐름의 현재가치는 ₩376,000(할인율 8%)으로 추정되었다. 복구공사시점인 20×6년 1월 1일에 실제복구비가 ₩600,000 소요된 경우 복구공사손실은? (단, 계산금액은 소수점 첫째자리에서 반올림한다. 기간말 단일금액의 미래가치계수(5기간, 8%)는 1.4693이다.)

① ₩30,080   ② ₩47,543

③ ₩150,400   ④ ₩224,000

⑤ ₩552,456

27 ㈜서울은 20×1년 1월 1일 유형자산을 ₩600,000에 취득하여 원가모형을 적용하였다. 동 자산의 내용연수는 10년이고, 잔존가치는 없으며 정액법으로 감가상각하였다. 20×2년 12월 31일 동 자산의 회수가능액은 ₩400,000이고, ㈜서울은 이에 대한 손상차손을 인식하였다. 20×4년 12월 31일 동 자산의 회수가능액이 ₩470,000으로 회복된 경우 20×4년에 ㈜서울이 계상하여야 할 손상차손 환입액은?

① ₩0   ② ₩20,000

③ ₩60,000   ④ ₩70,000

⑤ ₩80,000

28 ㈜강북은 20×1년 1월 1일 건물(매입가격 ₩10,000,000, 매입부대비용 ₩150,000)을 취득하는 과정에서 공채(액면금액 ₩100,000, 이자율 7%, 만기 3년, 매년말 이자지급 조건)를 불가피하게 액면금액에 인수하였다. 공채 취득시점의 ㈜강북에 적용될 시장이자율은 10%였고, 건물대금과 공채대금은 모두 현금으로 지급하였다. 취득한 공채는 상각후원가측정금융자산으로 분류되었고, 건물은 정액법으로 감가상각(내용연수 5년, 잔존가치 없음)한다. 이의 회계처리에 관한 설명으로 옳은 것은? (단, 계산금액은 소수점 첫째자리에서 반올림한다. 기간 말 단일금액의 현가계수(3기간, 10%)는 0.7513, 정상연금의 현가계수(3기간, 10%)는 2.48680이다.)

① 20×1년 12월 31일 인식할 건물의 감가상각비는 ₩2,030,000이다.
② 20×1년 1월 1일 상각후원가측정금융자산의 장부금액은 ₩93,500이다.
③ 20×1년 12월 31일 인식될 이자수익은 ₩7,000이다.
④ 20×1년 1월 1일 건물의 취득원가는 ₩10,157,462이다.
⑤ 20×1년 12월 31일 상각후원가측정금융자산의 장부금액은 ₩95,000이다.

29 ㈜서울은 20×1년 초에 토지를 ₩10,000에 취득하여 사용하기 시작하였다. 20×1년 말과 20×2년 말 현재 동 토지의 공정가치는 각각 ₩11,000과 ₩9,500이다. ㈜서울은 매기간 말에 토지를 공정가치로 평가하는 재평가모형을 적용한다. ㈜서울의 토지의 회계처리에 관한 설명으로 옳지 않은 것은?

① 토지재평가가 20×1년과 20×2년 당기손익에 미치는 영향은 없다.
② 20×1년 말과 20×2년 말 재평가잉여금의 잔액은 각각 ₩1,000과 ₩0이다.
③ 만약 ㈜서울이 20×2년 초에 동 토지를 모두 처분하였다면, 20×1년 말에 인식한 재평가잉여금은 당기손익으로 재분류할 수 없다.
④ 만약 ㈜서울이 20×3년 초에 동 토지를 ₩9,600에 처분하였다면, ㈜서울은 처분이익 ₩100을 당기손익으로 인식한다.
⑤ ㈜서울의 20×2년 당기손익으로 보고할 토지재평가손실은 ₩500이다.

30 ㈜서울은 ㈜감평과 협의하여 사용하던 기계장치(취득원가 ₩8,000,000, 감가상각누계액 ₩3,000,000, 공정가치 ₩4,500,000)를 제공하는 조건으로 차량운반구를 취득하였다. 차량운반구의 판매가격은 ₩8,000,000이며, ㈜감평은 이 기계장치의 가치를 ₩5,000,000으로 인정하기로 하였으며, ㈜서울은 차액 ₩3,000,000을 현금으로 지급하였다. 이 교환거래는 상업적 실질이 있고, 공정가치는 합리적으로 측정한 금액이다. 차량운반구의 취득원가는?

① ₩7,000,000　　　　　　② ₩7,500,000

③ ₩8,000,000　　　　　　④ ₩8,500,000

⑤ ₩9,000,000

31 제조부문 A, B와 보조부문 X, Y의 서비스 제공관계는 다음과 같다.

구분	보조부문		제조부문		합계
	X	Y	A	B	
X	–	40단위	20단위	40단위	100단위
Y	80단위	–	60단위	60단위	200단위

X, Y부문의 원가는 각각 ₩160,000, ₩200,000이다. 단계배부법에 의해 X부문을 먼저 배부하는 경우와 Y부문을 먼저 배부하는 경우의 제조부문 A에 배부되는 총보조부문원가의 차이는?

① ₩24,000　　　　　　② ₩25,000

③ ₩26,000　　　　　　④ ₩27,000

⑤ ₩28,000

32 다음은 제품A의 판매가격과 원가구조에 대한 자료이다.

단위당 판매가격		₩10,000
고정원가	생산량 20,000단위 미만	5,000,000
	생산량 20,000단위 이상	8,000,000

제품A의 공헌이익률이 10%이고 법인세율이 20%일 때 세후순이익 ₩2,000,000을 달성하기 위한 판매량은?

① 7,000단위　　　　　　② 7,500단위

③ 9,000단위　　　　　　④ 10,000단위

⑤ 10,500단위

33 ㈜한국은 단일제품을 대량으로 생산하고 있다. 직접재료는 공정 초기에 모두 투입되고 가공원가는 공정 중에 균등하게 발생한다. 생산 중에는 공손이 발생하는데 품질검사를 통과한 수량의 10%에 해당하는 공손수량은 정상공손으로 간주한다. 공손여부는 공정의 50% 완성시의 검사시점에서 파악된다. 다음 자료를 이용하여 계산한 비정상공손수량은? (단, 물량흐름은 선입선출법을 가정한다.)

• 기초재공품수량	2,000단위(완성도 30%)
• 당기착수수량	8,000단위
• 당기완성량	7,200단위
• 기말재공품수량	1,500단위(완성도 60%)

① 380단위   ② 430단위

③ 450단위   ④ 520단위

⑤ 540단위

34 다음은 개별원가계산제도를 이용하고 있는 ㈜한국의 원가계산 자료이다. 제조간접원가는 기본원가(prime costs)를 기준으로 배부한다.

원가항목	작업 #1	작업 #2	작업 #3	합계
기초재공품	₩2,000	₩4,000	–	₩6,000
직접재료원가	2,800	3,000	₩2,200	8,000
직접노무원가	4,000	5,000	3,000	12,000
제조간접원가	( )	( )	( )	6,000

작업 #1과 작업 #3은 완성되었고, 작업 #2는 미완성되었다. ㈜한국이 기말재공품으로 계상할 금액은?

① ₩9,600   ② ₩10,200

③ ₩12,500   ④ ₩13,600

⑤ ₩14,400

35 ㈜한국은 제품 A와 제품 B를 거래처에 납품하는 업체이다. 제품은 생산과 동시에 전량 납품된다. ㈜한국은 합리적인 가격설정목적으로 주요활동을 분석하여 다음과 같은 자료를 수집하였다.

활동	활동별 제조간접원가	원가동인	총원가동인 수
제품설계	₩450,000	설계제품 부품수	100단위
생산준비	325,000	준비횟수	650회
생산운영	637,500	기계작업시간	12,750시간
선적준비	80,000	선적횟수	200회
배달	300,000	배달제품중량	60,000kg

제품 A의 생산량은 1,000단위이고, 제품 A의 원가동인이 설계제품 부품수 70단위, 준비횟수 286회, 기계작업시간 3,060시간, 선적횟수 100회, 배달제품중량 21,000kg일 경우 활동기준원가계산방법을 적용하여 계산한 제품 A의 단위당 제조간접원가는?

① ₩525
② ₩620
③ ₩682
④ ₩756
⑤ ₩810

36 ㈜한국은 한 종류의 수출용 스웨터를 제조한다. 3년간에 걸친 이 제품과 관련된 원가와 영업상황의 자료는 다음과 같다.

- 단위당 변동제조원가 ₩10
- 단위당 변동판매비와관리비 1
- 연간 고정제조원가 300,000
- 연간 고정판매비와관리비 200,000

구분	20×1년	20×2년	20×3년
기초제품재고량	–	20,000	10,000
당기생산량	60,000	30,000	50,000
당기판매량	40,000	40,000	40,000
기말제품재고량	20,000	10,000	20,000

3년간 판매가격의 변동과 원가구조의 변동이 없다는 가정하에서 20×1년 변동원가계산하의 영업이익이 ₩500,000일 경우 20×3년 전부원가계산하의 영업이익은? (단, 원가흐름은 선입선출법을 가정하고, 재공품은 없다.)

① ₩460,000
② ₩480,000
③ ₩500,000
④ ₩520,000
⑤ ₩540,000

37 화장품을 제조하는 ㈜한국의 20×1년 직접재료예산과 관련된 자료를 이용하여 계산한 3분기의 재료구입 예산액은?

20×1년			
1분기	2분기	3분기	4분기
1,400단위	3,200단위	3,600단위	1,900단위

- 매출계획 및 재고계획에 따른 각 분기별 화장품 추정생산량
- 화장품 1단위를 생산하는 데 필요한 재료는 15kg이다.
- 분기말 목표재료재고량은 다음 분기 생산량에 필요한 재료의 10%로 한다.
- 재료구입단가는 kg당 ₩2이다.

① ₩102,900 ② ₩103,200
③ ₩104,100 ④ ₩105,300
⑤ ₩106,400

38 ㈜서울은 완제품 생산에 필요한 부품을 자가제조하고 있다. 부품 10,000단위를 제조하는 데 소요되는 연간제조원가는 다음과 같다.

- 직접재료원가   ₩600,000
- 직접노무원가   150,000
- 변동제조간접원가   50,000
- 부품생산용설비 감가상각비 120,000
- 고정제조간접원가배부액   70,000
- 총계   ₩990,000

㈜서울은 ㈜공덕으로부터 단위당 ₩85에 10,000단위의 부품을 공급하겠다는 제의를 받았다. 이 제의를 수락하더라도 부품생산용설비 감가상각비와 고정제조간접원가는 계속 발생한다. ㈜서울이 이 제의를 수락할 경우에는 연간 ₩70,000에 설비를 임대할 수 있다. ㈜서울이 이 제의를 수락하는 경우 ㈜서울의 이익에 미치는 영향은?

① ₩10,000 증가 ② ₩20,000 증가
③ ₩20,000 감소 ④ ₩50,000 감소
⑤ ₩50,000 증가

39 ㈜한국은 제품 20,000단위를 판매하고 있다. 제품 단위당 판매가격은 ₩600, 단위당 변동제조원가는 ₩280, 단위당 변동판매비와관리비는 ₩170이다. ㈜한국은 ㈜구포로부터 단위당 ₩500에 7,000단위의 특별주문을 받았다. 이때 소요되는 추가 판매비와관리비는 총 ₩1,200,000이다. 회사의 최대생산능력은 25,000단위이므로 이 특별주문을 받아들일 경우 기존 판매제품의 수량이 2,000단위 감소할 것이다. 이 특별주문을 수락하는 경우 이익에 미치는 영향은?

① ₩40,000 증가
② ₩206,000 증가
③ ₩240,000 감소
④ ₩340,000 증가
⑤ ₩340,000 감소

40 표준원가시스템을 사용하고 있는 ㈜한국의 직접재료원가의 제품단위당 표준사용량은 10kg이고, 표준가격은 kg당 ₩6이다. ㈜한국은 6월에 직접재료 40,000kg을 ₩225,000에 구입하여 36,000kg을 사용하였다. ㈜한국의 6월 중 제품생산량은 3,000단위이다. 직접재료 가격차이를 구입시점에 분리하는 경우, 6월의 직접재료원가에 대한 가격차이와 능률차이(수량차이)는?

① 가격차이 ₩6,000 불리, 능률차이 ₩32,000 유리
② 가격차이 ₩9,000 불리, 능률차이 ₩36,000 불리
③ 가격차이 ₩15,000 유리, 능률차이 ₩36,000 불리
④ 가격차이 ₩15,000 유리, 능률차이 ₩32,000 불리
⑤ 가격차이 ₩9,000 불리, 능률차이 ₩36,000 유리

기출문제
정답 및 해설

2024년(35회) ~ **2012년**(23회)

정답

01 ②	02 ②	03 ④	04 ②	05 ①	06 ①	07 ⑤	08 ②	09 ④	10 ③
11 ④	12 ④	13 ④	14 ⑤	15 ①	16 ⑤	17 ⑤	18 ③	19 ①	20 ①
21 모두 정답	22 ①	23 ③	24 ③	25 ④	26 ②	27 ⑤	28 ①	29 모두 정답	30 ④
31 ③	32 ④	33 ①	34 ④	35 ③	36 ⑤	37 ④	38 ②	39 ⑤	40 ②

01 해설

부채가 발생하거나 인수할 때의 역사적 원가는 발생시키거나 인수하면서 수취한 대가에서 거래원가를 차감한 가치이다.

02 해설

① 기업이 재무상태표에 유동자산과 비유동자산, 그리고 유동부채와 비유동부채로 구분하여 표시하는 경우, 이연 법인세자산은 유동자산으로 분류하지 아니한다.

③ 재무제표 이외에 환경보고서나 부가가치보고서는 한국채택국제회계기준을 적용하여 작성하지 아니한다.

④ 부적절한 회계정책은 이에 대하여 공시나 주석 또는 보충자료를 통해 설명하더라도 정당화될 수 없다.

⑤ 당기손익과 기타포괄손익은 단일 또는 별개의 포괄손익계산서로 작성할 수 있다.

03 해설

1) 제품 A의 평가손실 = ₩1,000 − (₩900 − ₩90) = ₩190

2) 제품 B의 평가손실 = ₩1,200 − (₩1,250 − ₩125) = ₩75

3) 원재료 A를 이용하여 생산하는 제품이 원가 이상으로 판매될 것으로 예상되므로 원재료 A는 평가손실을 인식 하지 아니한다.

4) 원재료 B의 평가손실 = ₩1,000 − ₩900 = ₩100

5) 20×1년도에 인식할 재고자산평가손실 = ₩190 + ₩75 + ₩100 = ₩365

04 해설

1) 기말재고(매가) = ₩1,500(기초재고액) + ₩11,500(당기매입액) + ₩600(순인상액) − ₩100(순인하액) − ₩9,500(당기매출액) = ₩4,000

2) 기말재고(원가) = ₩4,000 × (₩9,000/₩11,500 + ₩600 − ₩100) = ₩3,000

3) 매출원가 = ₩1,000(기초재고 − 원가) + ₩9,000(당기매입액 − 원가) − ₩3,000(기말재고 − 원가) = ₩7,000

05 해설

1) 20×2년 말 누적보상비용 = (100명 − 12명 − 15명) × 10개 × ₩15 × 2/3 = ₩7,300

2) 20×3년 보상비용 = 75명 × 10개 × ₩17 × 3/3 − ₩7,300(20×2년 말 누적보상비용) − (40명 × 10개 × ₩1) = ₩5,050

06 [해설]

1) 기초자본 = ₩10,000(기초자산) − ₩9,000(기초부채) = ₩1,000
2) 기말자본 = ₩11,000(기말자산) − ₩9,500(기말부채) = ₩1,500
3) 기말자본(₩1,500) = ₩1,000(기초자본) − ₩150(자기주식 취득) − ₩165(현금배당 결의) + ₩80(기타포괄이익 발생) + 당기순이익(?)
   → 당기순이익 = ₩735
4) 총자산이익률 = ₩735(당기순이익) ÷ ₩10,500(평균자산) = 7%

07 [해설]

1) 10월 초 주주우선배정 방식의 유상증자
   ㉠ 공정가치 발행주식수 = 1,000주 × (₩2,000/₩2,500) = 800주
   ㉡ 무상증자 주식수 = 1,000주 − 800주 = 200주
   ㉢ 기초 유통보통주식수에 배부되는 무상증자 주식수 = 200주 × (3,300주/5,000주) = 132주
   ㉣ 7월 초 전환사채 전환주식수에 배부되는 무상증자 주식수 = 200주 × (900주/5,000주) = 36주
   ㉤ 10월 초 공정가치 발행주식수에 배부되는 무상증자 주식수 = 200주 × (800주/5,000주) = 32주
2) 20×1년 가중평균유통보통주식수 = (3,300주 + 132주) × 12/12 + (900주 + 36주) × 6/12 + (800주 + 32주) × 3/12 = 4,108주

08 [해설]

1)

20×3년도 기초재고	₩10 과소계상
(−) 20×3년도 기말재고	₩20 과대계상
= 20×3년도 매출원가	₩30 과소계상
20×3년도 당기순이익	₩30 과대계상

2) 20×3년도 오류수정 후 당기순이익 = ₩250 − ₩30 = ₩220

09 [해설]

구분	우선주	보통주
미지급(1년)	₩50	−
당기분	₩50	₩160
참가분	₩48	₩192
합계	₩148	₩352

우선주에 추가배분되는 배당금 = (₩500 − ₩260) × (₩1,000/₩5,000) = ₩48
→ 잔여배당금은 우선주와 보통주의 자본금 비율로 배분한다.

10 해설

ㄴ : 계약식별 → ㄹ : 수행의무 식별 → ㄱ : 거래가격 산정 → ㄷ : 거래가격을 수행의무에 배분 → ㅁ : 수익인식

11 해설

1) 20×1년 말 사채 장부금액 = ₩876 × 1.1 − ₩50 = ₩914
2) 20×2년 6월 30일 조기상환시 장부금액 = ₩300(상환가액) + ₩84(사채상환이익) = ₩384
3) 20×2년 6월 30일 경과이자를 포함한 장부금액 = ₩914 + ₩914 × 10% × 6/12 = ₩960
4) 20×2년 6월 30일 조기상환비율 = ₩384 ÷ ₩960 = 40%
5) 20×2년 말 재무상태표 상 사채 장부금액 = (₩914 × 1.1 − ₩50) × 60% = ₩574

12 해설

1) 20×1년 초 부채요소의 공정가치 = ₩1,135 × 0.7118 + ₩50 × 2.4018 = ₩928
2) 20×1년 초 신주인수권대가 = ₩1,000(발행금액) − ₩928(부채요소의 공정가치) = ₩72
3) 20×2년 초 신주인수권 행사시 회계처리

(차) 현금	600	(대) 자본금	300
상환할증금	81	신주인수권조정	16
		주식발행초과금	365
(차) 신주인수권대가	43	(대) 주식발행초과금	43

→ 증가하는 주식발행초과금 = ₩365 + ₩43 = ₩408

13 해설

20×1.2.1	(차) 생물자산	3,000	(대) 현금	3,000
20×1.12.27	(차) 수확물	1,000	(대) 수확물평가이익	1,000
20×1.12.28	(차) 현금 또는 매출채권	1,200	(대) 매출	1,200
	(차) 매출원가	1,000	(대) 수확물(재고자산)	1,000
20×1.12.29	(차) 생물자산	300	(대) 생물자산평가이익	300
20×1.12.31	(차) 생물자산	150	(대) 생물자산평가이익	150

1) 20×1년 12월 31일 생물자산평가이익 = 2마리 × (₩1,600 − ₩1,500) + 1마리 × (₩250 − ₩300) = ₩150
2) 20×1년도 포괄손익계산서 상 당기순이익 증가액 = ₩1,000(수확물평가이익) + ₩1,200(매출) − ₩1,000(매출원가) + ₩300(생물자산평가이익) + ₩150(생물자산평가이익) = ₩1,650

14 해설

1) 20×2년 7월 1일 당기손익 − 공정가치측정 금융자산 처분손익 = ₩570(순매각금액) − (5주 × ₩90) = ₩120 처분이익
   * 순매각금액 = 5주 × ₩120 − (₩600 × 5%) = ₩570
2) 20×2년 말 당기손익 − 공정가치 측정 금융자산 평가손익 = 5주 × (₩110 − ₩90) = ₩100 평가이익
3) 20×2년도 포괄손익계산서의 당기순이익 증가액 = ₩120 처분이익 + ₩100 평가이익 = ₩220

15 해설

리스제공자 입장에서 일반적으로 금융리스로 분류되려면 리스자산의 위험과 보상이 리스이용자에게 이전되어야 한다. 그러나 리스기간 종료시점에 기초자산의 소유권을 그 시점의 공정가치에 해당하는 변동 지급액으로 이전하는 경우 리스자산의 위험과 보상이 리스이용자에게 이전되었다고 볼 수 없으므로 일반적으로 금융리스로 분류될 수 있는 조건에 해당하지 아니한다.

16 해설

ㄱ, ㄴ : 항공사의 대수선 및 여과장치설치는 의무발생사건에 해당하지 않으므로 충당부채로 인식할 수 있는 상황에 해당하지 아니한다.

17 해설

1) 토지 A의 재평가회계처리

20×1.12.31	(차) 토지	100	(대) 재평가잉여금(기타포괄이익)		100
20×2.12.31	(차) 재평가잉여금	100	(대) 토지		150
	재평가손실(당기손실)	50			
20×3.12.31	(차) 재평가손실(당기손실)	30	(대) 토지		30

2) 토지 B의 재평가회계처리

20×1.12.31	(차) 재평가손실(당기손실)	300	(대) 토지		300
20×2.12.31	(차) 토지	300	(대) 재평가이익(당기손익)		300
20×3.12.31	(차) 토지	100	(대) 재평가잉여금(기타포괄이익)		100

① 20×1년 말 토지 A로부터 당기순이익은 불변한다.
② 20×2년 말 토지 A로부터 당기순이익 ₩500이 감소한다.
③ 20×2년 말 토지 B로부터 기타포괄이익은 불변한다.
④ 20×3년 말 토지 A로부터 기타포괄이익은 불변한다.

18 해설

1) 20×1년 초 상각후원가측정 금융자산 장부금액 = ₩1,000 × 0.6830 + ₩80 × 3.1698 = ₩937
2) 20×1년 상각후원가측정 금융자산 이자수익 = ₩937 × 10% = ₩94
3) 20×1년 말 상각후원가측정 금융자산 장부금액 = ₩937 × 1.1 − ₩80 = ₩951
4) 20×1년 말 회수가능액 = ₩800 × 0.7513(3기간, 10%, 현가계수) + ₩50 × 2.4868(3기간, 10%, 연금현가계수) = ₩725
5) 20×1년 말 손상차손 = ₩951(20×1년 말 장부금액) − ₩725(20×1년 말 회수가능액) = ₩226
6) 20×1년도 포괄손익계산서의 당기순이익에 미치는 영향 = ₩94(이자수익) − ₩226(손상차손) = ₩132 감소

19 해설

구분	20×1년 말	20×2년 말	20×3년 말
현금흐름	₩345	₩330	₩315

1) 20×1년 초 금융부채 장부금액 = ₩345 × 0.9434 + ₩330 × 0.8900 + ₩315 × 0.8396 = ₩884
2) 20×1년 말 장부금액 = ₩884 × 1.06 − ₩345 = ₩592
3) 20×2년 말 장부금액 = ₩592 × 1.06 − ₩330 = ₩298
  별해법 : ₩315(20×3년 말 현금흐름) × 0.9434 = ₩297

20 해설

개인이 다음 중 어느 하나에 해당하는 경우, 그 개인이나 그 개인의 가까운 가족은 보고기업과 특수관계에 있다.
1) 보고기업에 지배력 또는 공동지배력이 있는 경우
2) 보고기업에 유의적인 영향력이 있는 경우
3) 보고기업 또는 그 지배기업의 주요 경영진의 일원인 경우
　개인의 가까운 가족: 당해 기업과의 거래 관계에서 당해 개인의 영향을 받거나 당해 개인에게 영향력을 행사
　할 것으로 예상되는 가족으로서 다음의 경우를 포함한다.
　㉠ 자녀 및 배우자(사실상 배우자 포함. 이하 같다)
　㉡ 배우자의 자녀
　㉢ 당해 개인이나 배우자의 피부양자

21 해설

이자비용(사채할인발행차금상각 포함)을 먼저 인식한 후 사채의 기말장부금액에 대하여 외화환산을 한다. 표시이
자는 지급일 환율을 적용하고 사채할인발행차금상각부분은 당기 발행 사채라면 발행일 환율을 적용하고, 전기
발행 사채라면 전기말 환율을 적용한다. 이자비용은 당기 평균환율을 적용하여 인식하고, 그 차액은 외환차손익
으로 인식한다.
1) 20×1년 이자비용 = $920 × 6% = $55 × ₩1,280(평균환율) = ₩70,400
2) 표시이자 = $1,000 × 3% = $30 × ₩1,250(지급일의 환율) = ₩37,500
3) 20×1년 사채할인발행차금 상각 = $920 × 6% − $30 = $25 × ₩1,300(발행일의 환율) = ₩32,500
　(차) 이자비용　　　　　　　　　　　70,400　(대) 현금　　　　　　　　　　　　37,500
　　　　　　　　　　　　　　　　　　　　　　　　　사채할인발행차금　　　　　　　32,500
　　　　　　　　　　　　　　　　　　　　　　　　　외환차익　　　　　　　　　　　　400
4) 이자비용 인식 후 20×1년 말 사채 장부금액 = $920 + $25(당기 사채할인발행차금 상각) = $945
5) 외화환산이익 = $945 × (₩1,300 − ₩1,250) = ₩47,250 외화환산이익
　외화사채는 화폐성항목으로 마감환율로 환산하여야 하며, 부채의 장부금액이 감소하였으므로 외화환산이익이
　발생한다.
6) 20×1년도 포괄손익계산서의 당기순이익에 미치는 영향 = (₩70,400) + ₩400(외환차익) + ₩47,250(외화
　환산이익) = ₩22,750 감소

> ▌화폐성 외화자산, 외화부채는 마감환율로 환산하며, 마감환율로 환산하는 과정에서 발생하는 외화환
> 산손익도 당기손익에 영향을 주는 사건에 해당한다. 단, 본 문제의 선지에 외화환산손익까지 반영한
> 당기손익금액이 제시되어 있지 않아 문제오류로 모두 정답으로 처리되었다.

22 해설

1) 20×2년 말 감가상각 후 장부금액 = ₩50,000 − {(₩50,000 − ₩0) × 2/5} = ₩30,000
2) 20×2년 말 손상차손(A) = ₩30,000(20×2년 말 감가상각 후 장부금액) − ₩18,000(20×2년 말 회수가능액)
　= ₩12,000
3) 20×3년 말 감가상각 후 장부금액 = ₩18,000 − {(₩18,000 − ₩0) × 1/3} = ₩12,000
4) 20×3년 말 손상차손환입액(B) = min[₩20,000(20×3년 말 손상을 인식하지 않았을 경우의 감가상각 후
　장부금액), ₩21,000(회수가능액)] − ₩12,000(20×3년 말 감가상각 후 장부금액) = ₩8,000

23 **[해설]**

1) 유형자산 재평가모형

20×1년 말 재평가회계처리 = ₩9,000(20×1년 말 공정가치) − ₩8,000(20×1년 말 감가상각 후 장부금액)
= ₩1,000(재평가잉여금)

20×2년 감가상각비 = (₩9,000 − ₩0) × 1/4 = ₩2,250

20×2년 말 재평가회계처리 = ₩11,000(20×2년 말 공정가치) − ₩6,750(20×2년 말 감가상각 후 장부금액)
= ₩4,250 재평가잉여금

→ 20×2년 당기순이익에 미치는 영향 = ₩2,250(감가상각비) 감소

2) 투자부동산 공정가치모형

20×2년 투자부동산 평가손익 = ₩11,000(20×2년 말 공정가치) − ₩9,000(20×1년 말 공정가치)
= ₩2,000 평가이익 → 20×2년 당기순이익 ₩2,000 증가

24 **[해설]**

1) 20×1년 초 복구충당부채 = ₩3,000 × 0.7130 = ₩2,139
2) 20×1년 유형자산 감가상각비 = (₩13,000 + ₩2,139 − ₩1,000) × 1/5 = ₩2,828
3) 20×1년 복구충당부채 이자비용 = ₩2,139 × 7% = ₩150
4) 20×1년도 포괄손익계산서에 인식할 비용 = ₩2,828(감가상각비) + ₩150(이자비용) = ₩2,978

25 **[해설]**

1) 기말 확정급여채무의 현재가치(₩190,000) = ₩120,000(기초 확정급여채무의 현재가치) + ₩12,000(이자비용)
+ ₩60,000(당기 근무원가) − ₩10,000(퇴직급여 지급액) + 보험수리적손실 → 보험수리적손실 = ₩8,000

2) 기말 사외적립자산 공정가치(₩110,000) = ₩90,000(기초 사외적립자산 공정가치) + ₩9,000(이자수익) −
₩10,000(퇴직급여 지급액) + ₩20,000(기여금 출연) + 재측정요소 → 재측정요소 = ₩1,000

3) 20×1년 말 기타포괄손익누계액에 미치는 영향 = ₩8,000(보험수리적손실) 감소 + ₩1,000(재측정요소) 증가
= ₩7,000 감소

26 **[해설]**

당해 자산에 대한 자금 조달 또는 수확 후 생물자산의 복구 관련 현금흐름(예를 들어, 수확 후 조림지에 나무를
다시 심는 원가)은 생물자산의 원가에 포함하지 아니한다.

27 **[해설]**

ㄱ. 경영자가 의도하는 방식으로 운용될 수 있으나 아직 사용하지 않고 있는 기간에 발생한 원가는 무형자산의
장부금액에 포함하지 아니한다.

ㄷ. 최초에 비용으로 인식한 무형항목에 대한 지출은 그 이후에 무형자산의 원가로 인식할 수 없다.

28 **[해설]**

매각예정으로 분류된 비유동자산(또는 처분자산집단)은 공정가치에서 처분부대원가를 뺀 금액과 장부금액 중
작은 금액으로 측정한다.

29 [해설]

1) 20×2년 1/1~9/30 감가상각비 = (₩61,000 − ₩1,000) × 1/5 × 9/12 = ₩9,000
2) 20×2년 10/1~12/31 감가상각비 = (₩43,000 − ₩1,000) × 3/6 × 3/12 = ₩5,250
3) 20×2년 감가상각비 = ₩9,000 + ₩5,250 = ₩14,250

> ▌감가상각방법, 내용연수의 변경은 회계추정의 변경에 따라 전진적용한다. 전진적용은 그 변경을 당기 기초부터 반영하는 것으로 가답안의 풀이방법처럼 기중 회계추정의 변경시 10/1일부터 반영하는 것이 아니라 20×2년 1.1일부터 변경된 내용을 반영하는 것이다. 이에 따라 문제를 풀이하는 경우 20×2년 10월 1일 기준으로 3년의 잔여내용연수는 20×2년 1월 1일 기준으로는 3년 9개월이 되어 연수합계법의 잔여내용연수를 산출할 수 없다. 제시된 자료는 회계추정의 변경에 따른 전진적용을 잘못 적용한 것으로 선지 내 정답이 없어 모두 정답으로 처리되었다.

30 [해설]

1) ㈜감평의 교환회계처리

| (차) (신)유형자산 | 7,900 | (대) (구)유형자산 | 10,000 |
| 현금 | 3,000 | 처분이익 | 900 |

2) ㈜한국의 유형자산처분손익 = ₩7,900(제공한 자산의 공정가치) − ₩8,000(제공한 자산의 장부금액)
   = 손실 ₩100

31 [해설]

재고자산			
기초직접재료	₩5,000	기말직접재료	₩6,000
직접재료 매입액	30,000	기말재공품	12,000
기초재공품	10,000	기말제품	5,000
직접노무원가 발생액	20,000	매출원가(₩90,000 × 70%)	63,000
제조간접원가 예정배부액	?		
기초제품	7,000		

1) 제조간접원가 예정배부액 = ₩14,000
2) 20×1년 제조간접원가 예정배부율 = ₩14,000(예정배부액) ÷ 1,000시간 = ₩14

32 [해설]

P2에 배분될 보조부문원가 = ₩60,000(S1 보조부문원가) × (18기계시간/48기계시간) + ₩30,000(S2 보조부문원가) × (240kW/400kW) = ₩40,500

33

해설

1) 물량의 흐름

재공품			
기초재공품	60단위	당기완성품	260단위
		공손수량	20단위
당기착수량	300단위	기말재공품	80단위

2) 정상공손수량 = (60단위 + 200단위) × 5% = 13단위
3) 비정상공손 수량 = 20단위(전체 공손수량) − 13단위(정상공손수량) = 7단위

34

해설

1) 직접재료 구입가격차이(₩3,000 불리) = 실제구입량(?) × (₩5 − ₩3)
   → 실제 구입량 = 1,500kg
2) 직접재료 능률차이(₩900 유리) → 실제사용량(?) × ₩3 < 800단위 × 2kg × ₩3
   → 실제 사용량 = 1,300kg
3) 기말 직접재료 재고수량 = 1,500kg(구입량) − 1,300kg(사용량) = 200kg

35

해설

1) 1분기 전부원가계산 영업이익(₩7,000) = ₩5,000(1분기 변동원가계산 영업이익) + 기말재고에 포함된 고정제조간접원가(?) → 기말재고에 포함된 고정제조간접원가 = ₩2,000
2) 2분기 변동원가계산에 의한 영업이익(₩6,000) + 기말재고에 포함된 고정제조간접원가(150단위 × 단위당 고정제조간접원가) − 기초재고에 포함된 고정제조간접원가(₩2,000) = ₩8,500(2분기 전부원가계산에 의한 영업이익)
   → 기말재고에 포함된 고정제조간접원가 = ₩4,500(단위당 고정제조간접원가 ₩30)
3) 2분기에 발생한 고정제조간접원가 = 800단위(2분기 생산량) × ₩30(2분기 단위당 고정제조간접원가)
   = ₩24,000

36

해설

1) 부산품의 순실현가치 = 50단위 × ₩30 − ₩500(추가가공원가) = ₩1,000
   배부대상 결합원가 = ₩1,450 − ₩1,000 = ₩450
2) 주산품 A, B의 순실현가치
   A = 100단위 × ₩60 − ₩1,000 = ₩5,000
   B = 140단위 × ₩30 − ₩200 = ₩4,000
3) 주산품 A에 배부되는 결합원가 = ₩450 × (₩5,000/₩9,000) = ₩250
4) 주산품 A의 총제조원가 = ₩250(결합원가 배부액) + ₩1,000(추가가공원가) = ₩1,250
5) 주산품 A의 매출총이익 = 80단위 × ₩60 − (₩1,250 × 80단위/100단위) = ₩3,800

37

해설

1) 20×1년 세후목표이익 달성을 위한 판매수량 = (₩1,000 − ₩600) × Q − ₩30,000
   = ₩16,000(세전이익)
   → Q = 115단위
2) 세전이익 = ₩10,000 + (₩12,500 − ₩8,000) / (1 − 0.25) = ₩16,000

38 〔해설〕

1) 사업부 X의 영업이익 = ₩70,000(사업부 X의 평균영업자산) × 15%(투자수익률) = ₩10,500
2) 사업부 X의 잔여이익 = ₩10,500(영업이익) − (₩70,000 × 10%) = ₩3,500
3) 사업부 Y의 잔여이익 = ₩3,500 − ₩2,500 = ₩1,000 = 영업이익 − (₩50,000 × 10%)
   → 사업부 Y의 영업이익 = ₩6,000
4) 사업부 Y의 투자수익률 = ₩6,000(영업이익) ÷ ₩50,000(사업부 Y의 평균영업자산) = 12%

39 〔해설〕

1월 말의 예상 현금유입액 = ₩5,000(11월 판매분) + ₩30,000 × 3/4 + ₩100,000(20×2년 1월 판매예산)
× 60% × 95% = ₩84,500

40 〔해설〕

카이젠원가계산은 제조단계에서의 원가절감에 초점을 맞추고 있다.

2023년 34회 정답 및 해설

정답

01 ①	02 ①	03 ⑤	04 ③	05 ④	06 ①	07 ②	08 ②	09 ①	10 ②
11 ⑤	12 ④	13 ②	14 ②	15 ④	16 ③	17 ④	18 ③	19 ①	20 ③
21 ④	22 ④	23 ②	24 ③	25 ③	26 ⑤	27 ②	28 ③	29 ④	30 ④
31 ②	32 ⑤	33 ③	34 ④	35 ④	36 ⑤	37 ②	38 ⑤	39 ①	40 ⑤

01 해설

서술형 정보는 당기 재무제표를 이해하는 데 목적적합한 경우 비교정보를 표시한다.

02 해설

무형자산은 매각예정으로 분류되거나 제거되는 날 중 이른 날에 상각을 중지한다.

03 해설

처분예정인 자가사용부동산은 자가사용부동산으로 분류한다.

04 해설

20×2년 말 재무상태표상 주식선택권 = (70명 − 14명 − 5명) × 50개 × ₩10 × 2/3 = ₩17,000

05 해설

개념체계는 수시로 개정될 수 있으며, 개념체계가 개정되더라도 자동으로 회계기준이 개정되는 것은 아니다.

06 해설

1) 20×1년 가중평균유통보통주식수 = 5,000주 × 1.1 × 12/12 − 300주 × 3/12 = 5,425주
2) 20×1년 기본주당이익(₩162) = (₩900,000 − 우선주배당금) ÷ 5,425주
   → 우선주배당금 = ₩21,150

07 해설

ㄱ. 오류가 없다는 것은 현상의 기술에 오류나 누락이 없고, 보고 정보를 생산하는 데 사용되는 절차의 선택과
   적용 시 절차상 오류가 없음을 의미하는 것이지 모든 면이 완벽하게 정확하다는 것을 의미하지는 않는다.
ㄷ. 회계기준위원회는 중요성에 대한 획일적인 계량임계치를 정하거나 특정한 상황에서 무엇이 중요한 것인지를
   미리 결정할 수 없다.

2023년 34회 정답 및 해설

08 해설

① 가득급여 : 종업원의 미래 계속 근무와 관계없이 퇴직급여제도에 따라 받을 권리가 있는 급여
③ 급여지급에 이용가능한 순자산 : 제도의 자산에서 약정퇴직급여의 보험수리적 현재가치를 제외한 부채를 차감한 잔액
④ 확정기여제도 : 종업원에게 지급할 퇴직급여금액이 기금에 출연하는 기여금과 그 투자수익에 의해 결정되는 퇴직급여제도
  * 확정급여제도 : 종업원에게 지급할 퇴직급여금액이 일반적으로 종업원의 임금과 근무연수에 기초하는 산정식에 의해 결정되는 퇴직급여제도
⑤ 기금적립 : 퇴직급여를 지급할 미래의무를 충족하기 위해 사용자와는 구별된 실체(기금)에 자산을 이전하는 것

09 해설

㈜감평의 수정 전 잔액	₩2,100	은행의 수정 전 잔액	₩4,000
은행수수료 추심어음 부도수표	(₩100) ₩1,000 (₩200)	기발행미인출수표	(₩1,200)
㈜감평의 수정 후 잔액	₩2,800	은행의 수정 후 잔액	₩2,800

1) ㈜감평이 가산할 금액 = ₩1,000
2) ㈜감평이 차감할 금액 = ₩300

10 해설

상환할증금 = ₩400 + ₩400 × 1.070(1기간, 7%, 미래가치계수) + ₩400 × 1.145(2기간, 7%, 미래가치계수)
       = ₩1,286
* ₩400 = ₩10,000(액면금액) × (보장수익률 − 표시이자율) = ₩10,000(액면금액) × (7% − 3%)

11 해설

1) 20×2년 감가상각비 = (₩30,000 − ₩0) × 1/5 = ₩6,000
2) 20×2년 말 손상차손 = ₩18,000(20×2년 말 감가상각 후 장부금액) − ₩15,000(회수가능액) = ₩3,000
3) 20×2년 당기순이익에 미치는 영향 = ₩6,000(감가상각비) + ₩3,000(손상차손) = ₩9,000 감소

12 해설

1) 20×1년 초 발행가액 = ₩26,000 × 0.8929 + ₩24,000 × 0.7972 + ₩22,000 × 0.7118 = ₩58,008
2) 20×1년 말 장부금액 = ₩58,008 × 1.12 − ₩26,000 = ₩38,969
3) 20×2년 이자비용 = ₩38,969 × 12% = ₩4,676

13 해설

1) 20×1년 포인트 관련 계약부채 = ₩50,000 × 1% × ₩10(포인트의 단위당 공정가치) = ₩5,000
2) 20×1년 인식할 포인트 관련 매출 = ₩5,000 × (500포인트/2,500포인트) = ₩1,000

14 [해설]

1) 20×1년 연평균지출액 = ₩2,000,000 × 12/12 + ₩400,000 × 6/12 = ₩2,200,000
2) 20×1년 특정차입금 자본화금액 = ₩2,000,000 × 6/12 × 3% = ₩30,000
3) 20×1년 일반차입금 자본화금액 = {₩2,200,000 − (₩2,000,000 × 6/12)} × 5%
   = ₩60,000(한도 : ₩5,000)
   * 일반차입금 자본화한도(실제이자비용) = ₩100,000 × 12/12 × 5% = ₩5,000
4) 20×1년 자본화할 차입원가 = ₩30,000 + ₩5,000 = ₩35,000

15 [해설]

1) 20×2년 제품보증비 추정액 = ₩100 × 10% + ₩4,000 × 5% = ₩210
2) 20×2년 제품보증회계처리

(차) 제품보증충당부채	200	(대) 현금	300
제품보증비	100		
(차) 제품보증비	210	(대) 제품보증충당부채	210

3) 20×2년도 제품보증비 = ₩100 + ₩210 = ₩310
4) 20×2년도 제품보증충당부채 = ₩200(20×1년 말 잔액) − ₩200(제품수리비용 지출) + ₩210(20×2년
   말 설정액) = ₩210

16 [해설]

1) 20×1년 진행률 = ₩300 ÷ (₩300 + ₩700) = 30%
2) 20×1년 공사이익 = (₩1,200 − ₩1,000) × 30% = ₩60
3) 20×1년 미성공사 = ₩1,200(계약금액) × 30% = ₩360
4) 20×1년 계약부채 = ₩360(미성공사) − ₩400(진행청구액) = ₩(40)

17 [해설]

금융자산과 금융부채를 재무상태표에 순액으로 표시하는 경우 공시되는 금액은 상계되는 금액을 한도로 한다.
예를 들어, 금융자산의 총액이 금융부채의 총액보다 많다면, 금융자산을 공시하는 표에는 금융자산 전체금액과
금융부채의 전체금액이 포함될 것이다. 그러나 금융부채를 공시하는 표에는 금융부채 전체 금액이 포함되는 반면,
금융부채 금액과 같은 금융자산 금액만이 포함될 것이므로 상계과정에서 손익이 발생하지 않는다.

18 [해설]

(1) 20×2년 말 자본총계 = ₩48,000(기초자본) − ₩9,000(자기주식 취득) + ₩5,600(자기주식 처분) + ₩50,000
   (20×2년 당기순이익) = ₩94,600
(2) 자기주식 취득가액 = 20주 × ₩450 = ₩9,000
(3) 자기주식 처분가액 = 8주 × ₩700 = ₩5,600
※ 자기주식의 소각 및 무상증자는 자본총계가 불변한다.

19 [해설]

20×1년 말 재무상태표에 표시할 기말상품 금액 = ₩2,840(상품 재고실사 금액) + ₩100(타처보관 중인 재고)
+ ₩120(미판매된 적송품) + ₩200(매입의사 미표시 시송품) = ₩3,260
* 상품보관료는 재고자산 원가에 포함하지 아니하며, 도착지 인도조건의 매입은 도착시점에 재고자산에 포함한다.

20 해설

1) ㈜감평이 교환으로 취득한 자산의 원가 = ₩2,500(취득한 자산의 공정가치)
2) 교환거래로 인한 회계처리

(차) 건물	2,500	(대) 기계장치	2,000
현금	700	유형자산처분이익	1,200

21 해설

1) 감모손실 = (50개 − 30개) × ₩60 = ₩1,200
   * 비정상감모손실 = ₩1,200 × 60% = ₩720
2) 저가재고금액 = 30개(실사수량) × min[₩60(취득원가), ₩50(순실현가능가치)] = ₩1,500
3) 20×1년의 매출원가 = ₩4,200(기초재고) + ₩6,000(당기매입) − ₩1,500(기말재고) − ₩720(비정상감모손실)
   = ₩7,980

22 해설

ㄴ. 리스이용자는 리스의 내재이자율을 쉽게 산정할 수 없는 경우에는 리스이용자의 증분차입이자율을 사용하여 리스료를 할인한다.

23 해설

① 고객과의 계약으로 회계처리하기 위해서는 계약에 상업적 실질이 있어야 한다. 계약에 상업적 실질이 있다는 것은 계약의 결과로 기업의 미래 현금흐름의 위험, 시기, 금액이 변동될 것으로 예상된다는 것을 의미한다. 계약의 결과로 기업의 미래 현금흐름의 위험, 시기, 금액이 변동될 것으로 예상되지 않는 경우에는 상업적 실질이 없으므로 고객과의 계약으로 회계처리하지 않는다.
③ 고객과의 계약으로 회계처리하기 위해서는 이전할 재화나 용역의 지급조건을 식별할 수 있어야 한다.
④ 계약변경은 서면으로, 구두합의로, 기업의 사업 관행에 따라 암묵적으로 승인될 수 있다. 계약당사자들이 계약변경을 승인하지 않았다면, 계약변경의 승인을 받을 때까지는 기존 계약에 이 기준서를 계속 적용한다.
⑤ 고객과의 계약에서 식별되는 수행의무는 계약에 분명히 기재한 재화나 용역에만 한정되지 아니한다.

24 해설

1) 20×1년 과세소득 = ₩400,000(회계이익) + ₩55,000(감가상각비 한도초과액) − ₩25,000(미수이자) + ₩10,000(접대비 한도초과액) + ₩30,000(자기주식처분이익) = ₩470,000
2) 20×1년 당기법인세 = ₩470,000 × 20% = ₩94,000
3) 20×1년 이연법인세자산 = ₩55,000(감가상각비 한도초과액) × 20% = ₩11,000
   20×1년 이연법인세부채 = ₩25,000(미수이자) × 20% = ₩5,000
4) 20×1년도 법인세 회계처리

(차) 자기주식처분이익	6,000	(대) 미지급법인세	94,000
이연법인세자산	11,000	이연법인세부채	5,000
법인세비용	82,000		

25 해설

1) 20×1년 말 설비장부금액 = ₩1,000,000 - {(₩1,000,000 - ₩0) × 1/5} = ₩800,000
2) 20×2년 초 복구충당부채 = ₩300,000 × 0.7921(4기간, 6%, 현가계수) = ₩237,630
3) 20×2년 감가상각비 = (₩800,000 + ₩237,630 - ₩0) × 1/4 = ₩259,408

26 해설

20×2.9.1	(차) 건물(유형자산)	330,000	(대) 투자부동산	340,000
	투자부동산평가손실	10,000		
20×2.12.31	(차) 감가상각비	11,000	(대) 감가상각누계액	11,000
	(차) 감가상각누계액	11,000	(대) 건물(유형자산)	25,000
	재평가손실	14,000		

* 20×2년 감가상각비 = (₩330,000 - ₩0) × 1/10 × 4/12 = ₩11,000
→ 20×2년 당기순이익에 미치는 영향 = (₩10,000) + (₩11,000) + (₩14,000) = ₩35,000 감소

27 해설

회계변경을 반영한 비교재무제표에는 20×1년 초부터 투자부동산에 대해 공정가치모형을 적용한 것으로 표시된다.

구분	20×1년	20×2년
투자부동산(순액)	₩190,000	₩185,000
감가상각비	0	0
투자부동산평가손익	(₩10,000) 평가손실	(₩5,000) 평가손실

① 20×1년도 투자부동산(순액)은 ₩190,000이다.
③ 20×1년도 투자부동산평가손실은 ₩10,000이다.
④ 20×2년도 투자부동산평가손실은 ₩5,000이다.
⑤ 20×2년도 투자부동산(순액)은 ₩185,000이다.

28 해설

1) 20×1년 지분법이익 = {₩100,000 - (₩200,000 × 1/10)} × 20% = ₩16,000
2) 20×1년 지분법자본변동 = ₩30,000(기타포괄이익) × 20% = ₩6,000
3) 20×1년 말 관계기업투자주식 장부금액 = ₩300,000(20×1년 초 관계기업투자주식 장부금액) + ₩16,000
   (지분법이익) + ₩6,000(지분법자본변동) - ₩3,000(현금배당금 수령액) = ₩319,000
   ※ 지분법 회계처리 시 ₩15,000 × 20% = ₩3,000의 현금배당 수령액은 배당금수익으로 인식하지 아니하
   고 관계기업투자주식 장부금액에서 차감한다.

29 해설

1) 재고구입에 따른 현금유출액

매출원가	(?)
재고자산 증가액	(₩4,000)
매입채무 증가액	6,000
= 재고구입에 따른 현금유출액	(₩120,000)

→ 매출원가 = ₩122,000
2) 매출총이익 = ₩215,000(매출액) - ₩122,000(매출원가) = ₩93,000

30 해설

20×1년 영업에서 창출된 현금

= ₩147,000(당기순이익) + ₩5,000(감가상각비) + ₩30,000(법인세비용) − ₩20,000(유형자산처분이익) + ₩25,000(이자비용) − ₩15,000(이자수익) − ₩8,000(배당금수익) + ₩15,000(매출채권 감소액) − ₩4,000 (재고자산 증가액) − ₩6,000(매입채무 감소액) = ₩169,000

* 영업에서 창출된 현금은 이자수입, 이자지급, 배당금수입, 법인세지급액을 별도로 표시하기 위하여 당기순이익에서 제거한다.

31 해설

구분	제품 X	제품 Y
단위당 공헌이익	₩300	₩200
기계시간당 공헌이익	₩300 ÷ 2시간 = ₩150	₩200 ÷ 1시간 = ₩200

1) 현재 사용 중인 기계가동시간 = 300단위(제품 X) × 2시간 + 400단위(제품 Y) × 1시간 = 1,000시간
   * 제품 Z의 특별주문 수락 시 기존시장에서의 제품을 포기하여야 한다. 제품 Z에 300 기계가동시간이 필요하니 기계시간당 공헌이익이 낮은 제품 X의 150단위를 포기해야 한다.
2) 총기회비용 = 150단위(제품 X) × ₩300(제품 X의 단위당 공헌이익) = ₩45,000
3) 단위당 최소판매가격 = ₩900 + (₩45,000 ÷ 200단위) = ₩1,125

32 해설

1) 기존 매출수량기준 배합비율이 2 : 6 : 2이며, 제품 Y의 손익분기점 매출수량이 7,800단위이므로 손익분기점 SET 판매량은 7,800단위 ÷ 6 = 1,300SET가 된다.
2) 기존 매출수량기준에 따른 SET당 공헌이익
   = ₩12(제품 X) × 2 + ₩15(제품 Y) × 6 + ₩8(제품 Z) × 2 = ₩130
3) 기존 매출수량기준에 따른 고정원가 = 1,300SET × ₩130(SET당 공헌이익) = ₩169,000
4) 제품 Z의 생산 중단 이후 제품 X와 Y의 SET당 공헌이익 = ₩12 × 6 + ₩15 × 4 = ₩132
5) 목표이익 달성을 위한 SET 판매량 = (₩165,000 + ₩33,000) ÷ ₩132 = 1,500SET
6) 제품 X의 매출수량 = 1,500SET × 6 = 9,000단위

33 해설

1) 제조간접원가 표준배부액 = 4,800시간(실제생산량에 허용된 표준직접노무시간) × ₩400(변동제조간접원가 및 고정제조간접원가 표준배부율의 합) = ₩1,920,000
2) 당기 제조간접원가 실제 발생액 = ₩1,920,000 + ₩20,000(과소배부) = ₩1,940,000

34 해설

1) 90% 누적평균시간 학습모형

단위	단위당 시간	총시간
100단위(1)	300시간	300시간
200단위(2)	300시간 × 90% = 270시간	540시간
400단위(4)	270시간 × 90% = 243시간	972시간

2) 부품 400단위의 단위당 제조원가 = {₩25,000(직접재료원가) × 4 + 972시간 × ₩100 + ₩97,200 × 2/3 + ₩100,000(고정제조간접원가)} ÷ 400단위 = ₩905

35 해설▶

1) 변동원가계산에 의한 영업이익 ₩60,000
  + 기말재고에 포함된 고정제조간접원가 25,000
  − 기초재고에 포함된 고정제조간접원가 (？)
  = 전부원가계산에 의한 영업이익 ₩72,000
  → 기초재고에 포함된 고정제조간접원가 = ₩13,000
  ※ 전부원가계산과 변동원가계산의 재고자산 금액차이는 해당 재고자산에 포함된 고정제조간접원가 금액과 일치한다.

2) 당기 전부원가계산에 의한 기초재고자산 = ₩64,000(변동원가계산제도에 의한 기초재고자산) + ₩13,000(기초재고에 포함된 고정제조간접원가) = ₩77,000

36 해설▶

* 결합공정에 재공품이 존재하는 경우 결합공정에서 완성된 물량만이 결합제품이 된 것이므로 완성품 원가만을 결합원가로 배분해야 한다.

1) 직접재료원가 완성품환산량 = 2,400단위 × 100% + 600단위(기말재공품) × 100% = 3,000단위

2) 전환원가 완성품환산량 = 2,400단위 × 100% + 600단위(기말재공품) × 50% = 2,700단위

3) 완성품원가 = ₩180,000(직접재료원가) × (2,400단위/3,000단위) + ₩108,000(전환원가) × (2,400단위/2,700단위) = ₩240,000

4) 균등매출총이익률법에 의한 결합원가 배부

구분	제품 X	제품 Y	합계
판매가치	₩120,000	₩320,000	₩440,000
추가가공원가	–	(₩24,000)	(₩24,000)
결합원가	(₩72,000)	(₩168,000)	(₩240,000)
매출총이익	₩48,000	₩128,000	₩176,000

* 매출총이익률 = ₩176,000 ÷ ₩440,000 = 40%
※ 결합원가 배부를 위한 판매가치는 단위당 판매가에 생산량을 곱하여 산출한다.

5) 제품 Y의 총제조원가 = ₩24,000 + ₩168,000 = ₩192,000

6) 제품 Y의 단위당 제조원가 = ₩192,000 ÷ 1,600단위(생산량) = ₩120

37 해설▶

1) 부품 X의 단위당 변동제조원가 = ₩40(단위당 직접재료원가) + ₩35(단위당 직접노무원가) + ₩25(단위당 변동제조간접원가) = ₩100

2) 사내대체 시 총기회비용 = 2,000단위 × (₩150 − ₩100) = ₩100,000
  * 정규시장에서 부품 X를 8,000단위 판매하고 있으므로 유휴생산능력은 2,000단위이다. 총 4,000단위를 사내대체하면 기존시장에서 판매하던 부품 X의 2,000단위를 포기하여야 한다.

3) 사내대체 시 단위당 기회비용 = ₩100,000(총기회비용) ÷ 4,000단위(대체수량) = ₩25

4) 부품 X의 단위당 최소대체가격 = ₩100(단위당 변동제조원가) + ₩25(단위당 기회비용) = ₩125

38 해설

1) 직접재료원가 = ₩3,200(기초직접재료) + ₩35,000(직접재료매입액) − ₩6,200(기말직접재료) = ₩32,000
2) 직접노무원가 = ₩56,000(기초원가) − ₩32,000(직접재료원가) = ₩24,000

재고자산			
기초직접재료	₩3,200	기말직접재료	₩6,200
직접재료매입액	35,000	기말재공품	7,200
기초재공품	8,600	기말제품	8,000
직접노무원가	24,000	매출원가	65,000
제조간접원가(₩24,000 × 40%)	9,600		
기초제품	6,000		

3) 제조간접원가 배부차이 = ₩67,700(배부차이 조정 후 매출원가) − ₩65,000(배부차이 조정 전 매출원가)
    = ₩2,700 과소배부
4) 당기에 발생한 실제 제조간접원가 = ₩9,600(제조간접원가 예정배부액) + ₩2,700(과소배부) = ₩12,300

39 해설

1) 변경 후 단위당 변동제조원가 = 1,800단위 × {₩1,100 − 단위당 변동제조원가 − ₩100(단위당 변동판매관리비)} − (₩720,000 + ₩90,000) = ₩0
   → 단위당 변동제조원가 = ₩550
2) 절감해야 하는 단위당 변동제조원가 = ₩600 − ₩550 = ₩50

40 해설

1) 가중평균법 완성품환산량 = ₩72,000(기초재공품원가 + 당기발생원가) ÷ ₩80(완성품환산량 단위당 원가)
    = 900단위
2) 선입선출법의 완성품환산량 = 900단위(평균법 완성품환산량) − 50단위 = 850단위
3) 선입선출법에 의한 기말재공품 원가 = ₩59,500(당기발생원가) × (100단위/850단위) = ₩7,000

2022년 33회 정답 및 해설

정답

01 ④	02 ③	03 ⑤	04 ①	05 ③	06 ①	07 ③	08 ②	09 ①	10 ⑤
11 ②	12 ④	13 ③	14 ⑤	15 ③	16 ③	17 ⑤	18 ②	19 ④	20 ①
21 ①	22 ④	23 ④	24 ⑤	25 ⑤	26 ④	27 ④	28 ②, ③	29 ②	30 ①
31 ⑤	32 ②	33 ②	34 ②	35 ④	36 ②	37 ①	38 ③	39 ③	40 ③

01 해설▶

ㄴ. 대금지급을 위해 발행한 수표 중 일부가 미인출수표로 남아 있는 것은 기발행미인출수표로 이는 은행이 반영해야 할 항목이다. 그 외 부도수표, 장부에 착오기재한 오류, 추심어음은 모두 ㈜감평이 장부에 반영해야 할 항목이다.

02 해설▶

실물자본유지개념하에서의 20×1년도 이익 = ₩3,000(20×1년 말 자본) − (200개 × ₩12) = ₩600
* 실물자본유지개념하에서는 기말자본이 기초실물생산능력을 초과하는 경우에만 이익이 발생하는 것으로 본다. 기초실물생산능력은 200개 × ₩12(현행원가) = ₩2,400이다.

03 해설▶

① (차) 상품(재고자산)   10,000   (대) 매입채무(유동부채)   10,000
  1) 유동비율 : 해당 거래는 유동자산 ₩10,000과 유동부채가 ₩10,000 증가하는 거래다. 금액은 동일하나 기존의 유동비율이 200%로 유동부채의 증가폭이 유동자산 증가폭에 비해 크다. 이에 따라 해당 거래 이후 유동비율은 감소한다.
  2) 당좌비율 : 재고자산은 당좌자산에 포함되지 않고, 유동부채만 ₩10,000 증가하므로 당좌비율은 감소한다.
② (차) 차량운반구(비유동자산)   13,000   (대) 현금(유동자산)   13,000
  → 유동자산 및 당좌자산에 해당하는 현금만 감소하였고 유동부채는 변동하지 않았으므로 유동비율, 당좌비율 모두 감소한다.
③ (차) 현금(유동자산)   12,000   (대) 매출채권(유동자산)   12,000
  → 유동자산 및 당좌자산의 변동이 없으며 유동부채도 변동하지 않아 유동비율, 당좌비율 모두 불변한다.
④ (차) 장기차입금(비유동부채)   15,000   (대) 현금(유동자산)   15,000
  → 유동자산 및 당좌자산에 해당하는 현금만 감소하였고, 유동부채는 변동하지 않았으므로 유동비율, 당좌비율 모두 감소한다.
⑤ (차) 현금(유동자산)   30,000   (대) 장기차입금(비유동부채)   30,000
  → 유동자산 및 당좌자산에 해당하는 현금만 증가하였고, 유동부채는 변동하지 않았으므로 유동비율, 당좌비율 모두 증가한다.

04 〔해설〕

1) (A)공정가치모형 = ₩930(20×1년 말 공정가치) − ₩1,000(20×1년 초 취득원가) = (₩70) 평가손실
   → 20×1년도 당기순이익 ₩70 감소
2) (B)원가모형(감가상각비) = (₩1,000 − ₩0) × 1/10 = ₩100 감소

05 〔해설〕

① 현행원가는 측정일 현재 동등한 자산의 원가로서 측정일에 지급할 대가와 그 날에 발생할 거래원가를 포함한다.
② 역사적원가는 자산을 취득 또는 창출할 때 발생한 원가의 가치로서 자산을 취득 또는 창출하기 위하여 지급한 대가와 거래원가를 포함한다.
④ 공정가치는 측정일에 시장참여자 사이의 정상거래에서 부채를 이전할 때 지급하게 될 가격이다.
⑤ 역사적 원가는 취득일 또는 발생일 현재 자산의 취득 또는 창출을 위해 이전해야 하는 현금이나 그 밖의 경제적자원의 가치이다.

06 〔해설〕

1) 상품 A : 취득원가(₩300) < 순실현가능가치(₩320) → 평가손실 발생하지 않음
2) 상품 B
   ㉠ 70개(확정판매계약) × (₩200 − ₩190) = ₩700 평가손실 발생
   ㉡ 30개(일반시장판매분)는 단위당 취득원가 ₩200보다 순실현가능가치 ₩220이 더 크므로 평가손실이 발생하지 않음
3) 상품 C = 200개 × (₩100 − ₩90) = ₩2,000 평가손실 발생
4) 20×1년에 인식할 당기손익(평가손실) = ₩700 + ₩2,000 = 손실 ₩2,700

07 〔해설〕

수익은 자본청구권 보유자로부터의 출자를 제외하며, 자본청구권 보유자에 대한 분배는 비용으로 인식하지 않는다.

08 〔해설〕

1) 기말재고(매가)
   = ₩13,000(기초재고액) + ₩91,000(당기매입액) + ₩6,000(순인상액) − ₩90,000(당기매출액)
   = ₩20,000
2) 평균원가율 = $\frac{₩10,000 + ₩83,500}{₩13,000 + ₩91,000 + ₩6,000(순인상액)}$ = 85%
3) 기말재고(원가) = ₩20,000(기말재고 매가) × 85%(원가율) = ₩17,000
4) 매출원가 = ₩10,000(기초재고원가) + ₩83,500(당기매입원가) − ₩17,000(기말재고원가) = ₩76,500

09 〔해설〕

제품의 원가가 순실현가능가치를 초과할 것으로 예상된다면 제품 생산에 투입하기 위해 보유하는 원재료 및 기타 소모품은 감액한다.

10 해설

1) 20×1년도 누락된 재고자산평가손실 = 16개 × (₩1,200 − ₩1,170) = ₩480
   ㉠ 20×1년도 기말재고자산은 평가손실을 반영하지 않았으므로 ₩480 과대계상되었다.
   ㉡ 20×1년도 매출원가는 ₩480 과소계상, 20×1년도 당기순이익은 ₩480 과대계상된다.
     (20×1년도 기말자산이 ₩480 과대계상되므로 20×1년도 기말자본총계도 ₩480 과대계상된다.)
2) 20×2년도 기초재고자산은 ₩480 과대계상, 20×2년도 매출원가는 ₩480 과대계상, 20×2년도 당기순이익은 ₩480 과소계상된다.

11 해설

매출액	₩410	영업비용	(₩150)
매출채권(순액) 증가	(70)	선급영업비용 감소	15
		미지급영업비용 증가	20
(A)고객으로부터 유입된 현금흐름	₩340	(B)영업비용으로 유출된 현금흐름	(₩115)

12 해설

1) 20×1년 초 부채요소의 공정가치 = ₩1,064,900 × 0.75131 + ₩60,000 × 2.48685 = ₩949,281
2) 20×1년 초 전환권조정 = ₩1,064,900(만기상환금액) − ₩949,281(20×1년 초 부채요소 공정가치)
   = ₩115,619
3) 3년간 총이자비용 = ₩60,000(표시이자) × 3년 + ₩115,619(전환권조정) = ₩295,619

13 해설

1) 리스개시일의 리스부채 = ₩1,000,000 × 2.48685 + ₩300,000 × 0.75131 = ₩2,712,243
2) 리스개시일의 사용권자산 = ₩2,712,243(리스부채) + ₩100,000(리스이용자의 리스개설직접원가)
   = ₩2,812,243
3) 20×1년도 사용권자산 상각비 = (₩2,812,243 − ₩0) × 1/4(내용연수) = ₩703,061
4) 20×1년도 이자비용 = ₩2,712,243 × 10% = ₩271,224
5) 20×1년에 인식할 비용총액 = ₩703,061(상각비) + ₩271,224(이자비용) = ₩974,285

14 해설

충당부채의 법인세효과와 그 변동은 기업회계기준서 제1012호 '법인세'에 따라 회계처리하므로 충당부채는 세전금액으로 측정한다.

15 해설

20×1년 10월 1일 판매가격은 ₩1,200이나 재매입가격이 ₩1,300이므로 ㈜감평은 해당 계약을 금융약정으로 회계처리한다. ₩1,200과 ₩1,300의 차이 ₩100은 20×1.10.1~20×2.3.31의 이자비용에 해당한다.
1) 상황 A : 콜옵션이 행사된 경우
   20×2.3.31.   (차) 이자비용   50   (대) 계약부채   50
                (차) 계약부채   1,300   (대) 현금   1,300
   → 이자비용 ₩50으로 20×2년도 당기순이익은 ₩50 감소한다.

2) 상황 B : 콜옵션이 행사되지 않은 채 소멸된 경우

20×2.3.31.	(차) 이자비용	50	(대) 계약부채	50
	(차) 계약부채	1,300	(대) 매출	1,300
	(차) 매출원가	900	(대) 재고자산	900

→ 20×2년도 당기순이익 영향 = (₩50) + ₩1,300 − ₩900 = ₩350 증가한다.

16 해설

1) 20×1년 기초 자본총계 = ₩5,000(기초자산총계) − ₩2,500(기초부채총계) = ₩2,500
2) 20×1년 기말 자본총계 = ₩7,000(기말자산총계) − ₩3,400(기말부채총계) = ₩3,600
3) 20×1년 기말 자본총계(₩3,600)
   = ₩2,500(기초자본총계) + ₩300(유상증자) − ₩200(현금배당) + ₩80(기타포괄손익) + 당기순이익
   → 20×1년도 당기순이익 = ₩920

17 해설

최초 발생시점이나 매입할 때 신용이 손상되어 있는 상각후원가 측정 금융자산의 이자수익은 최초 인식 시점부터 상각후원가(순장부금액)에 신용조정 유효이자율을 적용하여 계산한다.

18 해설

고객이 재화나 용역의 대가를 선급하였고 그 재화나 용역의 이전 시점이 고객의 재량에 따라 결정된다면, 고객과의 계약에 유의적인 금융요소가 없으므로 화폐의 시간가치가 미치는 영향을 고려하지 않는다.

> ┃ 고객과의 계약에 유의적인 금융요소가 없는 경우
> 고객과의 계약에 다음 요인 중 어느 하나라도 존재한다면 유의적인 금융요소가 없을 것이다.
> (1) 고객이 재화나 용역의 대가를 선급하였고 그 재화나 용역의 이전 시점은 고객의 재량에 따른다.
> (2) 고객이 약속한 대가 중 상당한 금액이 변동될 수 있으며 그 대가의 금액과 시기는 고객이나 기업이 실질적으로 통제할 수 없는 미래 사건의 발생 여부에 따라 달라진다(예 대가가 판매 기준 로열티인 경우).
> (3) 약속한 대가와 재화나 용역의 현금판매가격 간의 차이가 고객이나 기업에 대한 금융제공 외의 이유로 생기며, 그 금액 차이는 그 차이가 나는 이유에 따라 달라진다. 예를 들면 지급조건을 이용하여 계약상 의무의 일부나 전부를 적절히 완료하지 못하는 계약 상대방에게서 기업이나 고객을 보호할 수 있다.

19 해설

㈜감평은 20×1년 말에 미수이자에 대한 회계처리 자체를 수행하지 않았으므로 20×1년 당기법인세부채(자산)의 금액은 영향이 없다. 단, 미수이자로 인한 이연법인세부채(₩200 × 30% = ₩60)는 과소계상된다.

1) 누락된 회계처리

| 20×1년 말 | (차) 미수이자(자산의 증가) | 200 | (대) 이자수익(수익의 발생) | 200 |
| | (차) 법인세비용(비용의 발생) | 60 | (대) 이연법인세부채(부채의 증가) | 60 |

2) 회계처리 누락에 따른 영향
   ① 당기법인세자산 : 영향 없음, ② 당기법인세부채 : 영향 없음
   ③ 법인세비용 : ₩60 과소계상, ④ 당기순이익 : ₩140 과소계상, ⑤ 이연법인세자산 : 영향 없음

20 [해설]

1) 20×1년도 이자수익(=표시이자) = ₩500,000 × 10% = ₩50,000
2) 20×1년도 평가이익 = ₩510,000(20×1년 말 공정가치) − ₩475,982(20×1년 초 장부금액)
        = ₩34,018 평가이익
3) 20×1년도 당기순이익에 미치는 영향 = ₩50,000(이자수익) + ₩34,018(평가이익) = ₩84,018 증가

21 [해설]

1) 20×1년도 자본화할 차입원가(A)
   ㉠ 20×1년도 연평균지출액 = ₩300,000 × 8/12 + ₩200,000 × 3/12 = ₩250,000
   ㉡ 20×1년도 자본화할 차입원가 = ₩250,000 × 10% = ₩25,000(한도 : ₩20,000) → ₩20,000(A)
2) 20×2년도 자본화할 차입원가(B)
   ㉠ 20×2년도 연평균지출액 = ₩500,000(20×1년도 지출액) × 6/12 + ₩100,000 × 3/12 = ₩275,000
   ㉡ 20×2년도 자본화할 차입원가 = ₩275,000 × 8% = ₩22,000(B)(한도 : ₩24,200)

22 [해설]

1) 20×1년 7월 1일 유상증자는 공정가치 미만의 유상증자이므로 공정가치로 발행된 400주와 무상증자 주식수인 200주를 구분하고, 무상증자 200주는 기초유통보통주식수와 7월 1일 공정가치로 발행된 주식수의 비율대로 배부한다.
   ㉠ 기초유통보통주식수에 배부되는 무상증자 주식수 = 200주 × (1,600주/2,000주) = 160주
   ㉡ 7월 1일 시가발행 유상증자 주식수에 배부되는 무상증자 주식수 = 200주 × (400주/2,000주) = 40주
2) 20×1년도 가중평균유통보통주식수 = (1,600주 + 160주) × 12/12 + (400주 + 40주) × 6/12 = 1,980주

23 [해설]

주식선택권 행사로 인한 자본증가액(= 주식선택권 행사로 기업에 유입되는 현금)
= 35명 × 10개 × 60% × ₩6,000(행사가격) = ₩1,260,000

24 [해설]

퇴직급여채무를 할인하기 위해 사용하는 할인율은 보고기간 말 현재 우량회사채의 시장수익률을 참조하여 결정한다. 만약 그러한 우량회사채에 대해 거래층이 두터운 해당 통화의 시장이 없는 경우에는 보고기간 말 현재 그 통화로 표시된 국공채의 시장수익률을 사용한다. 그러한 회사채나 국공채의 통화와 만기는 퇴직급여채무의 통화 및 예상 지급 시기와 일관성이 있어야 한다.

25 [해설]

20×1.1.1.	(차) 건물	5,000	(대) 현금		5,000
20×1.12.31.	(차) 감가상각비	1,000	(대) 감가상각누계액		1,000
20×2.12.31.	(차) 감가상각비	1,000	(대) 감가상각누계액		1,000
	(차) 감가상각누계액	2,000	(대) 재평가잉여금		3,000
	건물	1,000			
20×3.12.31.	(차) 감가상각비	2,000	(대) 감가상각누계액		2,000
	(차) 재평가잉여금	1,000	(대) 이익잉여금		1,000
20×4.12.31.	(차) 감가상각비	2,000	(대) 감가상각누계액		2,000
	(차) 재평가잉여금	1,000	(대) 이익잉여금		1,000

1) 20×2년 말 재평가잉여금 = ₩6,000(20×2년 말 공정가치) − ₩3,000(20×2년 말 장부금액) = ₩3,000
2) 건물 사용 시 일부 대체가능한 재평가잉여금
  = 재평가 후 감가상각비 − 재평가 전 최초원가에 근거한 감가상각비 = ₩2,000 − ₩1,000 = ₩1,000
3) 20×5년 초 건물 처분 시 대체되는 재평가잉여금(잔액)
  = ₩3,000 − ₩1,000(20×3년도 일부 대체) − ₩1,000(20×4년도 일부대체) = ₩1,000

26 [해설]

내용연수가 비한정인 무형자산은 상각하지 않고, 매년 또는 무형자산의 손상을 시사하는 징후가 있을 때 손상검사를 수행한다.

27 [해설]

20×1.9.1.	(차) 토지	6,000,000[*1]	(대) 현금		6,000,000
20×2.2.1.	(차) 현금	1,829,000[*2]	(대) 토지		1,800,000
			토지처분이익		29,000

*1. 토지 = $5,000 × ₩1,200 = ₩6,000,000
 2. 현금 = $1,550 × ₩1,180 = ₩1,829,000

28 [해설]

20×1년 초	(차) 기계장치	20,000	(대) 현금		20,000
20×1년 말	(차) 감가상각비	4,000	(대) 감가상각누계액		4,000
	(차) 감가상각누계액	4,000	(대) 기계장치		2,000
			재평가잉여금		2,000
20×2년 말	(차) 감가상각비	4,500	(대) 감가상각누계액		4,500
	(차) 감가상각누계액	4,500	(대) 기계장치		6,000
	재평가잉여금	1,500			
	(차) 재평가잉여금	500	(대) 손상차손누계액		1,000
	손상차손	500			

> ┃ 28번 문제 복수정답
> 손상차손은 자산의 장부금액을 회수가능액으로 감액함에 따라 발생하는 차이를 의미한다. 단, 재평가
> 모형을 적용하는 유형자산, 무형자산의 손상회계처리 시에는 손상차손을 재평가감소액으로 회계처리

하므로 해당 문제의 요구사항에 맞는 답은 재평가잉여금의 잔액을 감소시킨 이후 당기비용으로 계상하는 손상차손 ₩500을 의미하는 것이다. 다만, 질문에 당기손익으로 계상해야 할 손상차손이 아닌 손상차손 자체를 질의하였기에 자산의 장부금액과 회수가능액과의 차액 ₩1,000도 손상차손으로 해석할 수 있다는 판단에 따라 ②, ③을 복수정답으로 인정하였다.

29 해설▶

1) 포괄손익계산서 상 당기손익 인식 퇴직급여 관련 비용(₩28,000) = ₩10,000(이자비용) − ₩9,000(이자수익) + 당기근무원가
   → 당기근무원가 = ₩27,000
2) 기말 확정급여채무의 장부금액 = ₩100,000 + ₩10,000(이자비용) + ₩27,000(당기근무원가) − ₩12,000(퇴직금 지급액) = ₩125,000
3) 20×1년도 기타포괄손익으로 인식할 확정급여채무의 재측정요소
   = ₩128,000(기말 확정급여채무의 현재가치) − ₩125,000(기말 확정급여채무의 장부금액)
   = 재측정손실 ₩3,000(채무가 ₩3,000 증가하므로 재측정손실이 ₩3,000 인식된다.)

30 해설▶

② 소유주에 대한 분배예정으로 분류된 비유동자산(또는 처분자산집단)은 분배부대원가 차감 후 공정가치와 장부금액 중 작은 금액으로 측정한다.
③ 비유동자산이 매각예정으로 분류되거나 매각예정으로 분류된 처분자산집단의 일부이면 그 자산은 감가상각(또는 상각)하지 아니한다.
④ 매각예정으로 분류된 비유동자산(또는 처분자산집단)은 공정가치에서 처분부대원가를 뺀 금액과 장부금액 중 작은 금액으로 측정한다.
⑤ 매각예정으로 분류된 처분자산집단의 부채와 관련된 이자와 기타 비용은 계속해서 인식한다.

31 해설▶

1) 제품 A의 매출액 = ₩70(총제조원가) ÷ (1 − 30%) = ₩100
2) 제품 A의 순실현가치 = ₩100(매출액) − ₩40(추가가공원가) = ₩60
   * 전체 결합원가 ₩120 중 제품 A가 ₩30을 배부받았으므로 전체 순실현가치 중 25%가 ₩60이다.
3) 제품 A, B의 전체 순실현가치 = ₩60 ÷ 25% = ₩240
4) 제품 B의 순실현가치 = ₩240 − ₩60(A의 순실현가치) = ₩180
5) 제품 B의 매출액 = ₩180(순실현가치) + ₩60(추가가공원가) = ₩240
6) 제품 B의 총제조원가(매출원가) = ₩90(결합원가 배부액) + ₩60(추가가공원가) = ₩150
7) 제품 B의 매출총이익률 = (₩240 − ₩150) ÷ ₩240(매출액) = 37.5%

32 해설▶

② 연간 발생할 것으로 기대되는 총고정원가는 관련범위 내에서 일정하다.
④ 기초고정원가 : 기업이 영업 활동을 효율적으로 수행하기 위하여 기계, 설비 따위와 같은 기초적인 고정자산을 보유함으로써 발생하는 원가

33 해설

1) 공헌이익률 = (₩800 − ₩500) ÷ ₩800(단위당 판매가) = 37.5%
2) 증분손익 = ₩50,000 × 37.5% − ₩15,000(증분비용) = ₩3,750 증가

34 해설

1) 상호배분법에 따른 보조부문 연립방정식
   S_1 = ₩90 + 0.2 × S_2
   S_2 = ₩180 + 0.5 × S_1
   → S_1 = ₩140, S_2 = ₩250
2) 제조부문 X의 총원가가 ₩275이므로 X부문의 부문발생원가 ₩158을 제외하면 보조부문으로부터 총 ₩117의 원가를 배부받은 것이다.
3) 제조부문 X가 보조부문으로부터 배부받은 원가(₩117) = ₩140 × 0.3 + ₩250 × 보조부문 S_2가 제공한 용역비율
   → 보조부문 S_2가 제공한 용역비율 = 0.3

35 해설

1) 단위당 공헌이익
   = ₩25(단위당 판매가격) − ₩10(단위당 변동제조원가) − ₩6(단위당 변동판매관리비) = ₩9
2) 세후현금흐름분기점 판매량(Q)
   = {₩9 × Q − ₩4,000(총고정원가)} × (1 − 20%) + ₩500(감가상각비) = ₩0
   → Q = 375단위

36 해설

1) 제품 A에 배부될 제조간접원가
   = ₩55 × (20회/55회) + ₩84 × (10회/28회) + ₩180 × (80시간/180시간) = ₩130
2) 제품 B에 배부될 제조간접원가
   = ₩55 × (35회/55회) + ₩84 × (18회/28회) + ₩180 × (100시간/180시간) = ₩189

37 해설

4월 판매예산				5월 판매예산			
기초제품	250단위	판매량	2,500단위	기초제품	240단위	판매량	2,400단위
목표생산량	2,490단위	기말제품	240단위	목표생산량	2,430단위	기말제품	270단위

4월 원재료			
기초원재료(4,980kg × 5%)	249kg	원재료사용량(2,490단위 × 2kg)	4,980kg
원재료구입량	4,974kg	기말원재료(2,430단위 × 2kg × 5%)	243kg

→ 4월의 원재료 구입예산액 = 4,974kg × ₩10 = ₩49,740

38 해설

1) 영업이익 차이(₩70,000) = 기말재고에 포함된 고정제조간접원가
2) 당기 판매량 = ₩1,000,000(매출액) ÷ ₩1,000(단위당 판매가격) = 1,000개
3) 전부원가계산에서의 판매관리비(₩200,000) = 변동판매관리비 + 고정판매관리비(₩50,000)
   ㉠ 변동판매관리비 = ₩150,000
   ㉡ 단위당 변동판매관리비 = ₩150,000 ÷ 1,000개(판매량) = ₩150
4) 변동원가계산에서의 변동원가(₩520,000) = 1,000개 × (단위당 변동제조원가 + ₩150)
   → 단위당 변동제조원가 = ₩370
5) 전부원가계산에서의 매출원가(₩650,000) = 1,000개 × (단위당 변동제조원가 + 단위당 고정제조간접원가)
   → 단위당 고정제조간접원가 = ₩280
6) 기말재고수량
   = ₩70,000(기말재고에 포함된 고정제조간접원가) ÷ ₩280(단위당 고정제조간접원가) = 250개
7) 전부원가계산에 의한 기말제품재고 = 250개 × (₩370 + ₩280) = ₩162,500

39 해설

1) 모든 원가의 완성품환산량 = 800단위 × 100% + 200단위(기말재공품) × 50% = 900단위
2) 완성품환산량 단위당 원가 = (₩3,000 + ₩42,000) ÷ 900단위 = ₩50
3) 기말재공품원가 = 100단위(기말재공품 완성품환산량) × ₩50 = ₩5,000

40 해설

1) 직접노무원가 능률차이 = 실제시간 × ₩10(표준임률) − {100단위 × 3시간 × ₩10(표준임률)} = ₩500
   → 실제시간 = 350시간
2) 실제 총직접노무원가 = 350시간(실제시간) × ₩8(실제임률) = ₩2,800

2021년 32회 정답 및 해설

정답

01 ②	02 ⑤	03 ③	04 ⑤	05 ③	06 ⑤	07 ③	08 ①	09 ②	10 ①
11 ③	12 ④	13 ④	14 ②	15 ①	16 ④	17 ②	18 ②	19 ③	20 ④
21 ④	22 ①	23 ①	24 ④	25 ①	26 ⑤	27 ⑤	28 ①	29 ②	30 ⑤
31 ④	32 ②	33 ⑤	34 ②	35 ⑤	36 ③	37 ④	38 ③	39 ⑤	40 ②

01 해설

① 근본적 질적특성은 목적적합성과 표현충실성이다.

③ 일반적으로 정보는 오래될수록 유용성이 낮아진다. 그러나 일부 정보는 보고기간 말 후에도 오랫동안 적시성이 있을 수 있다.

④ 정보가 비교가능하기 위해서는 비슷한 것은 비슷하게 보여야 하고 다른 것은 다르게 보여야 한다.

⑤ 표현충실성에서 오류가 없다는 것은 모든 면에서 완벽하게 정확하다는 것을 의미하지 않는다.

02 해설

ㄱ. 사용제한 요구불예금은 사용제한이 결산일로부터 1년 이내에 해제되는지의 여부에 따라 단기금융상품 또는 장기금융상품으로 구분하며 현금 및 현금성자산으로 표시하지 않는다.

ㄴ. 수입인지와 우표는 현금 및 현금성자산에 해당하지 아니한다.

ㄷ. 현금 및 현금성자산은 취득일로부터 상환일까지의 기간이 3개월 이내의 것을 말한다.

ㄹ. 현금 및 현금성자산은 큰 거래비용 없이 현금전환이 용이하고 가치변동의 위험이 경미한 자산이므로 가치변동이 큰 상장기업의 보통주는 현금 및 현금성자산에 해당하지 않는다.

ㅁ. 재취득한 자기지분상품은 자기주식으로 현금 및 현금성자산이 아닌 자본조정항목에 해당한다.

03 해설

공정가치를 측정하기 위해 사용하는 가치평가기법은 관측할 수 있는 투입변수를 최대한으로 사용하고 관측할 수 없는 투입변수는 최소한으로 사용한다.

04 해설

금융부채의 공정가치 하락에 따라 ₩15,000의 손익 증가 효과가 있으나 이 중 신용위험 변동으로 발생한 ₩5,000의 손익은 기타포괄손익으로 분류한다. 즉, 당기순이익에 미치는 영향은 ₩10,000 증가이다.

(차) 당기손익 – 공정가치 측정 금융부채 15,000 (대) 신용위험 변동으로 인한 평가이익(기타포괄손익) 5,000
당기손익 – 공정가치 측정 금융부채 평가이익 10,000

05 [해설]

사업결합 시 이전대가가 피취득자의 순자산 공정가치를 초과한 금액을 영업권이라고 칭한다. 영업권은 개별적으로 식별하여 인식할 수 없으며, 손상징후와 관계없이 매년 손상검사를 실시한다. 영업권은 손상의 인식은 있으나 손상차손환입은 인식하지 않는다.

06 [해설]

20×1년 말	(차) 상각비	10,000	(대) 사용권자산	10,000
	(차) 재평가손실	5,000	(대) 사용권자산	5,000
	(차) 이자비용	6,000	(대) 현금	13,870
	리스부채	7,870		

→ 20×1년 말 당기순이익에 미치는 영향 = (₩10,000) + (₩5,000) + (₩6,000) = (₩21,000) 감소

07 [해설]

20×1년 말 자본 = ₩10,000(20×1년 초 자본) − ₩600(자기주식 취득) + ₩1,000(당기순이익 발생)
           + ₩800(기타포괄이익 발생) = ₩11,200
* 무상증자 시행, 주식배당 결의, 자기주식 소각은 자본의 변화를 초래하지 않는다.

08 [해설]

1) 포인트의 개별판매가격 = 2,000포인트 × 75% × ₩0.7 = ₩1,050
   ※ 거래가격 ₩10,000은 제품의 개별판매가격 ₩9,450과 포인트의 개별판매가격 ₩1,050의 비율대로 배분한다.
2) 20×1년 말 재무상태표에 인식할 포인트 관련 이연수익(부채) = ₩10,000 × (₩1,050/₩10,500) = ₩1,000

09 [해설]

* 전환상환우선주 전환 시 자본증가액 = 부채감소액
1) 20×2년 초 부채장부금액 = ₩80,000 × 1.1 − ₩2,000 = ₩86,000
2) 20×2년 초 자본증가액 = ₩86,000 × 40% = ₩34,400

10 [해설]

ㄱ. 타처에 보관 중인 원재료는 ㈜감평의 재고자산이므로 기말재고자산에 포함시킨다.
ㄴ. FOB 선적지 인도조건으로 판매한 상품은 매출이 성립하였으므로 기말재고자산에 포함시키지 않는다.
ㄷ. 고객에게 인도한 시송품 중 고객이 사용의사를 표시한 경우 매출이 성립하였으므로 기말재고자산에 포함시키지 않는다.
ㄹ. FOB 도착지 인도조건으로 매입한 상품은 도착시점에 재고자산에 포함시킨다.

11 [해설]

변동대가의 추정이 가능한 경우, 계약에서 가능한 결과치가 두 가지뿐일 경우에는 가능성이 가장 높은 금액이 변동대가의 적절한 추정치가 될 수 있다.

12 해설

공정가치로 평가하게 될 자가건설 투자부동산의 건설이나 개발이 완료되면 해당일의 공정가치와 기존 장부금액의 차액은 당기손익으로 인식한다.

13 해설

수익과 비용의 어느 항목도 포괄손익계산서 또는 주석에 특별손익항목으로 표시하지 않는다.

14 해설

1) 20×3년 말 감가상각누계액 = (₩1,000,000 − ₩50,000) × 3/5 = ₩570,000
2) 20×4년 감가상각비(₩100,000) = (₩430,000 − 잔존가치) × 1/4
→ 잔존가치 = ₩30,000

15 해설

매입원가 = ₩110,000(당기매입액) − ₩10,000(환급예정인 매입세액) + ₩10,000(매입운임) + ₩5,000(하역료) − ₩5,000(매입할인) − ₩2,000(리베이트) + ₩500(관세납부금) = ₩108,500
* 후속 생산 단계에 투입하기 전에 보관이 필요한 경우 이외의 보관료는 매입원가에 포함하지 않고 발생시점의 비용으로 인식한다.

16 해설

1) 기계장치 취득원가(현금가격상당액) = ₩100,000 × 2.40183 = ₩240,183
2) 20×1년도 기계장치 감가상각비 = (₩240,183 − ₩0) × 1/3 = ₩80,061
3) 20×1년도 이자비용 = ₩240,183 × 12% = ₩28,822
4) 20×1년 ㈜감평이 인식할 비용 = ₩80,061(감가상각비) + ₩28,822(이자비용) = ₩108,883

17 해설

1) 20×1년 7월 초 공정가치 미만의 유상증자
  ㉠ 공정가치로 발행한 유상증자 주식수 = 2,000주 × (₩40,000/₩50,000) = 1,600주
  ㉡ 무상증자 주식수 = 2,000주 − 1,600주 = 400주
  ㉢ 기초유통보통주식수에 배부되는 무상증자 주식수 = 400주 × (18,400주/20,000주) = 368주
  ㉣ 당기 공정가치 발행 유상증자 주식수에 배부되는 무상증자 주식수 = 400주 − 368주 = 32주
2) 20×1년 가중평균유통보통주식수 = (18,400주 + 368주) × 12/12 + (1,600주 + 32주) × 6/12
  − 1,500주 × 4/12 = 19,084주

18 해설

충당부채 = ₩120,000(원상복구원가의 현재가치금액) + ₩350,000(보증비용 전액) = ₩470,000
* 구조조정계획은 이행에 착수하지 않았으므로 충당부채 요건을 충족하지 못하였으며, 소송은 손해발생 가능성이 높지 않으므로 우발부채로 주석공시한다. 미래의 예상 영업손실은 충당부채로 인식하지 않으며, 보증비용은 보험사에서 일부 대리변제를 하더라도 인식할 충당부채는 관련의무금액 전액이다.

19 해설

1) 20×1년 과세소득 = ₩500,000(회계이익) + ₩20,000(벌과금 손금불산입) + ₩15,000(접대비한도초과액) + ₩15,000(감가상각비한도초과액) = ₩550,000
2) 20×1년 당기법인세 = ₩550,000 × 20% = ₩110,000
3) 20×1년 이연법인세자산 = ₩15,000(감가상각비 한도초과액) × 20% = ₩3,000
4) 20×1년도 법인세회계
   (차) 이연법인세자산   3,000   (대) 미지급법인세   110,000
   법인세비용   107,000
5) 유효법인세율 = ₩107,000(법인세비용) ÷ ₩500,000(법인세비용차감전순이익) = 21.4%

20 해설

1) 20×3년 초 개발비 장부금액 = ₩50,000 + ₩100,000 = ₩150,000
   * 개발비의 원가는 자산인식 요건을 충족한 이후 지출분의 합이다.
2) 20×3년 말 상각후 장부금액 = ₩150,000 − {(₩150,000 − ₩0) × 1/10} = ₩135,000
3) 20×3년 개발비 손상차손 = ₩135,000(장부금액) − ₩80,000(회수가능액) = ₩55,000

21 해설

고객과의 계약으로 식별하기 위해서는 계약에 상업적 실질이 있어야 한다.

22 해설

직접 소유 또는 금융리스를 통해 보유하고 운용리스로 제공하고 있는 건물 − 투자부동산

23 해설

1) 20×1년 초 적송품 원가 = 10대 × ₩700 + ₩100(적송운임) = ₩7,100
2) 20×1년 매출원가 = ₩7,100 × (7대/10대) = ₩4,970

24 해설

1) 20×2년 말 재무상태표상 장기미지급비용 = ₩6,000 + ₩6,500 = ₩12,500
2) 20×3년 주식보상비용 = 70명 × 20개 × ₩15 − ₩12,500(20×2년 말 장기미지급비용) − (10명 × 20개 × ₩5) = ₩7,500
* 20×3년에 10명이 권리를 행사하였고 권리행사자는 개당 내재가치 ₩10만큼 권리를 실현하였으나, 20×3년 말에 행사자에 대한 주가차액보상권도 개당 공정가치 ₩15으로 평가하였으므로 ₩15과 ₩10의 차액인 개당 ₩5원의 차액을 주식보상비용에서 차감한다.

25 해설

20×1년 초 (차) FVOCI 선택 금융자산   3,750   (대) 현금   3,750
20×1년 말 (차) FVOCI 선택 금융자산   1,050   (대) FVOCI 선택 금융자산 평가이익   1,050
※ 20×1년 초 FVOCI 선택 금융자산 취득원가 = 20주 × ₩180 + ₩150(거래원가) = ₩3,750
※ 20×1년 말 FVOCI 선택 금융자산 평가이익 = 20주 × ₩240 − ₩3,750 = ₩1,050

26 해설

20×2년 순현금흐름 = ₩900(발생주의 순이익) + ₩200(재고자산 감소) − ₩300(미수수익 증가)
+ ₩100(매출채권 감소) − ₩300(미지급비용 감소) = (+)₩600

27 해설

20×2년 기초재고   ₩300 감소
(−) 20×2년 기말재고   ₩600 증가
 = 20×2년 매출원가   ₩900 감소
  20×2년 당기순이익   ₩900 증가
→ 변경 후 20×2년 당기순이익 = ₩2,000 + ₩900 = ₩2,900

28 해설

20×3년 초에 오류를 발견하였고 20×1년, 20×2년 장부는 마감되었으므로 20×1년과 20×2년의 오류는 전기
오류수정손익이 되어 이익잉여금에 반영된다. 20×3년도 당기순이익에는 영향이 없다.
20×3년 초 (차) 감가상각누계액   1,500   (대) 기계장치   2,500
                 이익잉여금   1,000

29 해설

20×1년 손상차손 = ₩3,500(20×1년 말 장부금액) − ₩1,800(회수가능액) = ₩1,700
* 회수가능액 = max[₩1,200(순공정가치), ₩1,800(사용가치)] = ₩1,800

30 해설

1) 개시일부터 20×2년 말까지의 충당부채 설정액 = (1,500대 + 4,000대) × ₩20 × 3% = ₩3,300
2) 20×2년 말 보증손실충당부채(잔액) = ₩3,300 − (50대 × ₩20) = ₩2,300

31 해설

① 제약이론을 원가관리에 적용한 재료처리량공헌이익(throughput contribution)은 매출액에서 직접재료원가를
차감하여 계산한다.
② 수명주기원가계산에서는 제조이전단계에서의 원가절감을 강조한다.
③ 목표원가계산은 제조이전단계에서의 원가절감을 강조한다.
⑤ 품질원가계산에서는 내부실패원가와 외부실패원가를 실패원가라 하며, 예방 및 평가활동을 통해 이를 절감할
수 있다.

32 해설

1) 정상공손수량 = 10,000개(당기검사합격물량) × 10% = 1,000개
※ 기초재공품은 전기에 검사를 통과하였으며 기말재공품은 60%만 완성되었으므로 당기 중 검사를 통과하지
못했다. 당기 중 검사를 통과한 합격품은 당기착수완성품인 10,000개다.
2) 정상공손원가 = 1,000개 × 100% × ₩30(직접재료원가 단위당 원가) + 1,000개 × 70%(검사시점) × ₩20
(전환원가의 단위당 원가) = ₩44,000

33 해설

증분수익 : 광고선전비 감소액	₩60,000
증분비용 : B부문 공헌이익 감소	(100,000)
C부문 공헌이익 감소(₩280,000 × 20%)	(56,000)
증분손실 :	(₩96,000)

34 해설

1) 변동제조간접원가 소비차이(₩3,000 유리) → ₩23,000(실제발생액) < 10,400시간 × 표준배부율(?)
   → 표준배부율 = ₩2.5
2) 변동제조간접원가 능률차이(₩2,000 불리) → 10,400시간 × ₩2.5 > 실제생산량(?) × 2시간 × ₩2.5
   → 실제생산량 = 4,800개

35 해설

1) E : 5,000개 × ₩30 = ₩150,000
2) A : 2,000개 × ₩20 = ₩40,000
3) B : ₩50,000(고정원가의 총원가는 생산량과 관계없이 일정하다.)
4) C : ₩20(단위당 변동원가는 생산량과 관계없이 일정하다.)
5) D : ₩20 + (₩50,000 ÷ 2,000개) = ₩45

36 해설

1) 예정배부율 = ₩928,000(예산) ÷ 80,000시간(예정조업도) = ₩11.6(기계작업시간)
2) 제조간접원가 예정배부액(₩840,710) = 실제 기계작업시간 × ₩11.6(예정배부율)
   → 실제 기계작업시간 = 72,475시간

37 해설

1) 변동원가계산 영업이익   기초재고수량(?)
     + 기말재고에 포함된 고정제조간접원가   500개 × ₩150
     <u>− 기초재고에 포함된 고정제조간접원가   기초재고수량(?) × ₩150</u>
     = 전부원가계산 영업이익   기초재고수량(?) − ₩30,000
   → 기초재고수량 = 700개
2) 단위당 고정제조간접원가 = ₩750,000 ÷ 5,000개(생산량) = ₩150

38 해설

1) 영업레버리지도 = ₩500,000(공헌이익) ÷ ₩200,000(영업이익) = 2.5
2) 20×2년 예상영업이익 = ₩200,000 × (1 + 20% × 2.5배) = ₩300,000

39 해설

1) ㈜감평의 전체공헌이익 = ₩3,000,000(영업이익) + ₩2,250,000(고정원가) = ₩5,250,000
2) ㈜감평의 전체공헌이익률 = ₩5,250,000(공헌이익) ÷ ₩15,000,000(매출액) = 35%
3) 공헌이익률(35%) = 23%(제품 A의 공헌이익률) × 0.25 + 제품 B의 공헌이익률(?) × 0.75
   → 제품 B의 공헌이익률 = 39%

40 [해설]

1) 영업이익 = ₩2,500,000(평균영업용자산) × 10%(ROI) = ₩250,000
2) 잔여이익(₩25,000) = ₩250,000(영업이익) − {₩2,500,000(평균영업용자산) × 최저필수수익률(?)}
   → 최저필수수익률 = 9%

2020년 31회 정답 및 해설

정답

01 ②	02 ⑤	03 ③	04 ③	05 ①	06 ④	07 ⑤	08 ②	09 ②	10 ①
11 ①	12 ⑤	13 ①	14 ②	15 ①	16 ②	17 ③	18 ④	19 ④	20 ④
21 ②	22 ④	23 ④	24 ②	25 ④	26 ③	27 모두 정답	28 ③	29 ③	30 ⑤
31 ④	32 ⑤	33 ①	34 ②	35 ⑤	36 ①	37 ⑤	38 ③	39 ④	40 ③

01 해설

중요성은 개별 기업 재무보고서 관점에서 해당 정보와 관련된 항목의 성격이나 규모 또는 이 둘 모두에 근거하여 해당 기업에 특유한 측면의 목적적합성을 의미하므로 회계기준위원회는 중요성에 대한 획일적인 계량 임계치를 정하거나 특정한 상황에서 무엇이 중요한 것인지를 미리 결정할 수 없다.

02 해설

① 비용을 기능별로 분류하는 경우에는 적어도 매출원가를 다른 비용과 분리하여 공시해야 한다.
② 기타포괄손익의 항목(재분류조정 포함)과 관련된 법인세비용 금액은 포괄손익계산서에 표시하거나 주석을 통해 공시한다.
③ 유동자산과 비유동자산을 구분하여 표시하는 경우라면 이연법인세자산을 비유동자산으로 분류한다.
④ 중요하지 않은 항목은 유사한 항목과 통합하여 표시할 수 있다.

03 해설

1) 20×1년 1월 1일 건물의 취득원가 = $5,000 × ₩1,800 = ₩9,000,000
2) 20×1년 12월 31일 감가상각 후 장부금액 = ₩9,000,000 − (₩9,000,000 × 1/5) = ₩7,200,000
3) 20×1년 12월 31일 공정가치 = $6,000 × ₩1,500 = ₩9,000,000
4) 20×1년 말 재평가잉여금 = ₩9,000,000(공정가치) − ₩7,200,000(장부금액) = ₩1,800,000

04 해설

1) 무이자부 어음일 경우 처분손실(A) = ₩1,200,000 × 12% × 1/12 = ₩12,000
2) 이자부어음일 경우 처분손실(B)
　㉠ 만기금액 = ₩1,200,000 + ₩1,200,000 × 9% × 4/12 = ₩1,236,000
　㉡ 할인액 = ₩1,236,000 × 12% × 1/12 = ₩12,360
　㉢ 현금수령액 = ₩1,236,000 − ₩12,360 = ₩1,223,640
　㉣ 처분손실= ₩1,223,640(현금수령액) − ₩1,227,000(할인일의 어음가치) = (₩3,360)
　　※ 할인일의 어음가치 = ₩1,200,000 + ₩1,200,000 × 9% × 3/12 = ₩1,227,000

05 해설

1) 투자부동산의 공정가치모형 적용 시 20×1년도 당기순이익(투자부동산평가손실)
   = ₩800,000(20×1년 말 공정가치) − ₩1,000,000(20×1년 초 장부금액) = (₩200,000) 감소
2) 원가모형 적용 시 20×1년도 당기순이익(감가상각비)
   = (₩1,000,000 − ₩100,000) × 1/5 = ₩180,000 감소
3) 원가모형을 적용할 경우 당기비용이 ₩20,000 더 적게 인식되므로 당기순이익은 ₩20,000 증가한다.

06 해설

1) 20×1년 말 감가상각 후 장부금액 = ₩1,600,000 − (₩1,600,000 × 1/4) = ₩1,200,000
2) 회수가능액 = max[순공정가치(₩690,000), 사용가치(₩706,304)] = ₩706,304
   * 사용가치는 매년 말 유입되는 순현금유입액과 궁극적인 처분에 따른 지출액을 현재가치한 값이다.
   * 20×1년 말 사용가치 = ₩300,000 × 2.4018 − ₩20,000(철거비) × 0.7118 = ₩706,304
3) 20×1년 손상차손 = ₩1,200,000(장부금액) − ₩706,304(회수가능액) = ₩493,696

07 해설

1) 20×1년도 환경설비 취득원가 = ₩5,000,000 + ₩124,180(복구충당부채) = ₩5,124,180
   * 20×1년 초 복구충당부채 = ₩200,000 × 0.6209(5기간, 10%, 현가) = ₩124,180
2) 20×1년 말 환경설비 장부금액 = ₩5,124,180 − (₩5,124,180 × 1/5) = ₩4,099,344
3) 20×1년 말 복구충당부채 장부금액 = ₩124,180 + ₩124,180 × 10% = ₩136,598
4) 20×2년 초 새로 추정된 복구충당부채 = ₩300,000 × 0.6355(4기간, 12%, 현가) = ₩190,650
5) 복구충당부채 증가금액 = ₩190,650 − ₩136,598 = ₩54,052
   → 관련 의무가 증가하였으므로 환경설비 장부금액에 ₩54,052를 증가시킨다.
6) 20×2년도 총비용
   ㉠ 20×2년 감가상각비 = (₩4,099,344 + ₩54,052) × 1/4 = ₩1,038,349
   ㉡ 20×2년 복구충당부채 이자비용 = ₩190,650 × 12% = ₩22,878
   ㉢ 20×2년도 총비용 = ₩1,038,349(감가상각비) + ₩22,878(이자비용) = ₩1,061,227

08 해설

회사가 유지·관리하는 상하수도 공사비나 내용연수가 영구적이지 않은 배수공사비용 및 조경공사비용은 토지 원가가 아닌 별도자산으로 인식한다.

09 해설

1) 재고자산감모손실과 재고자산평가손실을 모두 매출원가에 포함하므로 판매가능재고에서 차감할 기말재고는 저가재고이다.
   저가재고 = ₩10,000(기초재고) + ₩30,000(당기매입) − ₩36,000(매출원가) = ₩4,000
2) 저가재고(₩4,000) = 실제재고수량(?) × min[₩100(취득원가), ₩80(순실현가능가치)]
   → 실제재고수량 = 50개

10 해설

* 개발비의 원가는 무형자산 인식기준 충족 이후 지출분의 합이다.
1) 20×3년 1월 1일 개발비의 원가 = ₩500,000 + ₩400,000 = ₩900,000
2) 20×3년 개발비 상각액 = (₩900,000 − ₩0) × 1/4 = ₩225,000

11 **해설**

1) 발행시점의 사채 현금흐름을 시장이자율(12%)로 할인한 현재가치
   = ₩1,000,000 × 0.7118 + ₩100,000 × 2.4018 = ₩951,980
2) 발행시점의 사채 현금흐름을 유효이자율(13%)로 할인한 현재가치
   = ₩1,000,000 × 0.6931 + ₩100,000 × 2.3612 = ₩929,220
3) 사채발행비 = ₩951,980 - ₩929,220 = ₩22,760

12 **해설**

해당 문제는 순확정급여부채로 제시를 하였기 때문에 부채를 증가시키면 +로 가산하고, 자산을 증가시키면 -로 차감하여야 한다.
1) 20×1년 말 순확정급여부채 = ₩20,000(기초 순확정급여부채) + ₩1,200(순이자) + ₩85,000(당기근무원가)
   - ₩60,000(사외적립자산 출연) + ₩2,800(재측정요소 순액) = ₩49,000
   * 퇴직종업원에게 지급한 현금은 부채와 자산에 동일한 금액이 반대로 영향을 주기 때문에 순확정급여부채에 영향을 주지 않는다.
2) 퇴직급여관련비용 = ₩1,200(순이자) + ₩85,000(당기근무원가) = ₩86,200

13 **해설**

1) 주식선택권 행사 시 회계처리

   (차) 현금   수량 × ₩7,000(행사가격)   (대) 자본금   수량 × ₩5,000(액면금액)
       주식선택권   수량 × ₩1,000(공정가)   주식발행초과금   ?
2) 증가하는 주식발행초과금 = 35명 × 10개 × 60% × ₩3,000 = ₩630,000

14 **해설**

20×1.1.1.	(차) 현금	100,000	(대) 계약부채	100,000
20×1.12.31.	(차) 이자비용	10,000	(대) 계약부채	10,000
20×2.12.31.	(차) 이자비용	11,000	(대) 계약부채	11,000
	(차) 계약부채	121,000	(대) 매출수익	121,000

15 **해설**

① 대안 Ⅰ의 회계처리

(차) 현금	25,000	(대) 토지		30,000
처분손실	5,000			
(차) 차입금	25,000	(대) 현금		25,000

   → 해당 거래로 부채는 ₩25,000 감소하며, 자산은 ₩30,000 감소하여 자본은 ₩5,000 감소한다.
     거래 이후 부채비율 = ₩55,000 ÷ ₩15,000 = 약 367%로 부채비율이 감소한다.
② 토지A를 처분만 하는 경우 부채는 불변하고, 자산은 ₩5,000 감소하여 자본은 ₩5,000 감소한다. 부채비율은 자본의 감소로 오히려 증가한다.
③ 대안 Ⅱ의 회계처리

(차) 현금	25,000	(대) 자본금		25,000
(차) 차입금	25,000	(대) 현금		25,000

→ 해당 거래로 부채는 ₩25,000 감소하고, 자산은 불변하며 자본은 ₩25,000 증가한다. 부채비율은 부채감소와 자본 증가로 인해 감소한다.

④ 유상증자만 하고 차입금을 상환하지 않는 경우 부채는 불변하나 자본은 ₩25,000 증가하므로 부채비율은 감소한다.

⑤ 토지 B에 대한 재평가를 실시하면 부채는 불변하고 자산은 증가하며, 자본은 증가한다. 해당 거래로 인해 부채비율은 감소한다.

16 해설

1) 20×1년 말 자본총계 = ₩3,000,000(기초자본) − ₩1,000,000(자기주식 취득) + ₩1,000,000(당기순이익) = ₩3,000,000

2) 20×1년 말 부채총계 = ₩3,000,000(자본총계) × 200%(부채비율) = ₩6,000,000

3) 자기주식 50주를 주당 ₩15,000에 처분 시 부채총계는 변화하지 않지만 자본총계는 자기주식처분에 따른 현금유입액만큼 증가하므로 ₩750,000 증가한다.

→ 20×2년 초 부채비율 = ₩6,000,000(부채총계) ÷ ₩3,000,000(주주지분) = 200%

해당 거래 후 부채비율 = ₩6,000,000 ÷ ₩3,750,000 = 160%

4) 보통주 50주를 주당 ₩10,000에 유상증자하는 경우

(차) 현금　　　　　　　　　500,000　(대) 자본금　　　　　　　250,000
　　　　　　　　　　　　　　　　　　　　주식발행초과금　　　　250,000

→ 총부채는 불변하고, 자본은 ₩500,000 증가한다.

해당거래 후 부채비율 = ₩6,000,000 ÷ (₩3,000,000 + ₩500,000) = 약 171%가 된다.

※ 자기주식의 소각, 주식배당, 무상증자는 자본총계를 변화시키지 않으므로 부채비율은 영향을 받지 않는다.

17 해설

1) 지방자치단체로부터 차입한 자금의 20×1년 초 공정가치 = ₩100,000 × 0.7350 = ₩73,500
지방자치단체로부터 ₩100,000을 차입하였으므로 공정가치보다 초과 수령한 금액이 정부보조금이 된다. 정부보조금은 ₩100,000 − ₩73,500 = ₩26,500이다.

2) 20×1년 말 장부금액 = ₩100,000 − ₩25,000(감가상각누계액) − ₩19,875(정부보조금 잔액) = ₩55,125
* 20×1년 말 정부보조금 잔액 = ₩26,500 − (₩26,500 × 1/4) = ₩19,875

18 해설

1) 20×1년 말 장부금액 = ₩1,000,000 − {(₩1,000,000 − ₩0) × 1/5} = ₩800,000

2) 20×2년 감가상각비 = (₩800,000 + ₩325,000) × 2/6(이중체감법) = ₩375,000

3) 20×2년 말 장부금액 = ₩1,125,000(20×2년 초 장부금액) − ₩375,000 = ₩750,000

4) 20×3년 초 처분 시 수취한 현금 = ₩750,000(장부금액) + ₩10,000(처분이익) = ₩760,000

19 해설

리스자산 공정가(₩1,000,000) + 리스제공자의 리스개설직접원가(₩0) = 고정리스료(?) × 3.1699(4기간, 10%, 연금현가계수) + ₩400,000(매수선택권 행사가격) × 0.6830

→ 고정리스료 = ₩229,282

※ 고정리스료는 리스제공자가 결정한다. 해당 문제에서는 리스이용자인 ㈜감평의 리스개설직접원가가 제시되어 있는데 고정리스료 결정에 반영되는 리스개설직접원가는 리스제공자의 리스개설직접원가이므로 해당 부분을 잘 구분하여야 한다.

20 해설

1) 20×1년 초 신용기간을 이연하여 판매한 매출의 매출채권 = ₩40,000 × 2.7232 = ₩108,928
   ㉠ 20×1년 말 매출채권 장부금액 = ₩108,928 × 1.05 − ₩40,000 = ₩74,374
   ㉡ 20×2년도 이자수익 = ₩74,374 × 5% = ₩3,719
2) 해당 거래는 재매입약정이 존재하는 거래로 20×1년 12월 1일에는 매출을 인식하지 않으며 풋옵션 행사가 유의적이기 때문에 20×1년 12월 1일에는 매출이 아닌 금융약정으로 회계처리한다.

20×1.12.1.	(차) 현금	120,000	(대) 계약부채	120,000
20×1.12.31.	(차) 이자비용	2,500	(대) 계약부채	2,500
20×2.1.31.	(차) 이자비용	2,500	(대) 계약부채	2,500
	(차) 계약부채	125,000	(대) 매출	125,000
	(차) 매출원가	50,000	(대) 상품	50,000

   → 풋옵션이 행사되지 않은 채 20×2년에 소멸되었으므로 소멸된 20×2년도에 매출을 인식한다.
3) 20×2년 총수익 = ₩3,719(이자수익) + ₩125,000(매출) = ₩128,719

21 해설

* 영업에서 창출된 현금과 영업활동순현금흐름과의 차이는 이자, 배당, 법인세로 인한 현금 유·출입을 직접법으로 계산하여 별도로 표기함에 따른 것이다.
1) 영업에서 창출된 현금(₩100,000) = 법인세비용차감전순이익(?) + ₩1,500(감가상각비) + ₩2,700(이자비용은 직접법으로 산출하기 위해 제거한다.) − ₩700(사채상환이익) − ₩4,800(매출채권 증가) + ₩2,500(재고자산 감소) + ₩3,500(매입채무 증가)
   → 법인세비용차감전순이익 = ₩95,300
2) 영업활동순현금흐름 = ₩100,000(영업에서 창출된 현금) − ₩1,700(이자지급액) − ₩6,000(법인세지급액)
   = ₩92,300
3) 직접법 방식으로 산출한 이자지급액과 법인세지급액

이자비용	(₩2,700)	법인세비용	(₩4,000)
미지급이자 증가	1,000	미지급법인세감소	(2,000)
이자지급액(현금)	(₩1,700)	법인세지급액(현금)	(₩6,000)

22 해설

1) 당기법인세 = {₩490,000(회계이익) + ₩125,000(감가상각비한도초과액) + ₩60,000(접대비한도초과액) − ₩25,000(미수이자)} × 20% = ₩130,000
2) 이연법인세자산 = ₩125,000(감가상각비한도초과액) × 20% = ₩25,000
   이연법인세부채 = ₩25,000(미수이자) × 20% = ₩5,000
3) 법인세회계

(차) 이연법인세자산	25,000	(대) 미지급법인세	130,000
법인세비용	110,000	이연법인세부채	5,000

23 해설

1) 20×1년 7월 1일의 유상증자는 공정가치 미만의 유상증자이므로 500주(공정가치 발행분)와 1,300주(무상증자 요소)를 분리하여 1,300주는 기초유통주식수인 12,000주와 7월 1일 공정가치발행분 500주에 배분한다.
   ㉠ 기초유통주식수에 배분할 무상증자 요소 = 1,300주 × (12,000주/12,500주) = 1,248주

© 7월 1일 유상증자 주식에 배분할 무상증자 요소 = 1,300주 − 1,248주 = 52주
2) 가중평균유통보통주식수 = 13,248주 × 12/12 + 552주 × 6/12 − 1,800주 × 3/12 = 13,074주
3) 당기순이익 = 13,074주 × ₩900(기본주당이익) = ₩11,766,600

24 해설▶

(차) 감가상각누계액	340,000	(대) 감평의 기계장치	800,000
기계장치	470,000	현금	?
처분손실	10,000		

→ 현금 = ₩20,000

25 해설▶

1) 20×1년 1월 1일 전환사채 발행 당시의 부분재무상태표

부분재무상태표	
자산	부채
	전환사채 ₩100,000
	상환할증금 5,348
	전환권조정 (11,414)
	장부금액 ₩93,934
	자본
	전환권대가 ₩6,066

2) 20×2년 초 부채요소의 장부금액 = ₩93,934 + ₩3,087(전환권조정 상각액) = ₩97,021
3) 20×2년 전환사채 행사 시 증가하는 주식발행초과금
= 부채감소액 − 자본금 + 전환권대가 대체액
= ₩97,021 × 60% − 60주 × ₩500 + ₩6,066 × 60% = ₩31,853
* 전환권행사 시 발행되는 주식수 = ₩60,000 ÷ ₩1,000(전환가격) = 60주

26 해설▶

* 재고자산감모손실 = 장부재고금액 − 실사재고금액
1) 실사재고금액(실지재고수량 × 단위당원가)
= 800개 × ₩100 + 250개 × ₩180 + 400개 × ₩250 = ₩225,000
2) 재고자산감모손실 = ₩250,000(장부재고) − ₩225,000(실사재고) = ₩25,000

27 해설▶

1) 20×1년 말 재평가잉여금 = ₩850,000(공정가치) − ₩800,000(장부금액) = ₩50,000
* 20×1년도는 회수가능액이 ₩900,000이므로 손상은 발생하지 않았다.
2) 20×2년 말 손상인식 전 감가상각 후 장부금액 = ₩850,000 − (₩850,000 × 1/4) = ₩637,500
→ 재평가잉여금 ₩50,000을 모두 상각하고도 손상차손이 ₩12,500 발생하였으므로 회수가능액은 ₩637,500
− ₩62,500 = ₩575,000이다. 순공정가치는 ₩568,000으로 사용가치보다 작기 때문에 회수가능액은
사용가치로 결정되었고 사용가치는 ₩575,000임을 알 수 있다.

> 해당 문제는 재평가 시 재평가잉여금을 이익잉여금으로 대체할 수 있는데 해당 부분에 대한 단서규정이 없어 모두 정답 처리되었다. 다만, 재평가잉여금의 이익잉여금 대체는 선택사항이라 구체적인 언급이 없는 경우 대체하지 않는 것으로 풀이하는데 이에 따라 회계처리를 수행하면 정답은 ④가 된다.

28 해설

1) 20×1년 초 AC 금융자산의 공정가치 = ₩2,000,000 × 0.7938 + ₩80,000 × 2.5771 = ₩1,793,768
2) 20×1년 초 건물의 취득가액 = ₩10,000,000 + ₩206,232(공채 부수취득에 따른 차액) = ₩10,206,232

20×1.1.1	(차) 건물	10,206,232	(대) 현금	12,000,000
	AC금융자산	1,793,768		

3) 20×1년 말 건물의 감가상각비 = (₩10,206,232 − ₩0) × 1/10 = ₩1,020,623
4) 20×1년 말 AC금융자산의 이자수익 = ₩1,793,768 × 8% = ₩143,501
5) 20×1년 당기순이익에 미치는 영향 = (₩1,020,623) + ₩143,501 = ₩877,122 감소

29 해설

20×1.10.1.	(차) 감가상각비	180,000	(대) 감가상각누계액	180,000
	(차) 감가상각누계액	180,000	(대) 건물	2,400,000
	투자부동산	2,300,000	재평가잉여금	80,000
20×1.12.31.	(차) 투자부동산평가손실	250,000	(대) 투자부동산	250,000

1) 20×1년 당기순이익에 미치는 영향 = (₩180,000) + (₩250,000) = ₩430,000 감소
2) 20×1년 기타포괄이익에 미치는 영향 = ₩80,000(재평가잉여금) 증가

30 해설

① 당기손익 − 공정가치(FVPL) 측정 금융자산으로 분류하였을 경우, 20×1년 당기순이익은 ₩40,000(이자수익) + ₩28,116(FVPL금융자산평가이익) = ₩68,116 증가한다.
② 상각후원가(AC) 측정 금융자산으로 분류하였을 경우, 20×1년 당기순이익은 이자수익(₩896,884 × 8% = ₩71,751)만큼 증가한다.
③ 기타포괄손익 − 공정가치(FVOCI) 측정 금융자산으로 분류하였을 경우에도 AC금융자산과 동일하게 20×1년도 당기순이익은 ₩71,751(이자수익)만큼 증가한다.
④ 20×2년 초 AC금융자산 처분이익(당기순이익) = ₩940,000 − ₩928,635 = ₩11,365 증가
⑤ 투자채무상품은 AC 금융자산으로 분류하나 FVOCI 금융자산으로 분류하나 처분손익은 동일하게 인식된다. 20×2년 당기순이익은 처분이익에 따라 ₩11,365 증가한다.

31 해설

재공품			
기초재공품	₩40,000	당기제품제조원가	₩140,000
직접재료원가	30,000		
직접노무원가	80,000		
제조간접원가	40,000	기말재공품	50,000

* 직접노무원가 발생액

(차) 직접노무원가	15,000	(대) 선급노무원가	15,000
(차) 직접노무원가	65,000	(대) 현금지급액	45,000
		미지급노무원가	20,000

32 해설

1) 상호배분법에 따른 연립방정식
   S1 = ₩270,000 + 0.2S2
   S2 = ₩450,000 + 0.5S1
   → S1 = ₩400,000, S2 = ₩650,000
2) P1의 총원가(₩590,000) = ₩250,000(부문발생원가) + 20% × ₩400,000 + 용역제공비율(?) × ₩650,000
   → 용역제공비율 = 40%

33 해설

1) 선입선출법에 따른 완성품환산량
   ㉠ 직접재료원가 = 10,000단위(기초재공품) × 0% + 22,000단위(당기착수완성품) × 100% + 8,000단위
   (기말재공품) × 100% = 30,000단위
   ㉡ 가공원가 = 10,000단위(기초재공품) × 60% + 22,000단위(당기착수완성품) × 100% + 8,000단위(기말재공품) × 50% = 32,000단위
2) 완성품환산량 단위당 원가(선입선출법)
   직접재료원가 = ₩450,000(당기발생원가) ÷ 30,000단위 = ₩15
   가공원가 = ₩576,000(당기발생원가) ÷ 32,000단위 = ₩18
3) 기말재공품원가 = 8,000단위 × ₩15 + 4,000단위 × ₩18 = ₩192,000
4) 완성품원가 = ₩242,000(기초재공품원가) + 22,000단위 × ₩15 + 28,000단위 × ₩18 = ₩1,076,000

34 해설

1) 제품 A의 추가가공의사결정
   증분수익 = 400단위 × (₩450 − ₩120) = ₩132,000
   증분비용 = 추가가공원가   (₩150,000)
   증분손실   = (₩18,000)
2) 제품 B의 추가가공의사결정
   증분수익 = 450단위 × (₩380 − ₩150) = ₩103,500
   증분비용 = 추가가공원가   (₩80,000)
   증분이익   = ₩23,500
3) 제품 C의 증분수익 ₩65,000에 증분비용 ₩70,000을 차감하면 증분손실 ₩5,000이 발생한다. 추가가공 시 증분이익이 발생하는 B만 가공공정을 거치는 것이 이익을 극대화할 수 있으며, 결합원가는 매몰원가로 추가가공 의사결정에서는 고려할 필요가 없다.

35 해설

1) 실제 생산량에 허용된 표준노무시간 = 25,000단위(실제생산량) × 2시간 = 50,000시간
2) 능률차이(₩60,000 불리) → 실제직접노무시간(?) × ₩12 > 50,000시간 × ₩12
   → 실제직접노무시간 = 55,000시간

36 해설

1) 변동원가계산 영업이익(₩352,000) + 기말제품재고액의 차이 − 기초제품재고액의 차이(₩20,000) = 전부
   원가계산 영업이익(₩374,000)
   → 기말제품재고액의 차이 = ₩42,000
2) 변동원가계산에 의한 기말제품재고액은 전부원가계산에 의한 기말제품재고액보다 ₩42,000 작으므로
   변동원가계산에 의한 기말제품재고액은 ₩78,000 − ₩42,000 = ₩36,000이다.

37 해설

1) 손익분기점 매출액 = ₩90,000(총고정비) ÷ 30%(공헌이익률) = ₩300,000
2) 세후목표이익 달성을 위한 매출액 = (₩90,000 + ₩60,000(세전이익)) ÷ 30% = ₩500,000
3) 안전한계 = ₩500,000(매출액) − ₩300,000(손익분기점 매출액) = ₩200,000

38 해설

1) 4월의 현금유입액 = ₩700,000 × 80% + ₩800,000 × 20% = ₩720,000
   4월의 매입 현금유출액 = ₩500,000 × 60% + ₩600,000 × 40% = ₩540,000
2) 4월의 현금잔액 = ₩450,000(기초잔액) + ₩720,000(현금유입액) − ₩540,000(매입에 따른 현금유출액)
   − ₩20,000(급여) − ₩10,000(임차료) = ₩600,000
   * 감가상각비는 현금의 유출이 수반되지 않으므로 현금잔액 계산시 차감해서는 안 된다.

39 해설

단위	단위당 시간	총시간
10단위(1)	150시간	150시간
20단위(2)	150시간 × 90% = 135시간	270시간
40단위(4)	135시간 × 90% = 121.5시간	486시간

1) 추가로 30단위 생산에 소요되는 직접노무시간 = 486시간 − 150시간 = 336시간
2) 직접노무원가 = 336시간 × ₩1,200 = ₩403,200

40 해설

증분수익 : 변동제조원가 절감액(2,000단위 × ₩750)   ₩1,500,000
           고정제조간접원가 절감액(₩800,000 × 20%)   160,000
           임대수익   200,000
증분비용 : 외부구입액(2,000단위 × ₩900)   (1,800,000)
증분이익 : ₩60,000

2019년 30회 정답 및 해설

정답

01 ④	02 ④	03 ①	04 ②	05 ⑤	06 ③	07 ④	08 ④	09 ①	10 ②
11 ⑤	12 ③	13 ①	14 ②	15 ⑤	16 ④	17 ③	18 ②	19 ⑤	20 ④
21 ④	22 ②	23 ③	24 ②	25 ③	26 ⑤	27 ①	28 ①	29 ②	30 ⑤
31 ③	32 ①	33 ③	34 ①	35 ②	36 ③	37 ④	38 ③	39 ⑤	40 ④

01 해설

투자부동산을 개발하지 않고 처분하기로 결정하는 경우에도 재무상태표에는 투자부동산으로 분류한다. 즉, 재고자산으로 재분류하지 않는다.

02 해설

1) ㈜감평이 인식할 유형자산 취득원가(A) = ₩950,000(제공한 자산의 공정가치) + ₩200,000(현금지급액)
= ₩1,150,000

2) ㈜한국의 회계처리

(차) 감가상각누계액	600,000	(대) (구)유형자산	1,500,000
(신)유형자산	950,000	유형자산처분이익(B)	250,000
현금	200,000		

* ㈜한국이 교환으로 인식할 유형자산 취득원가
= ₩1,150,000(제공한 자산의 공정가치) − ₩200,000(현금수령액) = ₩950,000

03 해설

1) 20×1년 말 감가상각 후 장부금액 = ₩100,000 − {(₩100,000 − ₩0) × 1/5} = ₩80,000
2) 20×1년 말 재평가잉여금 = ₩100,000(20×1년 말 공정가치) − ₩80,000(장부금액) = ₩20,000

04 해설

1) 20×2년 감가상각비 = (₩2,232,000 − ₩0) × 1/4 = ₩558,000
2) 20×2년 말 감가상각 후 장부금액 = ₩2,232,000 − ₩558,000 = ₩1,674,000
3) 20×2년 말 손상차손환입액 = min[₩4,000,000, ₩3,600,000(손상을 인식하지 않을 경우 장부금액)]
− ₩1,674,000(장부금액) = ₩1,926,000

05 해설

ㄱ. 내용연수가 비한정인 무형자산은 상각하지 않고, 매년 또는 손상을 시사하는 징후가 있을 때마다 손상검사를 수행해야 한다.

ㄷ. 브랜드, 제호, 출판표제, 고객목록 및 이와 실질이 유사한 항목은 그것을 외부에서 창출하였는지 또는 내부적으로 창출하였는지에 관계없이 취득이나 완성 후의 지출은 발생시점에 무형자산의 원가로 인식하지 않는다.

06 해설

1) 만기금액 = ₩5,000,000 + ₩5,000,000 × 6% × 6/12 = ₩5,150,000
2) 할인액 = ₩5,150,000(만기금액) − ₩4,995,500(현금수령액) = ₩154,500
　　　　 = ₩5,150,000 × 할인율 × 3/12 = ₩154,500
→ 할인율 = 12%

07 해설

영업활동의 전부 또는 일부를 재배치하는 과정에서 발생하는 원가 및 새로운 상품이나 용역을 소개하는 데 소요되는 원가는 유형자산의 취득원가에 포함되지 않는다.

08 해설

1) 20×1년 말 감가상각 후 장부금액 = ₩50,000 − {(₩50,000 − ₩0) × 4/10} = ₩30,000
2) 손상차손 = ₩30,000(장부금액) − ₩23,000(회수가능액) = ₩7,000
　＊회수가능액 = max[₩22,000(순공정가치), ₩23,000(사용가치)] = ₩23,000

09 해설

1) 기계장치의 취득원가 = ₩20,000,000 × 2/10 = ₩4,000,000
＊일괄취득 시 전체 취득가액은 각 자산의 상대적 공정가치 비율에 따라 안분한다.

10 해설

1) (주)대한의 수익(수수료) = ₩2,000 × 60단위 × 5% = ₩6,000
2) (주)감평의 매출원가 = {(₩1,400 × 100단위) + ₩8,000(적송운임)} × 60% = ₩88,800

11 해설

1) 20×1년 진행률 = ₩2,000 ÷ ₩8,000 = 25%
2) 20×1년 계약이익 = (₩10,000 − ₩8,000) × 25% = ₩500 이익
3) 20×2년 진행률 = (₩2,000 + ₩4,000) ÷ ₩10,000 = 60%
4) 20×2년 계약이익 = (₩12,000 − ₩10,000) × 60% − ₩500(20×1년 계약이익) = ₩700 이익

12 해설

1) 과세소득 = ₩150,000(회계이익) + ₩24,000(접대비 한도초과액) + ₩10,000(감가상각비 한도초과액)
　　　　 = ₩184,000
2) 당기법인세 = ₩184,000 × 25% = ₩46,000
3) 20×1년 말 이연법인세자산 발생액 = ₩10,000(감가상각비 한도초과액) × 25% = ₩2,500
　※ 전기에서 이월된 이연법인세자산은 관련 차감할 일시적 차이가 제거된 사실이 없으므로 재무상태표에서 제거하지 않는다.
4) 회계처리
　(차) 이연법인세자산　　　　　　　　2,500　　(대) 미지급법인세　　　　　　　　46,000
　　　법인세비용　　　　　　　　　　43,500

13 해설

20×3년 초 리스부채 = ₩70,000 × 1.7833(2년, 8%, 연금현가) = ₩124,831

※ 기존리스계약이 20×3년 초 리스회사와의 합의를 통해 변경되었으므로 20×3년 초 수정할인율로 리스부채를 재측정한다.

14 해설

1) 20×1년 재고자산

기초재고	₩12,000 과소
− 기말재고	₩5,000 과대
= 매출원가	₩17,000 과소
당기순이익	₩17,000 과대

2) 선급비용

20×0년 선급비용을 당기비용 처리	20×1년 선급비용을 당기비용 처리
20×0년 비용 ₩4,000 과대 20×0년 이익 ₩4,000 과소	20×1년 비용 ₩4,000 과소 + 20×1년 비용 ₩3,000 과대 = 20×1년 이익 ₩1,000 과대

3) 수정 후 법인세비용차감전순이익 = ₩500,000 − ₩17,000 − ₩1,000 = ₩482,000

15 해설

당기순손익과 총포괄손익 간의 차이를 발생시키는 항목은 기타포괄손익이다.

이 중 기타포괄손익항목은 확정급여제도의 재측정요소(ㄷ)와 해외사업장의 재무제표 환산으로 인한 손익(ㅁ)뿐이다. 감자차익, 주식선택권은 자본잉여금이며, 이익준비금은 이익잉여금에 해당한다.

16 해설

관계회사에 대한 지급보증 약정 체결 및 생산공장의 화재 발생은 수정을 요하는 보고기간 후 사건에 해당하지 않는다.

17 해설

1) 피취득회사의 순자산 공정가치 = ₩28,000,000(자산공정가치) − ₩11,000,000(부채공정가치) = ₩17,000,000
   ※ 자산공정가치 = ₩20,000,000(자산장부금액) + ₩8,000,000(토지의 장부금액과 공정가치의 차액)
   = ₩28,000,000

2) 영업권 = ₩30,000,000(이전대가) − ₩17,000,000(피취득회사의 순자산 공정가치) = ₩13,000,000

18 해설

재무제표를 작성할 때 합리적 추정을 사용해야 하는데, 합리적인 추정치의 사용은 재무제표의 신뢰성을 손상시키지 않는다.

> ▌개념체계 개정에 따라 부채의 현행원가는 측정일에 동등한 부채에서 수취한 대가에 거래원가를 차감한 값으로 정의한다.

19 **해설**

① 부채는 과거사건의 결과로 경제적효익을 갖는 자원이 이전되는 현재의무이다. 현재 그 의무를 이행해야만 부채로 계상하는 것은 아니다.

② 재무제표에 자산으로 인식하기 위해서는 미래경제적효익의 유입가능성이 높고 금액을 신뢰성 있게 측정할 수 있어야 한다.

③ 비용은 자산이 감소하거나 부채가 증가할 가능성이 높고 금액을 신뢰성 있게 측정할 수 있을 때 인식한다.

④ 감가상각비는 관련 수익과 관련성이 간접적으로만 결정될 수 있으므로 직접적으로 파악, 결정되는 비용에는 해당하지 않는다.

> ▌ 개념체계가 2019년 개정되어 인식기준을 다음과 같이 정의하고 있다.
> 인식기준 : 자산이나 부채를 인식하고 이에 따른 결과로 수익, 비용 또는 자본변동을 인식하는 것이 목적적합하고 충실하게 표현한 정보를 제공하는 경우에만 자산과 부채를 인식한다.

20 **해설**

1) 20×1.1.1. 사채의 발행금액 = ₩1,000,000 × 0.7938 + ₩60,000 × 2.5771 = ₩948,426
2) 20×1.12.31. 사채 장부금액 = ₩948,426 × 1.08 − ₩60,000 = ₩964,300
3) 20×2년 6월 30일 경과이자를 포함한 장부금액 = ₩964,300 + ₩964,300 × 8% × 6/12 = ₩1,002,872
4) 경과이자를 포함한 사채조기상환금액 = ₩1,002,872(경과이자를 포함한 장부금액) + ₩32,000(상환손실) = ₩1,034,872

21 **해설**

1) 할증금이 없는 경우 부채요소의 공정가치 = ₩500,000 × 0.7513 + ₩30,000 × 2.4869 = ₩450,257
2) 할증금이 없는 경우 전환권대가(A) = ₩500,000(발행금액) − ₩450,257 = ₩49,743
3) 할증금이 있는 경우 부채요소의 공정가치 = ₩532,464 × 0.7513 + ₩30,000 × 2.4869 = ₩474,647
4) 할증금이 있는 경우 전환권대가(B) = ₩500,000(발행금액) − ₩474,647 = ₩25,353

22 **해설**

① 당기손익−공정가치로 측정되는 '지분상품에 대한 특정 투자'에 대해서 후속적인 공정가치 변동은 최초 인식시점에 기타포괄손익으로 표시하도록 선택할 수 있다.

③ 금융자산 전체나 일부의 회수를 합리적으로 예상할 수 없는 경우 해당 금융자산의 총 장부금액을 직접 줄인다.

④ 기타포괄손익−공정가치 측정 금융자산의 기대신용손실을 조정하기 위한 기대신용손실액(손상차손)은 당기손실로 인식하고, 기대신용손실환입액(손상차손환입)도 당기손익으로 인식한다.

⑤ 금융자산을 상각후원가 측정범주에서 기타포괄손익−공정가치 측정 범주로 재분류하는 경우 재분류일의 공정가치로 측정하며, 재분류 전 상각후원가와 공정가치 차이에 따른 손익은 기타포괄손익으로 인식한다.

23 **해설**

1) 판매가능매가총액 = ₩169,000(기초재고) + ₩1,586,000(당기매입) + ₩240,000(순인상) − ₩110,000(순인하) = ₩1,885,000
2) 기말재고(매가) = ₩1,885,000 − ₩1,430,000(매출액) = ₩455,000
3) 평균원가율 = (₩143,000 + ₩1,138,800) ÷ (₩169,000 + ₩1,586,000 + ₩240,000 − ₩110,000) = 68%
4) 기말재고(원가) = ₩455,000(기말재고매가) × 68%(원가율) = ₩309,400

24 해설

1) 기말재고자산원가 = ₩2,000,000(기초재고) + ₩6,000,000(순매입) – ₩7,000,000(매출원가) = ₩1,000,000
* 매출원가 = ₩10,000,000(순매출액) × (1 – 30%) = ₩7,000,000

25 해설

수정 전 회사잔액(A)		수정 전 은행잔액	
	₩7,430,000		₩7,810,000
부도수표	(₩1,500,000)	기발행미인출수표	(₩2,100,000)
받을어음	500,000		
오류	(720,000)		
수정 후 잔액(B)	₩5,710,000	수정 후 잔액(B)	₩5,710,000

26 해설

1) 기존의 당좌비율 = ₩120,000(당좌자산) ÷ ₩240,000(유동부채) = 50%
새로운 당좌비율(A) = 당좌자산과 유동부채가 같은 금액으로 증가하나 작은 금액의 증가폭이 더 크게 나타나므로 새로운 당좌비율은 증가한다.
2) 기존의 유동비율 = ₩360,000(유동자산) ÷ ₩240,000(유동부채) = 150%
새로운 유동비율(B) = 유동자산과 유동부채가 같은 금액으로 증가하나 작은 금액의 증가폭이 더 크게 나타나므로 새로운 유동비율은 감소한다.

27 해설

1) 공정가치 미만의 유상증자
㉠ 4월 1일 유상증자 중 시가발행분 = 2,000주 × (₩1,600/₩2,000) = 1,600주
㉡ 4월 1일 무상증자 요소 = 2,000주 – 1,600주 = 400주
(해당 무상증자 요소는 기초발행주식수와 4월 1일 시가발행 유상증자 주식수 비율로 배분한다.)
2) 가중평균유통보통주식수
= (6,400주 + 320주) × 1.2 × 12/12 + (1,600주 + 80주) × 1.2 × 9/12 = 9,576주
3) 기본주당이익 = {₩1,353,360 – (5,000주 × ₩60)} ÷ 9,576주 = ₩110

28 해설

영업활동 현금흐름 = ₩800,000(당기순이익) – ₩100,000(토지처분이익) – ₩165,000(매출채권 증가) + ₩5,000(손실충당금 증가) + ₩80,000(매입채무 증가) + ₩120,000(감가상각비) = ₩740,000

29 해설

이자비용	(₩27,000)
미지급이자 증가	₩1,400
선급이자 증가	(₩700)
= 현금이자지급액	(₩26,300)

* 이자비용에 포함된 사채할인발행차금 상각액 ₩3,000은 현금의 유출을 수반하지 않으므로 ₩30,000의 이자비용에서 차감한다.

30 해설 ▶

구분	우선주	보통주
미지급(2년)	₩3,000,000	–
당기분	₩1,500,000	₩1,800,000
추가분	₩400,000	₩800,000
배당금 합계	₩4,900,000	₩2,600,000

* 우선주 추가배당금 = (₩7,500,000 − ₩6,300,000) × 3/9(자본금비율) = ₩400,000

31 해설 ▶

재고자산			
기초직접재료	₩17,000	기말직접재료	₩13,000
직접재료매입액	(?)	기말재공품	15,000
기초재공품	20,000	기말제품	23,000
가공원가	98,000	매출원가(₩180,000 × 1/1.2)	150,000
기초제품	18,000		

1) 당기 직접재료매입액 = ₩48,000
2) 영업이익 = ₩180,000(매출액) − ₩150,000(매출원가) − ₩10,000(판매관리비) = ₩20,000

32 해설 ▶

1) 예정배부율 = ₩600,000(제조간접원가예산) ÷ 20,000시간(예정조업도) = ₩30(직접노무시간)
2) 예정배부액 = 18,000시간(실제조업도) × ₩30(예정배부율) = ₩540,000
3) 배부차이 = ₩650,000(실제발생액) − ₩540,000(예정배부액) = ₩110,000 과소배부
4) 포괄손익계산서에 인식할 매출총이익 = ₩400,000 − ₩110,000(과소배부) = ₩290,000

33 해설 ▶

1) 제품 X의 증분손실 = ₩20 × 150단위 − ₩3,500 = (₩500) 가공 안 하는 것이 유리
2) 제품 Y의 증분이익 = ₩50 × 200단위 − ₩5,000 = ₩5,000 가공하는 것이 유리
3) 제품 Z의 증분이익 = ₩100 × 100단위 − ₩7,500 = ₩2,500 가공하는 것이 유리
4) 최대 매출총이익
   매출액 = 150단위 × ₩200 + 200단위 × ₩150 + 100단위 × ₩600 = ₩120,000
   매출원가 = ₩50,000(결합원가 총액) + ₩5,000(Y의 추가가공원가) + ₩7,500(Z의 추가가공원가) = ₩62,500
   매출총이익 = ₩57,500
5) 결합원가는 분리점에서의 상대적 판매가치를 기준으로 배부한다.
   ㉠ 제품 X의 분리점 판매가치 = 150단위 × ₩200 = ₩30,000
   ㉡ 제품 Y의 분리점 판매가치 = 200단위 × ₩100 = ₩20,000
   ㉢ 제품 Z의 분리점 판매가치 = 100단위 × ₩500 = ₩50,000
   → 제품 X에 배부된 결합원가(₩15,000) = 결합원가 총액 × (₩30,000/₩100,000)
   → 결합원가 총액 = ₩50,000

34 해설

1) 활동별 원가배부율
   - ㉠ 생산준비활동 배부율 = ₩200,000 ÷ 1,250시간 = ₩160(생산준비시간)
   - ㉡ 재료처리활동 배부율 = ₩300,000 ÷ 1,000회 = ₩300(재료처리횟수)
   - ㉢ 기계작업활동 배부율 = ₩500,000 ÷ 50,000시간 = ₩10(기계작업시간)
   - ㉣ 품질관리활동 배부율 = ₩400,000 ÷ 10,000회 = ₩40(품질관리횟수)
2) 작업 #203의 제조간접원가 = 60시간 × ₩160 + 50회 × ₩300 + 4,500시간 × ₩10 + 500회 × ₩40
   = ₩89,600
3) 작업 #203의 기본원가 = ₩300,000(제조원가) − ₩89,600(제조간접원가) = ₩210,400

35 해설

1) 20×1년 고정제조간접원가 배부율 = ₩200,000 ÷ 5,000개(20×1년 생산량) = ₩40
2) 20×2년 고정제조간접원가 배부율 = ₩250,000 ÷ 10,000개(20×2년 생산량) = ₩25
3) 변동원가계산에 의한 영업이익(?) + 1,000개(기말재고) × ₩25 − 1,000개(기초재고) × ₩40
   = ₩100,000(전부원가계산에 의한 영업이익)
   → 변동원가계산에 의한 영업이익 = ₩115,000

36 해설

ㄱ. 표준원가는 직접재료원가, 직접노무원가, 변동제조간접원가, 고정제조간접원가 모두 표준을 설정하므로 전부
원가계산 및 변동원가계산 모두에 적용할 수 있다.
ㄹ. 고정제조간접원가의 예산차이는 실제발생액과 고정예산을 총액으로 비교한 차이를 의미한다.

37 해설

증분수익 : 특별주문 매출액(1,500단위 × ₩450) ₩675,000
증분비용 : 특별주문 변동원가(1,500단위 × ₩320) (480,000)
　　　　　기회비용(500단위 × ₩200) (100,000)
증분이익 : = ₩95,000

38 해설

1) 매출액 = ₩240,000(총변동원가) ÷ 60%(변동원가율) = ₩400,000
2) 손익분기점 매출액 = ₩60,000 ÷ 0.4(공헌이익률) = ₩150,000
   * 안전한계율 = ₩250,000(안전한계) ÷ ₩400,000(매출액) = 62.5%
3) 영업레버리지도 = ₩160,000(공헌이익) ÷ ₩100,000(영업이익) = 1.6
4) 세후영업이익 = ₩100,000 × (1−20%) = ₩80,000

39 해설

1) 조업도가 2,000단위라면
   ₩300,000(고정원가) ÷ ₩120(단위당 공헌이익) = 2,500단위(×)

2) 조업도가 2,001~4,000단위라면

₩450,000(고정원가) ÷ ₩120(단위당 공헌이익) = 3,750단위(○)

3) 조업도가 4,001~5,000단위라면

₩540,000(고정원가) ÷ ₩120(단위당 공헌이익) = 4,500단위(○)

4) 최대영업이익 = 5,000단위 × ₩120 − ₩540,000 = ₩60,000

40 해설▶

구분	1월	2월	3월
매출원가(매출액 × 1/1.2)	₩1,850,000	₩2,100,000	₩2,350,000

재고자산(1월)				재고자산(2월)			
기초재고	₩0	매출원가	₩1,850,000	기초재고	₩840,000	매출원가	₩2,100,000
매입	2,690,000	기말재고	840,000	매입	2,200,000	기말재고	940,000

→ 20×1년 2월 현금지출액 = ₩2,200,000 × 50% + ₩2,690,000 × 50% × 80% = ₩2,176,000

2018년 29회 정답 및 해설

정답

01 ①	02 ③	03 ⑤	04 ⑤	05 ②	06 ③	07 ③	08 ①	09 ②	10 ①
11 ①	12 ⑤	13 ④	14 ②	15 ③	16 ③	17 ②	18 ③	19 ②	20 ②
21 ④	22 ④	23 ②	24 ②	25 ④	26 ④	27 ⑤	28 ①	29 ⑤	30 ②
31 ①	32 ①	33 ③	34 ④	35 ④	36 ①	37 ②	38 ⑤	39 ⑤	40 ①

01 해설

② 계량화된 정보가 검증가능하기 위해서 단일 점추정치이어야 할 필요는 없다.
③ 완벽하게 표현충실성을 위해서는 서술은 완전하고, 중립적이며, 오류가 없어야 한다.
④ 예측가치는 표현충실성이 아닌 목적적합성의 한 측면이다.
⑤ 재고자산평가손실의 인식은 보수주의 원칙이 적용된 것이며, 보수주의는 표현충실성의 한 측면에 포함되는 것이 아니라 일반기업회계기준의 원칙에 따른 안전성의 원칙에 포함된다.

02 해설

20×1년 말 재무상태표상 재고자산
= ₩1,000,000(실제 기말재고) + ₩60,000(미판매된 적송품) + ₩70,000(매입의사를 미통보한 시송품)
= ₩1,130,000
* 선적지인도조건으로 판매한 상품이나, 도착지조건으로 매입한 상품은 20×1년 말 재무상태표상 재고자산에 포함하지 않는다.

03 해설

20×1.12.31.	(차) 감가상각비	20,000	(대) 감가상각누계액		20,000
	(차) 감가상각누계액	20,000	(대) 기계장치		12,000
			재평가잉여금		8,000
20×2.12.31.	(차) 감가상각비	22,000	(대) 감가상각누계액		22,000
	(차) 감가상각누계액	22,000	(대) 기계장치		40,000
	재평가잉여금	8,000			
	손상차손	10,000			

* 20×2년 당기순이익에 미치는 영향 = ₩22,000(감가상각비) + ₩10,000(손상차손) = ₩32,000 감소
* 20×2년 기타포괄손익에 미치는 영향 = ₩8,000(재평가잉여금) 감소

04 해설

① 실지재고조사법, 선입선출법 적용 기말재고자산금액 = 50개 × ₩220 = ₩11,000
② 실지재고조사법, 가중평균법(총평균법) 매출원가 = 350개 × ₩150 = ₩52,500
    * 총평균단가 = (₩9,000 + ₩30,000 + ₩10,000 + ₩11,000) ÷ 400개 = ₩150
③ 단위원가가 계속하여 상승하는 경우 선입선출법을 사용할 때 당기순이익이 가중평균법을 사용할 때보다 더 크다.

④ 단위원가가 계속하여 상승하는 경우 당기순이익의 크기
: 선입선출법 > 이동평균법 > 총평균법
→ 가중평균법을 사용할 경우, 계속기록법을 적용하였을 때가 실지재고조사법을 적용하였을 때보다 당기순이익이 더 크다.
⑤ 선입선출법은 실제 물량흐름에 순응하는 방법으로, 감모손실이 발생하지 않는다면 계속기록법을 적용하였을 때의 매출원가와 실지재고조사법을 적용하였을 때의 매출원가는 동일하다.

05 [해설]

20×1.12.31.	(차) 감가상각비	10,000	(대) 감가상각누계액	10,000
	(차) 감가상각누계액	10,000	(대) 건물	1,000
			재평가잉여금	9,000
20×2.12.31.	(차) 감가상각비	11,000	(대) 감가상각누계액	11,000
	(차) 감가상각누계액	11,000	(대) 건물	24,000
	재평가잉여금	9,000		
	재평가손실	4,000		

→ 20×2년 당기순이익 영향 = ₩11,000(감가상각비) + ₩4,000(재평가손실) = ₩15,000 감소

06 [해설]

경제적효익에 대한 통제력은 일반적으로 법률적 권리에서 발생하지만 법률적 통제가 있어야 자산의 정의를 충족시킬 수 있는 것은 아니다. 법률적 통제 없이도 자산을 실질적으로 통제한다면 자산의 정의를 충족시킬 수 있다.

07 [해설]

1) 일반차입금 자본화이자율 = ₩12,000(이자비용) ÷ ₩100,000(일반차입금 연평균금액) = 12%
2) 일반차입금에 대한 자본화금액 = (₩320,000 − ₩160,000) × 12% = ₩19,200(한도 : ₩12,000)
3) 20×1년 자본화할 차입원가 = ₩18,400(특정차입금) + ₩12,000(일반차입금) = ₩30,400

08 [해설]

(차) 감가상각누계액	23,000	(대) (구)기계장치	41,000
(신)기계장치	25,000	현금	4,000
		유형자산처분이익	3,000

* (신)기계장치 취득원가 = ₩21,000(제공한 자산의 공정가치) + ₩4,000(현금지급액) = ₩25,000

09 [해설]

1) 토지의 취득원가 = ₩1,000,000(토지 구입대금) + ₩70,000(토지 취득세 및 등기수수료) + ₩10,000(즉시 철거비) − ₩5,000(창고 철거 시 발생한 폐자재 처분 수입) = ₩1,075,000
* 사옥 신축 개시 이전까지 토지 임대를 통한 수익은 토지원가에 가산하지 않고 별도 손익항목으로 인식하며, 본사사옥 설계비 및 본사 사옥 공사대금은 본사 사옥의 원가로 계상한다.

10 해설▶

ㄷ. 무형자산으로 인식되기 위해서는 식별가능성, 자원에 대한 통제 및 미래경제적효익의 존재 세 요건을 모두 충족하여야 한다.

ㄹ. 무형자산을 창출하기 위한 내부 프로젝트를 연구단계와 개발단계로 구분할 수 없는 경우에는 그 프로젝트에서 발생한 지출은 모두 연구단계에서 발생한 것으로 본다.

11 해설▶

1) 20×1년 말 상각후원가측정금융자산 장부금액 = ₩951,963 × 1.12 − ₩100,000 = ₩966,199
2) 처분시점까지 회계처리

20×2.7.31. (차) 미수이자	58,333	(대) 이자수익	67,634
AC금융자산	9,301		
20×2.7.31. (차) 현금	980,000	(대) 미수이자	58,333
AC금융자산처분손실	53,833	AC금융자산	975,500

3) 20×2년도 당기순이익에 미치는 영향 = ₩67,634(이자수익) − ₩53,833(AC금융자산처분손실) = ₩13,801 증가

12 해설▶

1) 기말 확정급여채무의 현재가치 = ₩670,000(기말 사외적립자산의 공정가치) + ₩100,000(기말 재무상태표에 표시된 순확정급여부채) = ₩770,000
2) 기말 확정급여채무의 현재가치(₩770,000) = ₩700,000(기초 확정급여채무의 현재가치) + ₩35,000(이자비용) + ₩73,000(당기근무원가) − ₩68,000(퇴직금지급액) + ₩30,000(보험수리적손실)
3) 기말 사외적립자산의 공정가치(₩670,000) = ₩600,000(기초 사외적립자산의 공정가치) + ₩30,000(이자수익) + ₩90,000(기여금 출연) − ₩68,000(퇴직금지급액) + ₩18,000(재측정요소)
4) 당기순이익에 미치는 영향 = ₩35,000(이자비용) + ₩73,000(당기근무원가) − ₩30,000(이자수익)
= ₩78,000 감소
5) 기타포괄이익에 미치는 영향 = ₩30,000(보험수리적손실) − ₩18,000(재측정요소) = ₩12,000 감소

13 해설▶

1) 20×1년 초 부채요소의 공정가치 = ₩1,198,600 × 0.7119 + ₩50,000 × 2.4018 = ₩973,253
2) 20×1년 초 전환권대가 = ₩1,000,000(발행금액) − ₩973,253 = ₩26,747
3) 20×1년 말 부채의 장부금액 = ₩973,253 × 1.12 − ₩50,000 = ₩1,040,043
20×2년 말 부채의 장부금액 = ₩1,040,043 × 1.12 − ₩50,000 = ₩1,114,848
4) 20×3년 초 전환권 행사 시 증가하는 주식발행초과금
= ₩1,114,848 × 40% − (200주 × ₩1,000) + ₩26,747 × 40% = ₩256,638
* 전환권 행사로 인해 발행되는 주식수 = ₩400,000 ÷ ₩2,000(전환가격) = 200주

14 해설▶

영업활동순현금흐름 = ₩100,000(당기순이익) + ₩20,000(감가상각비) − ₩7,000(유형자산처분이익)
+ ₩8,000(사채상환손실) + ₩80,000(재고자산 감소) − ₩4,000(매입채무 감소) − ₩50,000(매출채권 증가)
+ ₩6,000(미지급급여 증가) = ₩153,000

15 해설

1) 가중평균유통보통주식수 = 20,000주 + 900주 × 8/12 = 20,600주
2) 기본주당이익 = {₩1,049,000 − (4,100주 × 1,000 × 8%)} ÷ 20,600주 = ₩35
3) 희석주당이익 = ₩1,049,000 ÷ (20,600주 + 4,400주) = ₩42(반희석)
   → 희석주당이익 = ₩35(희석주당이익은 기본주당이익을 낮추는 희석효과가 있는 것만 고려한다. 전환우선주
     의 전환가정에 따라 계산한 희석주당이익이 기본주당이익보다 높은 반희석효과가 발생하므로 기본주당이
     익 ₩35이 곧 희석주당이익이 된다.)
   * 희석주당이익 계산 시 조정주식수 = 900주 × 4/12 + 4,100주 × 12/12 = 4,400주

16 해설

1) 이전대가 = ₩1,500,000 + ₩150,000(토지의 공정가치) = ₩1,650,000
2) 순자산의 공정가치 = ₩3,000,000 − (₩1,500,000 + ₩100,000) = ₩1,400,000
   합병 시 피취득회사의 우발부채가 신뢰성 있는 공정가치 측정이 가능하다면 취득회사는 이를 충당부채로
   재무상태표에 부채로 인식한다.
3) 영업권 = ₩1,650,000(이전대가) − ₩1,400,000(순자산 공정가치) = ₩250,000

17 해설

20×1년 말에 주식선택권의 행사가격을 높이는 조건변경은 종업원에게 불리한 조건변경이므로 이는 없는 것으
로 보고 주식보상비용에 대한 회계처리를 수행한다.
1) 20×1년 보상비용 = (100명 − 20명) × 10개 × ₩150 × 1/3 = ₩40,000
2) 20×2년 보상비용 = (100명 − 13명 − 17명) × 10개 × ₩150 × 2/3 − ₩40,000 = ₩30,000

18 해설

재무제표는 미래시점의 예상 재무상태가 아니라 보고기간 말의 재무상태를 표시하는 것이므로, 미래 영업에서
생길 원가는 충당부채로 인식하지 않는다.

19 해설

1) 20×2년 말 감가상각누계액 = (₩2,000,000 − ₩200,000) × 9/15 = ₩1,080,000
2) 20×3년 감가상각비 = (₩920,000 − ₩20,000) × 1/3 = ₩300,000

20 해설

1) 당기법인세 = ₩1,300,000(과세소득) × 20% = ₩260,000
2) 이연법인세자산 = ₩250,000(감가상각비 한도초과액) × 20% = ₩50,000
3) 법인세회계처리
   (차) 이연법인세자산   50,000   (대) 미지급법인세   260,000
       법인세비용   210,000

21 해설

1) 공정가치 미만의 유상증자(9월 1일)
    ㉠ 공정가치 발행주식수 = 1,000주 × (₩1,200/₩2,000) = 600주
    ㉡ 무상증자요소 = 1,000주 − 600주 = 400주
    ㉢ 기초유통보통주식수에 배부되는 무상증자 주식수 = 400주 × (1,000주/1,600주) = 250주
    ㉣ 9월 1일 주식수에 배부되는 무상증자 주식수 = 400주 × (600주/1,600주) = 150주
2) 가중평균유통보통주식수 = (1,000주 + 250주) × 12/12 + (600주 + 150주) × 4/12 = 1,500주
3) 기본주당이익 = {₩280,000 − (200주 × ₩1,000 × 5%)} ÷ 1,500주 = ₩180

22 해설

1) 20×2년 12월 31일 장부금액 = ₩916,594 × 1.13 − ₩80,000 = ₩955,751
2) 20×3년 이자비용 = ₩955,751 × 13% = ₩124,248

23 해설

* 20×2년 당기순이익에 미치는 영향 = 투자부동산의 20×2년 평가손실
1) 20×2년 투자부동산 평가손실 = ₩1,800,000(20×2년 말 공정가치) − ₩1,900,000(20×1년 말 장부금액)
                = (₩100,000) 감소

24 해설

재평가잉여금 중 사용함에 따라 이익잉여금으로 대체되는 금액은 재평가 전 최초원가에 의한 감가상각비와 재평가 후 감가상각비의 차이분이다.
1) 재평가 전 감가상각비 = (₩5,000 − ₩0) × 1/5 = ₩1,000
2) 재평가 후 감가상각비 = (₩7,000 − ₩0) × 1/4 = ₩1,750
3) 대체가능한 재평가잉여금 = ₩1,750 − ₩1,000 = ₩750

25 해설

순공정가치로 측정하는 생물자산과 관련된 정부보조금에 다른 조건이 없는 경우에는 이를 수취할 수 있게 되는 시점에 당기손익으로 인식한다.

26 해설

1) 기말재고(매가) = ₩183,400(기초재고) + ₩1,265,000(당기매입액) + ₩260,000(순인상)
    − ₩90,000(순인하) − ₩960,000(매출액) = ₩658,400
2) 저가기준 선입선출 원가율 = ₩1,220,000(당기매입액) ÷ {₩1,265,000 + ₩260,000(순인상)} = 80%
3) 기말재고(원가) = ₩658,400(기말재고매가) × 80% = ₩526,720
4) 매출원가 = ₩162,000(기초재고) + ₩1,220,000(당기매입액) − ₩526,720(기말재고) = ₩855,280

27 해설

가격변동이익이나 중개이익을 목적으로 옥수수, 구리, 석유 등의 상품을 취득하여 단기간 내에 매도하는 기업은 순공정가치의 변동을 당기손익으로 인식한다.

28 [해설]

1) 20×1년도의 재고자산 평가방법의 변경에 따른 영향은 20×2년 말 상쇄되므로 20×3년도 당기순이익에 영향을 줄 수 있는 정책변경의 소급효과는 20×2년 말 기말재고자산과 20×3년 기말재고자산의 평가방법 변경에 따른 재고자산금액차이다.

2) 20×3년 기초재고자산   ₩200 증가
   + 당기매입   –
   <u>– 20×3년 기말재고자산   ₩300 감소</u>
   = 매출원가   ₩500 증가
   당기순이익   ₩500 감소

3) 20×3년 회계변경 후 당기순이익 = ₩24,000 – ₩500 = ₩23,500

29 [해설]

① 20×5년 말 손상 인식 전 장부금액 = ₩41,500 – {(₩41,500 – ₩1,500) × 3/10} = ₩29,500
② 20×5년 건물의 손상차손 = ₩29,500 – ₩22,500(회수가능액) = ₩7,000
③ 20×6년 건물의 감가상각비 = (₩22,500 – ₩1,500) × 1/7 = ₩3,000
④ 20×6년 말 손상이 회복된 이후 건물의 장부금액은 환입한도인 ₩25,500이다.
⑤ 20×6년 손상차손환입액 = ₩25,500(손상을 인식하지 않았을 경우의 장부금액) – ₩19,500 = ₩6,000

30 [해설]

1) 20×1년 초 복구충당부채 = ₩1,000,000 × 0.79383 = ₩793,830
2) 하수처리장치의 원가 = ₩20,000,000 + ₩793,830(복구충당부채) = ₩20,793,830
3) 20×1년 감가상각비 = (₩20,793,830 – ₩0) × 1/3 = ₩6,931,277

31 [해설]

변동원가계산방법은 제품원가에 직접재료원가, 직접노무원가, 변동제조간접원가를 포함한다.
ㄷ. 본사건물 감가상각비 : 판매비와 관리비
ㄹ. 월정액 공장임차료 : 고정제조간접원가

32 [해설]

1) 총원가(ㅂ) = ₩58,500(판매가격) × 1/1.3 = ₩45,000
2) 영업이익(ㅁ) = ₩45,000(총원가) × 30% = ₩13,500
3) 제조원가(ㄹ) = ₩45,000(총원가) × 1/1.5 = ₩30,000
4) 판매비와 관리비(ㄷ) = ₩30,000(제조원가) × 50% = ₩15,000
5) 기초원가(ㄴ) = ₩12,500(직접재료원가) + ₩12,500(직접노무원가) = ₩25,000
6) 제조간접원가(ㄱ) = ₩30,000(제조원가) – ₩25,000(기초원가) = ₩5,000

33 [해설]

작업지시서 #901에 배부하여야 할 제조간접원가
= ₩1,000,000(총제조간접원가) × (320시간/2,500시간) = ₩128,000

34 해설

수선부문의 배부대상 원가(S_1), 동력부문의 배부대상 원가(S_2)라고 한다면,
1) 도색부문에 배부된 금액(₩100,000) = $0.5S_1 + 0.4S_2$
2) 조립부문에 배부된 금액(₩80,000) = $0.3S_1 + 0.4S_2$
   → S_1 = ₩100,000, S_2 = ₩125,000
3) 동력부문의 배부대상 금액(₩125,000) = 배부 전 원가(?) + 0.2 × ₩100,000
   → 배부 전 원가 = ₩105,000

35 해설

1) 단위당 공헌이익 = {₩282,000(매출액) − ₩147,000(총변동원가)} ÷ 3,000단위 = ₩45
2) 기대이익 = 300단위 × ₩45 × 60% + 200단위 × ₩45 × 40% − ₩10,000(추가광고비 지출액)
   = ₩1,700

36 해설

1) 고정제조간접원가 배부율 = ₩720,000 ÷ 120,000단위 = ₩6
2) ₩800,000(변동원가계산에 의한 영업이익) + 20,000단위(기말재고) × ₩6 − 40,000단위(기초재고)
   × ₩6 = ₩680,000(전부원가계산에 의한 영업이익)

37 해설

1) 활동별 원가배부율
   • 재료이동활동 배부율 = ₩4,000,000 ÷ 1,000회 = ₩4,000(이동횟수)
   • 성형활동 배부율 = ₩3,000,000 ÷ 15,000단위 = ₩200(제품생산량)
   • 도색활동 배부율 = ₩1,500,000 ÷ 7,500시간 = ₩200(직접노동시간)
   • 조립활동 배부율 = ₩1,000,000 ÷ 2,000시간 = ₩500(기계작업시간)
2) 활동원가(₩830,000) = 80회 × ₩4,000 + 1,000단위 × ₩200 + 300시간 × ₩200 + 기계작업시간
   (?) × ₩500
   → 기계작업시간 = 500시간

38 해설

구분	제품 A	제품 B	제품 C
단위당 공헌이익	₩350	₩450	₩400
설비사용시간당 공헌이익	₩70	₩45	₩50
우선순위	1순위	3순위	2순위
생산수량	2,000단위	1,400단위	2,000단위

획득할 수 있는 최대공헌이익 = 2,000단위 × ₩350 + 1,400단위 × ₩450 + 2,000단위 × ₩400
　　　　　　　　　　　　= ₩2,130,000

39 해설

가중평균법과 선입선출법의 완성품환산량차이는 기초재공품의 기완성도로 인해 발생한다.

1) 가중평균법과 선입선출법의 가공원가 완성품환산량차이(21,000단위)

= 70,000단위(기초재공품) × 기초재공품 가공원가 완성도

→ 기초재공품 가공원가 완성도 = 30%

40 해설

재고자산			
기초재공품	₩60,000	기말재공품	₩30,000
직접재료원가	45,000	기말제품	60,000
직접노무원가	35,000	매출원가	?
제조간접원가	26,000		
기초제품	45,000		

→ 매출원가 : ₩121,000

2017년 28회 정답 및 해설

정답

01 ②	02 ①	03 ④	04 ⑤	05 ①	06 ④	07 ②	08 ②	09 ③	10 ①
11 ①	12 ⑤	13 ②	14 ④	15 ①	16 ②	17 ①	18 ④	19 ⑤	20 ②
21 ③	22 ①	23 ⑤	24 ①	25 ③	26 ③	27 ⑤	28 ④	29 ②	30 ⑤
31 ②	32 ④	33 ④	34 ③	35 ③	36 ⑤	37 ④	38 ②	39 ③	40 ③

01 해설

취득한 자산과 제공한 자산의 공정가치를 모두 신뢰성 있게 측정할 수 없는 경우에는 제공한 자산의 장부금액을 취득원가로 인식한다.

02 해설

재화의 결함에 대하여 정상적인 품질보증범위를 초과하여 판매자가 책임을 지는 경우 위험과 보상이 구매자에게 이전되지 않았으므로 재화가 구매자에게 인도되었더라도 수익으로 인식하지 않는다.

03 해설

1) 어음의 만기금액 = ₩300,000 + ₩300,000 × 5% × 3/12 = ₩303,750
2) 어음할인액 = ₩303,750(만기금액) × 8% × 2/12 = ₩4,050
3) 처분손실 = 현금수령액 - 할인일의 어음가치
   = ₩299,700 - (₩300,000 + ₩300,000 × 5% × 1/12) = (₩1,550)

04 해설

1) 리스부채 = ₩150,000 × 2.4018 + ₩20,000 × 0.7118 = ₩374,506
2) 사용권자산 = ₩374,506 + ₩7,648(리스개설직접원가) = ₩382,154
3) 사용권자산 상각비 = (₩382,154 - ₩20,000) × 1/3 = ₩120,718

> ▎2019년 리스기준서 개정에 따라 잔존가치 보증에 따라 지급이 예상되는 금액을 리스부채에 포함하고 매연도말 리스부채를 재측정한다. 이에 따라 사용권자산 상각비를 산출할 때 보증잔존가치를 차감하지 않고, 리스개시일의 사용권자산을 리스자산을 반환하는 경우 내용연수와 리스기간 중 짧은 기간 동안 상각한다. 개정된 기준서에 따른 20×1년 사용권자산 상각비는 아래와 같다.
> → 20×1년 사용권자산 상각비 = (₩382,154 - ₩0) × 1/3 = ₩127,385

05 해설

보고기간 후부터 재무제표 발행승인일 전 사이에 배당을 선언한 경우 보고기간 말의 부채로 인식하지 아니한다.

06 해설

	우선주(비누적, 완전참가)	보통주
당기분	100주 × ₩2,000 × 7% = ₩14,000	200주 × ₩3,000 × 4% = ₩24,000
추가배분	₩45,500	₩136,500
합계	₩59,500	₩160,500

* 우선주 추가배분 = (₩220,000 – ₩14,000 – ₩24,000) × (₩200,000/₩800,000) = ₩45,500

07 해설

올바른 회계처리
20×1년 초	(차) 건물	1,000,000	(대) 현금	1,000,000
	(차) 현금	500,000	(대) 정부보조금	500,000
20×1년 말	(차) 감가상각비	200,000	(대) 감가상각누계액	200,000
	(차) 정부보조금	100,000	(대) 감가상각비	100,000

① 20×1년 말 총자산금액 : 감소
③ 20×1년 말 총부채금액 : 불변
④ 20×1년 말 감가상각누계액 : ₩200,000 증가
⑤ 20×1년 말 건물 장부금액 : ₩600,000 감소
　* 20×1년 말 건물 장부금액 = ₩1,000,000 – ₩200,000(감가상각누계액) – ₩400,000(정부보조금)
　　　　　　　　　　　　　 = ₩400,000

08 해설

1) 20×1년 말 재무상태표에 표시될 충당부채 = ₩500,000(복구충당부채)
* 종업원들에 대한 교육훈련비용은 발생시점에 당기비용으로 회계처리하며, 대대적인 수리에 소요되는 수리비용
은 미래행위와 독립적이지 않으므로 충당부채를 인식해야 할 사건이 아니다.

09 해설

영업활동순현금흐름 = ₩147,000(당기순이익) + ₩40,000(감가상각비) + ₩20,000(유형자산처분손실)
– ₩5,000(미지급법인세 감소액) + ₩5,000(미지급이자 증가액) – ₩15,000(매출채권 증가액) + ₩4,000
(재고자산 감소액) – ₩6,000(매입채무 감소액) = ₩190,000

10 해설

20×1년		20×2년(25%)	20×3년(25%)
법인세비용차감전순이익	₩1,000,000		
감가상각비 한도초과액	50,000	(₩30,000)	(₩20,000)
접대비 한도초과액	80,000		
미수이자	(100,000)	₩100,000	
과세소득	₩1,030,000		
× 세율	20%		
당기법인세	₩206,000		

1) 이연법인세자산 = ₩50,000(감가상각비 한도초과액) × 25% = ₩12,500
이연법인세부채 = ₩100,000(미수이자) × 25% = ₩25,000
이연법인세자산, 부채는 상계하여 ₩12,500(부채)로 표시한다.

2) 회계처리

| (차) 법인세비용 | 218,500 | (대) 미지급법인세 | 206,000 |
| | | 이연법인세부채 | 12,500 |

11 해설

1) 20×1년 진행률 = ₩320,000 ÷ (₩320,000 + ₩480,000) = 40%
2) 20×1년 공사이익 = (₩1,000,000 − ₩800,000) × 40% = ₩80,000
3) 20×1년 말 미성공사 = ₩320,000(누적발생원가) + ₩80,000(공사이익) = ₩400,000
   20×1년 말 진행청구액 = ₩350,000
4) 20×1년 말 미청구공사 = ₩400,000(미성공사) − ₩350,000(진행청구액) = ₩50,000

12 해설

⑤ 재평가이익은 전기 재평가손실을 한도로 인식한다. 20×2년에 인식 가능한 재평가이익은 ₩1,000,000이다.

20×1.1.1.	(차) 건물	20,000,000	(대) 현금	20,000,000
20×1.12.31.	(차) 감가상각비	4,000,000	(대) 감가상각누계액	4,000,000
20×2.12.31.	(차) 감가상각비	4,000,000	(대) 감가상각누계액	4,000,000
	(차) 건물	10,000,000	(대) 감가상각누계액	4,000,000
			재평가잉여금	6,000,000

13 해설

1) 20×1년도 감가상각비 = (₩1,000,000 − ₩0) × 4/10 × 6/12 = ₩200,000
2) 20×2년 초 장부금액 = ₩800,000 + ₩200,000(자본적지출) = ₩1,000,000
3) 20×2년도 감가상각비 = (₩1,000,000 − ₩0) × 4/10 = ₩400,000
4) 20×3년도 감가상각비 = (₩600,000 − ₩0) × 1/3 = ₩200,000
5) 20×3년도 당기비용 = ₩200,000(감가상각비) + ₩50,000(수익적지출) = ₩250,000

14 해설

1) 특허권 회계처리

20×1.1.1.	(차) 특허권	100,000	(대) 현금	100,000
20×1.12.31.	(차) 상각비	20,000	(대) 특허권	20,000
20×2.12.31.	(차) 상각비	20,000	(대) 특허권	20,000
	(차) 손상차손	25,000	(대) 특허권	25,000

2) 상표권은 내용연수가 비한정인 무형자산으로 상각하지 않고 매년 손상검사를 수행한다. 20×2년에 손상이 발생하였으므로 20×2년 손상차손 = ₩200,000 − ₩120,000 = ₩80,000이다.
3) 20×2년 당기비용 = ₩20,000(특허권 상각비) + ₩25,000(특허권 손상차손) + ₩80,000(상표권 손상차손)
   = ₩125,000

15 해설

1) 20×1년 일괄취득 (공정가치 비율로 안분)

(차) 토지	32,000	(대) 현금	40,000
건물 A	8,000		

2) 20×1년 건물 A의 장부금액 = ₩8,000 − {(₩8,000 − ₩0) × 1/5} = ₩6,400
3) 건물 B의 20×2년 말 장부금액 = ₩20,000 − {(₩20,000 − ₩0) × 1/10 × 3/12} = ₩19,500
※ 사용하던 건물 A의 철거비용은 건물 B의 원가가 아닌 당기비용으로 인식한다.

16 해설

〈공정가치모형〉

20×1.12.31. (차) 건물	200,000	(대) 투자부동산평가이익(당기손익)	200,000

※ 투자부동산 공정가치모형 적용 시 감가상각을 수행하지 않는다.

〈원가모형〉

20×1.12.31. (차) 감가상각비	200,000	(대) 감가상각누계액	200,000

17 해설

건물이 위치한 토지의 가치 증가와 건물의 감가상각대상금액은 무관하다.

18 해설

① 비용의 분류는 기능별, 성격별 중 선택가능하다. 다만, 성격별 분류가 미래 현금흐름 예측에 더 유용한 정보를 제공하므로 기능별 분류방법을 택하는 경우 성격별에 대한 추가공시가 필요하다.
② 자산과 부채는 유동 및 비유동 구분표시, 유동성배열법, 혼합법 중 선택가능하다.
③ 조정영업이익은 포괄손익계산서 본문이 아닌 주석에 공시한다.
⑤ 부적절한 회계정책은 이에 대하여 공시나 주석 또는 보충자료를 통해 설명하더라도 정당화될 수 없다.

19 해설

1) 기초자본 = ₩1,000(기초자산) − ₩620(기초부채) = ₩380
2) 기말자본 = ₩380(기초자본) + ₩500(유상증자) + ₩2,500(영업수익) − ₩2,320(영업비용) = ₩1,060
3) 기말자산 = ₩740(기말부채) + ₩1,060(기말자본) = ₩1,800

20 해설

① 측정기준의 변경은 회계정책의 변경에 해당한다.
③ 과거에 발생한 거래와 실질이 다른 거래, 기타 사건 또는 상황에 대하여 다른 회계정책을 적용하는 것은 회계정책의 변경에 해당하지 아니한다.
④ 과거기간의 금액을 수정하는 경우 과거기간에 인식, 측정, 공시된 금액을 추정함에 있어 사후에 인지된 사실을 이용할 수 없다.
⑤ 회계정책의 변경과 회계추정의 변경을 구분하는 것이 어려운 경우에는 이를 회계추정의 변경으로 본다.

21 해설

중요성은 해당 기업 특유한 측면의 목적적합성으로 회계기준위원회는 중요성에 대한 획일적인 계량 임계치를 정하거나 특정한 상황에서 무엇이 중요한 것인지를 미리 결정할 수 없다.

22 해설

1) 20×1년 연평균지출액 = ₩600,000 × 12/12 + ₩500,000 × 6/12 = ₩850,000
2) 20×1년 특정차입금 자본화금액 = ₩300,000 × 3% × 9/12 = ₩6,750
3) 20×1년 자본화이자율 = (₩10,000 + ₩12,500) ÷ (₩500,000 × 6/12 + ₩1,000,000 × 3/12) = 4.5%
4) 20×1년 일반차입금 자본화금액 = {₩850,000 − (₩300,000 × 9/12)} × 4.5% = ₩28,125(한도 : ₩22,500)
5) 20×1년도 자본화할 차입원가 = ₩6,750 + ₩22,500 = ₩29,250

23 해설

1) 20×2년 초 장부금액 = ₩43,000(20×2년 말 장부금액) − ₩3,000(사채할인발행차금) = ₩40,000
2) 20×2년 유효이자율 = ₩6,000(20×2년 이자비용) ÷ ₩40,000(20×2년 기초장부금액) = 연 15%

24 해설

상환할증금 지급조건과 상환할증금 미지급조건의 20×1년 장부금액 차이는 상환할증금의 현재가치이다. 이자비용에 영향을 미치는 부분도 상환할증금의 현재가치에 대한 이자비용이다.
1) 상환할증금의 현재가치 = ₩2,000,000 × 10.5% × 0.7118 = ₩149,478
2) 할증금 지급조건에 따른 이자비용 차이 = ₩149,478 × 12% = ₩17,938

25 해설

1) ㈜민국의 순자산공정가치 = ₩1,300(유동자산) + ₩1,600(유형자산) + ₩200(특허권) − ₩200(유동부채) − ₩660(장기차입금) = ₩2,240
2) 영업권 = ₩3,500(이전대가) − ₩2,240(피취득회사의 순자산공정가치) = ₩1,260

26 해설

1) 기말재고(매가) = ₩1,000,000 + ₩4,900,000 + ₩300,000(순인상) − ₩200,000(순인하) − ₩4,000,000(매출액) = ₩2,000,000
2) 선입선출 원가율 = ₩3,000,000 ÷ {₩4,900,000 + ₩300,000(순인상) − ₩200,000(순인하)} = 60%
3) 기말재고(원가) = ₩2,000,000 × 60% = ₩1,200,000

27 해설

1) 20×1년 말 감가상각 후 장부금액 = ₩5,000,000 − (₩5,000,000 − ₩0) × 1/10 = ₩4,500,000
2) 20×1년 말 손상차손 = ₩4,500,000 − ₩3,600,000(회수가능액) = ₩900,000
   * 20×1년 말 손상차손의 인식으로 재무상태표에는 건물의 장부금액이 ₩3,600,000으로 표시된다.
   * 20×1년 말 회수가능액 = max[₩3,600,000(순공정가치), ₩3,000,000(사용가치)] = ₩3,600,000
3) 20×2년도 감가상각비 = (₩3,600,000 − ₩0) × 1/9 = ₩400,000

4) 20×2년 말 감가상각 후 장부금액 = ₩3,600,000 − ₩400,000 = ₩3,200,000
5) 20×2년 말 손상차손환입액 = min[₩4,000,000(환입한도), ₩4,300,000(회수가능액)] − ₩3,200,000
      = ₩800,000
   * 환입한도 = ₩5,000,000 − (₩5,000,000 − ₩0) × 2/10 = ₩4,000,000
   * 20×2년 말 회수가능액 = max[₩3,900,000(순공정가치), ₩4,300,000(사용가치)] = ₩4,300,000

28 【해설】

1) 매출원가 = ₩100,000(당기매출액) × 1/1.25 = ₩80,000
2) 기말재고자산 = ₩30,000(기초재고) + ₩84,000(당기상품매입액) − ₩80,000(매출원가) = ₩34,000
3) 재고자산회전율 = 매출원가 ÷ 평균재고자산 = ₩80,000 ÷ {(₩30,000 + ₩34,000) × 1/2} = 2.5회

29 【해설】

* 자기주식의 취득은 취득에 소요된 금액만큼 자본총계를 감소시키고, 자기주식의 소각은 자본총계의 영향을 초래하지 않는다.
1) 20×1년 말 자본총계 = ₩700,000(자본금) + ₩300,000(이익잉여금) = ₩1,000,000
2) 20×2년 말 자본총계 = ₩1,000,000(기초 자본총계) − (20주 × ₩4,900) − (40주 × ₩5,300) = ₩690,000

30 【해설】

과거에 우발부채로 처리하였더라도 이후 충당부채의 인식조건을 충족하면 충당부채로 인식한다.

31 【해설】

* 부산물 C는 판매시점에 최초로 인식하므로 부산물의 순실현가치를 결합원가에서 차감하지 않는다. 즉, 주산물에 배부해야 할 결합원가는 ₩150,000 전체이다.

	A	B	합계
판매가치	₩100,000	₩180,000	₩280,000
추가가공원가	–	(60,000)	(60,000)
결합원가	(75,000)	(75,000)	(150,000)
매출총이익	₩25,000	₩45,000	₩70,000

1) ㈜대한의 매출총이익률 = ₩70,000 ÷ ₩280,000(매출액) = 25%
2) 주산물 A의 총제조원가 = ₩100,000 × (1 − 25%) = ₩75,000

32 【해설】

1) 임률차이(₩20,300 유리) → ₩385,700(실제발생액) < 101,500시간 × 표준임률(?)
   → 표준임률 = ₩4
2) 능률차이(₩14,000 유리) → 101,500시간 × ₩4(표준임률) < 실제생산량(?) × 2시간 × ₩4(표준임률)
   → 실제생산량 = 52,500단위

33 [해설]

구분	A제품	B제품	C제품
매출액	₩150,000	₩50,000	₩300,000

1) SET 공헌이익률 = 20% × (₩150,000/₩500,000) + 30% × (₩50,000/₩500,000) + 25% × (₩300,000/₩500,000) = 24%
2) 회사 전체의 예상 영업이익 = ₩700,000 × 24% − ₩156,000(고정원가 총액) = ₩12,000

34 [해설]

1) 최소대체가격 = 변동원가 + 기회비용
   = ₩30(변동제조원가) + ₩7(운송비) + ₩24(단위당 기회비용) = ₩61
   * 단위당 기회비용(기존시장의 공헌이익 감소) = (200단위 × ₩60) ÷ 500단위 = ₩24

35 [해설]

〈X제품의 생산 중단 시〉

증분수익 : 변동원가 절감액	₩60,000
고정원가 절감액(₩30,000 × 40% + ₩20,000 × 60%)	24,000
임대수익	10,000
증분비용 : X제품의 매출액 감소	(100,000)
증분손실 : (₩6,000)	

36 [해설]

고저점법은 조업도의 가장 큰 단위와 가장 작은 단위를 이용해 원가함수를 추정하는 방법이다.
1) 단위당 변동원가 = (₩11,000,000 − ₩7,000,000) ÷ (150,000단위 − 50,000단위) = ₩40
2) 고정원가 = ₩11,000,000 − (₩40 × 150,000단위) = ₩5,000,000
3) 원가함수 = ₩5,000,000 + ₩40x
4) 전부원가계산에 의한 7월 추정 영업이익 = 75,000단위 × (₩100 − ₩40 − ₩50) = ₩750,000
   * 단위당 고정제조원가 = ₩5,000,000 ÷ 100,000단위 = ₩50

37 [해설]

1) 가공원가 완성품환산량 = 1,000단위 × 60% + 3,000단위 × 100% + 1,000단위 × 40% = 4,000단위
2) 가공원가 완성품환산량 단위당원가 = ₩1,053,000 ÷ 4,000단위 = ₩263.25
3) 기말재공품에 포함된 가공원가 = 400단위 × ₩263.25 = ₩105,300

38 [해설]

구분	4월	5월	6월
예상 매입원가	₩1,000,000	₩3,000,000	₩2,000,000

4월 재고자산				5월 재고자산			
기초재고	250,000	매출원가	1,000,000	기초재고	750,000	매출원가	3,000,000
매입액	1,500,000	기말재고	750,000	매입액	2,750,000	기말재고	500,000

* 5월 현금지출액 = ₩1,500,000 × 70% + ₩2,750,000 × 30% = ₩1,875,000

39 [해설]

1) 특별주문 수락 시
   증분수익 : 특별주문 매출액(2,000단위 × P)   2,000P
   증분비용 : 특별주문 변동원가(2,000단위 × ₩1,000) (₩2,000,000)
              기존고객공헌이익감소(1,000단위 × ₩800)   (800,000)
   증분이익 : ₩0
2) 특별주문으로부터 받아야 할 단위당 최소판매가격 = ₩2,800,000 ÷ 2,000 = ₩1,400

40 [해설]

변동원가계산에 의한 영업이익   ?
+ 기말재고에 포함된 고정제조간접원가(200단위 × ₩30)   ₩6,000
− 기초재고에 포함된 고정제조간접원가(300단위 × ₩25)   7,500
= 전부원가계산에 의한 영업이익   ₩10,000
→ 변동원가계산에 의한 영업이익 = ₩11,500
* 기말재고에 포함된 단위당 고정제조간접원가 = ₩30,000 ÷ 1,000단위(2월 생산량) = ₩30
* 기초재고에 포함된 단위당 고정제조간접원가 = ₩20,000 ÷ 800단위(1월 생산량) = ₩25

2016년 27회 정답 및 해설

정답

01 ⑤	02 ④	03 ④	04 ④	05 ③	06 ④	07 ⑤	08 ⑤	09 ④	10 ②
11 ④	12 ③	13 ①	14 ③	15 ①	16 ②	17 ⑤	18 ③	19 ④	20 ②
21 ⑤	22 ②	23 ②	24 ④	25 ④	26 ①	27 ⑤	28 ②	29 ①	30 ①
31 ③	32 ③	33 ⑤	34 ②	35 ③	36 ②	37 ③	38 ②	39 ①	40 ①

01 해설

자산의 취득과 지출은 밀접한 관련이 있지만 지출이 없어도 자산으로 인식할 수 있다. 대표적으로 증여받은 재화는 관련된 지출이 없더라도 자산으로 인식할 수 있다.

02 해설

1) 20×5년 초 전환권대가 = ₩1,000,000(발행금액) − ₩949,213(전환사채 발행시점의 부채요소 공정가치)
   = ₩50,787
2) 20×6년 초 전환사채 장부금액 = ₩949,213 + ₩949,213 × 12% − ₩40,000 = ₩1,023,119
3) 20×6년 초 액면금액의 60%에 해당하는 전환사채가 전환되는 경우 전환으로 인해 증가하는 주식발행초과금
   = ₩1,023,119 × 60% − (200주 × ₩1,000) + ₩50,787(전환권대가) × 60% = ₩444,343
   * 전환권 행사 시 발행되는 주식수 = ₩600,000(액면금액) ÷ ₩3,000(전환가격) = 200주

03 해설

1) 토지의 취득원가 = ₩95,000(구입가격) + ₩16,000(즉시철거비) = ₩111,000
2) 회계처리

20×1년 초	(차) 토지	111,000	(대) 현금	111,000
20×1.12.31.	(차) 토지	9,000	(대) 재평가잉여금	9,000
20×2.12.31.	(차) 재평가잉여금	9,000	(대) 토지	35,000
	재평가손실	26,000		

04 해설

〈회계처리〉

20×6.9.1.	(차) 자기주식	550,000	(대) 현금	550,000
20×6.9.15.	(차) 자기주식	360,000	(대) 현금	360,000
20×6.10.1.	(차) 현금	480,000	(대) 자기주식	440,000
			자기주식처분손실	25,000
			자기주식처분이익	15,000
20×6.10.9.	(차) 현금	315,000	(대) 자기주식	350,000
	자기주식처분이익	15,000		
	자기주식처분손실	20,000		

* 10월 9일 처분 시 자기주식 장부금액 = 100주 × ₩1,100 + 200주 × ₩1,200 = ₩350,000

05 해설
재고자산을 공정가치로 평가하는 투자부동산으로 대체하는 경우, 재고자산의 장부금액과 대체시점의 공정가치의 차액은 당기손익으로 인식한다.

06 해설
1) 20×2년 기말 확정급여채무 현재가치(₩25,000) = ₩24,000(기초 확정급여채무 현재가치) + ₩1,200(이자비용) + ₩3,600(당기근무원가) − ₩2,300(퇴직금 지급) − ₩1,500(보험수리적이익)
2) 20×2년 기말 사외적립자산 공정가치(₩22,000) = ₩20,000(기초 사외적립자산 공정가치) + ₩1,000(이자수익) + ₩4,200(기여금 출연) − ₩2,300(퇴직금 지급) − ₩900(재측정요소)
3) 20×2년 기타포괄손익에 미치는 영향 = ₩1,500(보험수리적이익) − ₩900(재측정요소) = ₩600 증가

07 해설
경영자가 의도하는 방식으로 운용될 수 있으나 아직 사용하지 않고 있는 기간에 발생한 원가는 무형자산의 장부금액에 포함하지 아니한다.

08 해설
1) 20×1년 진행률 = ₩1,200 ÷ (₩1,200 + ₩3,600) = 25%
2) 20×1년 공사이익 = (₩6,000 − ₩4,800) × 25% = ₩300 이익
3) 20×2년도 총공사원가예상액 = ₩5,100(누적계약원가) + ₩2,400(추가계약원가 예상액) = ₩7,500
4) 해당 건설공사의 총손실 = ₩7,500 − ₩6,000(계약금액) = ₩1,500
   해당 건설공사는 손실이 예상되는 공사이므로 20×2년도에 총손실 ₩1,500이 귀속되도록 전기 이익을 고려하여 20×2년 계약손실을 인식한다.
5) 20×2년도 공사계약손실 = ₩1,500 + ₩300(20×1년도 공사이익) = ₩1,800

09 해설
〈교환 회계처리〉
(차) 감가상각누계액　　　300,000　　(대) 기계장치　　　1,000,000
　　현금　　　　　　　　50,000
　　교환으로 취득한 유형자산　550,000
　　유형자산처분손실　　100,000
* 교환으로 취득한 유형자산 = ₩600,000(제공한 자산의 공정가치) − ₩50,000(현금수령액) = ₩550,000

10 해설
1) 20×1년 보상비용 = (100명 − 20명) × 10개 × ₩10 × 1/4 = ₩2,000
2) 20×2년 보상비용 = (100명 − 30명) × 10개 × ₩10 × 2/4 − ₩2,000 = ₩1,500

11 해설
보고기간 후 12개월 이내에 만기가 도래하는 경우에는, 기업이 기존의 대출계약 조건에 따라 보고기간 후 적어도 12개월 이상 부채를 차환하거나 연장할 것으로 기대하고 있고, 그런 재량권이 있다면 비유동부채로 분류한다.

12 해설

1) 매출채권회전율 = 365일 ÷ 73일(매출채권평균회수기간) = 5회
2) 매출액 = 5회 × ₩220,000(평균매출채권) = ₩1,100,000
3) 매출원가 = 3회(재고자산회전율) × ₩160,000(평균재고자산) = ₩480,000
4) 매출총이익 = ₩1,100,000(매출액) − ₩480,000(매출원가) = ₩620,000

13 해설

1) 20×1년 초 사채의 발행가액 = ₩1,000,000 × 0.7938 + ₩100,000 × 2.5771 = ₩1,051,510
2) 20×1년 12월 31일 장부금액 = ₩1,051,510 + ₩1,051,510 × 8% − ₩100,000 = ₩1,035,631
3) 20×2년 1월 1일 조기상환손익 = ₩1,100,000(상환금액) − ₩1,035,631(장부금액) = ₩64,369 손실
→ 발행자는 장부금액보다 큰 금액으로 상환하였기 때문에 조기상환 과정에서 손실이 발생한다.

14 해설

금융리스부채 = min[리스자산의 공정가치, 리스료의 현재가치]
1) 리스료의 현재가치 = ₩1,000,000 × 2.5771 + ₩100,000 × 0.7938 = ₩2,656,480
2) 금융리스부채 = ₩2,500,000

> ▌2019년 리스기준서 개정에 따라 금융리스부채에 적용되던 min규정이 삭제되었다.
> 보증잔존가치 ₩100,000도 보증잔존가치에 따라 지급이 예상되는 금액으로 수정되어, 만약 보증잔
> 존가치로 인해 지급이 예상되는 금액이 ₩100,000이라고 한다면
> 리스부채 = ₩1,000,000 × 2.5771 + ₩100,000 × 0.7938 = ₩2,656,480을 리스부채로
> 리스개시일에 재무상태표에 계상한다.

15 해설

20×2년 기초재고자산　　₩50,000 과소계상
+ 당기매입
− 20×2년 기말재고자산　₩30,000 과대계상
= 20×2년 매출원가　　　₩80,000 과소계상
　20×2년 당기순이익　　₩80,000 과대계상
→ 수정 후 당기순이익 = ₩200,000 − ₩80,000(과대계상) = ₩120,000

16 해설

기계장치 취득원가 = ₩1,000,000(구입가격) − ₩15,000(매입할인) + ₩25,000(설치장소 준비원가) + ₩10,000(정상작동여부 시험과정에서 발생한 원가) − ₩5,000(시제품 순매각금액) + ₩2,000(기계 구입과 직접적으로 관련되어 발생한 종업원급여) = ₩1,017,000

> ▌2022년도 기준서 개정에 따라 정상작동여부 시험과정에서 생산된 시제품 순매각금액은 원가
> 에서 차감하지 않고 별도 당기손익으로 인식하므로 기계장치 취득원가는 ₩1,022,000이 된다.

17 해설

기업이 인식하는 수익에는 기업이 받는 판매세, 특정재화나 용역과 관련된 세금, 부가가치세 금액은 제외한다.

18 해설

자산이나 부채의 공정가치를 측정하기 위하여 사용되는 주된 시장의 가격에서 거래원가는 조정하지 않는다.

19 해설

보고기간 말과 재무제표 발행승인일 사이의 투자자산 공정가치 하락은 수정을 요하지 않는 보고기간 후 사건이다. 보고기간 후 사건 중 수정할 수 있는 사건은 보고기간 말 이전에 이미 존재하였던 상황을 보고기간 말과 재무제표 발행승인일 사이에 확인하는 경우에 해당한다.

20 해설

1) 20×6.1.1. 일괄구입 시 취득원가
   건물원가 = ₩2,000,000 × (₩960,000/₩2,400,000) = ₩800,000
   토지원가 = ₩2,000,000 × (₩1,440,000/₩2,400,000) = ₩1,200,000
2) 회계처리

20×6.1.1.	(차) 건물	800,000	(대) 현금	2,000,000
	토지	1,200,000		
20×6.12.31.	(차) 감가상각비(건물)	100,000	(대) 감가상각누계액	100,000
	(차) 손상차손(건물)	30,000	(대) 손상차손누계액(건물)	30,000
	(차) 손상차손(토지)	50,000	(대) 손상차손누계액(토지)	50,000

3) 건물의 20×6년 손상차손 = ₩700,000(20×6년 말 장부금액) − ₩670,000(회수가능액) = ₩30,000
4) 토지의 20×6년 손상차손 = ₩1,200,000(20×6년 말 장부금액) − ₩1,150,000(회수가능액) = ₩50,000

21 해설

1) 20×6년 연평균지출액 = ₩1,200,000 × 8/12 + ₩900,000 × 4/12 + ₩500,000 × 3/12 = ₩1,225,000
2) 특정차입금 자본화금액 = ₩1,200,000 × 8/12 × 8% − ₩120,000 × 5% × 4/12 = ₩62,000
3) 자본화이자율 = (₩40,000 + ₩45,000) ÷ (₩800,000 × 6/12 + ₩1,500,000 × 3/12) = 10.9677%
4) 일반차입금 자본화금액 = {₩1,225,000 − (₩1,200,000 × 8/12 − ₩120,000 × 4/12)} × $\frac{₩85,000}{₩775,000}$
   = ₩51,000(한도 : ₩85,000)
5) 건물의 취득원가 = ₩2,600,000(공사대금 지급액) + ₩62,000(특정차입금 자본화금액) + ₩51,000(일반차입금 자본화금액) = ₩2,713,000

22 해설

1) 이연법인세자산 = ₩30,000(감가상각비 한도초과액) × 20% = ₩6,000
2) 이연법인세부채 = {₩40,000(조세특례제한법상 준비금전입액) + ₩10,000(당기손익−공정가치측정금융자산평가이익)} × 20% = ₩10,000

23 해설

1) 가중평균유통보통주식수 = 8,000주 × 12/12 + 1,000주 × 3/12 = 8,250주
2) 기본주당이익 = ₩198,000 ÷ 8,250주 = ₩24
3) 희석주당이익 = {₩198,000 + ₩15,000 × (1 - 20%)} ÷ (8,250주 + 1,000주 × 9/12 + 1,000주 × 12/12) = ₩21

24 해설

일반목적재무보고서는 보고기업의 가치를 보여주기 위해 고안된 것은 아니며, 보고기업의 가치를 추정하는 데 도움이 되는 정보를 제공한다.

25 해설

1) 20×1년 초 복구충당부채 = ₩500,000 × 0.6209 = ₩310,450
2) 20×1년 초 회계처리

(차) 해양구조물(구축물)	4,310,450	(대) 현금	4,000,000
		복구충당부채	310,450

3) 20×1년 말 회계처리

(차) 감가상각비	862,090	(대) 감가상각누계액	862,090
(차) 이자비용	31,045	(대) 복구충당부채	31,045

4) 20×1년도 비용 = ₩862,090(감가상각비) + ₩31,045(이자비용) = ₩893,135

26 해설

1) 저가재고금액 = 3개 × min[₩180(단위당 취득원가), ₩100(단위당 순실현가능가치)] = ₩300
2) 회계처리

(차) 기말재고	300	(대) 기초재고	2,400
매출원가	7,500	매입	5,400

3) 매출총이익 = ₩13,800(매출액) - ₩7,500(매출원가) = ₩6,300

27 해설

1) 20×1년 초 ㈜대한의 순자산공정가치 = ₩460,000(장부상 순자산가액) + ₩80,000(건물의 장부금액과 공정가치와의 차액) = ₩540,000
2) 20×1년 말 ㈜감평의 비지배지분 = {₩540,000(20×1년 초 ㈜대한의 순자산공정가치) - ₩8,000(건물의 장부금액과 공정가치의 차액 중 감가상각된 부분) + ₩120,000(당기순이익)} × (1 - 70%) = ₩195,600

28 해설

매출액	₩860,000
대손상각비	(6,000)
매출채권(순액)증가	(38,000)
= 고객으로부터의 현금유입액	₩816,000

* 20×1년 초 매출채권(순액) = ₩110,000 − ₩3,000(20×1년 초 대손충당금) = ₩107,000
* 20×1년 말 매출채권(순액) = ₩150,000 − ₩5,000(20×1년 말 대손충당금) = ₩145,000

29 해설

충당부채를 인식하기 위해서는 해당 의무를 이행하기 위하여 경제적효익을 갖는 자원이 유출될 가능성이 높아야 한다(매우 ×).

30 해설

1) 일괄취득 시 기계장치 취득원가 = ₩20,000,000 × 2/10 = ₩4,000,000
2) 20×1년도 기계장치 감가상각비 = (₩4,000,000 − ₩0) × 4/10 × 9/12 = ₩1,200,000

31 해설

재고자산			
기초원재료	₩10,000	기말원재료	₩12,000
당기 원재료 매입	40,000	기말재공품	60,000
기초재공품	50,000	기말제품	96,000
가공원가	138,000	매출원가	150,000
기초제품	80,000		

1) 직접노무원가 = ₩138,000(가공원가) × 60% = ₩82,800
2) 직접재료원가 = ₩10,000(기초원재료) + ₩40,000(원재료 매입액) − ₩12,000(기말원재료) = ₩38,000
3) 기초원가(Prime Cost) = ₩38,000(직접재료원가) + ₩82,800(직접노무원가) = ₩120,800

32 해설

1) 단위당 변동원가 = (₩70,000,000 − ₩50,000,000) ÷ (2,000개 − 1,000개) = ₩20,000
2) 고정원가 = ₩50,000,000 − (1,000개 × ₩20,000) = ₩30,000,000
3) 원가함수 = ₩30,000,000 + ₩20,000x
4) 20×6년도의 총제조원가 = ₩30,000,000 × 1.2 + ₩20,000 × 0.7 × 3,000개 = ₩78,000,000

33 해설

1) 활동별 원가집계
   주문처리활동 = ₩500,000 × 60% + ₩200,000 × 50% + ₩120,000 × 70% = ₩484,000
   고객대응활동 = ₩500,000 × 40% + ₩200,000 × 50% + ₩120,000 × 30% = ₩336,000

2) 활동별 원가배부율
주문처리활동 원가배부율 = ₩484,000 ÷ 1,600회 = ₩302.5(주문횟수)
고객대응활동 원가배부율 = ₩336,000 ÷ 120명 = ₩2,800(고객수)
3) 고객 갑에게 배부될 간접원가 총액 = ₩302.5 × 10회 + ₩2,800 = ₩5,825

34 해설
1) 단위당 고정제조원가 = ₩1,000,000 ÷ 25,000단위(생산량) = ₩40
2) 20×6년도 기말재고의 차이 = 5,000단위 × ₩40 = ₩200,000

35 해설
1) A제품의 단위당 공헌이익 = (₩2,100,000 − ₩1,470,000) ÷ 600개 = ₩1,050
2) B제품의 단위당 공헌이익 = (₩2,900,000 − ₩1,740,000) ÷ 400개 = ₩2,900
3) SET당 공헌이익 = ₩1,050 × 6 + ₩2,900 × 4 = ₩17,900
4) SET당 손익분기점 판매량 = ₩1,074,000 ÷ ₩17,900(SET당 공헌이익) = 60SET
5) A제품의 예산판매수량 = 60SET × 6 = 360개

36 해설
1) 투자수익률 = 영업이익 ÷ 투자금액
A의 투자수익률 = ₩20,000,000 ÷ ₩250,000,000 = 8%
B의 투자수익률 = ₩22,500,000 ÷ ₩300,000,000 = 7.5%
2) 잔여이익 = 영업이익 − (투자금액 × 최저필수수익률)
A의 잔여이익 = ₩20,000,000 − (₩250,000,000 × 6%) = ₩5,000,000
B의 잔여이익 = ₩22,500,000 − (₩300,000,000 × 6%) = ₩4,500,000

37 해설
부산물의 평가는 순실현가치법으로 부산물의 순실현가치는 결합원가에서 차감한다.
1) 부산물의 순실현가치 = 40개 × ₩10 = ₩400
당기 주산물에 배분될 결합원가 = ₩9,900 − ₩400 = ₩9,500
2) 순실현가치
A의 순실현가치 = 9개 × ₩100 = ₩900
B의 순실현가치 = 27개 × ₩150 − ₩450 = ₩3,600
C의 순실현가치 = 50개 × ₩35 − ₩250 = ₩1,500
3) C에 배분될 결합원가 = ₩9,500 × (₩1,500/₩6,000) = ₩2,375
4) C의 총 제조원가 = ₩2,375 + ₩250 = ₩2,625
→ 이 중 기말재고자산은 ₩2,625 × (30개/50개) = ₩1,575

38 해설 ▶

1) 직접노무원가 능률차이(₩15,000 유리)
   → 70,000시간(실제직접노무시간) × ₩2.5 < 실제생산량에 허용된 표준시간 × ₩2.5
   → (실제생산량에 허용된 표준시간 − 70,000시간) × ₩2.5 = ₩15,000
   → 실제생산량에 허용된 표준시간 = 76,000시간
2) 실제 직접노무시간에서의 제조간접원가 변동예산(₩770,000)
   = 70,000시간 × 변동제조간접원가 표준배부율 + 80,000시간 × 고정제조간접원가 표준배부율
3) 기준조업도에서의 제조간접원가 예산(₩820,000)
   = 80,000시간 × 변동제조간접원가 표준배부율 + 80,000시간 × 고정제조간접원가 표준배부율
   → 2), 3)의 식을 연립하면 변동제조간접원가 표준배부율 = ₩5, 고정제조간접원가 표준배부율 = ₩5.25
4) 고정제조간접원가 조업도차이 = (80,000시간 − 76,000시간) × ₩5.25 = ₩21,000(불리)

39 해설 ▶

1) 손익분기점 매출액 = ₩140,000(총고정원가) ÷ 35%(공헌이익률) = ₩400,000
2) ㈜감평의 20×6년 매출액(S) = 0.35S − ₩140,000 = ₩297,500(세전이익)
   → S = ₩1,250,000
3) 안전한계매출액 = ₩1,250,000(매출액) − ₩400,000(손익분기점매출액) = ₩850,000
4) 안전한계율 = ₩850,000 ÷ ₩1,250,000(매출액) = 68%

40 해설 ▶

〈특별주문 수락 시〉
증분수익 : 특별주문 매출액(2,500개 × ₩120)   ₩300,000
증분비용 : 특별주문 변동제조원가(2,500개 × ₩75)   (187,500)
          특별주문 배치 변동원가(25배치 × ₩500)   (12,500)
          기존고객할인액(7,500개 × ₩10)   (75,000)
증분이익 : ₩25,000
* 단위당 변동제조원가 = (₩262,500 + ₩300,000) ÷ 7,500개 = ₩75(단위당)
* 배치당 변동원가 = ₩75,000 ÷ 150배치 = ₩500(배치당)

Chapter 10

2015년 26회 정답 및 해설

정답

01 ⑤	02 ⑤	03 ②	04 ②	05 ⑤	06 ③	07 ①	08 ①	09 ⑤	10 ③
11 ②	12 ③	13 ④	14 ②	15 ③	16 ②	17 ④	18 ④	19 ②	20 ④
21 ①	22 ③	23 ①	24 ④	25 ④	26 ③	27 ④	28 ②	29 ①	30 ⑤
31 ⑤	32 ⑤	33 ①	34 ③	35 ①	36 ④	37 ①	38 ③	39 ④	40 ②

01 해설

공정가치는 원칙적으로 측정일에 시장참여자 사이의 정상거래에서 자산을 매도하면서 수취하거나 부채를 이전하면서 지급하게 될 유출가격을 의미한다.

02 해설

대리관계에서 본인을 대신하여 대리인인 기업이 받는 금액은 경제적효익의 총유입에 해당하지 않으므로 대리인인 기업의 수익에 해당하지 않는다.

03 해설

(차) (신)유형자산	2,000,000	(대) (구)유형자산	2,100,000
감가상각누계액	500,000	현금	300,000
		유형자산처분이익	100,000

* 교환으로 취득하는 자산의 원가 = ₩1,700,000(제공한 자산의 공정가치) + ₩300,000(현금지급액)
= ₩2,000,000

04 해설

기말상품재고액 = ₩2,000,000(실사재고) + ₩400,000(도착지조건으로 판매한 미착품) + ₩80,000(매입의사를 미표시한 시송품) = ₩2,480,000

> ▎반품가능판매의 경우 반품률이 신뢰성 있게 추정이 되면 판매액 전액을 매출로 인식하고 이에 따라 기말재고금액에 포함하지 않았다. 그러나 2018년 수익기준서 개정에 따라 반환이 예상되는 부분은 별도로 환불부채를 계상하고 환불부채를 제외한 나머지 금액을 매출로 계상하며 환불부채에 상응하는 반환제품회수권(₩500,000 × 10% = ₩50,000)이 인식된다. 반환제품회수권은 기말재고자산에 포함하는 것이 타당하므로 이 경우 기말상품재고액은 ₩2,530,000이다.

05 해설

1) 매출채권 회전율 = ₩1,000,000(매출액) ÷ ₩50,000(평균매출채권) = 20회
2) 매출채권 회수기간 = 360일 ÷ 20회(매출채권회전율) = 18일

3) 정상영업주기(42일) = 매출채권 회수기간(18일) + 재고자산 회수기간
 → 재고자산 회수기간 = 24일
 → 재고자산 회전율 = 360일 ÷ 24일 = 15회
4) 매출원가 = ₩40,000(평균재고자산) × 15회(재고자산 회전율) = ₩600,000

06 해설

* 진행률을 알 수 없으나 공사원가의 회수가능성은 높은 경우 수익은 min[회수가능액, 누적발생원가]로 측정한다.
1) 20×3년 공사수익 = min[₩500,000(발생원가), ₩500,000(회수가능액)] = ₩500,000
2) 20×3년 공사원가 = ₩500,000(실제 발생비용)
3) 20×3년 공사이익 = ₩500,000 − ₩500,000 = ₩0

07 해설

20×2년 말 순확정급여부채 = ₩80,000(20×2년 말 보험수리적가정의 변동을 반영한 확정급여채무의 현재가치)
 − ₩65,000(20×2년 말 사외적립자산의 공정가치) = ₩15,000

08 해설

1) 과세소득 = ₩10,000,000(20×5년 법인세비용차감전순이익) + ₩100,000(차감할 일시적 차이)
 = ₩10,100,000
2) 당기법인세 = ₩10,100,000 × 20% = ₩2,020,000
3) 이연법인세자산 = ₩100,000(차감할 일시적 차이) × 20% = ₩20,000
4) 회계처리

(차) 이연법인세자산	20,000	(대) 미지급법인세	2,020,000
법인세비용	2,000,000		

> ▌2018년도 금융자산 기준서 개정에 따라 단기매매금융자산의 용어를 당기손익−공정가치 측정 금융
> 자산으로 수정하였다.

09 해설

* 비화폐성항목에 대해 원가모형을 적용하는 경우 거래일의 환율로 환산하고 보고기간 말 환율로 다시 환산하지
않는다.

20×1.10.1.	(차) 토지	10,000,000	(대) 현금	10,000,000
20×2.3.1.	(차) 현금	6,300,000	(대) 토지	5,000,000
			유형자산처분이익	1,300,000

1) 20×1.10.1. 토지취득원가 = $10,000 × ₩1,000 = ₩10,000,000
2) 20×2.3.1. 수취한 현금 = $6,000 × ₩1,050 = ₩6,300,000

10 해설

〈20×4년 초〉		〈20×4년 말〉	
건물	₩5,000,000	건물	₩7,500,000
감가상각누계액	(800,000)	감가상각누계액	(1,200,000)
장부금액	₩4,200,000	공정가치	₩6,300,000

* 비례율 = ₩6,300,000 ÷ ₩4,200,000 = 1.5

11 해설

1) 무상증자비율 = (1 + 200%) = 300%
2) 20×2년 주당이익 = ₩450,000 ÷ {(400주 − 100주) × 300% × 12/12} = ₩500
3) 20×3년 주당이익 = ₩1,080,000 ÷ {(400주 − 100주) × 300% × 12/12} = ₩1,200

12 해설

1) 합병 시 피취득회사의 순자산 공정가치 = ₩2,000,000(현금) + ₩4,000,000(매출채권) + ₩10,000,000(토지) + ₩20,000,000(건물) − ₩2,000,000(매입채무) − ₩4,000,000(장기차입금) = ₩30,000,000
2) 이전대가(공정가치) = ₩3,500,000 + 100,000주 × ₩300 = ₩33,500,000
3) 영업권 = ₩33,500,000(이전대가) − ₩30,000,000(피취득회사의 순자산 공정가치) = ₩3,500,000

13 해설

정부보조금은 비화폐성자산을 기업이 사용하도록 이전하는 형식을 취할 수 있다. 이러한 상황에서는 비화폐성자산을 공정가치로 회계처리할 수 있다.

14 해설

1) 20×4년 12월 31일 장부금액 = ₩300,000 − {(₩300,000 − ₩0) × 1/2} = ₩150,000
2) 손상을 인식하지 않았을 경우의 20×4년 12월 31일의 장부금액
   = ₩1,000,000 − {(₩1,000,000 − ₩0) × 4/5} = ₩200,000
3) 손상차손환입액 = ₩200,000(환입한도) − ₩150,000(20×4년 말 장부금액) = ₩50,000

15 해설

〈회계처리〉

20×3년 초	(차) 토지	1,500,000	(대) 현금	1,500,000
20×3년 말	(차) 재평가손실(당기손실)	300,000	(대) 토지	300,000
20×4년 말	(차) 토지	400,000	(대) 재평가이익(당기손익)	300,000
			재평가잉여금	100,000
20×5년 말	(차) 현금	1,100,000	(대) 토지	1,600,000
	토지처분손실	500,000		
	(차) 재평가잉여금	100,000	(대) 이익잉여금	100,000

① 이익잉여금은 당기손익을 누적집계한 금액이다.

20×3년 초부터 20×5년 말까지 이익잉여금의 변화 = (₩300,000) + ₩300,000 − ₩500,000(토지처분손실) + ₩100,000(재평가잉여금의 이익잉여금 대체액) = (₩400,000) 감소

② 20×3년 당기순이익은 재평가손실로 인해 ₩300,000 감소한다.

③ 20×4년 당기순이익은 재평가이익으로 인해 ₩300,000 증가한다.

④ 20×4년 기타포괄이익은 재평가잉여금으로 인해 ₩100,000 증가한다.

⑤ 20×5년 유형자산처분손실이 ₩500,000 인식된다. 재평가잉여금은 당기손익으로 재분류되지 않는 기타포괄손익이다.

16 [해설]

금융상품은 현금 등 금융자산을 수취할 계약상 권리와 현금 등 금융자산을 인도할 의무를 가진 계약관계로 구성되어 있다. 선급비용은 금융자산이 아닌 재화나 용역을 수취할 권리이며, 산업재산권은 무형자산이고 선수수익은 재화나 용역을 제공할 의무이며, 미지급법인세와 충당부채는 계약관계로 이루어져 있지 않기 때문에 금융상품에 해당하지 않는다.

17 [해설]

1) 20×1년 1월 1일 부채요소의 공정가치 = ₩500,000 × 0.7513 + ₩40,000 × 2.4868 = ₩475,122

2) 자본요소 = ₩500,000(발행금액) − ₩475,122(부채요소의 공정가치) = ₩24,878

18 [해설]

수확물을 최초 인식시점에 순공정가치로 인식하여 발생하는 평가손익은 발생한 기간의 당기손익에 반영한다.

19 [해설]

ㄱ. 시험과정에서 생산된 재화의 순매각금액 : 2021년까지는 시제품의 순매각금액을 유형자산 원가에서 차감한다. 2022년부터는 시제품의 생산원가 및 순매각금액에 따른 금액은 당기손익으로 회계처리한다.

ㄷ. 재배치, 재편성하는 과정에서 발생하는 원가 : 유형자산이 사용가능한 상태에 도달한 이후에 발생하는 원가이므로 장부금액에 가산하지 않는다.

20 [해설]

1) 특정목적차입금의 20×1년도 자본화금액

= ₩1,000,000 × 8% × 12/12 − (₩800,000 × 6% × 3/12 + ₩200,000 × 6% × 9/12)

= ₩59,000

* ㈜감평은 지출되지 않은 금액을 금융기관에 예치한다고 하였으므로 20×1년 초 ₩200,000을 지출하고 남은 금액 ₩800,000을 예치하며, 20×1년 4월 1일에는 ₩600,000의 지출액을 제외한 ₩200,000을 금융기관에 예치한다.

21 해설

영업활동 현금흐름 = ₩2,500,000(당기순이익) + ₩100,000(영업권상각비) − ₩80,000(토지처분이익)
+ ₩150,000(당기손익인식금융자산평가손실) − ₩130,000(재고자산 증가) + ₩170,000(매출채권 감소)
+ ₩100,000(선급비용 감소) − ₩160,000(선수수익 감소) − ₩60,000(미지급비용 감소) = ₩2,590,000

22 해설

1) 단기매매금융자산처분손익 = 100주 × (₩2,750 − ₩2,700) = ₩5,000 이익
2) 매도가능금융자산처분손익 = 100주 × ₩2,750 − ₩265,000(최초원가) = ₩10,000 이익

> ▎2018년도 금융자산 기준서 개정에 따라 단기매매금융자산은 당기손익−공정가치 측정 금융자산으로 용어가 개정되었으나 회계처리는 차이가 없으므로 당기손익−공정가치 측정 금융자산의 처분손익도 ₩5,000 이익이다. 그러나 매도가능금융자산은 기타포괄손익−공정가치 선택 금융자산으로 개정됨과 동시에 해당 금융자산을 공정가치로 매도하는 경우 매도 시 당기손익으로 인식할 처분손익은 없다. 이에 따라 기타포괄손익−공정가치 선택 금융자산의 처분손익은 ₩0이 된다.

23 해설

당해 기간의 기타포괄손익금액을 성격별로 분류해야 하며, 다른 한국채택국제회계기준서에 따라 후속적으로 당기손익으로 재분류되지 않는 항목과 재분류되는 항목을 각각 구분하여 표시한다.

24 해설

1) 리스부채 = ₩80,000 × 3.60478 + ₩8,000 × 0.56743 = ₩292,922
2) 사용권자산 = ₩292,922(리스부채) + ₩5,000(리스개설직접원가) = ₩297,922

> ▎2019년 리스기준서 개정에 따라 리스부채에 포함해야 하는 금액은 보증잔존가치가 아니라 보증잔존가치로 인해 지급이 예상되는 금액이 되었다. 이에 따라 보증이 예상되는 금액도 ₩8,000이라는 구문을 추가하였고, 리스이용자는 리스개시일에 리스부채와 사용권자산을 계상하므로 원 시험에서는 금융리스자산으로 표기된 용어를 사용권자산으로 수정하였다.

25 해설

20×1년의 주식보상비용 = (40명 − 2명 − 2명) × 100개 × ₩5,000 × 6개월/36개월 = ₩3,000,000

26 해설

제품보증충당부채(기대가치) = ₩50,000 × 20% + ₩200,000 × 10% = ₩30,000

27 해설

1) 재고자산 오류
   <u>20×3년 기말재고자산   ₩5,000 과대계상</u>   20×4년 기초재고자산   ₩5,000 과대계상
   = 20×3년 매출원가   ₩5,000 과소계상   <u>(−) 20×4년 기말재고자산   ₩7,000 과대계상</u>
      20×3년 당기순이익   ₩5,000 과대계상   = 20×4년 매출원가   ₩2,000 과소계상
                                                                         20×4년 당기순이익   ₩2,000 과대계상

2) 선급보험료 오류
   <u>20×3년 보험료   ₩700 과소계상</u>   20×4년 기초보험료   ₩700 과대계상
   = 20×3년 당기순이익   ₩700 과대계상   <u>+ 20×4년 기말보험료   ₩1,400 과소계상</u>
                                                                     = 20×4년 당기순이익   ₩700 과대계상

3) 20×3년도 당기순이익에 미치는 영향 = ₩5,000 과대계상 + ₩700 과대계상 + ₩2,700 과대계상
   = ₩8,400 과대계상

4) 20×4년도 당기순이익에 미치는 영향 = ₩2,000 과대계상 + ₩700 과대계상 + ₩2,400 과대계상
   = ₩5,100 과대계상

28 해설

ㄷ : 재고자산
ㄹ, ㅁ : 자가사용부동산
ㅂ : 리스제공자는 부동산을 금융리스로 제공하는 경우 재무상태표에 부동산을 인식하지 않고 리스채권만 인식
한다.

29 해설

연구활동으로 분류해야 하는 금액 = ₩100,000(새로운 지식을 얻고자 하는 활동) + ₩200,000(연구결과나
기타 지식을 최종 선택하는 활동) = ₩300,000

30 해설

▌2018년도 금융자산 기준서 개정에 따라 지분상품은 당기손익−공정가치 측정 금융자산으로 분류하
되 최초 인식시점에 기타포괄손익−공정가치 측정 금융자산으로 선택할 수 있다. 다만, 이러한 선택
은 최초에만 가능하며 추후 당기손익−공정가치 측정 금융자산으로 재분류할 수는 없다.

31 해설

매출액을 S라고 하면
1) 전년도의 공헌이익 = S − 0.6S = 0.4S
2) 당해 연도의 공헌이익 = 1.1S − 0.6S = 0.5S
3) 공헌이익 증가율 = 0.1S ÷ 0.4S = 25%

32 해설

1) Y부문 원가 배부(₩200,000) : X부문(₩40,000), A부문(₩60,000), B부문(₩100,000)
2) X부문 원가배부(₩140,000 + ₩40,000) : A부문(₩108,000), B부문(₩72,000)
→ A부문원가 합계 = ₩100,000 + ₩60,000 + ₩108,000 = ₩268,000
→ B부문원가 합계 = ₩200,000 + ₩100,000 + ₩72,000 = ₩372,000

33 해설

* 변동원가계산방법에 의한 영업이익과 전부원가계산방법에 의한 영업이익은 재고자산에 포함된 고정제조간접원
가로 인해 발생한다.
1) 기말재고자산에 포함된 고정제조간접원가 = 200단위 × ₩2,000(단위당 고정제조간접원가) = ₩400,000
→ 기초재고자산은 없고 기말재고자산만 있으므로 전부원가계산에 의한 영업이익이 변동원가계산에 의한
영업이익보다 ₩400,000 증가한다.
* 단위당 고정제조간접원가 = ₩2,400,000 ÷ 1,200단위(생산량) = ₩2,000

34 해설

1) 제조간접원가 예정배부율 = ₩480,000 ÷ 6,000시간 = ₩80(직접작업시간)
2) 제조간접원가 예정배부액 = 5,000시간 × ₩80 = ₩400,000
3) 배부차이 = ₩500,000(실제발생액) − ₩400,000(예정배부액) = ₩100,000 과소배부
4) 배부차이조정
유람선 = ₩100,000 × (₩720,000/₩2,000,000) = ₩36,000
배부차이 조정 후 제품원가 = ₩720,000 + ₩36,000 = ₩756,000
* 정상개별원가계산은 개별 작업집계표대로 원가를 집계한다. 미완성된 화물선은 기말재공품원가가 되며, 완성
후 인도된 여객선은 매출원가가 된다. 완성되었으나 인도되지 않은 유람선이 기말제품원가가 된다.

35 해설

*가중평균법과 선입선출법에 따른 완성품환산량의 차이는 기초재공품의 기완성도로 인해 발생한다.
가공원가(전환원가)의 완성품환산량차이 = 10,000단위(기초재공품) × 20%(기완성도) = 2,000단위

36 해설

1) 공헌이익률 = ₩1,000(단위당 공헌이익) ÷ ₩2,000(단위당 판매가) = 50%
2) 손익분기점 매출액 = ₩2,600,000(고정원가 총액) ÷ 0.5(공헌이익률)= ₩5,200,000

37 해설

1) 활동별배부율
조립활동 배부율 = ₩450,000 ÷ 37,500시간 = ₩12(기계시간)
구매주문활동 배부율 = ₩32,000 ÷ 1,000회 = ₩32(주문횟수)
품질검사활동 배부율 = ₩120,000 ÷ 1,600시간 = ₩75(검사시간)
2) 제품 #23의 제조간접원가 = 850시간 × ₩12 + 90회 × ₩32 + 30시간 × ₩75 = ₩15,330
3) 단위당 제조간접원가 = ₩15,330 ÷ 300단위 = ₩51.1

4) 단위당 제조원가 = ₩15.5(직접재료원가) + ₩12.2(직접노무원가) + ₩51.1(제조간접원가) = ₩78.8

5) 매출총이익 = (₩90.7 - ₩78.8) × 300단위 = ₩3,570

38 해설 ▶

1) 3월 외상매출액의 4월 현금회수액 = ₩320,000 × 25% = ₩80,000

2) 4월 외상매출액의 당월 현금회수액 = ₩400,000 × 70% × 98% = ₩274,400

　　* 외상매출액 중 당월에 회수한 부분은 2%의 할인을 적용받는다.

3) 4월의 현금유입액 = ₩80,000 + ₩274,400 = ₩354,400

39 해설 ▶

1) 고정제조간접원가 표준배부율 = ₩24,920(고정제조간접원가 예산) ÷ 2,800시간(기준조업도)

　　　　　　　　　　　　　　　 = ₩8.9(기계시간)

2) 고정제조간접원가 조업도차이 : ₩24,920(고정제조간접원가 예산) < ₩25,454(표준배부액)

　　　　　　　　　　　　　　　 → ₩534 유리

　　* 표준배부액 = 2,860시간(실제생산량에 허용된 표준기계시간) × ₩8.9(표준배부율) = ₩25,454

40 해설 ▶

재공품			
기초재공품	₩50,000	당기제품제조원가	₩1,400,000
직접재료사용액	300,000		
가공원가	1,150,000	기말재공품	100,000
합계	₩1,500,000	합계	₩1,500,000

* 가공원가 = ₩500,000(공장근로자 급여 - 직접노무원가) + ₩100,000(공장건물 감가상각비) + ₩150,000
　(공장기계 수선유지비) + ₩400,000(공장감독자 급여) = ₩1,150,000

2014년 25회 정답 및 해설

정답

01 ⑤	02 ⑤	03 ②	04 ②	05 ③	06 ⑤	07 ④	08 ②	09 ③	10 ①
11 ②	12 ③	13 ②	14 ⑤	15 ②	16 ⑤	17 ③	18 ②	19 ①	20 ③
21 ④	22 ④	23 ④	24 ④	25 ①	26 ①	27 ①	28 ①	29 ④	30 ③
31 ①	32 ⑤	33 ③	34 ④	35 ③	36 ③	37 ①	38 ①	39 ②	40 ①

01 해설

재무정보의 비교가능성은 정보이용자가 항목 간의 차이점을 식별하고 이해할 수 있게 하는 질적 특성으로 비슷한 것은 비슷하게 다른 것은 다르게 보임으로써 보강된다.

02 해설

보험료비용	(₩4,000)
임대료수익	5,000
선급보험료 감소	500
선수임대료 증가	1,000
= 순현금흐름	₩2,500

03 해설

1) 어음만기액 = ₩1,000,000 + ₩1,000,000 × 6% × 4/12 = ₩1,020,000
2) 어음할인액 = ₩1,020,000 × 8% × 3/12 = ₩20,400
3) 현금수취액 = ₩1,020,000(만기금액) − ₩20,400(할인액) = ₩999,600
4) 이자비용 = 현금수취액 − 할인일의 어음가치
= ₩999,600 − (₩1,000,000 + ₩1,000,000 × 6% × 1/12) = (₩5,400)

04 해설

미래에 개발 후 자가사용할 부동산은 자가사용부동산(유형자산)에 해당한다.

05 해설

① 유형자산은 다른 자산의 미래경제적효익을 얻기 위해 필요하다면 그 자체로의 직접적인 미래경제적효익이 없더라도 인식할 수 있다.
② 유형자산이 경영진이 의도하는 방식으로 가동될 수 있으나 가동수준이 완전조업도 수준에 미치지 못하는 경우에 발생하는 원가는 유형자산의 원가에 포함하지 않는다.
④ 건설이 시작되기 전에 건설용지를 주차장 용도로 사용함에 따라 획득한 수익은 유형자산의 원가에서 차감하지 않고 별도 손익으로 인식한다.

⑤ 교환거래에 상업적 실질이 있는지 여부를 결정할 때 교환거래의 영향을 받는 영업 부문의 기업특유가치는 세후현금흐름을 반영하여야 한다.

> **유형자산 기준서 개정사항**
> 2022년부터는 시험과정에서 생산된 시제품의 순매각금액은 원가에서 차감하지 않고 별도 당기손익으로 인식한다.

06 [해설]

① 부적절한 회계정책은 이에 대하여 공시나 주석 또는 보충 자료를 통해 설명하더라도 정당화될 수 없다.
② 비유동자산의 처분손익은 처분대금에서 그 자산의 장부금액과 관련처분비용을 차감하여 표시할 수 있다.
③ 재무제표 항목의 표시와 분류는 한국채택국제회계기준에서 표시방법의 변경을 요구하는 경우 및 재무제표 항목의 표시와 분류를 변경하는 것이 더 목적적합한 정보를 제공하는 경우 이외에는 매기 동일하여야 한다.
④ 기업이 기존의 대출계약조건에 따라 보고기간 후 적어도 12개월 이상 부채를 차환하거나 연장할 것으로 기대하고 있고, 그런 재량권이 있다면, 보고기간 후 12개월 이내에 만기가 도래하더라도 비유동부채로 분류한다.

07 [해설]

① 재평가는 자산의 장부금액이 공정가치와 중요하게 차이가 나지 않도록 주기적으로 수행한다.
② 특정 유형자산을 재평가할 때, 해당 자산이 포함되는 유형자산 분류 전체를 재평가한다.
③ 자산의 장부금액이 재평가로 인하여 증가된 경우에 그 증가액은 동일한 자산에 대하여 이전에 당기손익으로 인식한 재평가감소액이 있다면 당기손익으로 인식하고 해당 금액을 초과하는 금액은 재평가잉여금의 과목으로 기타포괄손익으로 인식한다.

> **자본에 계상된 재평가잉여금은 자산이 제거될 때뿐만 아니라 자산을 사용함에 따라 일부를 대체할 수도 있다. ⑤번 선지도 옳은 답안이나 최종 정답은 ④로 공지되었다.**

08 [해설]

1) 주식의 이동평균단가 = (20주 × ₩1,000 + 30주 × ₩1,200) ÷ 50주 = ₩1,120
2) 20×1년 당기손익−공정가치측정금융자산 평가손익 = 40주 × (₩1,400 − 1,120) = ₩11,200 평가이익

> **2018년도 금융자산 기준서 개정에 따라 단기매매금융자산에서 당기손익−공정가치측정금융자산으로 용어를 수정하였다.**

09 [해설]

1) 20×3년 12월 31일 장부금액 = ₩10,000,000 − {(₩10,000,000 − ₩1,000,000) × (5 + 4 + 3)/15}
= ₩2,800,000
2) 20×4년 감가상각비 = (₩2,800,000 − ₩500,000) × 4/10 = ₩920,000
   * 잔여내용연수 = 5년 − 3년 + 2년 = 4년

10 해설

1) 20×1년 진행률 = ₩1,500 ÷ (₩1,500 + ₩2,500) = 37.5%
2) 20×1년 계약이익 = (₩6,000 − ₩4,000) × 37.5% = ₩750 이익
3) 20×2년 진행률 = ₩2,640 ÷ (₩2,640 + ₩1,760) = 60%
4) 20×2년 계약이익 = (₩6,000 − ₩4,400) × 60% − ₩750(20×1년 이익) = ₩210 이익

11 해설

① 후속 생산단계에 투입하기 전에 보관이 필요한 경우 이외의 보관원가는 재고자산의 취득원가에 포함하지 않고 당기비용으로 인식한다.
③ 재고자산의 지역별 위치나 과세방식이 다르다고 동일한 재고자산에 다른 단위원가 결정방법을 적용하는 것은 정당화될 수 없다.
④ 가중평균법의 경우 재고자산 원가의 평균은 기업의 상황에 따라 주기적으로 계산하거나(총평균법) 매입 또는 생산할 때마다 계산한다(이동평균법).
⑤ 완성될 제품이 원가 이상으로 판매될 것으로 예상하는 경우에는 해당 원재료를 순실현가능가치로 감액하지 아니한다.

12 해설

1) 기말재고금액 = ₩50,000(실사재고) + ₩30,000(선적지조건으로 매입한 미착상품) + ₩60,000(수탁자가 미판매한 적송품) + ₩20,000(매입의사를 미표시한 시용품) + ₩40,000(재구매조건부판매) + ₩60,000 (반품액의 합리적 추정이 불가능한 반품가능판매) = ₩260,000
2) 매출원가 = ₩200,000(기초재고) + ₩500,000(당기매입액) − ₩260,000(기말재고) = ₩440,000

13 해설

수정 전 회사잔액		₩149,400	수정 전 은행잔액		₩125,400
오류		(9,000)	미기입예금		50,000
			기발행미인출수표		(20,000)
			오류		(15,000)
수정 후 회사잔액		₩140,400	수정 후 은행잔액		₩140,400

14 해설

1) 이연제품보증수익 = 100개 × ₩20,000 = ₩2,000,000
2) 20×1년도 인식할 제품보증수익 = ₩2,000,000 × (₩200,000/₩1,000,000) = ₩400,000
   * 보증비용 = ₩10,000 × 100개 = ₩1,000,000

15 해설

1) 생물자산 평가이익 = ₩2,250,000(20×1년 말 생물자산 공정가치) − ₩1,500,000(20×1년 초 생물자산 장부금액) = ₩750,000
2) 수확물 평가이익 = ₩300,000
3) 20×1년 당기순이익 = ₩300,000(수확물 평가이익) + ₩750,000(생물자산 평가이익) − ₩450,000(사육에 소요된 비용) − ₩50,000(판매비용) = ₩550,000

16 해설

수익은 판매세, 특정재화나 용역과 관련된 세금, 부가가치세와 같이 제3자를 대신하여 받는 금액은 포함하지 않는다.

17 해설

1) 토지의 취득원가 = ₩2,000,000 + ₩80,000(중개수수료) + ₩160,000(취득세) + ₩150,000(기존건물 철거비) − ₩100,000(폐자재 판매대금) + ₩30,000(토지정지비) = ₩2,320,000

2) 건물의 취득원가 = ₩10,000(공장건축허가비) + ₩50,000(설계비) + ₩50,000(토지굴착비용) + ₩3,000,000 (건물 신축원가) + ₩10,000(차입원가 자본화) = ₩3,120,000

18 해설

1) 사외적립자산의 기말장부금액 = ₩3,000,000 + ₩150,000(이자수익) + ₩150,000(기여금납부액) − ₩200,000(퇴직금 지급액) = ₩3,100,000

2) 사외적립자산의 재측정요소 = ₩3,200,000(20×1년 말 공정가치) − ₩3,100,000(장부금액) = ₩100,000

3) 사외적립자산 실제수익 = ₩150,000(기대수익) + ₩100,000(재측정요소) = ₩250,000

19 해설

* 현금흐름에 영향을 주는 사건은 유상증자 및 자기주식 처분이다. 전환사채의 전환 및 무상증자, 외화차입금에 대한 외화환산이익은 현금의 유입, 유출을 발생시키지 않는 거래이다.

1) 재무활동 순현금흐름 = ₩50,000(유상증자로 인한 현금유입액) + ₩3,000(자기주식을 현금으로 처분함에 따른 현금유입액) = ₩53,000

20 해설

	우선주(누적, 완전참가)	보통주
미지급분	₩50,000 × 5% = ₩2,500	
당기분 추가배분	₩2,500 ₩1,000	₩100,000 × 5% = ₩5,000 ₩2,000
합계액	₩6,000	₩7,000

* 완전참가 우선주 추가배분 = (₩13,000 − ₩10,000) × (₩50,000/₩150,000) = ₩1,000

21 해설

1) 20×1년 손상차손 = ₩9,000(장부금액) − ₩8,100(회수가능액) = ₩900

2) 20×2년 감가상각 후 장부금액 = ₩8,100 − {(₩8,100 − ₩0) × 1/9} = ₩7,200

3) 20×2년 손상차손환입 = ₩7,750(회수가능액) − ₩7,200(장부금액) = ₩550 (20×2년 말 회수가능액이 환입한도를 넘지 않으므로 회수가능액까지 모두 환입한다.)
   * 환입한도 = ₩10,000 − (₩10,000 × 2/10) = ₩8,000

22 해설

ㄱ. 고객관계 개선 프로젝트에 대한 지출이 무형자산으로 인식되려면 효익의 유입가능성이 높아야 한다.

ㄷ. 유형자산과 분리되는 경우가 아니라면 보다 유의적인 유형자산으로 인식한다.

ㄹ. 광고비는 발생시점의 비용으로 인식한다.

23 해설

1) ㈜대한의 회계처리

(차) 차량운반구	25,000	(대) 기계장치	50,000
감가상각누계액	30,000	유형자산처분이익	10,000
현금	5,000		

2) ㈜세종의 회계처리

(차) 기계장치	30,000	(대) 차량운반구	50,000
감가상각누계액	20,000	현금	5,000
유형자산처분손실	5,000		

24 해설

1) 20×1년 초 전환사채 발행시점의 부채요소의 공정가치
   = ₩1,000,000 × 0.70843 + ₩60,000 × 3.23972 = ₩902,813
2) 전환권대가 = ₩1,000,000(발행가액) − ₩902,813(부채요소의 공정가치) = ₩97,187

25 해설 매도가능금융자산처분손익 = (10주 × ₩1,100 − ₩600) − ₩10,100(취득원가) = 처분이익 ₩300

> ▌2018년 금융자산 기준서 개정에 따라 지분상품은 최초 인식 시 기타포괄손익 − 공정가치 금융자산으로 선택할 수 있으며, 기타포괄손익 − 공정가치 측정 금융자산으로 선택 시 해당 주식을 매각하더라도 당기손익으로 인식할 처분손익은 없다. 다만, 처분 시 부담한 수수료 ₩600은 별도 당기비용 항목으로 회계처리한다.

26 해설

1) 유동자산 = ₩2,000(유동부채) × 250%(유동비율) = ₩5,000
2) 당좌자산 = ₩2,000(유동부채) × 100%(당좌비율) = ₩2,000
3) 재고자산 = ₩5,000(유동자산) − ₩2,000(당좌자산) = ₩3,000
4) 매출원가 = ₩3,000(재고자산) × 5회(재고자산 회전율) = ₩15,000
5) 자본 = ₩5,000(부채총액) × 1/2 = ₩2,500

27 해설

1) 20×1년 12월 31일 매출채권 장부금액 = $5,000 × ₩1,060 = ₩5,300,000
2) 20×2년 1월 31일 매출채권 회수액 = $5,000 × ₩1,050 = ₩5,250,000
   → 외환차손 = ₩5,250,000(대금회수액) − ₩5,300,000(장부금액) = (₩50,000)
* 화폐성 외화항목은 마감환율로 환산하여 재무상태표에 표시한다.

28 해설

1) 자산공정가치 = ₩90,000(현금) + ₩80,000(재고자산) + ₩130,000(건물) + ₩20,000(특허권) = ₩320,000
2) 순자산공정가치 = ₩320,000(자산공정가치) − ₩50,000(부채공정가치) = ₩270,000
3) 영업권 = ₩180,000(이전대가) − (₩270,000 × 60%) = ₩18,000

29 해설

권면발행일 후 발행은 기간 경과의 이자를 포함하여 현금으로 수령한다.
1) 20×1.1.1. 사채의 현재가치(10%) = ₩1,000,000 × 0.75131 + ₩80,000 × 2.48685 = ₩950,258
2) 20×1.1.1. ~ 9.30. 유효이자 = ₩950,258 × 10% × 9/12 = ₩71,269
3) 20×1.10.1. 현금수령액 = ₩950,258 + ₩71,269 = ₩1,021,527

30 해설

차감할 일시적 차이는 이연법인세자산으로 이연법인세자산은 차감할 일시적 차이가 소멸될 것으로 기대되는 시점의 세율을 적용하여 산출한다.
이연법인세자산 = ₩200,000 × 40% + ₩200,000 × 35% = ₩150,000

31 해설

1) 가공원가(₩160,000) = 직접노무원가 + 직접노무원가 × 60%
   → 직접노무원가 = ₩100,000
2) 직접재료원가 = ₩120,000(기본원가) − ₩100,000(직접노무원가) = ₩20,000
3) 매출원가 = ₩180,000 × 1/1.2 = ₩150,000
   * 기초 및 기말 제품재고 및 배부차이도 없으므로 매출원가와 당기제품제조원가는 동일하다.
4) 기말재공품평가액 = ₩20,000(기초재공품) + ₩120,000(기본원가) + ₩60,000(제조간접원가) − ₩150,000
   (당기제품제조원가) = ₩50,000

32 해설

1) A제품 공헌이익률 = ₩180,000 ÷ ₩300,000 = 60%
2) B제품 공헌이익률 = ₩450,000 ÷ ₩900,000 = 50%
3) SET당 공헌이익률 = 60% × 3/12 + 50% × 9/12 = 52.5%
4) SET당 손익분기점매출액 = ₩262,500(고정원가) ÷ 0.525 = ₩500,000
5) A제품의 연간 손익분기점매출액 = ₩500,000 × 3/12 = ₩125,000

33 해설

1) 가공원가 완성품환산량 = 2,500단위 × 40% + 3,500단위 × 100% + 4,000단위 × 40% = 6,100단위
2) 가공원가 완성품환산량 단위당 원가 = ₩244,000 ÷ 6,100단위 = ₩40
3) 월말재공품에 포함된 가공원가 = 4,000단위 × 40% × ₩40 = ₩64,000

34 해설

1) 표준작업시간 = 1,000단위(실제생산량) × 2시간 = 2,000시간
2) 유리한 조업도차이(₩10,000) = 고정제조간접원가예산 − (2,000시간 × ₩10)
   → 고정제조간접원가예산 = ₩10,000
3) 기준조업도 = ₩10,000(고정제조간접원가 예산) ÷ ₩10(표준배부율) = 1,000시간

35 해설

1) 특별주문 수락 시
   증분수익 : 특별주문매출액(100단위 × P)   100P
   증분비용 : 특별주문변동원가(100단위 × ₩3,000)   (₩300,000)
            특별주문 추가배송비용   (10,000)
   증분이익 : ₩30,000
2) 특별주문 단위당 판매가격 = ₩340,000 ÷ 100단위 = ₩3,400

36 해설

제품			
기초제품	50단위	판매량	900단위
목표생산량	930단위	기말제품	80단위

직접재료			
기초원재료	100kg	사용량	465kg
구입량	485kg	기말원재료	120kg

1) 직접재료 사용량 = 930단위 × 0.5kg = 465kg
2) 직접재료 구입예산 = 485kg × ₩10 = ₩4,850

37 해설

상품(4월)			
기초상품(₩6,000 × 70% × 10%)	₩420	매출원가(₩6,000 × 70%)	₩4,200
상품구입액	4,340	기말상품(₩8,000 × 70% × 10%)	560

38 해설

단위	단위당 시간	총시간
10단위(1)	300시간	300시간
20단위(2)	300시간 × 90% = 270시간	540시간
40단위(4)	270시간 × 90% = 243시간	972시간

→ 총 40단위에 대해 예상되는 변동원가 = 40단위 × ₩800(단위당 직접재료원가) + 972시간 × ₩10(시간당
직접노무원가) + 972시간 × ₩30 = ₩70,880

39 해설

B제품 생산 중단 시

증분수익 : A제품의 공헌이익 증가(1,000단위 × ₩1.25) ₩1,250
증분비용 : B제품의 공헌이익 감소 (800)
증분이익 : ₩450 증가

40 해설

〈외부구입 시〉

증분수익 : 변동제조원가 감소분(500단위 × ₩70) ₩35,000
고정제조간접원가 감소분(₩50,000 × 40%) 20,000
여유설비 월 임대료 ?
증분비용 : A부품 외부 구입비(500단위 × ₩100) (50,000)
증분이익 : ₩10,000
→ 여유설비 월 임대료 = ₩5,000

2013년 24회 정답 및 해설

정답

01 ⑤	02 ①	03 ①	04 ①	05 ④	06 ⑤	07 ③	08 ④	09 모두 정답	10 ①
11 ③	12 ①	13 ②	14 ⑤	15 ②	16 ⑤	17 ②	18 ③	19 ⑤	20 ④
21 ⑤	22 ④	23 ②	24 ②	25 ③	26 ②	27 ②	28 ④	29 모두 정답	30 ③
31 ③	32 ①	33 ②	34 ⑤	35 ④	36 ③	37 ③	38 ①	39 ④	40 ③

01 해설

자본은 소유주 지분으로 기업의 자산에서 모든 부채를 차감하여 재무상태표에 인식하는 것이며 공정가치로 측정하지 않는다.

> ▌2019년 개념체계 개정에 따라 아래와 같이 재무제표 구성요소의 정의가 개정되었다.
> ① 자산은 과거사건의 결과로 기업이 통제하는 현재의 경제적자원이다.
> ② 부채는 과거사건의 결과로 기업이 자원을 이전하는 현재의무이다.
> ③ 인식기준 : 자산이나 부채를 인식하고 이에 따른 결과로 수익, 비용 또는 자본변동을 인식하는 것이 목적적합하고 충실하게 표현한 정보를 제공하는 경우에만 자산과 부채를 인식한다.

02 해설

② 비용을 기능별로 분류하는 기업은 감가상각비, 기타 상각비와 종업원급여비용을 포함하여 비용의 성격에 대한 추가 정보를 공시한다.
③ 재분류조정은 당기나 과거 기간에 기타포괄손익으로 인식되었다가 당기에 당기손익으로 재분류된 금액을 의미한다.
④ 기타포괄손익의 항목은 다음의 한 가지 방법으로 표시한다.
  ㉠ 관련 법인세 효과를 차감한 순액으로 표시
  ㉡ 기타포괄손익의 항목과 관련된 법인세 효과 반영 전 금액으로 표시하고, 각 항목들에 관련된 법인세 효과는 단일금액으로 합산하여 표시
⑤ 어느 항목도 포괄손익계산서나 주석에 특별손익 항목으로 표시할 수 없다.

03 해설

1) 20×3년 감가상각비 = (₩12,800,000 - ₩0) × 1/8 = ₩1,600,000
2) 20×3년 말 손상차손환입액 = ₩14,000,000(환입한도액) - ₩11,200,000(20×3년 말 장부금액)
                           = ₩2,800,000
  * 환입한도액 = ₩20,000,000 - (₩20,000,000 × 3/10) = ₩14,000,000
3) 20×3년 당기순이익에 미치는 영향
  = (₩1,600,000) + ₩2,800,000(손상차손환입) = ₩1,200,000 증가

PART 02

04 해설

20×1.1.1	(차) 건물	1,000,000	(대) 현금	1,000,000
20×1.12.31	(차) 감가상각비	200,000	(대) 감가상각누계액	200,000
	(차) 감가상각누계액	200,000	(대) 건물	100,000
			재평가잉여금	100,000
20×2.12.31	(차) 감가상각비	225,000	(대) 감가상각누계액	225,000
	(차) 감가상각누계액	225,000	(대) 건물	400,000
	재평가잉여금	100,000		
	재평가손실	75,000		

05 해설

20×1.1.1	(차) 건물	10,000,000	(대) 현금	10,000,000
20×1.12.31	(차) 감가상각비	1,600,000	(대) 감가상각누계액	1,600,000
	(차) 감가상각누계액	1,600,000	(대) 건물	3,000,000
	재평가손실	1,400,000		
20×2.12.31	(차) 감가상각비	2,800,000	(대) 감가상각누계액	2,800,000
	(차) 감가상각누계액	2,800,000	(대) 건물	1,000,000
			재평가이익(당기손익)	1,400,000
			재평가잉여금(기타포괄손익)	400,000

* 20×2년 감가상각비 = (₩7,000,000 − ₩0) × 4/10 = ₩2,800,000

06 해설

1) 20×1년 연평균지출액 = ₩3,000,000 × 6/12 + ₩6,000,000 × 3/12 = ₩3,000,000

2) 자본화이자율 = $\dfrac{₩200,000 + ₩160,000}{₩2,000,000 × 12/12 + ₩2,000,000 × 12/12}$ = 9%

3) 20×1년도 자본화한 일반차입금의 차입원가(₩135,000) = {₩3,000,000 − (C × 6/12)} × 9%
   → C = ₩3,000,000

07 해설

1) 20×2년 말 감가상각누계액 = (₩10,000,000 − ₩1,000,000) × 5/6 = ₩7,500,000

2) 정부보조금 잔액 = ₩3,000,000 − {₩7,500,000 × (₩3,000,000/₩9,000,000)} = ₩500,000

3) 20×2년 말 기계장치의 장부금액 = ₩10,000,000(취득원가) − ₩7,500,000(감가상각누계액) − ₩500,000
   (정부보조금 잔액) = ₩2,000,000

08 해설

토지의 취득원가 = ₩700,000 + ₩20,000(즉시철거비) − ₩10,000(폐자재 처분대가) = ₩710,000

09 해설

20×6년 초 자가사용부동산에서 투자부동산으로 분류변경할 때, 공장건물의 장부금액[₩5,000,000 − ₩1,250,000 (감가상각누계액) − ₩150,000(손상차손누계액) = ₩3,600,000]과 분류변경시점의 공정가치 ₩3,800,000과 의 차액은 재평가회계처리를 수행하므로 ₩200,000의 재평가잉여금(기타포괄손익)이 인식된다. 또한, 투자부동산은 공정가치모형을 적용하며, 건물의 공정가치 변동이 없으므로 20×6년도 투자부동산의 후속측정에서 당기순이익에 미치는 영향은 없다. 즉, 당기순이익에 미치는 영향은 "0"이나 선지에 정답이 없으므로 모두 정답처리되었다.

10 해설

무형자산을 최초로 인식할 때에는 원가로 측정한다.

11 해설

1) 기말재고(매가) = ₩15,000(기초재고 판매가) + ₩85,000(당기매입 판매가) − ₩74,000(매출) = ₩26,000

2) 평균법을 적용하는 경우의 기말재고(원가) = ₩26,000[기말재고(매가)] × $\dfrac{₩14,000 + ₩51,000}{₩15,000 + ₩85,000}$ = ₩16,900

3) 평균법 적용 시 재고자산평가손실 = ₩16,900(재고자산−원가) − ₩16,000(순실현가능가치) = ₩900

4) 선입선출법을 적용하는 경우의 기말재고(원가) = ₩26,000(기말재고(매가)) × $\dfrac{₩51,000}{₩85,000}$ = ₩15,600

 * 선입선출법 적용 시 기말재고(원가) < 순실현가능가치이므로 평가손실이 발생하지 않는다.

5) 평균법과 선입선출법의 상품평가손실액의 차이 = ₩900 − ₩0 = ₩900

12 해설

표준원가법으로 평가한 결과가 실제원가와 유사한 경우에는 편의상 표준원가법을 사용할 수 있다.

13 해설

원재료를 사용하여 제품을 직접 생산·판매하므로 제품에서 평가손실이 발생하지 않으면 원재료도 감액하지 않는다.

1) 제품 : ₩2,700(단위당 원가) < ₩3,000(순실현가능가치)이므로 평가손실이 발생하지 않는다.

2) 상품의 재고자산평가손실 = 1,500단위 × (₩2,500 − ₩2,350) = ₩225,000

14 해설

광고매체수수료는 광고 또는 상업방송이 대중에게 전달될 때 인식하고, 광고제작수수료는 광고제작의 진행률에 따라 인식한다.

15 해설

 * 평균법 적용 시

20×1년 기초재고	₩5,000 감소
(−) 20×1년 기말재고	₩7,000 감소
= 매출원가	₩2,000 증가
매출총이익	₩2,000 감소

→ 평균법 적용 시 매출총이익 = ₩55,000(선입선출법 적용 시 매출총이익) − ₩2,000 = ₩53,000

16 해설

1) 20×1년 4월 1일 기타포괄손익−공정가치 측정 금융자산 공정가치 = ₩1,000,000 × 0.7513(3기간, 10%, 현가계수) + ₩80,000 × 2.4868(3기간, 10%, 연금현가계수) = ₩950,244
2) 20×1년 12월 31일 기타포괄손익−공정가치 측정 금융자산 상각후원가 = ₩950,244 + (₩950,244 × 10% − ₩80,000) × 9/12 = ₩961,512
3) 20×1년 12월 31일 경과이자 제외 공정가치 = ₩1,010,000 − ₩60,000 = ₩950,000
4) 20×1년 말 기타포괄손익−공정가치 측정 금융자산평가손익 = ₩950,000(공정가치) − ₩961,512(상각후원가) = (₩11,512) 손실

> ▎2018년 금융자산 기준서 개정에 따라 매도가능금융자산에서 기타포괄손익−공정가치 측정 금융자산으로 용어를 수정하였다.

17 해설

20×4년 처분손익 = ₩540,000 − ₩550,000(최초 취득원가) = (₩10,000) 손실

> ▎2018년 금융자산 기준서 개정에 따라 지분상품을 최초 취득시 기타포괄손익−공정가치 측정 금융자산으로 선택하는 경우 당해 주식을 공정가에 매도 시 공정가치로 평가하여 관련 손익을 기타포괄손익에 반영하므로 당기손익으로 인식할 처분손익은 없다.

18 해설

1) 20×1년 초 현재가치(12%) = ₩100,000 × 0.7118 + ₩10,000 × 2.4018 = ₩95,198
2) 20×1년 초 ~ 20×1년 3월말까지의 유효이자 = ₩95,198 × 12% × 3/12 = ₩2,856
3) 현금수령액 = ₩95,198 + ₩2,856 = ₩98,054
4) 20×1년 초 ~ 20×1년 3월말까지의 경과이자 = ₩10,000 × 3/12 = ₩2,500
5) 20×1년 4월 초 사채의 발행금액 = ₩98,054 − ₩2,500 = ₩95,554
6) 회계처리

(차) 현금	98,054	(대) 미지급이자	2,500
사채할인발행차금	4,446	사채	100,000

→ 20×1년 4월 1일 사채발행시점의 부채총액에 미치는 영향 = ₩95,554(사채의 장부금액) + ₩2,500(미지급이자) = ₩98,054 증가

19 해설

전환사채는 전환권 행사 시 부채요소가 감소하고, 자본총계가 증가한다. 20×2년 초 전환권이 행사되었으므로 전환권이 행사되었을 때 감소한 부채장부금액만큼 자본총계가 증가한다.

1) 20×1년 초 부채요소 공정가치 = ₩11,000 × 0.7312 + ₩700 × 2.4437 = ₩9,754
2) 20×1년 말 부채요소 장부금액 = ₩9,754 + ₩9,754 × 11% − ₩700 = ₩10,127
3) 20×2년 초 자본총계에 미치는 영향 = ₩10,127 × 35% = ₩3,544 증가

20
해설▶

1) 20×3년 말 누적진행률 = ₩68,000 ÷ (₩68,000 + ₩17,000) = 80%
2) 20×3년 말 미성공사 = ₩120,000(계약금액) × 80% = ₩96,000
3) 20×3년 말 미청구공사 = ₩96,000(미성공사) − ₩90,000(진행청구액) = ₩6,000

21
해설▶

매출채권			매입채무		
기초매출채권	–	매출채권현금회수액 139,500	매입채무현금지급액 118,000	기초매입채무	15,000
외상매출액	161,500	기말매출채권 22,000	기말매입채무 –	외상매입액	103,000

1) 매출원가 = ₩103,000(당기매입액) − ₩20,000(재고자산증가액) = ₩83,000
2) 20×1년도 매출총이익 = ₩161,500(매출액) − ₩83,000(매출원가) = ₩78,500

22
해설▶

20×1년도 기말재고자산에 오류가 발생하였으나, 20×2년 말 마감 시 20×1년 말 재고자산 오류는 자동조정되므로 20×1년 기말재고자산의 오류는 20×2년 말 이익잉여금에 영향을 주지 않는다.
1) 20×2년 말 이익잉여금 = ₩11,500(20×1년 초 이익잉여금) + ₩3,800(20×1년도 당기순이익) + ₩2,700(20×2년도 당기순이익) = ₩18,000

23
해설▶

영업활동순현금흐름(₩182,000) = 당기순이익(?) + ₩15,000(사채상환손실) + ₩5,000(감가상각비) − ₩20,000(매출채권 증가) + ₩10,000(재고자산 감소) + ₩15,000(매입채무 증가)
→ 당기순이익 = ₩157,000

24
해설▶

기계장치의 공정가치(?) + ₩50,000(리스제공자의 리스개설직접원가) = ₩150,000 × 2.4868 + ₩30,000(보증잔존가치) × 0.7513 + ₩20,000(추정무보증잔존가치) × 0.7513
→ 기계장치의 공정가치 = ₩360,585

25
해설▶

1) 만기금액 = ₩1,000,000 + ₩1,000,000 × 10% × 9/12 = ₩1,075,000
2) 할인액 = ₩1,075,000 × 12% × 3/12 = ₩32,250
3) 현금수령액 = ₩1,075,000 − ₩32,250 = ₩1,042,750
4) 매출채권처분손실 = ₩1,042,750(현금수령액) − (₩1,000,000 + ₩1,000,000 × 10% × 6/12) = (₩7,250)

26
해설▶

현금결제형 주식기준보상거래의 경우, 부채가 결제될 때까지 매 보고기간말과 결제일에 부채의 공정가치를 재측정하고, 공정가치의 변동액은 당기손익으로 인식한다.

27 해설 ▶

1) 순자산의 공정가치 = ₩24,000 + ₩108,000 − ₩40,000 − ₩8,000(충당부채) = ₩84,000
→ ㈜민국이 우발부채로 주석공시하였더라도 신뢰성 있는 공정가치 측정이 가능하면 ㈜대한은 이를 충당부채로 인식한다.

2) 영업권 = ₩120,000(이전대가) − ₩84,000(순자산의 공정가치) = ₩36,000

28 해설 ▶

1) 유동비율 = 유동자산 ÷ 유동부채

2) 부채비율 = 총부채(유동부채 + 비유동부채) ÷ 자본
→ 유동비율과 부채비율을 동시에 감소시키는 경우는 유동자산, 비유동부채가 감소하는 때이다.

(차) 장기차입금(비유동부채 감소)　　　×××　　　　(대) 현금(유동자산 감소)　　　　　×××

29 해설 ▶

1) 20×1년 3월 1일 주식발행시 주식발행초과금 = ₩5,000,000(발행가액) − (500주 × ₩5,000) = ₩2,500,000

2) 20×1년 12월 1일에 토지를 출자받은 경우 토지의 공정가와 주식의 공정가 중 더 명백한 금액을 토지원가로 한다. 그러나 해당 문제의 경우는 어떤 공정가치가 더 명백한지 언급되어 있지 않으므로 주식발행초과금을 산출할 수 없다. 이에 따라 모두 정답으로 처리되었다.

30 해설 ▶

1) 지분법이익 = {₩200,000 − ₩100,000(재고자산의 장부금액과 공정가치와의 차이분)} × 30% = ₩30,000

2) 지분법자본변동 = ₩40,000(기타포괄이익) × 30% = ₩12,000

3) 관계기업투자주식 = 300주 × ₩1,500 + ₩30,000(지분법이익) + ₩12,000(지분법자본변동) − ₩9,000(현금배당) = ₩483,000

31 해설 ▶

1) 수선부문의 원가를 X, 동력부문의 원가를 Y라고 하자.
X = ₩40,000 + 0.2Y
Y = ₩35,000 + 0.3X
→ 연립방정식을 정리하면 X = ₩50,000, Y = ₩50,000

2) 조립부문에 집계된 부문원가 = ₩50,000 × 40% + ₩50,000 × 40% + ₩150,000 = ₩190,000

32 해설 ▶

1) 기존의 방법에 따른 컨설팅에 집계한 일반관리비 = ₩270,000 × 45% = ₩121,500

2) 활동기준원가계산에 따른 컨설팅에 집계한 일반관리비
= ₩200,000 × 35% + ₩50,000 × 30% + ₩20,000 × 20% = ₩89,000

3) 일반관리비의 차이 = ₩121,500 − ₩89,000 = ₩32,500 감소

33 해설

1) 직접재료원가의 완성품환산량(5,000단위) = 3,500단위(당기완성품수량) + 기말재공품수량(?) × 100%
   → 기말재공품수량 = 1,500단위

2) 가공원가의 완성품환산량(4,400단위) = 3,500단위(당기완성품수량) + 1,500단위(기말재공품수량) × 가공원가의 완성도(?)
   → 가공원가의 완성도 = 60%

34 해설

1) 제조간접원가 예정배부율 = ₩30,000 ÷ ₩20,000 = ₩1.5(직접노무원가)

2) 당기제품제조원가(No. 23, 24) = ₩22,500(기초재공품) + ₩11,000(직접재료원가) + ₩16,000(직접노무원가) + ₩16,000 × ₩1.5 = ₩73,500

35 해설

1) 순실현가치
   A : 100단위 × (₩13 − ₩3 − ₩1) = ₩900
   B : 300단위 × (₩10 − ₩2 − ₩1) = ₩2,100
   C : 500단위 × (₩15 − ₩5) = ₩5,000

2) 결합원가 배분
   A : ₩1,600 × (₩900/₩8,000) = ₩180
   B : ₩1,600 × (₩2,100/₩8,000) = ₩420
   C : ₩1,600 × (₩5,000/₩8,000) = ₩1,000

3) 매출총이익
   ㉠ A = 100단위 × (₩13 − ₩3) − ₩180 = ₩820
      단위당 매출총이익 = ₩820 ÷ 100단위 = ₩8.2
   ㉡ B = 300단위 × (₩10 − ₩2) − ₩420 = ₩1,980
      단위당 매출총이익 = ₩1,980 ÷ 300단위 = ₩6.6
   ㉢ C = 500단위 × ₩15 − ₩1,000 = ₩6,500
      단위당 매출총이익 = ₩6,500 ÷ 500단위 = ₩13

36 해설

증분수익 : 특별주문 매출액(2,000단위 × ₩70) ₩140,000
증분비용 : 특별주문 변동원가(2,000단위 × ₩45) (90,000)
　　　　　 특별주문 변동판관비(₩140,000 × 20%) (28,000)
증분이익 : ₩22,000

37 해설

변동원가계산 영업이익　　　　　　　　　　　　　　　　?
+ 기말제품 고정제조간접원가(3,000단위 × ₩5)　 ₩15,000
− 기초제품 고정제조간접원가(1,000단위 × ₩5)　　　5,000
= 전부원가계산에 의한 영업이익　　　　　　　　 ₩65,000
→ 변동원가계산 영업이익 = ₩55,000
* 고정제조간접원가 배부율 = ₩100,000 ÷ 20,000단위(생산량) = ₩5

38 해설

최소사내대체가격 = ₩2,000(변동제조원가) + ₩0(기회비용) = ₩2,000

39 해설

1) 표준시간 = 8,600단위 × 2.75시간 = 23,650시간
2) 능률차이 = (24,000시간 − 23,650시간) × ₩19.20(표준임률) = ₩6,720 불리

40 해설

외부실패원가 = ₩21,000(제품보증수리활동) + ₩6,000(고객서비스센터활동) + ₩18,000(판매기회 상실로
인한 기회비용) = ₩45,000

정답

01 ⑤	02 ①	03 ⑤	04 ②	05 ②	06 ②	07 ④	08 ⑤	09 ①	10 ④
11 ③	12 ③	13 ⑤	14 ⑤	15 ③	16 ③	17 ①	18 ②	19 ④	20 ⑤
21 ④	22 ③	23 ③	24 ④	25 ③	26 ②	27 ③	28 ④	29 ①	30 ②
31 ①	32 ②	33 ②	34 ⑤	35 ④	36 ④	37 ①	38 ②	39 ①	40 ③

01 **해설**

보강적 질적 특성은 비교가능성, 검증가능성, 적시성 및 이해가능성이다.

02 **해설**

유형자산과 관련된 산출물에 대한 수요가 형성되는 과정에서 발생하는 가동손실과 같은 초기 가동손실은 유형자산의 취득원가에 포함되지 않는다.

03 **해설**

1) 리스부채 = ₩2,000,000 × 3.1670 + ₩100,000 × 0.6830 = ₩6,402,300
2) 20×1년 말 회계처리

(차) 이자비용	640,230	(대) 현금	2,000,000
리스부채	1,359,770		
(차) 사용권자산 상각비	1,600,575	(대) 사용권자산	1,600,575

  * 사용권자산 상각비 = ₩6,402,300 × 1/4 = ₩1,600,575
3) 20×1년 총비용 = ₩640,230(이자비용) + ₩1,600,575(감가상각비) = ₩2,240,805

> ▌2019년도 리스기준서 개정에 따라 리스부채에 포함되는 보증잔존가치는 보증에 따라 지급이 예상되는 금액으로 수정하였다. 또한 리스부채는 매년 말 재검토하므로 사용권자산 상각 시에도 이전 기준서에서는 보증잔존가치를 차감한 금액을 상각하였지만, 이제는 더 이상 보증잔존가치를 차감하지 않고 사용권자산 전체를 리스기간과 자산의 내용연수 중 이른 기간 동안 상각한다.

04 **해설**

1) 매출원가 = ₩50,000(매출액) − ₩10,000(매출총이익) = ₩40,000
2) 당기 매입액 = ₩40,000(매출원가) + ₩11,000(기말재고) − ₩12,000(기초재고) = ₩39,000
3) 기말매입채무 = ₩8,000(기초매입채무) + ₩39,000(당기 매입액) − ₩35,000(매입채무상환) = ₩12,000

05 **해설**

1) 20×1년 진행률 = ₩200,000 ÷ (₩200,000 + ₩300,000) = 40%
2) 20×1년 계약이익 = (₩600,000 − ₩500,000) × 40% = ₩40,000 이익
3) 20×2년 진행률 = ₩390,000 ÷ (₩390,000 + ₩130,000) = 75%

4) 20×2년 계약이익 = (₩600,000 - ₩520,000) × 75% - ₩40,000(20×1년 이익) = ₩20,000 이익

06 해설

1) 사업부 A의 자산 손상차손 = ₩2,000 - ₩1,800(순공정가치) = ₩200
2) 사업부 A의 중단영업이익 = ₩1,000 - ₩700 - ₩200(손상차손) = ₩100
3) 계속영업이익(사업부 A의 수익과 비용을 제외한 ㈜한국의 수익과 비용) = ₩7,000 - ₩5,300 = ₩1,700

07 해설

1) 20×2년 연평균지출액 = ₩50,000 × 12/12 + ₩50,000 × 6/12 + ₩60,000 × 3/12 = ₩90,000
2) 20×2년 특정차입금 자본화금액 = ₩50,000 × 12/12 × 12% = ₩6,000
3) 20×2년 자본화이자율 = (₩3,000 + ₩6,000) ÷ (₩30,000 × 12/12 + ₩50,000 × 12/12) = 11.25%
4) 20×2년 일반차입금 자본화금액 = (₩90,000 - ₩50,000) × 11.25% = ₩4,500(한도 : ₩8,000)
5) 20×2년 자본화할 차입원가 금액 = ₩6,000 + ₩4,500 = ₩10,500

08 해설

감가상각방법은 해당 자산의 미래경제적효익의 소비형태에 따라 선택한다.

09 해설

1) 건물의 취득원가 = ₩100,000(신축건물의 설계비) + ₩45,000(건물 건설을 위한 측량비) + ₩450,000(건설 공사비) = ₩595,000
    * 건물의 즉시철거비와 철근 매각에 따른 대금은 토지원가에 가감하며, 공유도로로부터 사옥까지의 도로공사 비나 조경공사비는 내용연수가 영구적이거나 지자체에서 유지보수하는 경우 토지원가에 가산하지만 그 외 에는 별도자산(구축물)으로 회계처리한다.

10 해설

당기 기초시점에 과거기간 전체에 대한 새로운 회계정책 적용의 누적효과를 실무적으로 결정할 수 없는 경우, 실무적으로 적용할 수 있는 가장 이른 날부터 새로운 회계정책을 전진적용하여 비교정보를 재작성한다.

11 해설

1) 기초자본 = ₩25,000(기초자산총계) - ₩16,000(기초부채총계) = ₩9,000
2) 기말자본 = ₩27,000(기말자산총계) - ₩15,000(기말부채총계) = ₩12,000
3) 기말자본(₩12,000) = ₩9,000(기초자본) - ₩400(현금배당) + ₩100(유형자산재평가이익) + 당기순이익(?)
    → 당기순이익 = ₩3,300

12 해설

20×3년 12월 31일 재무상태표에 보고할 이연수익은 정부보조금의 잔액을 뜻한다.
20×3년 12월 31일 재무상태표에 보고할 이연수익 = ₩600,000 - (₩600,000 × 3/5) = ₩240,000

13 해설

현금 및 현금성자산 = ₩100(보관 중인 현금) + ₩200(요구불예금) + ₩600(자기앞수표) + ₩300(우편 환증서) = ₩1,200

14 **해설**

자기자본순이익률 = 매출액순이익률 × 총자산회전율 × (1+부채비율)
　　　15% = 매출액순이익률(?) × 0.5회 × (1+200%)
→ 매출액순이익률 = 10%

15 **해설**

1) 기말재고(추정액) = ₩360,000(기초재고자산) + ₩900,000(당기순매입액) - ₩840,000(매출원가)
　　　　　　　　　 = ₩420,000
* 매출원가(추정액) = ₩1,200,000(당기순매출액) × (1-30%) = ₩840,000

16 **해설**

1) 토지의 손상 회계처리
　(차) 재평가잉여금　　　　　　　　　　20,000　　　(대) 토지　　　　　　　　　　　20,000
2) 당기순이익 효과 = ₩5,000(영업권 손상차손) + ₩20,000(기계장치 손상차손) = ₩25,000 감소
3) 총포괄이익 영향 = ₩25,000(당기순이익 감소) + ₩20,000(기타포괄손익 감소) = ₩45,000 감소

17 **해설**

충당부채로 인식하기 위해서는 보고기간 말에 현재의무가 존재할 가능성이 존재하지 아니할 가능성보다 높고, 경제적효익이 내재된 자원의 유출가능성이 높아야 한다. 보고기간 말에 현재의무가 존재하지 아니할 가능성이 높은 경우 충당부채로 인식하지 아니한다.

18 **해설**

1) 20×1년도 당기순이익 영향 = ₩1,000(FVPL금융자산 평가이익) - ₩100(수수료비용) = ₩900 증가
2) 20×2년도 당기순이익 영향 = ₩11,200(처분가액) - ₩11,000(20×2년 초 장부금액) = ₩200(FVPL금융자산 처분이익) 증가

> ▎ 2018년 금융자산 기준서 개정에 따라 단기매매금융자산의 명칭을 당기손익-공정가치 측정 금융자산(FVPL금융자산)으로 수정하였다.

19 **해설**

20×1.1.1	(차) 기계장치	1,000,000	(대) 현금		1,000,000
20×1.12.31	(차) 감가상각비	200,000	(대) 감가상각누계액		200,000
20×2.12.31	(차) 감가상각비	160,000	(대) 감가상각누계액		160,000
	(차) 감가상각누계액	360,000	(대) 기계장치		300,000
			재평가잉여금		60,000

* 20×2년 감가상각비 = (₩800,000 - ₩0) × 1/5 = ₩160,000

20 **해설**

무형자산의 공정가치는 다음 중 하나에 해당하는 경우에 신뢰성 있게 측정할 수 있다.
1) 합리적인 공정가치 측정치의 범위의 편차가 자산가치에 비하여 유의적이지 않다.
2) 그 범위 내의 다양한 추정치의 발생확률을 합리적으로 평가할 수 있고 공정가치를 측정할 때 사용할 수 있다.

21 **해설**

1) 연평균순이익 = {₩150,000 + ₩100,000 + (₩300,000 − ₩200,000) + ₩240,000 + ₩120,000}
　　　　　　× 1/5 = ₩142,000
2) 영업권평가 = 초과이익 ÷ 기대수익률
　　　　　　= {₩142,000 − (₩1,500,000 − ₩200,000) × 10%} ÷ 20% = ₩60,000
3) 매수금액 = ₩1,300,000(순자산의 공정가치) + ₩60,000(영업권평가액) = ₩1,360,000

22 **해설**

1) 20×2년 경품충당부채 설정액 = (₩2,400,000/₩1,000) × (₩300 − ₩100) × 60%(회수율) = ₩288,000
2) 20×2년 회수된 경품권 = 1,000장 × (₩300 − ₩100) = ₩200,000
3) 20×2년 말 경품부채 잔액 = ₩120,000(20×1년 말 경품부채) + ₩288,000 − ₩200,000 = ₩208,000

23 **해설**

20×1년 이자수익 = ₩257,710(20×1년 초 현금판매가격) × 8% = ₩20,617

24 **해설**

1) 가중평균유통보통주식수 = 1,000주 × 12/12 + 5주 × 9/12 + 5주 × 3/12 = 1,005주
2) 20×1년 기본주당순이익 = ₩290,000 ÷ 1,005주 = ₩289

25 **해설**

1) 매입의사 미통지 시송품의 원가 = ₩20,000(판매가격) × (₩45,000/₩60,000) = ₩15,000
2) 기말재고액 = ₩20,000(실지재고액) + ₩15,000(매입의사 미통지 시송품) = ₩35,000

26 **해설**

1) 복구시점의 복구충당부채 = ₩376,000 × 1.4693(5기간, 8%, 미래가치계수) = ₩552,457
2) 복구공사손실 = ₩600,000(실제복구비) − ₩552,457(복구시점의 복구충당부채) = ₩47,543

27 **해설**

1) 20×2년 말 감가상각 후 장부금액 = ₩600,000 − (₩600,000 × 2/10) = ₩480,000
2) 20×2년 말 손상차손 = ₩480,000 − ₩400,000 = ₩80,000
3) 20×4년 말 감가상각 후 장부금액 = ₩400,000 − (₩400,000 × 2/8) = ₩300,000
4) 20×4년 말 손상차손 환입액 = ₩360,000(환입한도액) − ₩300,000(장부금액) = ₩60,000
　　* 환입한도액 = ₩600,000 − (₩600,000 × 4/10) = ₩360,000

28 해설

1) 20×1년 1월 1일 AC금융자산 공정가치 = ₩100,000 × 0.7513 + ₩7,000 × 2.4868 = ₩92,538
2) 20×1년 1월 1일 회계처리

(차) 건물	10,157,462	(대) 현금	10,250,000
상각후원가측정금융자산	92,538		

3) 20×1년 건물의 감가상각비 = (₩10,157,462 − ₩0) × 1/5 = ₩2,031,492
4) 20×1년 이자수익 = ₩92,538 × 10% = ₩9,254
5) 20×1년 12월 31일 상각후원가측정금융자산 장부금액 = ₩92,538 + ₩9,254 − ₩7,000 = ₩94,792

29 해설

20×1년 초	(차) 토지	10,000	(대) 현금	10,000
20×1년 말	(차) 토지	1,000	(대) 재평가잉여금	1,000
20×2년 말	(차) 재평가잉여금	1,000	(대) 토지	1,500
	재평가손실(당기손실)	500		

30 해설

차량운반구의 취득원가 = ₩4,500,000(제공한 자산의 공정가치) + ₩3,000,000(현금지급액) = ₩7,500,000

31 해설

1) X부문을 먼저 배부하는 경우
   ㉠ X부문 원가배부(₩160,000) : ₩64,000(Y부문), ₩32,000(A부문), ₩64,000(B부문)
   ㉡ Y부문 원가배부(₩200,000 + ₩64,000) : ₩132,000(A부문), ₩132,000(B부문)
2) Y부문을 먼저 배부하는 경우
   ㉠ Y부문 원가배부(₩200,000) : ₩80,000(X부문), ₩60,000(A부문), ₩60,000(B부문)
   ㉡ X부문 원가배부(₩160,000 + ₩80,000) : ₩80,000(A부문), ₩160,000(B부문)
3) 제조부문 A에 배부되는 총보조부문원가의 차이 = ₩164,000 − ₩140,000 = ₩24,000

32 해설

1) 생산량이 20,000단위 미만 가정 시 세후목표이익을 위한 판매량
   = ₩1,000(단위당 공헌이익) × Q − ₩5,000,000(고정원가) = ₩2,000,000/(1 − 20%)
   → Q = 7,500단위(가정의 범위와 일치)
2) 생산량이 20,000단위 이상 가정 시 세후목표이익을 위한 판매량
   = ₩1,000(단위당 공헌이익) × Q − ₩8,000,000(고정원가) = ₩2,000,000/(1 − 20%)
   → Q = 10,500단위(가정의 범위와 불일치)

33 해설

1) 공손수량 = 2,000단위(기초재공품수량) + 8,000단위(당기착수량) − 7,200단위(당기완성량) − 1,500단위
   (기말재공품수량) = 1,300단위

2) 당기 품질검사를 통과한 수량 = 2,000단위(기초재공품수량) + 5,200단위(당기착수완성량) + 1,500단위(기말재공품수량) = 8,700단위

3) 정상공손수량 = 8,700단위 × 10% = 870단위

4) 비정상공손수량 = 1,300단위(공손수량) − 870단위(정상공손수량) = 430단위

34 해설

기말재공품(작업 #2의 원가) = ₩4,000(기초재공품) + ₩3,000(직접재료원가) + ₩5,000(직접노무원가) + ₩6,000(제조간접원가) × (₩8,000/₩20,000) = ₩14,400

35 해설

1) 제품 A의 제조간접원가 = ₩450,000 × (70단위/100단위) + ₩325,000 × (286회/650회) + ₩637,500 × (3,060시간/12,750시간) + ₩80,000 × (100회/200회) + ₩300,000 × (21,000kg/60,000kg) = ₩756,000

2) 제품 A의 단위당 제조간접원가 = ₩756,000 ÷ 1,000단위 = ₩756

36 해설

3년간 판매가격의 변동과 원가구조의 변동이 없고, 3년간 판매량이 모두 동일하므로 20×1년 변동원가계산하의 영업이익은 20×3년 변동원가계산하의 영업이익과 동일하다.

1) 20×3년 전부원가계산하의 영업이익

20×3년 변동원가계산하의 영업이익	₩500,000
+ 20×3년 기말제품재고량에 포함된 고정제조원가(20,000개 × ₩6)	120,000
− 20×3년 기초제품재고량에 포함된 고정제조원가(10,000개 × ₩10)	100,000
= 20×3년 전부원가계산하의 영업이익	₩520,000

* 20×2년 단위당 고정제조원가 = ₩300,000 ÷ 30,000단위(20×2년 생산량) = ₩10
* 20×3년 단위당 고정제조원가 = ₩300,000 ÷ 50,000단위(20×3년 생산량) = ₩6

37 해설

원재료(3분기)			
기초원재료(3,600단위 × 15kg × 10%)	5,400kg	원재료사용량(3,600단위 × 15kg)	54,000kg
원재료구입량	51,450kg	기말원재료(1,900단위 × 15kg × 10%)	2,850kg

→ 3분기 원재료구입예산액 = 51,450kg × ₩2 = ₩102,900

38 해설

증분수익 :	변동제조원가 감소액	₩800,000
	설비임대수익	70,000
증분비용 :	외부구입액(10,000단위 × ₩85)	(850,000)
증분이익 :	₩20,000	

39 [해설]

증분수익 : 특별주문 매출액(7,000단위 × ₩500)　　　　　　₩3,500,000
증분비용 : 특별주문 변동제조원가(7,000단위 × ₩280)　　　(1,960,000)
　　　　　특별주문 판매비와관리비　　　　　　　　　　　　(1,200,000)
　　　　　기존제품 공헌이익 감소(2,000단위 × ₩150)　　　(300,000)
증분이익 : ₩40,000

40 [해설]

1) 구입가격차이 : ₩225,000(직접재료 구입액) < 40,000kg(구입량) × ₩6 → ₩15,000 유리
2) 능률차이(수량차이) : 36,000kg × ₩6 > 3,000단위 × 10kg × ₩6 → ₩36,000 불리

박문각
감정평가사

신은미 **회계학**

1차 | 13개년 연도별 기출문제집

제3판 인쇄 2024. 7. 10. | **제3판 발행** 2024. 7. 15. | **편저자** 신은미

발행인 박 용 | **발행처** (주)박문각출판 | **등록** 2015년 4월 29일 제2019-0000137호

주소 06654 서울시 서초구 효령로 283 서경 B/D 4층 | **팩스** (02)584-2927

전화 교재 문의 (02)6466-7202

이 책의 무단 전재 또는 복제 행위를 금합니다.

정가 22,000원
ISBN 979-11-7262-052-3